UNIVERSALENZYKLOPÄDIE DER MENSCHLICHEN KLUGHEIT

HERAUSGEGEBEN VON
MARKUS KRAJEWSKI UND HARUN MAYE

KULTURVERLAG KADMOS BERLIN

FÜR BERNHARD SIEGERT

INHALT

Einleitung   9

Verzeichnisse und Merkwürdigkeiten

Das wahre Bild im Schleier *(Veronika Kellndorfer)*   13

Ha-Ha *(Christoph Eggersglüß)*   19

MagiCIAns *(Katharina Rein)*   22

Mutter des Nordens *(Jörg Dünne)*   25

Sanddünen *(Christina Vagt)*   28

Scharniere *(Linda Keck)*   32

Shooting the Last Arrow *(Rebekka Ladewig)*   35

Sonderdruck *(Anke te Heesen)*   38

Theater-Küchen-Machination *(Jörg Paulus)*   40

Verkuppelungsmedien *(Tobias Nanz)*   43

Kopie. Stile (Stilmuster)

Bodenlos *(Raimar Zons)*   47

Eröffnung *(Christiane Voss)*   49

Karte und Territorium *(Antonia von Schöning)*   51

Klappbild *(Laura Frahm)*   54

Kondensierte Klassiker *(Birgit Schneider)*   56

Sterblichkeit Übersetzen *(Ute Holl und Lothar Leininger)*   62

Stil *(Andreas Ziemann)*   65

Taschendruckerei *(Friedrich Balke)*   67

Zeug *(Joseph Vogl)*   70

Große Männer

Anglo-Amerikanische Literatur *(Helmut Müller-Sievers)*   75

Encounter *(T'ai Smith)*   77

Falte *(Nina Wiedemeyer)*   79

Kohl *(Cornelius Borck)*   83

Powderfinger *(Ross Etherton)*   85

Weitersegeln *(Monika Dommann)*   87

Ästhetik und Kritik

Auflösung *(Maria Muhle)* — 91

Hitchcock'sche Metonymie *(Hermann Kappelhoff)* — 93

Mademoiselle Occasion *(Georges Didi-Huberman)* — 96

Mediumistik *(Wolfgang Hagen)* — 98

Panthea auf Delos *(Lars Friedrich)* — 100

Pickpocket *(Lorenz Engell)* — 102

Unbildmäßig *(Daniel Gethmann)* — 104

Verortungen *(Hubert Thüring)* — 106

Korrigierte Klassiker

Strichfassung' *(Markus Krajewski)* — 111

Total Involvement *(Julia Kursell)* — 115

Weltpost oder ~~Farbebogen~~ *(Hanns Zischler)* — 117

Geschichte und wissenschaftliche Ideen

Fort-Da *(Henning Schmidgen)* — 121

Gebaute Geonautik? *(Wolfram Pichler)* — 123

Gedankenlesemaschine *(Philipp von Hilgers)* — 126

Informator *(Rupert Gaderer)* — 129

Kludgemanship *(Gabriele Schabacher)* — 132

Mathematik und Dichtung *(Hendrik Blumentrath)* — 135

Mother of All Demos *(Moritz Hiller)* — 137

Number Systems *(Yûji Nawata)* — 140

Physiter *(Wolfgang Struck)* — 143

Spicilegium *(Marianne Kubaczek und Wolfgang Pircher)* — 145

The Ether *(Linda Dalrymple Henderson)* — 147

Zeitmaschine *(Michael Cuntz)* — 149

Abteilung Drosophila

Die Fliegen *(Anne von der Heiden)* — 152

Drosophila im Krieg *(Peter Berz)* — 154

Fliege und Bildersturm *(Claudia Blümle)* — 157

Widersprüche der Wissenschaft

Bildschirm *(Hans-Christian von Herrmann)* — 163

Circumnavigator's Paradox *(Roland Borgards)*	165
Internet Delusions *(Jeffrey West Kirkwood)*	167
Mondverschwörung *(Burkhardt Wolf)*	169
Quasi-Infinity and the Waning of Space *(Helga Lutz, Carolin Bohlmann, Moritz Wehrmann)*	171

Philosophie

Gelassenheit *(Hans Ulrich Gumbrecht)*	177
Klugheit *(Leander Scholz)*	179
Phänomen / Phantom *(Stephan Gregory)*	181
Theorievergehen *(Hartmut Böhme)*	183
Weltklugheit *(Eva Schauerte)*	185

Religion – Mystik – Prophezeiungen

Guesstimation *(Claus Pias)*	191
Lebensverlängerungsversuche *(Manfred Schneider)*	194
Utah *(John Durham Peters)*	197
Weihnachtsmann *(Geoffrey Winthrop-Young)*	201

Erhöhung des Niedrigen

Journalismus, Abteilung Boulevard *(Ethel Matala de Mazza)*	205
Konzeptalbum *(Erhard Schüttpelz)*	208
Street Wisdom *(Sebastian Vehlken)*	212
Trivialmythos »Plattensammlung« *(Harun Maye)*	214

Schönheiten

Gewandunruhe *(Barbara Wittmann)*	221
Kupferstich und Rhythmus *(Hans-Jörg Rheinberger)*	224
Loops, or The Wave *(Noam M. Elcott)*	227
The Echo of Narcissus *(Wolf Kittler)*	232
Wasserwellen *(Wolfgang Ernst)*	239

Beschimpfungen – Dummheiten – Niederträchtigkeiten

Eifersucht *(Armin Schäfer)*	245
Torheiten *(Bettine Menke)*	248

EINLEITUNG

Als Bouvard und Pécuchet alles unter den Händen zerronnen ist – von Ackerbau und Schnapsbrennerei über Chemie und Medizin bis zu Literatur, Geschichte, Philosophie und darüber hinaus –, haben sie einen letzten guten Einfall: Abschreiben. Sie geben beim Tischler einen Schreibtisch mit doppeltem Pultaufsatz in Auftrag, besorgen Schreibutensilien und machen sich an die Arbeit. So endet Flauberts letzter Roman, der 1881 postum veröffentlicht wurde. Und so endet er auch wieder nicht, denn in Flauberts Nachlass findet sich neben einem Wörterbuch der Gemeinplätze auch eine Fortsetzung, die das Programm der beiden Kopisten enthält: Eine Universalenzyklopädie der menschlichen Dummheit.

Diese Enzyklopädie, die fast ausschließlich aus Zitaten besteht, sollte den zweiten Teil des Romans *Bouvard et Pécuchet* bilden. Diesen Plan konnte Flaubert nicht mehr verwirklichen. Die Enzyklopädie ist Fragment geblieben, ein kompilierter »Brei«, mit dem er laut Selbstaussage »das neunzehnte Jahrhundert beschmieren wollte«. Es handelt sich um eine enorme Sammlung von Floskeln, Phrasen und Stilblüten, die Flaubert nicht nur aus Zeitungen und Zeitschriften abgeschrieben hat, sondern auch bei den großen Autoritäten der Essayistik, Literatur und Philosophie. Diese nachgelassene Zettelsammlung kommt dem Ideal eines realistischen Romans näher als alle publizierten Romane des 19. Jahrhunderts, denn Flaubert berücksichtigt auch Werbeanzeigen, Grußkarten, Reklame, Pamphlete, Manifeste, Flugschriften, Tabaketiketten, alte Zeitungen, Briefe, Plakate und andere kleine Formen.

Es ist ein Buch, aus dem der Autor verschwunden ist, in dem »kein einziges Wort vorkommen darf, das auf meinem eigenen Mist gewachsen ist«, wie Flaubert an Louise Colet schreibt. Die Enzyklopädie ist aber nicht nur eine bloße Ansammlung von Gemeinplätzen und Gemeinheiten, sondern auch »ein Spaß im Walfischformat«, wie ihr deutscher Herausgeber und Übersetzer Hans-Horst Henschen sagte. Auch wenn neueren Erkenntnissen zufolge der Wal kein Fisch ist, möchten wir an diese Formulierung anknüpfen, denn Exempel haben einen anregenden Charakter und eignen sich laut Flaubert zu glänzenden Weiterungen. Auch wenn es in der vorliegenden Enzyklopädie womöglich nicht ganz gelungen ist, dass Autorinnen und Autoren vollständig getilgt sind – immerhin sind die einzelnen Lemmata noch namentlich gekennzeichnet, und auch in den Anmerkungen wird hier und da ein Name erwähnt –, so treten die Verfasser in den Hintergrund der besprochenen Sachen.

Keine Enzyklopädie verschließt sich dem bewährten Verfahren mimetischer Übernahmen. Allerdings kehren wir dezidiert einige Vorzeichen von Flauberts Projekt um. Angefangen beim Titel, mit dem durch die annoncierte Klugheit eine Geschicklichkeit in der Wahl und Darstellung der Lemmata angeregt werden soll, bis hin zur Prämisse, dass dem Abschreiben und der Nachahmung eine spezifisch kreative Komponente innewohnt: Abschreiben wird zum Aufschreiben, Kopieren zum Erfinden.

Entsprechend offen gestaltet sich das Konzept und die Form möglicher Beiträge: Jeder Eintrag widmet sich einem bestimmten Objekt, Thema oder Begriff, um in einem von den Beiträgern frei gewählten Lemma Eingang in die Enzyklopädie zu finden. Der Ausgangspunkt für die Verfasser konnte wie bei Flaubert ein Exzerpt sein, aber auch eine (apokryphe) Quelle, die es zu kommentieren gilt. Es konnte darum gehen, ein abseitiges Buch oder Bild interessant zu machen, oder einem seltsamen Wort begriffsgeschichtlich nachzugehen. Einer Halbwahrheit lässt sich die ganze hinzusetzen. In diesem Sinne konnten auch Fama und Erfundenes Berücksichtigung finden. Und schließlich war es möglich, ganz wie bei Flaubert Listen zu bilden, die eigentümliche Zusammenkünfte generieren – so etwa im Lemma ›Weltklugheit‹. Alle diese Formen folgen einer Ordnung, die Flaubert vorgegeben hatte. Die Struktur der Kategorien, innerhalb derer die Lemmata alphabetisch geordnet erscheinen, ist – wenig überraschend für ein kopiertes Buchprojekt – aus dessen *Universalenzyklopädie der menschlichen Dummheit* übernommen.[1]

Wenn Flaubert mit diesem letzten großen Projekt eine Art Bestandsaufnahme seiner Gegenwart versuchte, um sich von ihr abzuwenden, geht es uns in dieser Enzyklopädie um nichts weniger als eine Bestandsaufnahme des gegenwärtigen medien- und kulturwissenschaftlichen Denkens, seiner Figuren, Materialitäten, Kulturtechniken und theoretischen Subtilitäten, kurzum: um eine Hinwendung zum frivolen Wissen und zu einer fröhlichen Wissenschaft in möglichst großer Bandbreite. Genau das soll der hier anvisierte DIN-A4-Wal zu Ehren von Bernhard Siegerts 60. Geburtstag leisten, den wir unserem Freund und Kollegen hiermit vorlegen, allerdings nicht ohne eine letzte Übernahme. Der große Kopf des Wals in Folioformat ist eine Schreibfläche. Wir stellen »diese Stirn nur vor euch hin. Lest sie, wenn ihr könnt.«[2]

Basel und Berlin, im Dezember 2019

Markus Krajewski und Harun Maye

ANMERKUNGEN

[1] Vgl. Gustave Flaubert: *Universalenzyklopädie der menschlichen Dummheit. Transkribierte Handschriften und Kommentare* (1881), Göttingen 2017, Bd. 2, S. 5–6.

[2] Herman Melville: *Moby-Dick oder Der Wal* (1851), in: ders., *Herman Melville – Ausgewählte Werke*, hrsg. von Daniel Göske, München 2001, S. 545.

VERZEICHNISSE UND MERKWÜRDIGKEITEN

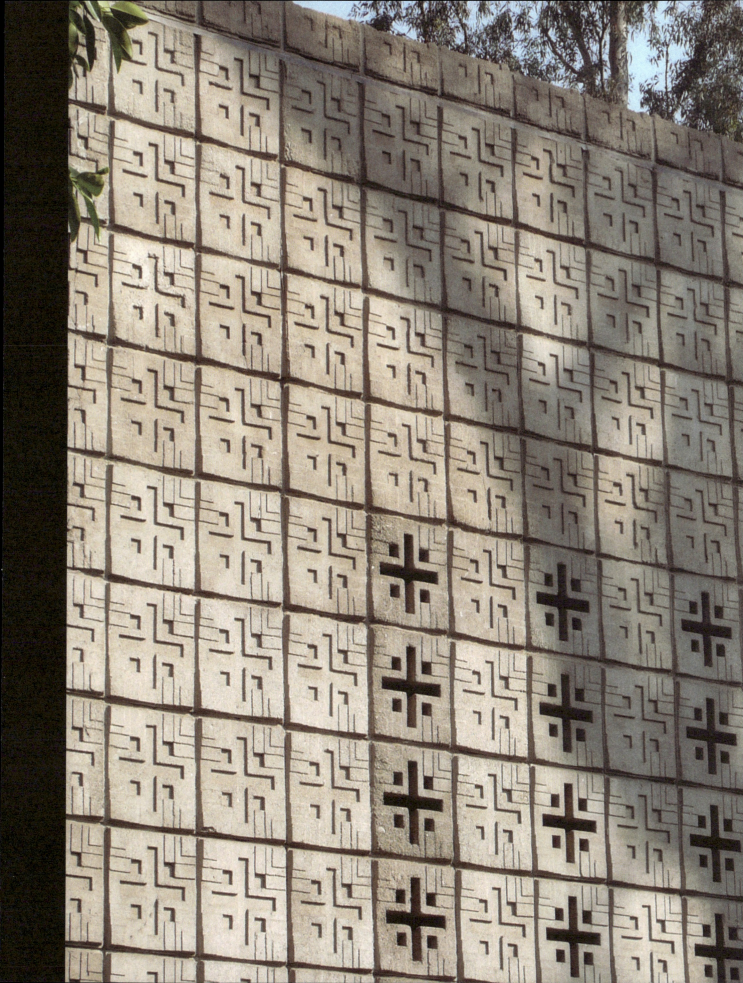

DAS WAHRE BILD IM SCHLEIER.
FRANK LLOYD WRIGHT'S TEXTILE HOUSES

Frank Lloyd Wright: In the Realm of Ideas,[1] »What about the concrete block? It was the cheapest (and ugliest) thing in the building world. It lived mostly in the architectural gutter as an imitation of rock-faced stone. Why not see what could be done with that gutter rat? Steel rods cast inside the joints of the blocks themselves and the whole brought into some broad, practical scheme of general treatment, why would it not be fit for a new phase of our modern architecture? It might be permanent, noble beautiful.«

Aus den Motiven des Milliard House setzt sich das Bild vom Haus neu zusammen, faltet sich zu Bergen aus Betonblöcken, ähnelt sich den operativen Bewegungen des Klappens und Blätterns der Buchseiten an. Dabei durchdringen sich Pflanzen, Schatten und Raster, ganz so wie ich es in Erinnerung habe, an diesem Julitag 2008 in Pasadena. Dieser schwül-heiße Sommertag an dem ich unerlaubt in den Garten eindringe, in dem diese Frank Lloyd Wrightsche Textil-Block-Ruine ihren Dornröschenschlaf träumt. Es geht auch um diesen kleinen Zwischenraum, bevor das Objekt ein halbes Jahr später für acht Millionen Dollar seinen Besitzer wechseln wird und es wieder in den Status einer Immobilie überführt worden sein wird.

The shroud of Turin, der Umschlag von der Reliquie zur Fotografie und zurück, voraussetzend, dass es diesen Kontakt, diesen Knochenkontakt zwischen Abgebildetem und auslösendem Subjekt, dieses epiphanische Aufscheinen des Objekts im Sucher und diese je nach Belichtungszeit dauernde Sekundenbruchteile der Aufnahme gegeben hat.

Fotografie als Spur einer Anwesenheit in einem Raum, Fotografie als Spur einer vergangenen Anwesenheit in einem verschwindenden Raum. Die Endlichkeit – die Spur die gelegt wird dieses Verschwinden aufzuzeichnen – die Überschneidung – ich bin nicht mehr in dem Raum der seine Spur auf dem Film in der Kamera hinterlassen hat und die Zeit verändert unerbittlich diesen Raum in dem ich nicht mehr bin. Aber mit Hilfe der Fotografie und deren Re-Materialisation auf einem Trägermaterial kann ich diesen Raum in den Raum meiner jetzigen Anwesenheit dislozieren. Wovon wieder Fotografien dieser Dislokation gemacht werden können.

Veronika Kellndorfer

ANMERKUNGEN

[1] Frank Lloyd Wright: *In the Realm of Ideas*, Southern Illinois University Press, 1988.

HA-HA

Wie einfältig kann eine Ableitung, wie schwierig kann eine historische Assoziationskette zu einer reduplizierten Silbe schon sein? 1943 fragen die Notes & Queries nach einem Gegenstand, der in den fast hundert Jahren ihres Erscheinens bereits in einigen Etappen längerer Zitationsgefechte ausgiebig diskutiert worden war – nur zu keinem erfolgreichen Ende, wie die späte Wiederholung zumindest zeigt:

»HA-HA. — I notice that Dumas supports in his »Memoirs« the curious suggestion that a »ha-ha,« a sunk fence or ditch, is so called because a person approaching it thinks it necessary to exclaim, »Ha-ha!« One might as well expect a stream to be called, »Hullo!« Some association with »hedge,« whatever the difficulties, seems preferable.

Who started this fatuous derivation? SENEX.

[»O.E.D.« shows that the word was adopted from the French of the seventeenth century, and that the French etymologists give it the explanation SENEX alludes to.—ED.]«[1]

Wer hat angefangen, warum wird die französische Überlieferung gegenüber der so naheliegenden angelsächsischen Etymologie bevorzugt?[2]

»The first of the great requisites in English Gardening is, to banish all appearance of confinement, and to give imaginary extent of freedom, by invisible lines of separation, by a ha! ha! or sunk fences, &c.«[3] Worin gründet der Graben? Was ein Ha-Ha ist - eine ineinandergestellte Hecke, ein invertiertes Hindernis, das kinetisch unterbricht, visuell aber eint – steht nicht so sehr zur Debatte, als was es macht. Im 18. Jahrhundert definiert sich das Ha-Ha für den Landschaftsarchitekten Humphry Repton in diesem problematischen Verhältnis von Unsichtbarkeit und Wirksamkeit: »The Art of Landscape Gardening is in no instance more obliged to Mr. [Capability] Brown, than for his occasionally judicious introduction of the Ha! Ha! or sunk fence, by which he united in appearance two surfaces necessary to be kept separate. But this has been in many places absurdly copied to an extent that gives more actual confinement than any visible fence whatever.«[4]

Die ersten Notes dazu von 1872 und 1894/95 geben lange, aber ebenso unverlässliche Antworten. Auch der Verweis der Herausgeber auf das OED ist eher eine Rekursion als ein letztes Wort, da es sich zu großen Teilen aus den N&Q selbst speist. Der Stein des Anstoßes findet sich damals in einem Einschub in einen Absatz, der eigentlich der Wortschöpfung *Soho* nachgeht: »We know how similar suggestive names were derived, such as the ditch with a sunken fence in it, called a ›Ha-ha‹ fence, simply from the circumstance of a person coming suddenly upon it in riding, and naturally exclaiming ›ha! ha!‹ at being so suddenly stopped in his progress. [W.P.]«[5]

Was demnach als Randnotiz beginnt, setzt gleichwohl eine ganze Reihe des Rechthabens in Gang, je eingeleitet von bissigen Anspielungen – das Distinktionsbemühen sei hier wegen der Kürze auf den Kern des einleuchtenden, wenn auch fehlerhaften Arguments reduziert: »[…] I have the honour to submit to the readers of ›N. & Q.‹ the received and orthodox derivation of *haha*. From the Old High German *haga* came the French *haie*, the English *heigh* or *hay* (as in the Northern *hay* at Exeter), *haw* (as in *hawthorn*, hips and haws), and *ha*, from which is formed by reduplication our word *haha*. J. H. I. OAKLEY.«[6]

Glaubt man nun dem älteren Horace Walpole, dann waren es Charles Bridgeman und William Kent, die das Ha-Ha perfektionierten, wahrscheinlich importierten, also dem französischen *saut-de-loup* (»Wolfsprung«) entlehnten, um die gewünschte *claire-voïe* (»freie Sicht«) zu erreichen.[7] »But the capital stroke, the leading step to all that has followed, was […] the destruction of walls for boundaries, and the invention of fossés -- an attempt then deemed so astonishing, that the common people called them Ha! Ha's! to express their surprize at finding a sudden and unperceived check to their walk.«[8]

Diesen Ausruf der gemeinen Leute versuchten die Notes mit einem Rückgriff auf Pirons *La Métromanie* noch zu stützen – während die Annahme der »reduplication of *haw*« in der gelehrten Formel »»*two hedges = one ditch!*«« vage bestehen blieb, weitere Kommentare hingegen den rein etymologischen Zugang als »*far-fetched*« verwarfen.[9]

Ihren einschlägigsten Anfang nahm die belustigende Erklärung aber wohl mit einem anderen Franzosen, Antoine Joseph Dézallier d'Argenvilles *La théorie et la pratique du jardinage*, die in der Übersetzung von John James seit 1712 nicht nur das Ha-Ha, sondern auch dessen Bezeichnung popularisierte: »The End of this Terrass [sic] is terminated by an Opening, which the *French* call a *Claire-voïe* or an Ah, Ah, with a dry Ditch at the Foot of it.«[10] »At present we frequently make Thorough-Views, call'd *Ah, Ah*, which are Openings in the Walls, without Grills, to the very Level of the Walks, with a large and deep Ditch at the Foot of them, lined on both Sides to sustain the Earth, and prevent the getting over, which surprizes the Eye upon coming near it, and makes one cry *Ah ! Ah !* from whence it takes its Name.«[11]

Für ein solches Fenster, die Öffnung, die sich nicht begehen lässt, spricht ferner Adelung, so sei sie halt englisch: »Das Hahā, *subst. indecl. plur.* die Hahā, in den Gärten, eine Öffnung in der Befriedigung am Ende, wodurch man eine freye Aussicht hat, welche aber von außen mit einer tiefen Grube verwahret ist. Das Wort ist zunächst aus dem Englischen *Haha*, stammet aber mit demselben von Ha! dem Ausdrucke der Verwunderung her, weil man, wenn man durch die scheinbare Öffnung weiter zu gehen gedenkt, durch die Grube plötzlich aufgehalten wird.«[12]

Eben diese These bekommt eine Dekade nach dem ersten Streit neue Energie, ausgehend von einem Beitrag in den Transactions of the Royal Historical Society von 1882,[13] der, wieder beiläufig, Walpoles Lobgesang auf Bridgeman aufruft. Zwar wird in den N & Q eingeworfen, dass Hecke (*hedge*) und Ha-Ha (*ditch*) grundverschieden seien.[14] Nochmals zehn Jahre später steht dann aber der Entschluss, neben dem Erstaunen auch die doppelte Hecke stehen zu lassen: »In my opinion both explanations are very wide of the truth.«[15] Ergänzt wird die letzte Etappe 1894 von einem autobiographischen Beweis, der die gutturale Aussprache eines Gärtners namens Howard darzulegen versucht – man kommt schließlich vom Wege ab.[16] Um im Folgejahr die Geschichte des Grabens gänzlich an persönlichen Maßstäben zu messen: »any fairly active man can drop or jump down; but it would require a ladder, or trained pyramid of men to reach the inner field from the ditch.«[17]

Die mäandernde Diskussion setzt sich letztlich in einer historischen Funktionsbeschreibung der Treibjagd fort und fest. *Deer-leap* oder besser *deer-trap* würden eben jenen zwischen Wald und Park abgesetzten Graben bezeichnen, der einen Sprung hinein, nur keinen hinaus ermöglichte.[18] In der gleichen Spalte folgt somit wilde etymologische Spekulation neben einer wirren Anknüpfung an die Ausgangsdebatte, in der »Ha-Ha«, »ho ho or soho«, »hold«, »halt« und »haw-haw« durcheinandergeworfen werden.[19] Daher bietet es sich an dieser Stelle an, inne zu halten und mit dem vorletzten Beitrag der Debatte, mit dem altehrwürdigen Lexikographen Walter William Skeat, rundum zu schließen, indem er nun zwar die Herkunftslinie zu *haga* verwirft, dafür aber die Jagdpraxis bestärkt. Nicht der Überraschte würde da ausrufen, es sei vielmehr der Graben, der spricht:

»It is the *haha* itself which, as it were, cries *ha ! ha !* that is, ›Stop! or you'll tumble in!‹ The very look of it is a warning, and that is all that is meant. The English word is merely a loan-word from French. The Old French *hahé* was a hunting term, calling upon the dogs to stop, a fact which gives the clue at once. The variant *haha* similarly denotes a break in the ground, calling upon one to stop.«[20]

Das Ha-Ha sagt und zeigt, was es macht und meint. So sollte es enden, um endlich aufzugehen – vergessen sei daher die eigentlich letzte Fährte in dieser Sache: »Are we indebted to the Daily News, 4 Aug., 1848, for the usual explanation?«[21]

Christoph Eggersglüß

ANMERKUNGEN

1. Senex: Notes and Queries, Volume 184, Issue 1 (2 January 1943), S. 19.
2. *Hedge* führt das Oxford English Dictionary immerhin auf *haw* und dieses wiederum auf das Altenglische und Protogermanische *hag* zurück, das so viel wie »enclosure«, »hedge, bush, coppice, fenced place« meint: »A hedge or encompassing fence (OE.); hence, a piece of ground enclosed or fenced in; a messuage (OE.); generally, a yard, close, or enclosure, as in *timber-haw*.« *The Oxford English Dictionary*, Oxford 1933, Volume V (H–K).
3. Humphry Repton: *Fragments on the Theory and Practice of Landscape Gardening*, London 1816, S. 87.
4. Ebd., S. 71.
5. W. P.: *Notes and Queries*, Volumes 4-X, Issue 237 (13 July 1872), S. 37.
6. J. H. I. Oakley: *Notes and Queries*, Volumes 4-X, Issue 240 (3 August 1872), S. 95.
7. Horace Walpole: *Essay on Modern Gardening*, Strawberry Hill/Pennsylvania 1785/1904, S. 53-57.
8. Ebd., S. 53.
9. Jonathan Bouchier: *Notes and Queries*, Volume s4-X, Issue 243 (24 August 1872), S. 158; F. Norgate: *Notes and Queries*, Volumes 4-X, Issue 246 (14 September 1872), S. 216; Edmund Tew: *Notes and Queries*, Volumes 4-X, Issue 249 (5 October 1872), S. 284; J. Ck. R.: *Notes and Queries*, Volumes 4-X, Issue 253 (2 November 1872), S. 362.
10. John James: *The Theory and Practice of Gardening*, London 1712, S. 28. (Antoine Joseph Dézallier d'Argenville: *La théorie et la pratique du jardinage*, Paris 1709.)
11. Ebd., S. 77.
12. Johann Christoph Adelung: *Grammatisch-kritisches Wörterbuch der Hochdeutschen Mundart mit beständiger Vergleichung der übrigen Mundarten, besonders aber der oberdeutschen. Zweyte, vermehrte und verbesserte Ausgabe*, Leipzig 1793–1801, Bd. 2, 900.
13. George Harris: Domestic Every-Day Life, Manners, and Customs in This Country. From the Earliest Period to the End of the Eighteenth Century, in: *Transactions of the Royal Historical Society* 10 (1882), S. 203–231; K. P. D. E.: *Notes and Queries*, Volumes 6-VII, Issue 168 (17 March 1883), S. 206.
14. J. Dixon: *Notes and Queries*, Volumes 8-VI, Issue 135, (28 July 1894), S. 66.
15. Chas. Jas. Fèferet: *Notes and Queries*, Volumes 8-VI, Issue 141 (8 September 1894), S. 198.
16. S. Arnott: *Notes and Queries*, Volumes 8-VI, Issue 145 (6 October 1894), S. 271 f.
17. Ayeahr: *Notes and Queries*, Volumes 8-VII, Issue 175 (4 May 1895), S. 354.
18. Ayeahr: *Notes and Queries*, Volumes 8-VIII, Issue 185 (13 July 1895), S. 38.
19. C. A. Ward: *Notes and Queries*, Volumes 8-VIII, Issue 185 (13 July 1895), S. 38.
20. Walter W. Skeat: *Notes and Queries*, Volumes 8-VIII, Issue 189 (10 August 1895), S. 117

MAGICIANS

In der britannischen Mythologie errichtet der Druide Merlin den Steinkreis von Stonehenge, schmiedet das Schwert Excalibur und treibt es in einen Stein, aus dem herauszuziehen es nur der rechtmäßige König Britanniens, Arthur, vermag. »Merlin the Great Wizard« wurde innerhalb der Central Intelligence Agency der Chemiker Sidney Gottlieb genannt, der ab 1953 das streng geheime, millionenschwere Forschungsprojekt MKULTRA leitete. In der Anfangszeit des Kalten Krieges, erwachsen aus Ängsten vor fortgeschrittenen Techniken der »Gehirnwäsche« jenseits des Eisernen Vorhangs, inmitten des Post-Roswell-UFO-Wahns und der antikommunistischen Paranoia, umfasste es 149 Teilprojekte unter der Mitwirkung von etwa 80 Institutionen wie Universitäten, Krankenhäusern, Gefängnissen oder pharmazeutischen Instituten, die zumeist über Drittfirmen unter Vertrag genommen wurden. Berüchtigt ist MKULTRA unter anderem für Experimente mit bewusstseinsverändernden Drogen an Leuten, die – in Verletzung des Nürnberger Kodex – häufig weder der Einnahme zugestimmt hatten, noch über Wirkung und mögliche Spätfolgen aufgeklärt worden waren. Zu Versuchskaninchen wurden Insassen von Straf- und Nervenheilanstalten, Drogenabhängige, Sexarbeiterinnen und Mitarbeitende der CIA. Ziel der Experimente war unter anderem die Erforschung von Möglichkeiten der Gedanken- und Bewusstseinskontrolle sowie der Verhaltensmodifikation. Die CIA wollte nicht nur die Wahrnehmung verändern, sondern auch temporären oder permanenten Gedächtnisverlust, künstliche Lähmungen, Angstzustände oder Psychosen induzieren können. Unter anderem experimentierte MKULTRA dabei auch mit Hypnosetechniken, mit deren Hilfe Schläfer geschaffen werden sollten, sowie mit Prophetie, Telepathie, Telekinese und »Wahrheitsseren«.

Dass dieses heute bizarr scheinende Themencluster um Mediumismus, Parapsychologie und Gedankenkontrolle sich in der Auswahl des beteiligten Personals spiegelte, ist nur konsequent. Für Teilprojekt 4 (ab 1954 Fortsetzung als Teilprojekt 19, ab 1959 im Teilprojekt 83) engagierte Gottlieb einen der namhaftesten Zauberkünstler und -historiker der USA, John Mulholland. Dieser besiegelte seinen Pakt mit der CIA durch ein Opfer an die Magie: Nach über 50-jährigem Bestehen stellte er einen Monat vor Beginn seiner Tätigkeit für die CIA im März 1953 *The Sphinx* ein, eine der renommiertesten Zauberzeitschriften, als deren Herausgeber er fungierte – vorgeblich aus gesundheitlichen Gründen. Mulholland war ein Experte für Close-Up-Zauberei, also für Handfertigkeiten, die trotz (oder wegen) einer geringen Distanz zum Publikum unbemerkt blieben – Techniken, die er für CIA-Agenten adaptieren sollte. Mulholland verfasste ein Handbuch, das, laut einer MKULTRA-Akte, Methoden »of administering drugs or chemical materials surreptitiously and misdirecting attention of a subject« beschreibt. Ein Jahr später folgte ein weiteres, zu klandestinen Kommunikationssignalen, wie sie Zauberkünstler beispielsweise in der Mentalmagie einsetzten. Darüber hinaus schlüpfte Mulholland in eine traditionelle Zaubererrolle, den Aufklärer und Entlarver – er beriet die CIA im Hinblick auf vorgeblich übernatürlich Begabte.

Sein erstes Handbuch für Spione erschien 1954 unter dem Titel *Some Operational Applications of the Art of Deception*. Spionage-Historiker H. Keith Melton und Robert Wallace stießen 2007 auf eine vollständige und unzensierte Kopie, die sie restaurierten und publizierten. Der Aufbau folgt einem typischen Zauberbuch: Auf eine allgemeine Einleitung zu Zaubertechniken folgen drei Kapitel, aufgeteilt nach Objekten. Es ist von »tricks«, »performers« und »spectators« die Rede. Statt mit Seidentüchern, Bechern und Bällchen wird jedoch mit Pillen, Pulvern und Flüssigkeiten hantiert, versteckt in Alltagsgegenständen wie Streichholzschachteln, Münzen oder Puderdosen. Zwei Kapitel gehen auf Besonderheiten für Frauen ein, bevor das Büchlein mit einem Kapitel zur manipulativen Team-Arbeit endet. Ein Beispiel beschreibt das heimliche Verabreichen einer Flüssigkeit aus einer Streichholzschachtel beim Anzünden einer Zigarette.[1] Während die Flamme in der einen Hand die Aufmerksamkeit auf sich lenkt, manipuliert die andere Hand die präparierte Streichholzschachtel, aus der Flüssigkeit in das Glas des »Opfers« tropft.[2]

In der Netflix-Serie *Wormwood* verabreicht ein Mitarbeiter Gottliebs auf exakt diese Weise LSD an Mitarbeitende nach einem Abendessen in Maryland im November 1953.[3] Ob diese heimliche Verabreichung von LSD an den zu manischen Depressionen neigenden Bakteriologen Frank Olson eine latente paranoide Psychose triggerte, die dazu führte, dass er neun Tage später in New York aus einem Fenster des heutigen Hotels Pennsylvania (damals Hotel Statler) in den Tod sprang, werden wir nie erfahren. So lautete zumindest die Erklärung, die die CIA in den 1970er-Jahren abgab, als Details über MKULTRA an die Öffentlichkeit drangen. In jedem Fall besuchte Mulholland Olson drei Tage vor seinem Tod – vorgeblich, um den depressiven Psychotiker mit Zauberkunststücken aufzuheitern. Mulholland-Biograph Ben Robinson zufolge wusste Olson um die Rolle des Zauberkünstlers in MKULTRA, befürchtete deshalb die geheime Verabreichung weiterer Substanzen und floh vor ihm, woraufhin das Treffen abgebrochen wurde.[4] Diese Begegnung ist in *Wormwood* ausgespart. Die Serie rekonstruiert die Ermittlung zu Olsons Tod durch die Augen seines Sohnes und stellt heraus, dass es sich um einen Mord nach CIA-Protokoll handelte, weil Olson, von Gewissensbissen geplagt, aussteigen wollte – bekanntlich eine Unmöglichkeit für jemanden, in einem streng geheimen Regierungsprojekt.

Womöglich ist die Verwicklung in diesen Mordfall der Grund dafür, dass sich unter den erhaltenen 20.000 Seiten, die der Vernichtung der MKULTRA-Dokumente 1973 entgingen, nur wenige zu Mulhollands Beteiligung finden. Der ein Jahr nach der Aktenvernichtung und direkt nach Nixons Rücktritt in Folge der Watergate-Affäre novellierte Freedom of Information Act schreibt die Transparenz staatlicher Einrichtungen vor. Die vorliegenden Akten zu MKULTRA sagen jedoch mehr über die anhaltende Geheimhaltung des CIA-Projekts aus als sie für Transparenz sorgen. Viele Seiten sind bis zur Unlesbarkeit geschwärzt. Die Zensuren betreffen mitunter scheinbar belanglose Stellen.[5] Dass u. a. Mulhollands Name in den MKULTRA-Dokumenten nie ungeschwärzt auftaucht, spiegelt sich auf dem Cover des von Melton und Wallace veröffentlichten Handbuchs, wo ein dritter Name (zwischen den beiden Autorennamen) zensiert ist. Die Schwärzungen in den MKULTRA-Akten reproduzieren Strategien der Verschleierung, die zu beschreiben Mulholland engagiert wurde. In einem zauberkünstlerischen Ablenkungsmanöver macht die CIA die streng geheimen Akten zwar gemäß dem Freedom of Information Act öffentlich zugänglich, vernichtet aber zugleich einen Großteil ihres Informationsgehalts. »The documents that we received in 1975 from the CIA […]«, sagt Frank Olsons Sohn in *Wormwood*, »were more unsatisfying than ignorance had been before that.«[6] Es ist eine Performanz von Transparenz, wie sie Zauberkünstler auf der Bühne präsentieren, wenn sie die scheinbare Abwesenheit von doppelten Böden, Spiegeln oder Falltüren demonstrieren. Was bleibt, ist der Drang, das Geheimnis zu lüften, denn alles, was wir sehen, ist, dass wir nichts sehen. Die Schwärzung wird so zu einem Medium der Verschleierung, das hauptsächlich darauf verweist, *dass* etwas vorenthalten wird. Sie schafft keine neutrale Leerstelle der Information, sondern eine paranoid aufgeladene, denn hinter der Schwärzung könnte sich alles verbergen – ob es banal, unmenschlich oder erschütternd ist, lässt sich in der Regel nicht prüfen. Der Versuch, die Spuren von MKULTRA zu verwischen, perpetuiert gerade die Auseinandersetzung mit dem Projekt. Konsequenterweise wird es nicht nur zum Gegenstand von Verschwörungstheorien, sondern wird auch in unzähligen popkulturellen Artefakten referenziert, wie beispielsweise in Stephen Kings Roman *Firestarter* (1980), im Spielfilm CONSPIRACY THEORY (R: Richard Donner, USA 1997) oder in der Netflix-Serie STRANGER THINGS (USA 2016-, Matt Duffer/Ross Duffer).

Paranoia rief einen enormen, auf unwahrscheinliche Ergebnisse abzielendes CIA-Projekt hervor. Illusionistische Praktiken sind mittlerweile nicht nur schon längst strukturell in Geheimdiensten implementiert, sondern CIA-Agenten wurden mit Hilfe von Mulhollands Handbuch und unter der Obhut von »Merlin the Great Wizard« selbst zu Zauberkünstlern und -künstlerinnen. Im Anschluss an das Projekt wurde Mulhollands Beteiligung zusammen mit dem Großteil aller Informationen zum Projekt zum Verschwinden gebracht und schuf eine Leerstelle, die als Verweis auf diese Operation wiederum eine andere Art von Illusionismus anregte, nämlich die Auseinandersetzung in Form von Science-Fiction und Verschwörungstheorien. Die Vernichtung der Dokumentation stachelte eine Fiktionalisierung von MKULTRA an, die immer illusionistisch bleiben wird, da sie sich weder be- noch widerlegen lässt.

Katharina Rein

ANMERKUNGEN

1. H. Keit Melton, Robert Wallace: *The Official CIA Manual of Trickery and Deception*, New York 2009, S. 96–99.
2. Ebd., S. 77.
3. Dt. Titel: *Wermut*, R: Errol Morris, USA 2017, Ep. 1 »Suicide Revealed«, 00:27.
4. Ben Robinson: *The Magician. John Mulholland's Secret Life*. [s. l.]: Lybrary.com 2010, S. 140.
5. Nachvollziehen lässt sich das beispielsweise anhand der MKUltra-Akte 4–29 im Abgleich mit der unzensierten Version aus einer Privatsammlung, zit. in ebd., S. 113.
6. Wormwood, Ep. 4 »Opening the Lid«, 00:13.

MUTTER DES NORDENS

Ein Lastwagenfahrer aus Buenos Aires hat sein Fahrzeug, auf dessen Ladefläche er vermutlich Gemüse und andere Lebensmittel aus dem Umland in die Stadt transportiert, in der Tradition des »filete porteño« bemalt: Diese meist mit floralen Motiven dekorierten Inschriften haben ihren Ursprung im ausgehenden 19. Jahrhundert und bringen das Selbstbewusstsein der *criollos* im wirtschaftlich prosperierenden Argentinien zum Ausdruck. Besonders populär wird das »filete« im Argentinien der Fünfziger- und Sechzigerjahre des 20. Jahrhunderts, bevor es in den Siebzigerjahren zur Zeit der Militärdiktatur verboten wird und seit einigen Jahren eine erneute Konjunktur zwischen populärer Gegenkultur und marktwirtschaftlicher Vereinnahmung erlebt. 2015 wurde das »filete porteño« von der UNESCO zum schützenswerten immateriellen Kulturerbe erklärt.[1]

Besonders häufig werden von Anfang an Verkehrsmittel wie Lastwagen und Busse bemalt – *filete* kommt etymologisch von sp. *hilo* / lat. *filum* [Faden] und verweist so auf die Operation des Linienziehens. Betrachtet man die solchermaßen verzierten Fahrzeuge, so verbreiten

Abb. 1: Bemalter Lastwagen. Quelle: Genovese: Filete porteño, S. 31.

diese zumindest auf den ersten Blick vor allem kleinbürgerliche Gemeinplätze quer durch die argentinische Metropole. Von der Propagierung von Arbeitsmoral (»Si querés uno igualito laburá como Marcelito« [Wenn du auch so einen willst, arbeite wie Marcelito]) über die Zurschaustellung von Nationalstolz (die argentinische Flagge fehlt in kaum einem der ornamentalen Motive des »filete«) bis hin zu sexistischen Botschaften (»nena qué curvas y yo sin frenos« [Mädchen, solche Kurven und ich kann nicht bremsen]): Die fahrenden *loci communes* des »filete porteño« werden als mobile Medien, die Transport und Kommunikation zusammenführen, zum Werkzeug der selbstbewussten Verbreitung der Enzyklopädie der menschlichen Dummheit, welche Gustave Flaubert in seinem »Dictionnaire des idées reçues« noch zwischen zwei Buchdeckel gebannt wissen wollte.

Dennoch erlauben die handbemalten argentinischen Gemeinplatzschleudern auch einen alternativen Blick auf die verräumlichende Operationalität von Bewegungen durch den städtischen Raum, sobald man die bemalten Vehikel nicht als bloße Extensionen versteht, mit denen sich Chauffeure ein mobiles Gehäuse ihrer eigenen Kleinbürgerlichkeit schaffen, sondern indem man die Botschaften, die sie transportieren, von ihren ›Piloten‹ ablöst und stattdessen auf die Verkehrsmittel selbst bezieht.

Als Beispiel kann auf dem eingangs abgebildeten Lastwagen die Inschrift dienen, die dieser auf der vorderen Stoßstange trägt: »Yo me presento así« [So stelle ich mich vor].[2] Was zunächst wie eine Tautologie klingt, erhält durch die Wahl der Stoßstange für die Inschrift eine besondere Pointe, d.h. der Wagen verweist auf seine materielle Handlungsmacht, wobei die Inschrift im Grunde nur das nachreicht, was die ›Vor-Stellung‹ der vorderen Stoßstange ohnehin schon verkörpert: Wie bei Kartuschen auf frühneuzeitlichen Karten, auf denen Schiffe sprechen und somit als eigentliche Aktanten einer kulturtechnischen Operation auftauchen,[3] so geht auch bei dieser Selbstvorstellung des Wagens durch seine Stoßstange die demonstrierte Handlungsmacht dem artikulierten Sprechen voraus:

Es handelt sich also nicht bloß um die ›uneigentliche Rede‹ eines per Personifikationsallegorie zum sprechenden Subjekt erhobenen unbelebten Gegenstands, vielmehr ist das Reden überhaupt dem sich in seiner Handlungsmacht vorstellenden Objekt uneigentlich, es ist die nachträgliche Übersetzung seiner dem Sprechen vorgängigen Operationalität.

Man mag diese Interpretation für eine abwegige Rückprojektion von Prämissen der aktuellen Kulturtechnikforschung auf den kleinbürgerlichen Alltag der peripheren Modernität Argentiniens halten, sie kann aber zumindest für sich in Anspruch nehmen, einen bedeutenden Vordenker zu haben, nämlich Jorge Luis Borges in einer Miszelle, die unter dem Titel »Las inscripciones de los carros« erstmals 1930 veröffentlicht wurde.[4]

Bei einem seiner Spaziergänge durch die Stadt fällt Borges auf einem Wagen mit Waren, die auf den Lebensmittelmarkt im Viertel Saavedra verkauft wurden, die Aufschrift »La madre del Norte« auf. Wie er bemerkt, gibt es für diese Aufschrift eine glaubwürdige (»creíble«), aber eher alltägliche Lesart, nämlich dass auf diese Weise eine alte Marktfrau aus dem Norden der Stadt ihre Waren bewirbt. Lässt man jedoch statt dem Mütterchen den Wagen selbst sprechen, so ergibt sich daraus, so Borges, eine zwar ›unglaubwürdige‹ (»no creíble«), aber in kulturtechnischer Hinsicht umso interessantere Lesart, nach der der kleine Wagen selbst die ›Mutter des Nordens‹ sei und mit seinem wiederholten Parcours in die Stadt also den Norden überhaupt erst hervorgebracht habe:

»Lindo nombre es este último y le podemos probar dos explicaciones. Una, la no creíble, es la de [...] suponer al Norte parido por ese carro, fluyendo en casas y almacenes y pinturerías, de su paso inventor. Otra es la que previeron ustedes, la de atender. [Das ist ein schöner Name, für den wir zwei Erklärungsversuche unternehmen können: Die erste, unglaubwürdige Erklärung, besteht darin [...] anzunehmen, der Norden sei eine Ausgeburt dieses Wagens und ergieße sich mit seinem erfinderischen Schritt in Häuser, Läden und

Malergeschäfte hinein. Die andere Erklärung ist die erwartbare, die Sie haben kommen sehen.]«[5]

Was Borges hier als eine ›unglaubwürdige‹ Lesart vorstellt, ist der Entwurf einer Welt, in der es tatsächlich die unablässigen Fahrten eines kleinen Gemüsekarrens sind, die so etwas wie die Vorstellung des Nordens überhaupt erst hervorbringen: Möglicherweise muss man diese Lesart aber so ernst nehmen wie die unglaubliche ›Tlön-Werdung‹ der Welt in einer seiner bekanntesten phantastischen Erzählungen[6]: In einer Welt, in der ein Gemüsekarren zur ›Mutter des Nordens‹ werden kann, gehen Raumpraktiken jeglicher Raumordnung voraus, in dieser Welt sind Himmelsrichtungen nachträgliche Abstraktionen von Orientierungstechniken.[7] Der Weg zu einem solchen Verständnis von Räumlichkeit beruht für Borges auf einer dezidierten Umkehrung einer Weltsicht, in der der Letzthorizont von Handlungsmacht menschliche Subjekte sind; allerdings bedarf es durchaus der Übersetzungsleistung in eine menschliche Form der Semiose, um solche Konstellationen überhaupt sichtbar werden zu lassen – in diesem Sinn führt jeder mobile Agent einer kulturtechnischen Operation für Borges eine Art aufgemaltes Namensschild mit sich, das unter Umständen weit mehr als die kleinbürgerliche Mentalität seines Eigentümers sichtbar macht.

Jörg Dünne

ANMERKUNGEN

1 Vgl. im Überblick Alfredo Genovese: *Filete porteño*, Buenos Aires 2007.
2 Vgl. ebd., S. 31.
3 Vgl. etwa die Darstellung von Magellans ›sprechendem‹ Flaggschiff »Victoria« auf Abraham Ortelius' Pazifikkarte des *Theatrum orbis terrarum* (1598), in Ausst.kat. *America. Das Frühe Bild der Neuen Welt*, München 1992, S. 93.
4 Jorge Luis Borges: Las inscripciones en los carros, in *Evaristo Carriego* [1930]. Wiederveröffentlichung in leicht veränderter Form in: ders., Séneca en las orillas, *Sur* 1 (1931): S. 174–179. [Übersetzung v. Verf.].
5 Ebd., S. 176.
6 Jorge Luis Borges: Tlön, Uqbar, Orbis tertius, in: *Ficciones. Obras completas*, Bd. 1, Buenos Aires 1996, S. 431–443.
7 Dies gilt übrigens nicht nur für den Norden von Borges' Text, sondern auch für den Mythos des argentinischen Südens, dem sich die Zeitschrift *Sur* verschrieben hat, in der Borges' Text 1931 zum zweiten Mal veröffentlicht wurde. Bereits das Titelbild der Zeitschrift mit seinem charakteristischen, von oben nach unten führenden grünen Pfeil spielt auf die ›direktionale‹ Hervorbringung des Südens aus der Bewegung heraus an.

SANDDÜNEN

In der Schöpfungsmythologie der Navajo gehören die Sanddünen zu jenen vorzeitlichen Monstern, die nur mit viel Mut, einem Talisman aus Adlerfedern und dem Singen eines Zauberspruches bezwungen werden konnten: »Before long, however, they arrived at a barren land of rolling sand dunes. It was a great desert where hot, whirling piles of sand encroached upon anyone passing through. These were *Séit'áád* the Boiling Dunes that they were forewarned they would eventually meet. It was at this place where, boiling like water in a heated pot, these dunes burned the wayfarer to a shrivel and covered up the remains.«[1]

Heute gelten Sanddünen zwar als unbelebt, eine gewisse Eigenständigkeit wird ihnen aber auch von der heutigen Naturwissenschaft nicht abgesprochen. Als selbstorganisierende Systeme basieren sie auf einer Feedbackschleife zwischen Sand und Wind: Die Form der Düne beeinflusst die Windrichtung, die wiederum die Dünenform aufrechterhält. Die einzelnen Sandkörner werden vom Wind – äolisch – in einer Bewegung zwischen Hüpfen und Rollen, die Luv-Seite der Düne hinaufgetrieben. Wenn sie den Kamm erreichen, stürzen sie auf der Lee-Seite wieder hinunter. Manche Dünen wandern auf diese Weise, andere bleiben an Ort und Stelle weil sie in Zusammenwirkung mit einer vorgelagerten Bergkette ein Sandtransportsystem bilden.[2]

Die Rückkopplungsschleife zwischen Dünenform und Windrichtung schlägt sich auch in den feinen Kräuselungen auf der Oberfläche nieder, die nicht einfach nur Folge äußerer Umweltbedingungen sind, sondern vom Feedback-System selbst hervorgebracht werden – die Düne zeichnet ihre eigenen Muster. Bei starkem Wind von etwa fünfzig Meilen pro Stunde verschwinden mitunter die Sandrillen der Kelso-Dünen in Südkalifornien. Sobald der Wind wieder nachlässt, erscheinen auch die typischen Rillenmuster mit Wellenlängen von drei bis sechs Zoll wieder auf der Oberfläche.[3]

Als granulares Material bewegt sich Sand, wie das *Diné Bahane'* der Navajo bereits zu berichten wusste, an der Grenze zwischen Festem und Flüssigem: Die einzelnen Körner verhalten sich wie eine Flüssigkeit, sind aber in der Lage sich unter bestimmten Bedingungen zu etwas Kollektivem und Festem zusammenzuschließen. Obwohl jedes einzelne Korn nur wenige andere Körner im Sandhaufen zu berühren vermag, bestimmen diese lokalen Interaktionen Form und Bewegung des globalen Haufens.

Auf das Kollektiv der Sandkörner führen Wissenschaftler auch ein weiteres, merkwürdiges Dünenphänomen zurück: Bei hohen Temperaturen und entsprechender Trockenheit ›singen‹ oder besser ›blasen‹ die Kelso-Dünen – ein grollender, voller Sound, nicht unähnlich einer Tuba[4] und in einer Frequenz von etwa 98 Hz. Damit kleine Sandlawinen auf der Lee-Seite eine Düne zum Klingen bringen können, müssen sowohl die Sandkörner als auch die gesamte Düne bestimmte Eigenschaften erfüllen – wie genau sich dieses Phänomen physikalisch erklären lässt, ist allerdings umstritten. Einige WissenschaftlerInnen vermuten, dass die Akustik von Größe und Beschaffenheit der Sandkörner sowie Größe der Oberfläche der Düne abhängt, die wie eine Membran oder ein Lautsprecher die Schwingungswellen der kleinen Sandlawinen akustisch verstärkt. Andere betonen zusätzlich die Rolle von Umweltfaktoren wie Temperatur, Feuchtigkeit und Salzgehalt des Sandes.[5] Da das Getöse der Dünen an dieser Stelle nicht erklingen kann, sei hier auf die Schöpfungsgeschichte der Navajo verwiesen, die von den zwei mutigen Brüdern berichtet, die das Sandmonster einst bändigten:

> »We must know who you are and where you come from,« insisted the dunes at last, roaring and filling the air with their furious heat as they spoke.
>
> »And we seek to learn where you are going and what your purpose is once you get there.«
>
> To which the boys roared this answer:
>
> »We are children of *Jóhonaa'éí* the Sun,« they roared.

Sanddünen

»We set out from *Dzil ná'oodilii*,« the region of Banded Rock Mountain where our unfortunate people once hoped to settle and dwell peacefully. And we will fulfill our purpose when we reach the dwelling of our father to deliver a message to him from *Na'ashjè'ii asdzáá* the Spider Woman.«

»What could she possibly have to say to him?« asked the dunes.

»You had better tell us, or we will burn you up and bury your remains.«

Whereupon the boys took the sacred *naayéé' ats'os* from their bundle, held it at arms length as they faced the dunes, stared at them confidently and chanted the words of the magic formula that *Na'ashjè'ii asdzáá* the Spider Woman has taught them. And whereupon the dunes slowly collapsed so that the desert floor could easily be crossed.

»Continue on your journey,« they responded quietly.

»Long life is ahead. Happiness is ahead.«

So it was that the two lads made their way over Burning Sands Desert and continued along *Atiin diyinii* the Holy Trail.[6]

Christina Vagt

ANMERKUNGEN

1 Paul G. Zolbrod: *Diné Bahane'. The Navajo Creation Story*, Albuquerque/NM 1999, S. 203.
2 Vgl. Brian Romans: Grain Flow On A Martian Dune, in: *Wired*, November 2011.
3 Robert P. Sharp: Wind Rippels, in: *The Journal of Geology* 71/5 (September 1963): S. 617–636.
4 Die Klanganalogie zwischen Kelso-Düne und Tuba verdanke ich meiner Exkursionsteilnehmerin Petra Löffler.
5 Vgl. B. Andreotti: The Song of Dunes as a Wave-Particle Mode Locking, in: *Physical Review Letters* 93/23 (Dezember 2004); Stephane Douady et al.: Song of the dunes as a self-synchronized instrument, in: *Physical Review Letters* 97 (2006); Nathalie Vriend et al.: Solving the mystery of booming sand dunes, in: *Geophysical research letters*, 2007.
6 Paul G. Zolbrod: *Diné Bahane'*, S. 205.

SCHARNIERE

Als der Archäologe Jakob Messikommer 1868 ein rechteckiges Stück Holz aus dem Robenhauser Ried am Schweizer Pfäffikersee barg, glaubte er zunächst einen Tisch gefunden zu haben und schickte den Fund an den daraufhin zu Rate gezogenen Begründer der Pfahlbautheorie Ferdinand Keller. Er schrieb: »Gestern und heute arbeite ich mit 6–7 Mann auf der Pfahlbaute. Ich fand gestern eine Art Tisch, das heisst ein ungefähr vier Fuss langes und zwei Fuss breites Brett mit Löchern, ungefähr so.«[1] (Abb. 1) Nachdem der merkwürdige Fund in Zürich eingetroffen war, machte Keller indes die ursprüngliche Funktion des Holzstücks ausfindig: »Dieses Brett hat offenbar als Thür gedient und ist so gestaltet, dass der vorstehende Theil als Angel diente, um den die Thüre sich drehen konnte.«[2] Während der Achszapfen anfänglich fester Bestandteil des Türblatts war, indem er aus diesem »direkt herausgeschnitten« wurde,[3] hat sich der Angelmechanismus über Jahrhunderte hinweg so weit ausgelagert, dass mit dem Scharnier ein eigenwilliges kinetisches Objekt aufkam, das die Operationen des Öffnens und Schließens in einem Element verkoppelt.[4]

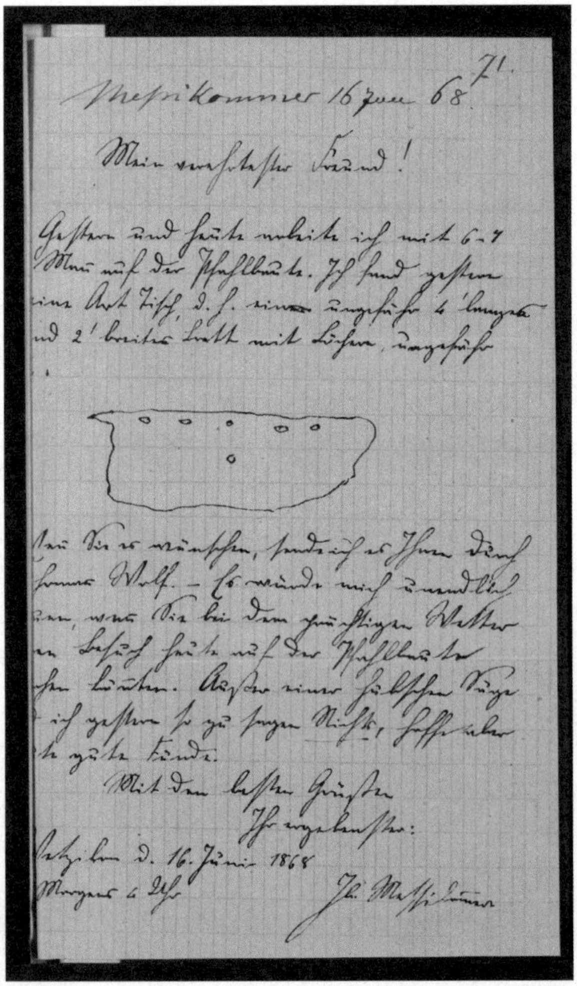

Dass Scharniere eine wegweisende, wenn nicht bahnbrechende Erfindung sind, stellt auch Bruno Latour in seinem Aufsatz zum automatischen Türschließer heraus. An einem eisigen Februartag, so berichtet er, schmückte die Eingangstür der Pariser *Halle aux cuirs* folgende Notiz: »Der Türschließer streikt. Schließen Sie um Gottes willen die Tür!«[5] Durch den Defekt auf seine eigenen Kräfte zurückgeworfen, wird Latour auf das komplexe Schaltwerk aufmerksam und offenbart sich als »großer Bewunderer von Scharnieren«, die die Tür ihm zufolge in ein »wirkliches Wunderwerk der Technologie« verwandeln, denn »[d]ie Intelligenz der Erfindung dreht sich nämlich um die Angeln.«[6] Wie ein Relais fungiert das Scharnier als Operator, der den Austausch zwischen innen und außen regelt, oder besser gesagt: das Innere und Äußere verschaltet. Es ebnet Unterschiede ein und setzt an ihrer statt eine bewegliche Verbindung ins Werk, die Subjekte und Objekte, materielle und symbolische Elemente versammelt, leitet und differenziert. Was hier schaltet und waltet, ist eine *agency*, die durch ihre drehbare Vorrichtung Körper und Dinge ein- und ausschließt und zueinander in Beziehung setzt.

Auch wenn es zunächst banal erscheinen mag, dass die konstitutive Funktionsweise des Scharniers darin besteht, zu öffnen und zu schließen, bewahrheitet sie sich bei genauerer Betrachtung als wesentlich komplexer, manifestiert sich das Scharnier doch als eine äußerst

Abb. 1

vertrackte Konstellation, die das, was es verbindet, zugleich auf Abstand hält. Insofern das Scharnier weder der einen noch der anderen Seite der Unterscheidung zugerechnet werden kann, nimmt es die Position eines *Dazwischen* ein, welche sich der Differenz entzieht, die es selbst vereint: »Sofern das Scharnier weder zum einen, noch zum anderen […] gehört, ist es ein Drittes.«[7] Gefangen in diesem Zwiespalt, prozessiert das Scharnier als elementare Kulturtechnik unaufhörlich Unterscheidungen, womit ihm eine binäre Logik zugrunde liegt. Dementsprechend definieren die Architekten Heinz und Bodo Rasch in ihrer Studie über Türen und Fenster Scharniere als bewegliche Verbindungen, die zwischen »zu« und »offen« changieren. Dabei leiten sie deren grundlegende Operationsweise aus der Art ihrer Bewegung zur Fläche ab: »Eine Klappe ist ein Flächenelement, das um eine Achse drehbar ist […]. Die Klappe wird bewegt quer zur Richtung ihrer Fläche. Diese Bewegung ist eine im Prinzip voluminöse, sie nimmt ein Stück Raum vor oder hinter der Wandebene fort.«[8] Was hier beschrieben wird, unterstreicht das Potential von Scharnieren, Objekte aufgrund der gelenkartigen Vorrichtung in unterschiedliche Stellungen zu versetzen und zu transformieren. Durch die Operationen des Auf- und Zuklappens wird das Verhältnis der Dinge zueinander verschoben, so dass deutlich wird, dass in Scharnieren stets eine mehrdimensionale Kopplung von Realitäten angelegt ist.[9]

Ein Dispositiv, das wie prädestiniert dafür erscheint, die metamorphotische Handlungsmacht des Scharniers zu veranschaulichen, ist das Buch, welches zwei Ansichten durch ein Gelenk zu einer Einheit verbindet. Nicht zufällig spricht Nina Wiedemeyer von der Scharnierfunktion des Buchs, die dem Medium allein durch den Falz in seiner spezifischen Objektform inhärent ist, insofern er »Zweidimensionalität in Raum überführbar macht und andersherum.«[10] Zu klappen bedeutet, die plane Buchseite zu *ent-falten* und in einen dreidimensionalen Buchraum zu verwandeln, wobei ein Hybridobjekt entsteht, das nicht einfach gegeben ist, sondern erst durch die Praxis des Klappens und Faltens als Gefüge von Operationen zutage tritt.[11] Dergestalt tritt das Scharnier aus dem rein materiellen Hintergrund hervor und wird als eigenmächtiger Akteur beobachtbar, der nicht nur passives Tragwerk und verzierter Zeichenträger ist. Vielmehr zeigt es sich als verknüpfender und die Verhältnisse verschiebender Handlungsträger, der die gefährliche Mimesis besitzt, zu assimilieren und eine fundamentale Seinsveränderung mit sich zieht. Kurzum: Das Scharnier ist kein Spiegel, sondern Modulator, der etwas neu ins Bild setzt und das alte sogleich verändert.

Linda Keck

ANMERKUNGEN

1 Archiv der Antiquarischen Gesellschaft Zürich: Brief von Jakob Messikommer an Ferdinand Keller vom 16. Juni 1868, in: *Korrespondenz der Antiquarischen Gesellschaft Zürich* 28/71 (1867–1868). Für weitere Details siehe Kurt Altorfer: Neue Erkenntnisse zum neolithischen Türflügel von Wetzikon ZH-Robenhausen, in: *Zeitschrift für Schweizerische Archäologie und Kunstgeschichte* 56/4 (1999): S. 217–230.
2 Ferdinand Keller: Thüren von Holz aus Robenhausen und Chavannes Pfahlbauten, 8. Bericht, in: *Mittheilungen der Antiquarischen Gesellschaft Zürich* 20/3 (1879): S. 48–49.
3 Franz Maria Feldhaus: *Die Technik der Vorzeit, der geschichtlichen Zeit und der Naturvölker*, München 1965, S. 903 f.
4 Zum Zwecke des Verschlusses von Höhlen haben ursprünglich mühsam vorgewälzte Stämme oder Steine gedient. Bei der Robenhauser Türe, die an der ETH Zürich mit der Radiokarbondatierungsmethode in die Zeit um 3765 v. Chr. datiert wurde, handelt es sich um den ältesten erhaltenen Fund in Europa. Allerdings ist in Anbetracht der hochstehenden Holzkonstruktionen im frühen Neolithikum davon auszugehen, dass bereits ab dem 6. Jt. v. Chr. Türen mit Scharniermechanismen existierten. Zur Technik- und Kulturgeschichte des Scharniers siehe am ausführlichsten Ernst Erwin Stursberg: *Scharniere. Eine Studie zur Geschichte des Scharniers*, Remscheid-Hasten 1970.
5 Bruno Latour: Ein Türschließer streikt, in: ders., *Der Berliner Schlüssel. Erkundungen eines Liebhabers der Wissenschaften*, Berlin 1996, S. 62–84.
6 Ebd., S. 62.
7 Wolfram Pichler: Caravaggio oder die Malerei des Zwiespalts, in: *Das Magazin des Instituts für Theorie* 31, 14/15 (2010): S. 38.

8 Heinz and Bodo Rasch: *Zu offen. Türen und Fenster*, Stuttgart 1931, S. 72. Hierzu auch Daniel Gethmann: Übertragung und Speicherung. Architektonische Beiträge zur Medientheorie der Wand, in: Susanne Hauser, Julia Weber (Hg.), *Architektur in transdisziplinärer Perspektive. Von Philosophie bis Tanz. Aktuelle Zugänge und Positionen*, Bielefeld 2015, S. 179–194.

9 Zu Falt- und Klappmedien vgl. Helga Lutz: Medien des Entbergens. Falt- und Klappoperationen in der altniederländischen Kunst des späten 14. und frühen 15. Jahrhunderts, in: *Archiv für Mediengeschichte* 10, hrsg. von Lorenz Engell, Bernhard Siegert, Joseph Vogl, München 2010, S. 27–47.

10 Nina Wiedemeyer: Buchfaltenmuster. Eine Ornamenttheorie mit den Dingen, in: Mateusz Kapustka, Martin Kirves, Martin Sundberg (Hg.), *Falten-Muster. Texturen von Bildlichkeit*, Emsdetten/Berlin 2017, S. 24.

11 Vgl. John Law: Objects and Spaces, *Theory, Culture and Society* 19, 5/6 (2002): S. 91–105.

SHOOTING THE LAST ARROW

Am 8. Oktober 1915 sandte das US-Innenministerium einen Brief mit folgendem Wortlaut an den Vorsteher der Crow Creek School im gleichnamigen Reservat in South Dakota:

> My dear Mr. Haygood:
> I was glad to learn from your letter of September 18, 1915, of the splendid success of your recent Indian fair, particularly of the interest shown therein by the Indians, and the excellent exhibits of agricultural products, livestock and poultry, which indicates that our work along these lines is bringing substantial results. The creditable exhibit of livestock is especially encouraging, as your Indians will have to depend so largely upon this industry for support in the future. [...] I hope you will take full advantage of the agricultural enthusiasm generated by the fair with the view of following up aggressively all matters relating to the agricultural and industrial betterment of your Indians.
> Very truly yours, Cate Sells, Commissioner[1]

Erwähnenswert ist dieses Schreiben, da die in ihm bekundete Anerkennungen ebenso wie der Erfolg des Crow Creek farmers' market eine positive Ausnahme darstellten. Die agrarische Wirtschaftsform in der indigenen Bevölkerung Nordamerikas mehr oder weniger aggressiv durchzusetzen, war eine der dringlichsten Aufgaben der Indian Agents, die als Regierungsvertreter mit der Verwaltung der Reservate betraut waren. Zahllose Korrespondenzen, die in dieser Zeit zwischen Washington und den Verwaltungseinheiten der Great Plains ausgetauscht wurden, legen beredtes Zeugnis von der Bedeutung dieser ersten Industrialisierungswelle der amerikanischen Ureinwohner ab. Und davon, dass der agrikulturelle Enthusiasmus unter den meisten Stämmen nicht eben weit verbreitet war.

Die Dringlichkeit, die der Durchsetzung und Vermittlung dieser neuen Wirtschaftsform zukam, zeigt sich auf abgründige Weise in einer Zeremonie, die Franklin K. Lane, von 1913 bis 1920 Innenminister der Regierung Woodrow Wilson, als feierliche Begleitung zur Verleihung der amerikanischen Staatsbürgerschaft an Native Americans einführte. Deutlich überkreuzten sich darin Wahrnehmungen und Projektionen von Kolonisatoren und Kolonisierten.

Eine Fotografie von 1917 zeigt eine solche Einbürgerungsszene im Standing Rock Reservat in North Dakota. Zu sehen ist eine Gruppe überwiegend männlicher Sioux-Indians, die sich auf dem Platz vor einem Gebäude für die Fotografie in Position gebracht haben. Sie blicken direkt in die Kamera. Mittig im Vordergrund stehen zwei Regierungsvertreter in offizieller Anmutung hinter einem Tisch, auf dem ein Stapel Papiere liegt; einer der beiden Männer hält einige Blätter in den Händen. Ist die linke Bildhälfte von einer im Anschnitt erkennbaren amerikanischen Flagge bestimmt, so weisen die nach rechts oben gerichteten Blicke der beiden Männer hinter dem Tisch auf das zentrale Bildmotiv: einen doppelkurvigen Bogen mit angelegtem Pfeil, den ein Sioux-Vertreter zum Abschuss spannt. Vor ihm, prominent im rechten Vordergrund, ragt der Sterz eines hölzernen Pflugs in die Komposition. Bei genauerem Hinsehen sind weitere Pfeile erkennbar, deren befiederte Schaftenden sich deutlich gegen die dunkle Kleidung einiger Männer im Bildhintergrund abzeichnen. Zeigt die Fotografie den Moment kurz vor dem Release des Bogens, so deuten diese Pfeile darauf hin, dass sich der hier dokumentierte Akt in der Folge wiederholen und jeder der Anwesenden vortreten und den Pfeil, den er hält, abschießen wird.

Ein letztes Mal. Denn *Shooting the last arrow*, so die interne Bezeichnung für die Zeremonie, bedeutete genau dies: die Bogenwaffe nach dem letzten Gebrauch für immer abzulegen. Die indianische Lebensform würde so (zusammen mit dem indianischen Namen) aufgegeben und der Übergang zu einem sesshaften Leben als Ackerbauer (und amerikanischer Staatsbürger) symbolisch durch das Auflegen der Hände auf einen

Abb. 1: Shooting the Last Arrow, Standing Rock Reservation, N. Dakota. Frank B. Fiske, 1917 (Libr. of Congress, 91720356)

bereitstehenden Pflug vollzogen. Der dazu verlesene Text aus dem »Ritual on Admission of Indians to Full American Citizenship« lautete entsprechend:

> You have shot your last arrow. That means that you are no longer to live the life of an Indian. You are from this day forward to live the life of the white man. But you may keep that arrow, it will be to you a symbol of your noble race and of the pride you feel that you come from the first of all Americans. […] Take in your hand this plow. This act means that you have chosen to live the life of the white man – and the white man lives by work. From the earth we all must get our living and the earth will not yield unless man pours upon it the sweat of his brow. Only by work do we gain a right to the land or to the enjoyment of life.[2]

Eine solche zivilisatorische ad hoc-Transformation hatten Lane und der seinerzeit für das dem Innenministerium unterstellte Bureau of Indian Affairs tätige Inspektor James McLaughlin (auf der Fotografie zur Linken hinter dem Tisch stehend) offenbar im Sinn, als sie die Zeremonie planten. Bogenwaffe und Pflug traten hier als zeremonielle Objekte und Insignien zweier klar unterschiedener kultureller und zivilisatorischer Entwicklungsstufen an die Seite der amerikanischen Flagge, die bisher den zentralen Gegenstand bei der Vergabe der Staatsbürgerschaft dargestellt hatte.

So drehte sich die 1913 durchgeführte *Expedition for American Indian Citizenship*, eine von dem Hobby-Ethnologen Rodman Wanamaker initiierte und von hohen politischen Stellen unterstützte Reise, die sich über 20.000 Meilen und 89 Reservate erstreckte und dort Einbürgerungen in großem Maßstab vornahm, gänzlich darum, die Stars and Stripes in die Territorien der Native Americans zu tragen und damit deren Zugehörigkeit zu den Vereinigten Staaten von Amerika zu signalisieren. In jedem Reservat aufs Neue wurden »eminent Indians in full regalia« um einen Flaggenmast versammelt und mit einer zuvor aufgezeichneten Botschaft, für die Thomas Alva Edison persönlich Woodrow Wilson einen Phonographen zu Verfügung gestellt hatte, präsidial begrüßt und als »Brüder« adressiert, bevor James McLaughlin, der schon diese Expedition begleitet hatte, ihnen die symbolische Bedeutung der amerikanischen Flagge vor Augen führte, auf die sie dann den Treueeid leisteten und so vom Stammes- zu einem Staatsangehörigen wurden.[3]

Stand die Flagge also für die Einheit von »weißem Mann« und »rotem Mann«,[4] so ging es Lane und McLaughlin mit der (bis in die 1920er Jahre vorgenommenen) Zeremonie des letzten Pfeilschusses darum, den Native Americans auf- und vorzuführen, wie die Passage vom Bison jagenden Ureinwohner zu einem wirtschaftlich unabhängigen Staatsbürger auch materiell – im Zeichen des Pflugs – zu realisieren war. Ein letztes Mal wiederholte sich in der Zeremonie der historische Übergang vom nomadischen zum sesshaften Leben. Der neu gewonnene Bruder wurde so symbolisch entwaffnet, während er gleichzeitig auf amerikanischer Seite im Ersten Weltkrieg kämpfte oder aber in den Reservaten zu jenem agrarischen Leben zurückkehrte, das er (zumindest als Angehöriger der Sioux) bis zur Einführung des Sacred Dog durch die spanischen conquistadores ohnehin geführt hatte. Pfeil und Bogen wandelten in der Folge ihren Status von Gebrauchs- zu Museumsgegenständen und fanden Eingang in ethnografische und anthropologische Sammlungen, die bis heute die materielle Kultur der amerikanischen Ureinwohner dokumentieren.

Rebekka Ladewig

ANMERKUNGEN

1 Cate Sells: Brief vom 8. Oktober 1915 an Wilbur F. Haygood, *National Archives*, Central Classified Files, Box 3, File 047 (121310-1914).
2 *Ritual on Admission of Indians to Full American Citizenship*, McLaughlin Papers, State Historical Society of North Dakota, MMSS10313, Role 6.
3 Russel L. Bersh: The 1913 Expedition for American Indian Citizenship, *Great Plains Quarterly*, 13, 2 (1993), 91–115, hier S. 103.
4 Ebd.

Abbildung: Courtesy Library of Congress, LC-USZ62-102685

SONDERDRUCK

Sonderdrucke in meinem Bestand,
92 total
davon
59 von Männern,
33 von Frauen,
13 aus der DDR,
9 von ehemaligen Geliebten,
10 von Freunden,
4 von mir gänzlich Unbekannten,
2 von Kontaktanbahnenden,
6 von ehemaligen Chefs,
3 von fachbekannten Diven, und
2 solche, die anderen gewidmet waren, aber an mich weitergereicht wurden,
3 beschmutzte und
2 zerlesene.

92 Sonderdrucke in zwei bis drei Jahrzehnten, das ist nicht gerade eine große Ausbeute. 92 Sonderdrucke, locker untergebracht in dem Drittel einer Hängeregistraturschublade, zeugen eher vom Vergehen der Schriftform, davon, dass es sich hier um ein Kind des Gutenberg-Zeitalters handelt und nicht um einen *hot spot* des gegenwärtigen Arbeitslebens. Mit der Digitalisierung von Schriftgut waren Sonderdrucke seit den 1980er-Jahren mehr und mehr ins Hintertreffen geraten, so auch bei mir. Nutzte ich sie anfangs der 1990er noch häufig im Rahmen meiner Textsammlung von kopierten Aufsätzen und ebensolchen von Büchern, die ich mir nicht leisten konnte und nahmen sie auch noch die Hürde eines digitalisierten Verzeichnisses ein paar Jahre später, verging ihre Attraktivität im Laufe der Nullerjahre endgültig. Heute ist es nicht nur in meinem Wissenschaftsalltag schwer, überhaupt noch auf diese selten gewordene Spezies zu treffen; verschickt wird, wenn überhaupt, ein *pdf*. Allenfalls bei Bewerbungen werden die schmalen papierenen Druckwerke stilhalber noch beigefügt.

In den gängigen Lexika und Enzyklopädien gerät das Stichwort »Sonderdruck« oder »Separatum« nicht vor dem 20. Jahrhundert in die Schlagwortlisten. Die wohl ausführlichste Definition liefert das buchgeschichtliche »Lexikon des gesamten Buchwesens«, das seit 1930 geplant und mit dem 3. Band 1937 abgeschlossen wurde: »Sonderdruck. Die Mitarbeiter von Sammelwerken (s. d.) oder Zss. erhalten an Stelle von Freiexemplaren in der Regel Sonderabzüge ihres Beitrages in einer entweder prinzipiell oder vertraglich geregelten Anzahl. Die Herstellung von S. dieser Art erfolgt gewöhnlich zusammen mit dem Auflagendruck, indem von den betr. Bogen die benötigte Mehrzahl ohne Änderung weitergedruckt wird; höchstens wird noch ein Sondertitel vorgeschaltet bzw. auf dem Broschurumschlag angebracht. Es ist üblich, S. als solche unter Bezugnahme auf das Hauptwerk zu kennzeichnen.«[1] Wichtig ist die Unterscheidung, dass es sich hierbei nicht um einen *besonderen* als vielmehr *gesonderten* Druck handelt: In Aussehen und Inhalt ist der Sonderdruck vollkommen identisch mit dem gleichen, in einer Zeitschrift oder einem Sammelband gedruckten Text. Durch seine Herauslösung aber erhält er einen eigenen Status und kann separat vergeben werden, seine Dignität verleiht ihm die je eigene Broschur. Sonderdrucke variieren deshalb in Format, Typographie und Seitenlayout – je nachdem, wie ihre regulären Abzüge gestaltet sind. Kann man einen vergleichenden Blick auf Sonderdrucke werfen (92 reichen für diese Art der Sehschule schon aus), so wird das Ausmaß der Diversität schnell deutlich: Große und kleine, auf billigem und hochwertigerem Papier gedruckt, mit Leinenband geheftet oder in Leim gebunden, durch Broschuren geschützt oder schlicht geklammert. Sonderdrucke sind immer dünn, oder zumindest nicht sonderlich umfangreich, je nachdem, was die Textgattung »Aufsatz« in einer Disziplin hergibt. Und der Sonderdruck ist an das Papier gebunden und kann von einem Digitalisat nicht ersetzt werden.

Auch nicht von einem pdf. Das »Portable Document Format« wandelt »Dokumente mit komplexem Layout« in ein schreibgeschütztes Digitalisat um. »Dabei wird das Layout und der Inhalt des Originals, einschließlich Schriften und Grafiken, exakt beibehalten.«[2] Nichts anderes tut der Sonderdruck. Dass er dennoch ohne Papier nicht auskommt (und deshalb auch von der mittlerweile eigenen pdf-Gattung »Elektronischer Sonderdruck« nur müde imitiert werden kann), hängt mit seiner Widmungsqualität zusammen. Denn ein erneuter Blick auf die äußere Gestalt der Sonderducke zeigt, dass sie in den meisten Fällen mit einem Gruß, einem kleinen Zusatz und nicht selten einer formellen Widmung des Verfassers an die Empfängerin gekennzeichnet sind. Der dünne Sonderdruck wurde an Kolleginnen und Freunde versandt und von eigener Hand beschriftet. Dieses Widmungsszenario bildet gewissermaßen die Autorisierung des Textes, indem sie dem gedruckten Aufsatz eine handschriftliche Signatur hinzufügt. Unter dem Stichwort »Widmung« ist im »Lexikon des Gesamten Buchwesens« zu lesen: »Handschriftliche Verfasser-W. erhöhen den Wert eines Buches, sind aber auch für die Wissenschaft von Bedeutung. Die W'exemplare wurden meist in besonderer Ausstattung an höhere Persönlichkeiten gerichtet. Die W. trugen dazu bei, das Exemplar zu einem Sammlerstück, zu einem einzig erhaltenen, zum Unikum (s. d.) zu machen, u. haben auch als Autogramm hohe Geltung.«[3] Dies gilt nicht nur für Bücher, sondern auch für Sonderdrucke, wie wenig später zu lesen ist: »Endlich sind hier auch die Sonderabzüge aus Zss. oder größeren Werken zu erwähnen, die vom Verfasser als Geschenk an Freunde versendet werden.«[4] In dieser Beschreibung scheint es gar, dass das Verschenktwerden und das Versenden mit einer Widmung die eigentliche Qualität des Sonderdruckes ausmacht. Für den Buchhistoriker Gustav Adolf Erich Bogeng bilden sie in dem weiten Feld der Bibliophilie sogar ein eigenes Sammelgebiet, denn der Sonderdruck firmiert hier unter »Autoredition«: Seit »dem 18. Jahrhundert wurden oft für den Verfasser Sonderabdrucke aus Zeitschriften hergestellt [...], von denen die Vorveröffentlichungen eines Werkes in Zeitschriften und Zeitungen zu unterscheiden sind«.[5] Und, wie weiter auszuführen wäre, wurden diese Sonderabdrucke an Freunde und Förderinnen verschenkt. Damit ist das letzte gemeinsame Merkmal aller Sonderdrucke aufgerufen: Er ist nicht frei verkäuflich, sondern vielmehr Teil eines gelehrten Austauschsystems mit eigener Währung, ein Sonderdruck kann ein Schuldschein sein, hat aber keine Preisbindung. Deshalb muss er nicht gleich zur grauen Literatur gezählt werden, aber eine gewisse Ambivalenz haftet ihm an – er ist nicht Fisch noch Fleisch. Das bekommen die Bibliotheken zu spüren, wenn sie einen Sonderdruck katalogisieren sollen. Und das wird offenbar, wenn man versucht an einen bestimmten Sonderdruck heranzukommen.

Dünn, mit handschriftlichem Zusatz und unverkäuflich – das sind die Merkmale einer Textform, die heute nur noch eine marginale Rolle spielt. Dennoch ist meine alphabetisch geordnete Sammlung von Sonderdrucken noch nicht an ein Ende gekommen: Ab und an kommen neue Exemplare hinzu, die mir ob ihrer Seltenheit besonders ins Auge fallen. Und ab und an kann man diese kleinen Postkarten aus dem Arbeitsleben auch selbst verschicken, versehen mit einem handschriftlichen Zusatz: »For Bernhard in admiration.«

Anke te Heesen

ANMERKUNGEN

1 Eintrag »Sonderdruck«, in: *Lexikon des gesamten Buchwesens*, hrsg. von K. Löffler, J. Kirchner, Bd. III, Leipzig 1937, S. 298.
2 Eintrag »PDF«, in: *Lexikon, Buch, Bibliothek, Neue Medien*, hrsg. von D. Strauch, M. Rehm, München 2007,[2] S. 339.
3 Eintrag »Widmung«, in: *Lexikon des gesamten Buchwesens*, Bd. III, S. 575–576, hier: S. 575.
4 Ebd., S. 576.
5 G. A. E. Bogeng: *Einführung in die Bibliophilie*, Leipzig 1931, S. 140.

THEATER-KÜCHEN-MACHINATION

Gegeben ist zunächst nur eine Lücke, angebracht an der vorderen Bühnenrampe des historischen Ekhof-Theaters im Westturm von Schloss Friedenstein in Gotha. In die Lücke eingefügt sind ein Lesepult und ein Sitz. Zusammen bilden sie den Unterbau des Souffleurgehäuses. Das System scheint funktional auf die Oberwelt der Bühne hin ausgerichtet zu sein, die (bis heute erhaltene) barocke Bühnenmaschinerie im Untergrund (mit ihrem nautisch anmutenden Getriebesystem der hölzernen »Wellen«) wird vom Souffleur nicht adressiert – für diese Steuerung sind andere zuständig, an erster Stelle der Bühnenmeister. Und doch sitzt auch der Souffleur nicht nur mit dem Unterleib im hölzernen Maschinenmilieu. Die dem ›Einbläser‹ metonymisch zugewiesene und im Schutz der auf Bühnenhöhe angebrachten Souffleurkabine vollzogene Hauptaufgabe, das zeitversetzte Vor-Sprechen des Textes, das Einspringen bei Gedächtnislücken der Akteure und Aktricen, die blitzschnelle Rückführung abwegiger Passagen in die Handlungsspur, mag zwar nur in Fällen größerer Havarien Rückwirkungen auf die Verwendung der Maschinerie gehabt haben, die dann dem veränderten Gang der Dinge angepasst werden musste. In der »hölzernen Abstammungslinie (*lignée ligneuse*)« seines Berufs ist aber jeder Souffleur des 18. Jahrhunderts auch in Akte der »Machination« und das damit verbundene »abgründige Problem [...] der Archivierung« verstrickt.[1] Als Kopist, Bibliothekar und Publizist überträgt und sichert er ephemere Theaterereignisse, die er selbst mit hervorbringt, auf Papier.[2] In Gotha aber kommt noch eine weitere Machination im Spiel.

Es mag Orte und Begriffe geben, die funktional und symbolisch weiter voneinander entfernt sind als Theater und Küche, doch ist nicht zu übersehen, dass beide zumindest für lange Zeit nichts weniger als einfach zur Deckung zu bringen waren. Lässt sich die Küche in zahlreichen (namentlich humoristischen) Romanen von Fielding bis Kafka als Handlungsort ausmachen, so bleibt sie auf dem Theater in der Regel eher Bezugs- als Handlungsort (von Ausnahmen wie Kleists *Familie Schroffenstein* und Hauptmanns *Biberpelz* abgesehen): »ruft in die Küche hinein«, »kommt von der Küche«, »schießt wieder in die Küche zurück« – so oder so ähnlich lauten die entsprechenden Performanzformeln. Zwischen beiden Sphären vermitteln Türen und Durchreichen. Die Souffleurkabine ist die inverse Echokammer dieser Formeln, zugleich aber eine No-go-Area für kulinarische Realien. Essen und Einflüstern schließen einander aus.

In Gotha – und womöglich nur dort – hat sich die Küche dennoch in den Wirkungsraum des Souffleurs eingeschrieben. Der Theaterumbau von 1765 verlieh dem Zuschauerraum ein neues Gesicht und die vom Theaterbetrieb strapazierte Maschinerie aus dem 17. Jahrhundert wurde einer grundlegenden Überholung unterzogen.[3] Das Souffleur-Gehäuse wurde durch eine Kabine in Form einer Muschel ersetzt (heute im theatergeschichtlichen Ausstellungsraum). Sie ist aus Pappmaché und Holzleisten zusammengefügt, wobei für die Herstellung kassierte Akten aus dem herzoglichen Archiv verwendet wurden (Abb. 1).[4]

Unterzieht man diese Kabine einer Autopsie, dann treten mehr oder weniger gut leserlich die Spuren in Erscheinung, die über die Operationen der (partiellen) Verbreiung und Verkleisterung des Papiers und die vorhergehende Kassation hinaus zunächst in den Zwischenspeicher des Archivs und von dort aus in die Gothaer Hofküche zurückführen. Da die Pappmaché im Inneren nur unvollständig übermalt ist, haben sich in Ecken und an Kanten, aber auch mittig beschriftete Aktenfragmente erhalten. Sie alle sprechen vom Essen: Spalten für Mengen und Preise sind mit Relikten von Lebensmittelangaben wie »Kalbs...«, »Ganß«, »Sparge...«, »Speckb...« und »Spinat« verbunden, in einem dreieckigen Blattausschnitt lassen sich u.a. »Eyer« und »...braten« entziffern, das abgeschnittene Wort »Parmes...« verweist ebenso wie die Formel »sind

Abb. 1 »Inneres der Souffleurmuschel im Ekhof-Theater, Stiftung Friedenstein – Gotha«

Crépint« auf den internationalen höfischen Kontext (mit letztem sind vermutlich »Crepinette«, französische Netzwürstchen, gemeint). Diese Inskriptionen, die den Kopf des Souffleurs wie ein Firmament aus Rezepten umgeben haben müssen (und unvollständig auch Ingredienzien für das etymologisch mit seiner Tätigkeit verbundene Soufflé festhalten), hatten im Archiv in der Tat keinen persistenten Ort: Die Akten im Bestand »Kammer Gotha, Immediate« sind traditionell Kassationsgut – und als ein solches, nämlich kassiertes, allen pragmatischen Definitionen entzogen.[5] Im Übertragungskanal zwischen Hofküche, Archiv und Theater lassen sich aber noch Zwischenablagen und -akteure dingfest machen, wenn auch einstweilen nur präsumtiv (gleich den verbliebenden Soufflé-Zutaten, die vermutlich irgendwo unleserlich in der Pappmaché stecken): Zum einen sind die Friedenstein'schen Kammerrechnungen einschließlich der zugehörigen Belege relativ lückenlos (und im schieren Überfluss) überliefert, so dass sich hier auch gekaufte bzw. gelieferte Lebensmittel nachweisen ließen; zum anderen stößt man in den Findbüchern der Gothaer Archive wiederholt auf die Figur des sogenannten Küchenschreibers, des Protokollanten aller die Hofküche betreffenden Aktionen und Transaktionen. Mit großer Wahrscheinlichkeit sind die in die Souffleurmuschel verbauten Akten durch die Hände eines solchen Schreibers gegangen und von ihm beschriftet worden.

Knapp 30 Jahre nach dieser Rettung von kulinarisch imprägniertem Papier als Depositum im Theater wurde die Verwandlung eines Aktenkonvoluts in Papierbrei andernorts zur Rettungsaktion für Schauspieler: Einer nach 1802 europaweit verbreiteten Meldung zufolge wurden zum Tode verurteilte Schauspieler der Comédie Française »durch einen wahren Theaterstreich« gerettet, indem der Sekretär im Wohlfahrtsausschuss Charles Hippolyte Labussière die Prozessakten entwand, in einer Badeanstalt zu Papierbrei machte und damit lebensrettende Zeit gewann.⁶ Ein bürokratischer *deus ex machina* war im Gotha um 1800 nicht gefragt. Die Jahrzehnte um und nach der Französischen Revolution markieren eine Periode des graduellen Verschwindens der mit dem Barocktheater verknüpften Bühnentradition. Das Theater selbst wurde 1840 klassizistisch umgestaltet, doch blieben von der älteren Ausstattung die Bühnenmaschinerie und die Souffleurmuschel, die beiden aufeinander bezogenen Teile der geheimen Theater-Küchenmaschine, erhalten. Die Reihe der archivierten Küchenschreiber endet indes schon 1804 mit einem den »gewesenen Küchenschreiber Specht« betreffenden Eintrag in den Bestallungs- und Besoldungsbücher des Gothaischen Hofes.⁷

Jörg Paulus

ANMERKUNGEN

1 Jacques Derrida: Das Schreibmaschinenband. Limited Ink II, in: Peter Engelmann (Hg.): *Maschinen Papier. Das Schreibmaschinenband und andere Antworten*, Wien 2001, S. 35–138, hier S. 35, 49.
2 Esther Kovács und Paul S. Ulrich: Die Souffleure im deutschsprachigen Theater des 19. Jahrhunderts, in: Horst Fasel et al. (Hg.): *Polen und Europa. Deutschsprachiges Theater in Polen und deutsches Minderheitentheater in Europa*, Tübingen 2005, S. 148–176, hier S. 155–157.
3 Elisabeth Dobritzsch: *Barocke Zauberbühne. Das Ekhof-Theater im Schloß Friedenstein Gotha*, Weimar 2004, S. 67–77.
4 Ebd., S. 68.
5 Vgl. Cornelia Vismann: Aus den Akten, aus dem Sinn, in: dies., *Das Recht und seine Mittel. Ausgewählte Schriften*, hrsg. von Markus Krajewski, Fabian Steinhauer, Frankfurt am Main 2012, S. 161–180; zur Möglichkeit der Neudefinition von ›verworfenem‹ Papier vgl. Uwe Wirth: (Papier-)Müll und Literatur. Makulatur als Ressource, in: *ZfdPh* 133 (2014): S. 19–32.
6 Geschichte des Französischen Theaters während der Revolution, in: *Neue Bibliothek der schönen Wissenschaften und der freyen Künste* 68/2 (1803), S. 247 f.; vgl. Ben Kafka: *The Demon of Writing. Powers and Failures of Paperwork*, New York 2012, S. 51–76.
7 ThStA Gotha 2/99/4005, 9329.

VERKUPPELUNGSMEDIEN

Im Resi, jener berühmten Vergnügungsstätte, in der sich junge Leute nach ihren Dienstpflichten abends die Zeit vertrieben, trug sich, so heißt es,[1] 1955 folgende Begebenheit zu: Der britische Fernmeldetechniker Leonard Marnham, Besatzungssoldat im Nachkriegsdeutschland, betrat mit zwei US-amerikanischen Soldaten das Lokal und nahm an einem Tisch Platz. Nach einigen Runden Bier polterte es laut und aus der Klappe eines am Tisch installierten Fahrrohrs schoss eine Hülse heraus, die von einer Messingschranke abgebremst wurde. Die drei starrten den kleinen Behälter an, keiner von ihnen rührte sich.

Das Resi verfügte damals über eine Rohrpostanlage, mit der man sich von Tisch zu Tisch Nachrichten oder kleine Aufmerksamkeiten zukommen lassen konnte. Die Schockstarre der Soldaten ist leicht zu erklären: Hatte Ihnen eine Dame eine Botschaft geschickt? Und falls ja – an wen? Ein amerikanischer Soldat fasste sich als erster ein Herz und öffnete die Kartusche. »Mein Gott […] Leonard, der ist ja für sie!«, rief der eine erleichtert und neidisch zugleich aus, während der Adressat eine Reödipalisierung durchlief und verwirrt überlegte, ob die Post von seiner Mutter stammen könnte. Dann beugten sich die drei über das Billet. Der eine US-Soldat las vor: »An den jungen Mann mit der Blume im Haar. Mein Schöner, ich habe Sie von meinem Tisch aus beobachtet. Ich würde mich freuen, wenn Sie herüberkämen und mich zum Tanz auffordern. Falls Sie sich hierzu jedoch nicht durchringen können, würde es mich sehr glücklich machen, wenn Sie sich umdrehen und in meine Richtung lächeln würden. Es tut mir leid, wenn ich mich aufdränge, die Ihre, Tisch Nummer 89.«[2]

Die US-Amerikaner erfassten den Ernst der Lage und entschlossen sich, die Anbahnung zu unterstützen. Lenoard »wurde [von ihnen] hochgezerrt« und quer durch den Saal geschoben. »Sehen Sie, da drüben ist sie!«, »Los!«, »Faß«, ermutigten sie ihren Kameraden. Aber Leonard war noch nicht bei Sinnen. »Er schwebte auf sie zu, und sie beobachtete sein Herannahen […]. Er dachte […], daß sich sein Leben von Grund auf ändern werde.«[3]

Um Missverständnissen vorzubeugen: Die Rede ist nicht vom Residenz-Café am Weimarer Grünen Markt, sondern vom Berliner Ballhaus Resi, das bereits vor dem Zweiten Weltkrieg für seine technischen Sensationen berühmt war. Dort installierte man mit der »*Resi*-Konfetti-Lichtkugel«[4] die erste Diskokugel und führte im Februar 1927 Telefone ein, mit denen im Saal von Tisch zu Tisch gesprochen werden konnte. Zwei Jahre später kam das Rohrpostnetz hinzu. Mit diesem Akteur-Netzwerk, zu dem im Folgenden vier Überlegungen angeführt werden, konnte nun um eine Person geworben werden.

Erstens führten die Berliner Ballhäuser, die in den 1920er-Jahren sehr beliebt waren, die Sorge um Anstand und Moral mit marktwirtschaftlichen Erwägungen eng. Dafür war das medientechnische Aufgebot beeindruckend: Das Delphi in der Kantstraße bewarb seine Tischtelefone und bezeichnete sich als »Europas prunkvollster Tanzpalast«, der Femina-Palast in Schöneberg hatte »2000 Sitzplätze, 3 Riesenbars [… und] selbstverständlich Saalrohrpost und [225] Telefone von Tisch zu Tisch« vorzuweisen, während das Resi neben den Tischtelefonen mit dem größten Rohrpostnetz sowie mit »Wasser- und Lichtwunder[n]«[5] aufwarten konnte. Die Rohrpostleitungen liefen in einer Zentrale zusammen, in der die Sendungen geprüft und gegebenenfalls zensiert wurden. Zugleich konnte man Zigaretten oder Parfum bestellen und an einen ausgewählten Tisch senden lassen. Die Telefonverbindungen wurden automatisch geschaltet und gelegentlich abgehört. Was vordergründig eine gewisse Freiheit und Offenheit suggerierte, erwies sich im Hintergrund als ein Kontrollregime, das auf die Kommunikationskanäle zugriff. Die Ordnung des Amüsements wurde medientechnisch geregelt.

Zweitens stellten die Paläste Kulturtechniken bereit, die die soziale Segregation beförderten, zugleich aber potentiell auch durchkreuzen konnten. Der Femina-Palast gliederte sich nach der Finanzkraft seiner Besucher*innen, da das relativ günstige Bier nur im Rang serviert wurde, während man im Parkett Wein und weitere teure Alkoholika ausschenkte. Dieser Unterschied wurde ebenso von Telefon und Rohrpost geschaltet: Die Nummern der Tische im Parkett begannen stets mit »A«, während die Plätze im Rang mit einem »B« angewählt werden mussten. Die Bedienung der Wählscheibe warf also immer auch Standesfragen auf, die die Grenzen zwischen dem ersten Rang und dem Parkett auskundschafteten. Eine kleine Soziologie des Femina-Palastes müsste man dementsprechend von den Telefonnummern, -verbindungen und Blickrichtungen her aufbauen.[6] Eine Kommunikation zwischen Rang und Parkett war aber durchaus möglich, so dass sich potentiell die Schichten vermischen konnten und auch die Genese der modernen Frau in den 1920er-Jahren mitbeförderte. So gab es in den Ballsälen Tänzerinnen, die nicht nur auf die Führung des Mannes, sondern gleich ganz auf einen festen Tanzpartner verzichteten. Die neuen Medientechniken scheinen eine Verbindung direkt vor Ort ermöglicht zu haben.[7] Nicht zu unterschätzen ist hier allerdings auch die Rolle der Eintänzer, die die großen Hotels und Tanzpaläste bereitstellten, um die alleinstehenden Damen zum nächsten Tanz zu bitten.

Drittens scheint mit der Einrichtung der Tischtelefone die Konzeption des Telefons auf den Kopf gestellt zu werden. Denn das Telefon war zu jener Zeit ein Medium der Privatheit, das im Regelfall nur zwei Personen miteinander verband. Natürlich gab es das Fräulein vom Amt oder Agenten der Polizei, die die Gespräche abhören konnten, aber das klassische Telefon eignete sich nicht wie Massenmedien zur Herstellung einer großen Öffentlichkeit. Seine Privatheit lag insbesondere in der gegenseitigen Unsichtbarkeit der Telefonierenden, die aber im Resi nicht gegeben war, da sich die Telefonierenden beobachten konnten. Hier waren die Techniken der Selbstbeherrschung gefragt.

Viertens sind die Kommunikationskanäle eine Einrichtung, die unwahrscheinliche Kommunikation wahrscheinlicher macht.[8] Die Bedienungsanleitung der Telefone im Femina-Palast suchte dies sicherzustellen, indem sie die »[a]ngerufene Station« aufforderte, beim Aufleuchten der roten Telefonlampe den Hörer abzunehmen und sich mit der »Tischnummer« zu melden. Die Rückkopplung der eigenen Adresse sollte die Kontaktaufnahme bestätigen, während der abschließende Befehl in der Telefonanweisung: »Nach Beendigung des Gespräches Hörer sofort wieder auflegen«[9] den Kanal für neue Kontakte freihalten mochte.

Etwas eleganter lässt sich die geglückte Kommunikation an der Anbahnungsszene im Resi zeigen, die eingangs zitiert und dem Roman *Unschuldige* von Ian McEwan entlehnt wurde: Die Rohrpost erlaubte es der jungen Frau Maria, den Soldaten Leonard präzise zu adressieren. Eine alliierte Lektüre der Nachricht beseitigte alle Unklarheiten und führte Leonard zur Senderin, womit sich der Erfolg der Kommunikation, also Liebe, beweisen mochte.

»Hätten Sie wohl etwas dagegen, wenn ich mich setze?« Das tat er dann auch. Sie faßten sich umgehend bei den Händen, und es vergingen lange Minuten, bis er ein weiteres Wort äußern konnte.[10]

Tobias Nanz

ANMERKUNGEN

1 Ian McEwan: *Unschuldige*, Zürich 1993, S. 64–66.
2 Ebd., S. 64.
3 Ebd., S. 65.
4 Knud Wolffram: *Tanzdielen und Vergnügungspaläste*, Berlin 2001, S. 123.
5 Werbematerial der Häuser, zit. n. Wolffram: *Tanzdielen*, S. 130, 153, 122.
6 Friedrich Kittler schlug vor, eine Soziologie von den Chiparchitekturen her aufzubauen. Friedrich Kittler: Protected Mode, in: ders., *Draculas Vermächtnis*, Leipzig 1993, S. 208–224, hier: S. 215.
7 Christian Schär: *Der Schlager und seine Tänze im Deutschland der 20er Jahre*, Zürich 1991, 140 f.
8 Niklas Luhmann: Die Unwahrscheinlichkeit der Kommunikation, in: ders., *Soziologische Aufklärung 3*, Opladen 1981, S. 25–34.
9 Zit. n. Wolffram: *Tanzdielen*, S. 159.
10 McEwan: *Unschuldige*, S. 66.

KOPIE. STILE (STILMUSTER)

BODENLOS

Zweimal führte mich mein höherer Schulweg in die Diaspora: 1958 in die Hamburger Jesuitenschule St. Ansgar, 1961 in das evangelische Friedrich-Wilhelm-Gymnasium zu Köln, wo er 1967 mehr oder weniger glücklich endete.

Nach dem Missionar, der Deutschlands morastigem Götter- und Gespensternorden einen sicheren Grund gab, hatten die Soldaten Christi ihre Schule benannt, deren Erziehungsmaximen sich aus dem Exerzitienbuch des heiligen Ignatius ableiteten. In ihnen war nicht nur eine radikale und an jede einzelne Seele gerichtete Entscheidung für die Imitatio Christi gefordert, sie wandten sich auch an jeden der fünf Sinne einzeln, um wahlweise Gott oder den Teufel hörbar, sichtbar, fühlbar, schmeckbar oder riechbar zu machen. So gingen sie in ihrer Mikropolitik des Religiösen über jede klassische Ordensregel hinaus.

Ignatius' militärischer Appell übertrifft gegenreformatorisch aber auch dadurch Benedikts Regel, dass er sich nicht auf das enge klösterliche Leben beschränkt. So wie seine Jesuiten auf Kutten und andere Uniformen ganz verzichten, um im öffentlichen Leben die Position des Papstes zu vertreten, so wie sich ihre Exerzitien nicht nur an die Glaubenseliten, sondern virtuell an die gesamte Christengemeinde wenden, so müssen sie den Geist, die Sinne und die Körper der ihnen Anempfohlenen mobilisieren, noch bevor andere auf sie überhaupt Einfluss nehmen können oder sie sich gar, wie es Jahrhunderte später bei Kant heißen wird, ihres eigenen Verstandes zu bedienen lernen. »Schnappt sie euch, so jung ihr sie bekommen könnt«, Ignatius' Formel hatten dann einige seiner Soldaten freilich wörtlicher nehmen wollen, als ihr General sie ad maiorem Dei gloriam wohl gemeint hatte.

Diesen so gearteten katholischen Fundamentalismus tauschte ich in der Quarta gegen den protestantischen Humanismus der Kölner Schule ein, die ihren Namen dem preußischen König Friedrich Wilhelm III verdankte. An deren Front prangte überlebensgroß eine Plastik des auffliegenden Ikaros. Im Allgemeinen wird dessen Mythos so gedeutet, dass der Absturz und Tod des Übermütigen die Strafe der Götter für seinen unverschämten Griff nach der Sonne ist. Übersetzt ins Kulturprotestantische hieß die Botschaft an die Abiturienten: Erhebt mutig Euer Herz und euren Geist, hoch genug, um alle Tiefen des Meeres, der Erde und der Seele zu überwinden, aber doch eben auch nicht zu hoch, um Euch nicht an der göttlichen Sonne Wachs und Federn zu verbrennen und auf diese Weise abzustürzen. Die Tugendlehre ist klar: wähle so beherzt wie verständig das Angemessene, den Mittelweg, folge Ikaros oder Euphorion in die Höhe, aber vermeide ihren tiefen Fall in die Unterwelt.

Rüdiger Zill erinnert dagegen an einen anderen »Ikarus redivivus«, dessen Autobiographie nicht zufällig den Titel *Bodenlos* trägt. Als die deutsche Wehrmacht 1939 in Prag einmarschierte, begann für den Juden Vilém Flusser die Zeit des Exils, die ihn erst nach London und später nach Brasilien verschlug. Erst 1972 verließ er mit seiner Familie aufgrund von Konflikten mit der Militärregierung das Land und ging zunächst nach Südtirol und später in die Provence. 1991 wurde er auf Initiative von Friedrich Kittler als Gastprofessor an die Ruhr-Universität Bochum eingeladen. Ausgerechnet nach einem Vortrag am Prager Goethe-Institut starb er im selben Jahr an den Folgen eines Autounfalls kurz vor der deutschen Grenze.

Das städtische Vorkriegs-Prag, durchaus keine ländliche Scholle und kein erdverbundenes bäuerliches Leben wie das Palästina der zionistischen Schwärmer, war der feste Boden, das »Symptom der Verwurzelung: sich selbst im Zentrum der Welt zu sehen.« Wie Ikaros wird dem »Luftmenschen« Flusser dieser Boden entzogen, ja die absurde Bodenlosigkeit des Flüchtlings und die Grenzenlosigkeit des Luftraums der Geschichte nimmt seiner Existenz jegliche Begründung.

Ohne Tiefe, absurd und bodenlos ist der Heimatlose. »Heimweh« und »Heimat« aber muss man den menschlichen Nomaden erst einmal erfinden, und zwar so, dass das Weh dem Heim vorausgeht; die Raumgewalt eines »Nomos der Erde« will erst gestiftet sein, so dass das Sein sesshaft werde und alles Sesshafte Sein. Auch Martin Heidegger muss bekennen, dass sein »Sein« eher räumlich als zeitlich zu denken ist, oder mit Carl Schmitts Worten: Erst die (oder der) Nahme gründet den Grund. Menschen sind ja ursprünglich bewegliche Lebewesen, ständig in der »Mitte der Welt« unterwegs und kennen kein Innen und Außen, nicht das Diese und das Meinen. Das Meer, das ihnen das Gedächtnis löscht, ist allenfalls befahrbar von Insel zu Insel und nicht von hier und da. Reisen, heißt das, ist nicht seinsförmig, es kennt kein An-Wesen und kein Anwesen, keine Ousia.

Juden, diese »Flugmenschen«, sind für Schmitt ohne Tiefe und ohne Transzendenz. Flusser aber kehrt solche antisemitische Zuschreibung für seine eigene Erfahrung des Exils einfach um, indem er Nomadentum nicht nur die Herkunft sondern auch die Zukunft der Menschen in einer weltweiten Netzgesellschaft nennt. Das Exil hat ihn für alle Varianten der Bodenlosigkeit sensibilisiert: Er sei entwurzelt wie eine Pflanze, die aus dem Boden herausgerissen sei, er habe den Grund unter seinen Füßen verloren, schwebe frei in der Luft. Die existentielle Erfahrung der »Freiheit des Migranten« macht ihn also nicht nur immun gegen jeden Nationalismus, sie stiftet auch die Grundlage seiner polyglotten telematischen Medientheorie. Aber die Flugmenschen haben nicht nur die Erde als Abgrund, sondern auch den Himmel. Nachdem Edwin Hubble schon 1923 der Kränkungsgeschichte der Menschen eine weitere dadurch zugefügt hatte, dass sein Observatorium unsere Milchstraße als nur eine von vielen erkannte, entreißt Buckminster Fullers *Raumschiff Erde* uns von Heideggers Aberglauben des Orts und von Carl Schmitts Einheit von Ordnung und Ortung, Raum und Recht. Mehr noch als das freie und charakterlose Meer, in das man nichts einritzen oder säen kann, ist der Weltraum die wirkliche Untiefe. In Filmen wie Kubricks *2001 im Weltraum*, Cuaróns *Gravity*, Nolans *Interstellar*, oder Tyldons *Passengers* erfahren wir sie leibhaft und schwindelig, wenn ein Blick in die Tiefe tatsächlich ins Unendliche geht. Und natürlich denken wir an David Bowies »Major Tom«. Der Differenzbegriff zu »Tiefe«, heißt das, ist nicht mehr »Höhe« sondern Grund. Tiefe ist echte Tiefe nur dann, wenn sie grundlos ist oder abgründig. Wie aber lässt sich aus der grundlosen Tiefe heraus nicht nur grübeln, sondern auch handeln, nämlich also unbegründet handeln. Ich glaube, die Literatur- und Philosophiegeschichte hält für uns zwei diametral unterschiedliche Antworten bereit.

Die eine findet sich in André Gides Roman *Les Caves du Vatican* von 1914, in dem der Immoralist und Nietzscheaner Lafcadio auf der Eisenbahnfahrt nach Brindisi den ihm völlig unbekannten, pedantisch gekleideten Spießbürger Amédée über einer Brücke aus dem fahrenden Zug stößt: Ein Verbrechen ohne Motiv, ein, wie Gide es nennen wird, Acte gratuit. Von Dostojewskis *Dämonen* bis Truman Capotes *Kaltblütig*, von Alfred Hitchcocks *Rope* bis Bret Easton Ellis' *American Psycho*, von Joseph Conrads *Lord Jim* bis Albert Camus' *Der Fremde* – überall finden sich dafür Beispiele zuhauf.

Die andere findet sich in einer Erzählung Herman Melvilles von 1853: *Bartleby the Scrivener*, der jede Tätigkeit mit den Worten ablehnt »I would prefer not to«. Keine Frage, der Zögerer, Zauderer und am Ende in seiner zum Mausoleum verwandelten Kanzlei Verhungernde ist der Zwillingsbruder des Grüblers im Felde der Praxis. Arthur Schopenhauer lehrt des Willens Widerwillen, der von lauter leerer »Entschlossenheit« gebrannte Martin Heidegger findet schließlich seinen Weg zur »Gelassenheit« als Haltung. Und für Jacques Derrida oder Joseph Vogl beispielsweise verlässt Prokrastination das Feld des lediglich Pathologischen und wird zur Lebensform in abgründigen Zeiten. Ihre Maxime könnte heißen: Wann immer du entscheiden kannst, zu handeln oder nicht zu handeln, handle nicht! Schiebe auf!

Raimar Zons

ERÖFFNUNG

Kein Semester, keine Forschungsgruppe, kein Kolleg und kein Vortrag können anfangen, ohne dass sie eröffnet werden. Anders als Offenbarungen, die sich unkontrollierbar einstellen, sind Eröffnungen erlernbare und wichtige Kulturpraktiken universitärer Existenzen. Von daher ist zu fragen: Was sind ihre Merkmale und was zeichnet eine gelingende Eröffnung aus?

Erstes Funktionsmerkmal ist, dass eine Eröffnung etwas vorbereitet, was sie selbst nicht ist und auf das es sich in absehbarer Zeit zu konzentrieren gilt. Sie (ver-)sammelt Aufmerksamkeit, die noch ungerichtet flirrt, wenn sie auftritt. Eröffnungen markieren also den Anfang eines Anfangs, wobei ihnen selbst Vielerlei vorangeht, etwa E-Mail-Austausch, Recherchen und Reisen, ohne die sie nicht zustande kämen. Während Eröffnungen die Stelle der vorbereitenden Geste im Ablaufschema einer akademischen Veranstaltung einnehmen, gehören ihre eigenen Bedingungen nicht zur Dramaturgie des Ganzen. Deshalb wirken Eröffnungen in dem von ihnen erst zugänglich gemachten Kontext selbst ursprungs- und geschichtslos. Eine zweite Funktion hängt damit zusammen: Eröffnungen setzen Schnitte in Zeit und Raum. Sie stellen eine Intervallzone her, die ein Innen von einem Außen, ein Vorher von einem Nachher sowie das für diese Zone Wichtige vom Unwichtigen abtrennt. Während sie selbst im noch bedeutungslosen Vorraum agiert, hält eine Eröffnung das Versprechen bereit, bald abgelöst zu werden, von einem potenziell bedeutungsaufgeladenem Geschehen und Zeitraum, dem sie selbst nicht mehr angehört. Hier kommt eine dritte Funktion von Eröffnungen ins Spiel, nämlich die, schadlos substituiert und vergessen werden zu können.

Der letztgenannte Punkt wirft sogar ein Kriterium dafür ab, wie man Qualitäten von Eröffnungen unterscheiden könnte: Misslungen wäre eine Eröffnung dann, wenn sie statt einer Öffnung auf anderes hin, eine Schließung auf sich selbst vornähme; wo sie sich sozusagen wichtigmachte, indem sie sich mit Tiefsinn, Konkretion oder Virtuosität aufladen würde. Eine gelungene Eröffnung ist dagegen eine, die den Eindruck hinterlässt, gar nicht stattgefunden zu haben. Da sie paradoxerweise dennoch die Kraft haben muss, Aufmerksamkeit aufzubauen und diese sogar auf eine vielversprechende Zukunft hin auszurichten, kann sie nicht einfach entfallen. Vielmehr ist sie es ja, die die Nichtigkeit von der Wichtigkeit, das Nicht-Sein vom Sein allererst ablöst und den Übergang von Latenz in Aktualität moderiert. Um als selbst bedeutungsloses Element für die Bedeutungshaftigkeit anderer Elemente sozusagen zu werben und dabei auch noch vertrauenswürdig zu sein, muss sie ein quasi-dramatisches Moment in Anspruch nehmen: es ist dies das Moment des Selbstopfers. Die Eröffnungsgeste opfert sich, indem sie im Rücken ihrer Demonstration davon eine Rede oder ein kleines Kunststück zu sein, heimlich zu einem Medium wird. Erst als Medium wird sie transparent. In Hinsicht auf ihre mediale, nicht-wahrnehmbare Scharnierfunktion leistet eine gelingende Eröffnung erst den eigentlich unmöglichen Übergang von einer leeren, unbestimmten Zeit in eine volle und bestimmte Zeit. Sie schlägt sich dabei selbst auf die Seite des zu Negierenden, Nebensächlichen und Vorübergehenden. Funktionale Selbstopfer in dem so verstandenen Sinn werden nicht nur von akademischen Großveranstaltungen erfordert. Auch innerhalb von dramaturgischen oder künstlerischen Gebilden, z. B. im Film, lassen sich solche produktiven Opfersequenzen ausfindig machen. Er hat als reproduktionstechnisches Medium den Vorteil, dass er seine mit-konstituierenden Eröffnungssequenzen beobachtbar macht. Während Eröffnungen von Kongressen und Workshops endgültig verlorengehen, es sei denn, sie werden gefilmt, trägt der Film seine immer wieder neu dem Vergessen preiszugebenden Vorspänne und Einführungssequenzen zur Ansicht vor.

Eine solche Sequenz findet sich z. B. in den ersten zwei Minuten des Kultfilms THE BIG LEBOWSKI (USA/GB 1998) von den Coen-Brüdern. Obwohl viele Menschen ihn sehr gut kennen, wird sich kaum jemand an diese Sequenz erinnern. Von Country-Musik untermalt, beginnt eine körperlose Voice Over in Ich-Form ihre Faszination über die Geschichte eines sogenannten ›Dudes‹ kundzutun, die erst noch erzählt werden will. Die Kamera fährt dabei dicht über einen steppenhaften Boden, bis sie sich erhebt und den Blick auf einen Tumbleweed oder Bodenroller ausrichtet, der in der Bildmitte positioniert ist. Magisch setzt er sich in Bewegung und zieht die Kamera fortan hinter sich her. Als der Bodenroller auftaucht, wird ein panoramatischer Blick auf Los Angeles freigegeben und damit auf den mythologischen Ort der filmischen Fiktion: Hollywood. Die Coen-Brüder sind Vertreter eines neuen und selbstironischen Hollywoods, für das dieser Film seinerseits steht. Der Bodenroller rollt gemächlich durch das nächtliche L.A. an Autos und Menschen vorbei, über die Mitte einer Straße, bis zu einem Strand mit Sonnenuntergang. Dort angekommen, sagt die Ich-Stimme, die man unweigerlich dem Bodenroller zuschreibt: »Ich denke, ich kann eines Tages mit 'nem Lächeln im Gesicht den Löffel abgeben, ohne das Gefühl zu haben, dass Gott mich berumst hat«. Bodenroller gehören zu einer Pflanzensorte, die eine chamaechore Ausbreitungsstrategie nutzen, wobei sich Früchte oder Teile der Pflanze lösen und rollend oder rutschend vom Wind auf der Bodenoberfläche entlang getrieben werden. Sie sind Gegenstand der biologischen Disziplin der Chorologie, die sich im Unterschied zur Chronologie – also zur Lehre von der Zeit – mit räumlichen Aspekten von Erscheinungen beschäftigt. Auch der durchlaufende Cowboy-Song von den *Sons of the Pioneers* handelt vom »tumbling down«, also vom Rollen als Fortbewegungsform, und beides lässt zudem an die Filmrollen denken, die die filmische Bewegung im (vordigitalen) Kino ermöglichen. Der Bodenroller verdichtet in sich die Eröffnungslogik gleich in mehreren Hinsichten: Selbst bestehend aus einer losen Kopplung von Ästen und Schmutz treibt er richtungslos und ephemer vor sich hin und wird später im Film von einem Cowboy ersetzt. Auch wenn die zitierte Phantasie vom Sinn-erfüllten Ableben später dem Cowboy zugeschrieben werden kann, ist es in der Eröffnungssequenz der Bodenroller, der sie antizipiert. Seine letzten Worte, die de facto auch die Sequenz beenden, weisen voraus auf eine faszinierende Geschichte, die nicht nur mit Bedeutung, sondern auch mit Affekt aufgeladen ist. Eine erlösende Funktion komme ihr zu, weil sie die ihr vorangehende Leere zu füllen vermag. Es ist diese Geschichte vom »Dude«, die in die Filmgeschichte eingegangen ist und in Erinnerung bleibt, nicht aber die des Bodenrollers.

Abschließend sei auf eine Definition von ›Raum‹ und ›Zeit‹ verwiesen, die sich gut zur raumzeitlich Koordinierungsfunktion von Eröffnungen ins Verhältnis setzen lässt.[1] Luhmann bestimmt den Raum als die Möglichkeit der Dinge, ihre Stellen zu verlassen und Zeit als den Zwang der Stellen, ihre Objekte zu verlassen. Eine ideale Eröffnung wäre dann eine, die sich dieser doppelten Verlassenheit selbstopfernd aussetzte, um eine Form der Treue an eine ästhetische Zeit hervorzutreiben. Ästhetische Zeit hebt erst an, wenn sie eröffnet ist. In ihr entfalten sich die affektiv besetzbaren Anfänge und Verläufe, die das Kino ebenso wie die Raffinessen des akademischen Betriebs erinnerbar machen.

Christiane Voss

ANMERKUNGEN

[1] Niklas Luhmann: *Die Kunst der Gesellschaft*, Frankfurt am Main 1996, S. 181.

KARTE UND TERRITORIUM

»Die Naturwissenschaften muss man gründlich studieren, sich dabei aber bewusst bleiben, dass sie vergebens sind.« Nicole, Von der Erziehung eines Fürsten (1670 ff., S. 8)

»Les traversées du désert sont autrement dangereuses que celles de l'Océan.« (Jules Verne, Cinq semaines en ballon, 1863)

– Hatschi! entfuhr es P., nachdem er den *Guide du géologue-voyageur* wieder ins Bücherregal geschoben hatte. Er stand auf der kleinen Leiter, um an das oberste Fach der Bibliothek zu gelangen.
– Dieser Staub, parbleu!
Und nochmals: Hatschi! Im Niesen verlor P. das Gleichgewicht. Halt suchend griff er nach dem nächstbesten Gegenstand im Regal, einem Globus, mit dem zusammen er krachend auf den Boden fiel.
Sofort eilte B. herbei und inspizierte besorgt den Globus, aus dem ein wenig Sand rieselte.
– Es scheint ihm zum Glück nichts Schlimmeres passiert zu sein. Doch hier ist ein kleines Loch in der Oberfläche, mitten in …, und er las vor: Mauretanien!
P. rieb sich sein schmerzendes Hinterteil und schaute verärgert.
– Wo kommt denn dieser Sand her?
– Es scheint eine Wüste zu sein, in Mauretanien.
B. strich über die Kugel und pustete sanft über eine Stelle, an welcher der Globus leicht beschädigt war. Er konnte die Eintragungen darauf nicht mehr gut lesen.
– Wir müssen eine neue Karte der mauretanischen Wüste anfertigen! Eine gute Karte, eine exakte Karte. Ja, wir beabsichtigen nichts weniger, als die exakteste kartographische Abbildung der Wüste, die es jemals gab. Wir kopieren die Wüste in unsere Karte! Sandkorn für Sandkorn!
B. machte sich sogleich ans Werk. Er legte ein großes Blatt Papier auf den schweren Holztisch im Raum, glättete es und begann zu zeichnen.

– Was ist das?, fragte P., über dessen Schulter lugend. Er erkannte nicht viel auf dem Papier, einzig ein paar Punkte und kleine Kreuze.
– Ich markiere die Koordinaten von Längen- und Breitengraden und lege den topographischen Hintergrund an. Auf diese Weise haben wir das Territorium übersichtlich gerastert und vorbereitet zum Übertragen aller Elemente, die sich darin befinden. Ich erstelle auch eine Legende, die die verwendeten Symbole erläutert.
– Das erscheint mir äußerst sinnvoll und durchdacht, vor allem aber präzis, äußerte sich beeindruckt P.
– Noch nicht genug, denn schließlich benötigen wir die Repräsentation im Maßstab 1:1. Unser Ziel muss es sein, die Karte in jedem ihrer Punkte kongruent mit dem Terrain zu machen, das sie repräsentiert.
Und er begann, Blätter über den ganzen Boden zu verteilen.
– Hier überall ist nichts als Sand.
– Exakter geht es nicht! Dies ist die Wüste von Mauretanien!, jubelte P.

In diesem Moment läutete es an der Haustür. Überrascht öffnete P. einer rothaarigen Frau, die sich als Miss B. vorstellte. Sie trug eine lange Jacke, merkwürdige, weit geschnittene Hosen und einen Hut, der mehr Helm als Kopfschmuck war. Sie sei auf der Durchreise und durstig, sprach die Gestalt mit eindeutig angelsächsischem Akzent. Ob man ihr ein Glas Wasser und eine kurze Verschnaufpause gewähren würde? P. sah sich nach dem Ehemann oder Begleiter der Dame um. Doch sie war allein und bereits im Begriff einzutreten. Leicht errötend machte P. ein paar Schritte zurück und verzog sich, um ein Glas Wasser zu besorgen. Die Frau, der seine Verlegenheit nicht entgangen war, sah sich einmal kurz um und schritt dann selbstbewusst in den Salon, wo B. inmitten der ausgebreiteten Kartenelemente kauerte und mit dem Lineal die Achsen seines Koordinatensystems verlängerte.

– Oh dear!, rief die Engländerin aus und hob ein Blatt auf, These are merely conventional signs.
– Wir kartieren die Wüste von Mauretanien, sind aber noch nicht fertig.
– Ha! Die Wüste! Kartieren! Gentlemen! Es ist doch sinnlos und im Übrigen anmaßend zu glauben, Ihr könntet einen Erdteil derart einer konventionellen Repräsentation unterwerfen und seine Gegenstände vollständig definieren. Niemand kann behaupten, eine Region zu kennen, der diese nicht selbst ausführlich bereist, mit den dort lebenden Menschen am besten in ihrer eigenen Sprache verkehrt und die lokalen sozialen Strukturen umfassend erforscht hat!

Verächtlich fuhr sie mit ihrer gebräunten Hand über B.s Karte. Zu jedem Millimeter darauf, brummte sie vor sich hin, gäbe es unzählige Geschichten, Beobachtungen und Bewegungen, die hier komplett ausgelassen und unsichtbar wären. Man müsse sie bereisen, diese Wüste, jeden Stein einzeln umdrehen, die Sitten und Gepflogenheiten der Menschen kennenlernen, mit denjenigen Tee trinken, die dort Ansehen genössen.

– Die Wüste raunt und tuschelt, murmelte sie fast verträumt. Ihre Augen begannen plötzlich reisefiebrig zu leuchten, und bevor B. und P. es sich versahen, war die rothaarige Gestalt zur Tür hinaus. In der Hand noch immer den Bogen der Karte.

B. und P. sahen sich verwundert an. Der Auftritt und die Bemerkungen der Engländerin hatten ihnen den Wind aus den Segeln genommen. Auf einmal erschien ihnen ihr Vorhaben geradezu utopisch. Wie sollten sie ihre Karte mit dem Territorium in Übereinstimmung bringen? Was, wenn sich etwas darauf veränderte? Wie sollten die Lebewesen festgehalten werden, die sich auf dem Territorium befanden und darin bewegten?

B. nahm eines der herumliegenden Papiere auf und begann, Gründe aufzulisten, aus denen eine Karte im Maßstab 1:1 nicht möglich sei.

– Sie darf nicht durchsichtig sein, das abzubildende Gebiet aber auch nicht vollständig bedecken, schrieb er und kaute daraufhin auf seinem Federhalter.
– Eine Karte im Maßstab 1:1 ist niemals eine getreue Wiedergabe des Territoriums.
– In dem Moment, in dem die Karte hergestellt ist, wird das Territorium unreproduzierbar, ergänzte P., während er die auf dem Boden ausgebreiteten Kartenteile wieder einsammelte und stapelte. Den Globus stellte er zurück ins Regal.

– Ist die Karte nun das Territorium oder ist sie es nicht?

Weit in der westlichen Wüste, viele Jahre später, wischte sich der Goldgräber A. den Schweiß von der Stirn. Die Sonne brannte erbarmungslos auf den staubigen Abschnitt aus Sand und Geröll, den A. seit Tagesbeginn auf der Suche nach Edelmetallen umgrub. Gefunden hatte er nichts. Auf seine Hacke gestützt, blickte er blinzelnd um sich. Keine dreißig Meter entfernt hockte M. und stocherte im Wüstensand herum. Daneben grub S. sein Loch, indem er immer wieder einen Detektor an den Boden hielt. Für die Miete des Geräts zahlte man in der Stadt eine Unsumme.
– Trottel!, dachte A.

Etwas bewegte sich im Sand. Ein vergilbtes Stück Papier näherte sich A.s Schürfstelle. Darauf waren feine Einzeichnungen, Kreuzchen und Linien zu erkennen.
– Eine Schatzkarte!, durchzuckte es A.s erhitztes Gehirn.

Der Goldgräber beobachtete, wie das Fragment der Karte über das Territorium kroch, das sie bezeichnen sollte. Die Karte war bewohnt. Gerade rechtzeitig bemerkte A. den Skorpionstachel, der sich aufrichtete, als er das Stück Papier mit seiner Spitzhacke zu sich heranzog. Das enteignete Tier verzog sich, eine zackige Spur im Wüstensand hinterlassend.

– Was soll das denn?!, grummelte A., als er seinen Fund genauer betrachtete und feststellen musste,

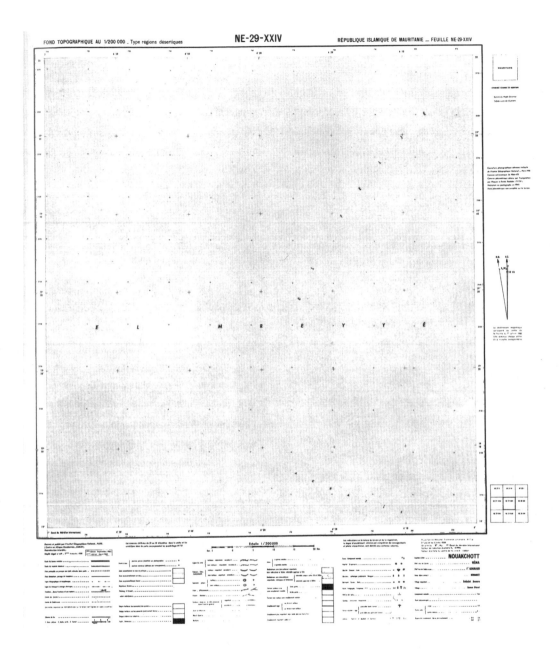

dass darauf keinerlei nützliche Hinweise weder zum Gebrauch noch zu den Eigenschaften des Geländes eingetragen waren.

Genervt beschloss er, es für diesmal gut sein zu lassen und räumte seine Werkzeuge zusammen. Aus dem Papier faltete er geschickt ein Schiffchen, das er seiner Tochter mitbringen wollte.

– Oh, wie schön!

J. klatschte in die Hände und nahm das kleine Schiff freudig entgegen. Das Mädchen hielt es gegen die Sonne und ließ es über den blauen Himmel auf und ab schunkeln.

– Sssccchhh, zischte sie dabei.

Antonia von Schöning

KLAPPBILD

Das Klappbild, bekannt als ein mehrteiliger, klappbarer, in sich beweglicher Bildtypus, der sich über Jahrhunderte hinweg in vielfältigen Variationen entwickelt hat (so etwa in Form des Triptychons und anderen Varianten des klappbaren Bildobjekts), ist auch in der Geschichte des Bauhauses fest verankert. Bereits in den frühen 1920er Jahren experimentieren Bauhäusler mit diversen Formen des Klappbildes: Im Vorkursunterricht von Josef Albers etwa zählen Faltübungen mit Papier seit 1923 zu den ersten Materialstudien, an denen sich aufgrund ihrer vorrangig konstruktiven, plastischen oder auch bildnerischen Ausführung alsbald die »Architekten«, »Bildhauer« und »Maler« unter den Erstsemesterstudenten herauskristallisieren.[1] In den Bauhauswerkstätten arbeiten Bauhaustudenten in den 1920er Jahren intensiv an der Gestaltung und Herstellung von Klappobjekten jeglichen Zuschnitts (Klappstühle, Klapptische und andere klappbare Alltagsgegenstände), in denen sich das modular-bewegliche Formvokabular des Bauhauses artikuliert. Nicht zuletzt kreieren Bauhäusler vielfältige Varianten bildnerischer Klappobjekte: mehrteilige Klappkarten, klappbare Wandbilder und Ausstellungskataloge mit aufklappbaren Bildelementen sind nur einige der zahlreichen Beispiele, die sich in der Arbeit des Bauhauses finden.

Operationen des Umklappens, Aufklappens und Zuklappens, so legen diese unterschiedlichen Beispiele nahe, lassen sich als ein zentrales Verfahren der Bild- und Objektgenerierung am Bauhaus begreifen und beeinflussen nachhaltig den Gestaltungsprozess von Bauhäuslern. Vor diesem Hintergrund scheint es auch kaum verwunderlich, dass ein ehemaliger Bauhäusler in den Nachkriegsjahren das Klappbild zu einer eigenständigen und systematischen Bildgattung erhebt: Kurt Kranz studiert von 1930 bis 1933 am Bauhaus, wo er sich intensiv der Weiterentwicklung seiner Formsequenzen widmet. In diesen Bildsequenzen, die aus einer Serie von Aquarellmalereien bzw. Tuschezeichnungen bestehen und die Kranz dezidiert als Vorstudien für den Film begreift, liegt sein Interesse vor allem in den Phasenübergängen und der Transformation offener Formen, das sich in den Nachkriegsjahren auf die kombinatorischen Möglichkeiten von Falt- und Schiebebildern ausweitet.

Im Jahr 1959 beginnt Kurt Kranz, eine neuartige Typologie von Klappbildern zu entwerfen, die in den Folgejahren seine bildnerische Arbeit bestimmen wird und die Dietrich Helms in seinem programmatischen Text »Malerei mit beweglichen Teilen« wie folgt differenziert:

> 1. *Die Falt- oder Konstellationszeichnung*: Auf der Papierfläche sind bewegliche Teile aufgenäht, die man umblättern oder falten kann. Sie ergänzen eine oder viele Teilformen zu immer neuen Ganzheiten.
> 2. *Konstellations-Aquarelle und Gouachen*: Das gleiche wie oben, auf Aquarellkarton aufgenähte Teile.
> 3. *Konstellations-Bilder*: Auf Holz oder Leinwand, mit klappbaren, aufgenähten, buchartigen Teilen, die aus Metall bestehen und mit Leinwand überzogen sind. Sie werden von Magneten in der gewünschten Lage gehalten.
> 4. *Faltgraphik*: Siebdrucke aus buchartigen Teilen, die aufgenäht sind, die aus verschiedenen Materialien bestehen können, z. B. Japanpapier oder Kunststoff.[2]

In ihrer unterschiedlich beschaffenen Materialität verweisen diese Varianten des Klappbildes zunächst auf die Zentralität der Materialstudien am Bauhaus, in denen Holz und Metall, Kunststoff und Papier in eine Serie konstruktiver Spannungsverhältnisse versetzt werden. Darüber hinaus verdeutlichen die Titel von Kranz' Klappbildern, in welchem Maße er den Prozess des Klappens als konstitutiv für die Erfahrung dieser neuen Bildgattung ansieht: von *Variations-Triptychon* (1966) zu *Entfaltung* (1961), von *Kalendarium 67* (1967) zu *Tiden der Elbe* (1965 und 1967) erstrecken sich seine Bildtitel, die allesamt auf die stetige Veränderlichkeit künstlerischer, temporaler und elementarer Prozesse verweisen. Diese Veränderlichkeit wird auch in den

Ausstellungen von Kranz' Klappbildern zum zentralen Prinzip erhoben, wenn sie nicht allein als bewegliche, sondern zugleich als taktile Objekte präsentiert werden: Auf leicht nach hinten geneigten Staffeleien aufgestellt, werden seine Klappbilder allein durch eine Plexiglasscheibe fixiert, die sich von den Besuchern jederzeit aufklappen lässt, um darunter die unterschiedlichen, aufgenähten klappbaren Elemente zu einem neuen Bild zu arrangieren.

Insbesondere Max Bense, der Hauptvertreter der Informationsästhetik in Deutschland, wird in diesen Jahren auf das bildnerische Werk von Kurt Kranz aufmerksam, in welchem er die binäre Logik des Computer-Zeitalters vorausgedeutet sieht.[3] Bense, der sich im Kontext der Experimente der Stuttgarter Schule bereits dezidiert mit den Potenzialen des Zusammenspiels zwischen Kunst und Kybernetik beschäftigt hat, sieht in Kranz' Klappbildern ein besonders neuartiges, ausdifferenziertes kombinatorisches Verfahren der Bildgenerierung verwirklicht, das er in seiner Abhandlung »Zeichenspiele, prinzipielle Reflexion über Kurt Kranz« mit den Begriffen der Substitution, Permutation, Translation, Adjunktion und Elimination belegt.[4] Dabei übersteigen die Kombinationsmöglichkeiten von Kranz' Klappbildern, so Bense, bei weitem das menschliche Vorstellungsvermögen und bleiben nur noch mathematisch erfassbar, wie er 1969 in einer Eröffnungsrede für den Bauhäusler festhält: »Die Klappbilder des Hamburger Professors müssen – ausnahmsweise – vom Betrachter einmal angefasst werden. Das Publikum kann seine Vorliebe äußern an diesen abstrakten Variationsbildern und wird dabei selbst zum Interpreten. Der Betrachter liest die Bildformen und Konstellationen wie in einem Buch, er geht darin spazieren. [...] Erstaunlich ist dabei die Variationsbreite. So lassen Faltbilder von Kranz bildnerische Kombinationen bis zu 7 hoch 6, also 120.000 Möglichkeiten zu.«[5]

Kurt Kranz, der sich bereits in den frühen 1930er Jahren mit den Potenzialen von Rasterbildern auseinandersetzt und im Jahr 1932 sogar ein Patent zum »Verfahren zur Herstellung von gerasterten Bildern« anmeldet, in denen jedes Bildelement in eine Vielzahl einzelner Bildpunkte zerlegt wird, zeigt sich auch in seiner Beschäftigung mit dem Klappbild als ein Vordenker serieller Bildgenerierungsverfahren. In seinen variablen, stetig beweglichen Klappbildern artikuliert sich nicht zuletzt die Faszination des Bauhäuslers mit bewegten Film-Bildern, zu deren Konzeption seine Formsequenzen in den frühen 1930er Jahren maßgeblich beitrugen. Stets an den Möglichkeiten neuer Medien interessiert, eröffnet er noch im Jahr 1996 in einem Brief an den ehemaligen Bauhäusler Werner David Feist, er würde »gern mit einem ›Graphikcomputer‹ malen. Nur der Algorithmus, der eigene, steht im Weg und die Kosten!«[6] Und, ebenso wie Kranz seine frühen Filmskizzen erst im Jahr 1972 mit seinen Studenten an der Hochschule für bildende Künste in Hamburg zu realisieren vermag, so verweist er auch seine Experimente mit dem Graphikcomputer in die entferntere Zukunft, und er beendet seinen Brief an den Bauhaus-Freund mit dem simplen Appell: »Malen wir weiter!«[7]

Laura Frahm

ANMERKUNGEN

1 Werner David Feist: *My Days at the Bauhaus*, Typoskript, Montréal 1979, S. 11. Bauhaus-Archiv Berlin (BHA), NL Werner David Feist, Mappe A7..
2 Dietrich Helms: Malerei mit beweglichen Teilen, in: *Kranz 69. Reihen und Konstellationen*, Hamburg 1969, S. 25–43, hier S. 25.
3 Siehe N.N.: Der Bauhäusler Kurt Kranz. BHA, NL Kurt Kranz, Mappe 5.
4 Max Bense: Zeichenspiele, prinzipielle Reflexion über Kurt Kranz, in: *Kurt Kranz. Bildreihen und Assemblagen mit beweglichen Teilen*, Hamburg 1970, S. 48–49.
5 R.T.E.: Abstrakte Kunst. Berühren nicht verboten. Studiogalerie der Kunsthalle präsentiert Klappbilder von Kurt Kranz, in: *Westfalen-Blatt*, 26. April 1969. BHA, NL Kurt Kranz, Mappe 7.
6 Kurt Kranz: Brief an Werner David Feist, 16. Januar 1996. BHA, NL Werner David Feist, Mappe 181.
7 Ebd.

KONDENSIERTE KLASSIKER

Material I A – Einfacher, volkstümlicher Stil

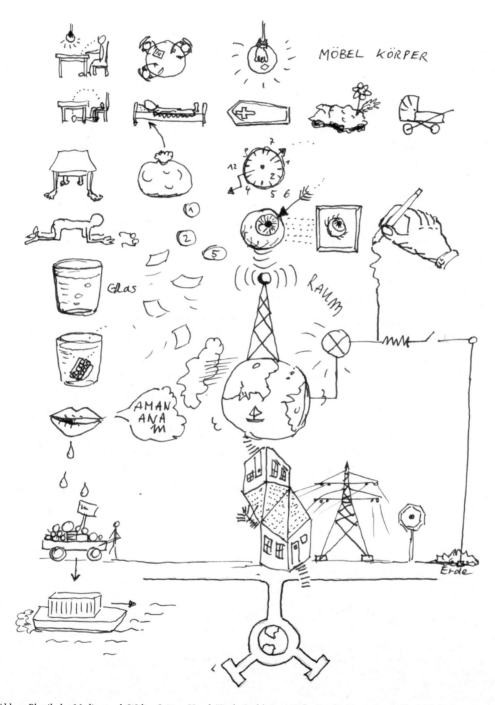

Abb. 1. *Physik der Medien* nach Walter Seitter: Hand, Tisch, Stuhl, Bett, Erde, Straße, Haus, Geschäft, Geld, Papier, Container, Glas, Wasser, Fahrzeug, Bild, Schrift, Sprache, Luft, Licht, Elektrizität, Elektronik, Funk, Raum, Zeit.

Material I B – Realistischer, volkstümlicher Stil

Abb. 2. Grammophon, Film, Typewriter nach Friedrich Kittler: *Grammophon, Film, Typewriter.*

Kondensierte Klassiker

Material I C – Revolutionärer Stil

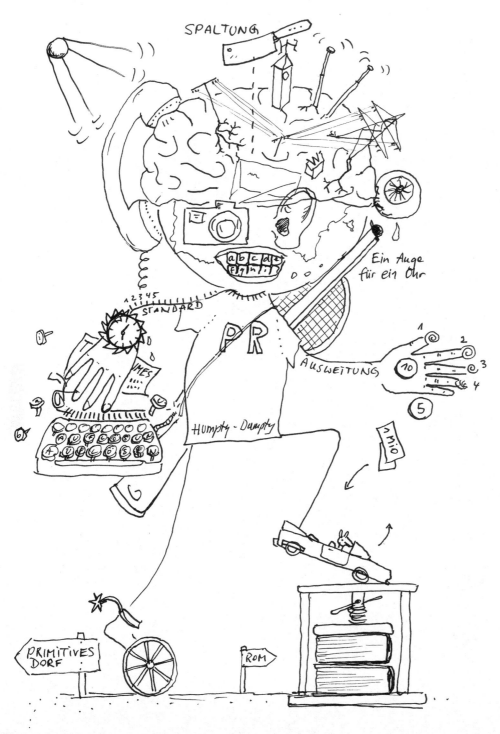

Abb. 3. *Understanding Media, The Extensions of Man* nach Marshall McLuhan: Das gesprochene Wort, Das geschriebene Wort, Die Zahl, Kleidung, Wohnen, Geld, Uhren, Der Druck, Comics, Das gedruckte Wort, Rad / Fahrrad / Flugzeug, Die Fotografie, Die Presse, Das Auto, Spiel und Sport, Die Telegrafie, Die Schreibmaschine, Das Telefon, Das Grammophon, Das Kino, Das Radio, Das Fernsehen, Waffen, Automation.

Material II

1. Physik der Medien nach Walter Seitter
Hand,
Tisch,
Stuhl,
Bett,
Erde,
Straße,
Haus,
Geschäft,
Geld,
Papier,
Container,
Glas,
Wasser,
Fahrzeug,
Bild,
Schrift,
Sprache,
Luft,
Licht,
Elektrizität,
Elektronik,
Funk,
Raum,
Zeit

2. Grammophon, Film, Typewriter nach Friedrich Kittler
Grammophon,
Film,
Typewriter

3. Understanding Media, The Extensions of Man nach Marshall McLuhan
Das gesprochene Wort,
Das geschriebene Wort,
Die Zahl,
Kleidung,
Wohnen,
Geld,
Uhren,
Der Druck,
Comics,
Das gedruckte Wort,
Rad / Fahrrad / Flugzeug,
Die Fotografie,
Die Presse,
Das Auto,
Spiel und Sport,
Die Telegrafie (Hormon der Gesellschaft),
Die Schreibmaschine,
Das Telefon,
Das Grammophon,
Das Kino,
Das Radio,
Das Fernsehen,
Waffen,
Automation

Organisierte Kommunikationskanäle nach Werner Faulstich
Blatt,
Brief,
Buch,
Computer,
Fernsehen,
Film,
Foto,
Heft / Heftchen,
Hörfunk,
Internet / Onlinemedien,
Multimedia,
Plakat,
Telefon,
Theater,
Tonträger,
Video,
Zeitschrift,
Zeitung

Botenmedien
Hermes,
Engel,

Boten,
Tauben

Optische Medien
Teleskop,
Mikroskop,
Brille,
Kino,
Fotografie,
Kristalle,
Spiegel

Okkulte Medien
Ektoplasma,
Elfen,
Engel,
Fotografie,
Frau,
Gedanken,
Geist,
Heiliger Geist,
Hexen,
Kaffee,
Mann,
Stift,
Stuhl,
Tier,
Tisch

Elementare Medien
Erde,
Stein,
Kohle,
Öl,
Plastik,
Seltene Erden,
Feuer,
Gas,
Strahlung,
Luft,
Atmosphäre,
Klima,

Wind,
Sonne,
Licht,
Wasser

Naturmedien
Mycel,
Spinnenetz,
Raben,
Webervogel,
Thermometerhuhn,
Zitteraal,
Taube,
Golfstrom,
Radiowelle,
Frosch,
Lychen,
Baum,
Schlingpflanze,
Oktopus,
Kuh,
Kompost,
Frauen,
Kanarienvogel,
Tanzpflanze,
Parasiten,
Gärten,
Biozönosen

Beschimpfungsmedien
Whattsapp,
Twitter,
Kommentare,
Kritiken,
Leserbriefe,
Pranger,
Tische,
Vorträge,
Bücher,
Pulte,
Foren,
Bewertungsmedien,

Zeugnisse

…

Trübende Medien
Sonnenbrille,
Dreckiges Wasser,
Dunkelheit,
Drogen,
Alkohol,
Filterbubbles,
Suchmaschinen

…

Nasse und trockene Medien

Weiche und harte Medien

Dumme und schlaue Medien

Zu wenig beachtete Medien

Medien großer Männer

t.b.c.

Kondensierte Klassiker

In den Inhaltsverzeichnissen medientheoretischer Schriften trifft man auf eine Auflistung von oftmals sehr konkreten Gegenständen und Figuren des Medialen. Tische, Stühle, Lampen, Türen, Gläser, Erdhaufen, Geldscheine und Grammophone füllen den Medienbegriff immer anders, erlauben wie in einem Katalog zwischen Buch-, Möbel-, Garten- und Elektroladen einen immer neuen Blick auf den Gegenstand und ganze Medienlandschaften. Als Listen aus den Büchern gelöst, treten die unterschiedlichen Ordnungen deutlich zu Tage – wobei Listen selbst ein Medium sind, um das »wilde Denken«, wie Jack Goody es nannte, in klassifizierende Bahnen zu lenken. Sie folgen unterschiedlichen Ordnungsprinzipien wie etwa Chronologie, Hierarchie, Alphabet oder Heterarchie oder aber auch nicht auf den ersten Blick erkennbaren Ordnungen. Manche der Listen könnten als Einkaufsliste dienen, andere zeigen die oftmals eigentümliche Zusammenkunft von artfremden Objekten und Denkfiguren, die in einem Konversationslexikon so niemals nebeneinandertreten würden. Die Fülle der Listen können Anlass sein, einige Klassiker der Medientheorie noch einmal mit gnadenlos reduktionistischem Blick zu lesen, der ausgehend vom Inhaltsverzeichnis die Dinge sucht, mit denen Medien gedacht werden, sie können aber auch dazu anregen, weitere Listen jenseits einzelner Bücher aufzustellen.

Nach dieser »Methode« habe ich die Figuren und Beispiele von drei »Klassikern der Medientheorie« jeweils zu einem einzigen Bild verbunden (Abb. 1, 2, 3), also mittels zeichnendem Lesen eine grafische Bestandsaufnahme im Stil des »graphic recording« versucht. In der Transformation zeigen sich Medien als vielfältige Akteure, die wie Schauspieler und Requisiten auf der Bühne der Theorie immer neu zum Leben erweckt werden und immer neue Verbindungen mit dem Netz der Sinne eingehen.

Diesen Blick setze ich einem *close* oder *distant reading* entgegen, wissend, dass jede dieser Perspektiven ihre eigenen Dummheiten produziert.

Birgit Schneider

STERBLICHKEIT ÜBERSETZEN

Nimm geneigter Leser, die drei Briefe, welche Freund Lothar mir gütigst mitteilte, für den Umriß des Gebildes, in das ich nun erzählend immer mehr und mehr Farbe hineinzutragen mich bemühen werde.[1]

Lieber B.,
co-traducteur, traître und *hypocrite*: hier hast Du was zu lesen. Erinnerungen. Vielleicht. 1959. Im Frühjahr schreibt Pynchon *Mortality and Mercy in Vienna*, eine verzweigte und verzwickte Doppelgänger-Geschichte, übersetzbar, wenn *wort bild ton in eins geht*, als: *Sterblichkeit und Schweben in Wien*. Gegen diese Lösung warst Du energisch, 1983, zurückgekehrt aus Jerusalem und von einem verwilderten Höhlendasein irgendwo am Sinai, am Meer, *mon frère, semblable,* die ersten Semester hinter Dir, ich schon aufgehört mit dem Studieren: *all the stress is on separateness, aloneness, self-sufficiency, especially for the men.* Dafür haben wir Sonntags übersetzt, Pynchons Ojibwa-Text, mit einer Freundin, aka *Mondaugen*, in der Küche, bei mir, denn Du hattest gar keine, asketisch wie Du warst im Namen von Wissen und Macht: *Time and again he starves, supplicating the supernatural one, striving to achieve closer and closer contact with him—›so that I can almost touch him‹—striving to imagine that he himself is the supernatural.* Hungern ums Imago-Werden. Das ist der Weg des *going native* und der nach Harvard-Yard. Zugleich. Davon handelt Pynchons Geschichte, konstruiert als Spiegelverkehr: die Begegnung von etabliertem Ich mit sich als verwildertem Anderen. Dem folgt Deine Wissenschaft: Irrsinn als Kulturtechnik freilegen: *the close relation between psychoneuroses among a particular people and the cultural mode of life.* Für den Einzelnen ist Neurose die Nachtseite des Diskursregimes, nur eine Position im Spektrum der Denkformen, Sterblichkeit nichts als statistische Wahrheit, Versicherungswissen. Als Titel wäre *Käfer und Konzessionen in Wien* also auch gut gewesen. Als Kafka-Leser hast Du *going native* richtig übersetzt mit *Indianer-Werden*. Ich war für *Eingeboren*, als Resonanzraum für das Sterben. Mondaugen für *Wild werden* aus *wildem Denken*, tja, *man sollte gar nicht glauben, daß der Geist, der aus solch hellen holdlächelnden Kinderaugen oft wie ein lieblicher süßer Traum hervorleuchtet, so gar verständig, so magistermäßig distinguieren könne.* Konnte sie auch nicht wirklich, Mondaugen! Kann sie bis heute nicht. Du hingegen sprachst von Signifikantenlogik, Dein *tocca sana*, Diskurs-Schamanismus, schräg zur Theorie der Klassenverhältnisse. *Ich müsste hier von einer Diskursanalyse und nicht von Subjektivitäten ausgehen, die ja nur Folge einer Stellung im Dispositiv sind. Aber vielleicht gibt es Dinge (und vielleicht gehören*

dazu die Popkulturgüter), die wir vergessen müssen, weil wir in dieser Gegenwart und mit diesen Feinden andere Waffen schärfen müssen. Auch das als Wissen der Supra-Alternen: *The Ojibwa, however, flooded me with stories about their ›queer‹ and ›crazy‹ characters.* Jedenfalls fanden wir auch, *dass Intellektuelle versuchen müssen, den Diskurs des/der Anderen der Gesellschaft zu enthüllen und zu erkennen.* Plötzlich war ich selber schon *queer* und *crazy.* Gerade deshalb wohl findet diese Post heute ihren Empfänger.

Dein L.

Lieber B.,

von Pynchon haben wir gelernt. Er geht simpel vor, seriell und synkopisch. In *Mortality and Mercy* sind die Stationen des *going native* Psychoanalyse, Diplomatie, Anthropologie etc. … figuriert als Wolfsmann, Kurtz, der Ojibwa usw. …. Am Ende Amok und Apokalypse. Der Subalterne spricht nicht, aber er kann schießen. Das Ganze wird mit phantasmatischem Lesen kurzgeschlossen … und schon driftete Siegert, der im Text Siegel heißt und Spiegel heißen sollte, off: *The supernatural reveals a vision of power, where the suppliant sees himself an extremely successful hunter, or at other times a successful warrior, doctor, lover.* Träumen konntest Du und Wunscherfüllung auch, Deinen babbelnden *semblable* stets in der Nähe: *For comfort, confidences, and aid he turns to his super natural companion, whom he visualizes often in the shape of the great animals he desires to kill.* Große Tiere. Ich bin schon tot. Und übersetze hier aus dem Jenseits. Übersetzen heißt, *das deutsche zu verindischen vergriechischen verenglischen,* den Text zu transponieren auf ein Urbild vor dem Original, so, dass *Sinn nur noch wie eine Äolsharfe vom Winde von der Sprache berührt wird,* zum Schweben gebracht eben, zwischen Leben und Tod, den Raum zwischen Doppelgängern, hier dem gespiegelten Siegel, halb Jesuit, halb jüdischer Diplomat, halb Priester, halb Healer, ins Off, wo auch Du jetzt halb Beichten abnimmst, halb Sprechstunden hältst. Wo ich Bücher setzte an der Linotype, weil sie die schönsten Zwischenräume hat. Zwischen den Zeilen heißen sie Durchschuss. Das Heft haben wir dann erst 1990 gemacht. Grandios gescheitert wie alles, was ich anfing. Da warst Du schon auf dem Weg nach Berlin.

Dein L.

Es ist auch gewiß, fügte Lothar hinzu, *daß die dunkle physische Macht, haben wir uns durch uns selbst ihr hingegeben, oft fremde Gestalten, die die Außenwelt uns in den Weg wirft, in unser Inneres hineinzieht, so, daß wir selbst nur den Geist entzünden, der, wie wir in wunderlicher Täuschung glauben, aus jener Gestalt spricht. Es ist das Phantom unseres eigenen Ichs, dessen innige Verwandtschaft und dessen tiefe Einwirkung auf unser Gemüt uns in die Hölle wirft oder in den Himmel verzückt.*

Lieber B.,

damals haben wir den Text nicht begriffen. Nur soviel: das Doppelte des Gängers wird bei Pynchon zurück aufs Melancholische gesetzt, das heißt, geleert. *Bei der Trauer ist die Welt arm und leer geworden, bei der Melancholie ist es das Ich selbst.* So übersetzten wir dahin: *Melancholia. Just by accident she had used that word, the psychologist's term, instead of ›melancholy‹.* Bei uns: *Melancholia. Ganz zufällig hatte sie das Wort gebraucht, den psychologischen Terminus, anstatt ›Melancholie‹.* Schon die Zeit, *tense*, war nicht gut. Deutsch sollte verenglischt, Gegenwart greifbar werden. Den Rest merkten wir kaum: Pynchon verweist das anthropologische Original auf den Urtext. Der Ojibwa, der in Washington zum Kannibalen wird, ist eigentlich der Europäer aus Wien, der sein Objekt verlor: *Das Ich möchte sich dieses Objekt einverleiben, und zwar der oralen oder kannibalischen Phase der Libidoentwicklung entsprechend, auf dem Wege des Fressens. Auf diesen Zusammenhang führt Abraham wohl mit Recht die Ablehnung der Nahrungsaufnahme zurück, welche sich bei schwerer Ausbildung des melancholischen Zustandes kundgibt.* Die Anthropologie, die Pynchon zitiert, schreibt alles ab und projiziert es auf die Ojibwa: *They are severe anxiety neuroses with special reference to food, and they manifest themselves in melancholia,* violence and obsessive cannibalism. For all these manifestations the Ojibwa have one term: windigo. Auch das Doppelgängersyndrom des Windigo ist nichts als Übersetzungseffekt: *verweilen wir einen Moment lang bei dem Einblick, den uns die Affektion des Melancholikers in die Konstitution des menschlichen Ichs gewährt. Wir sehen bei ihm, wie sich ein Teil des Ichs dem anderen gegenüberstellt, es kritisch wertet, es gleichsam zum Objekt nimmt.* Romantik nennt das *Phantome unseres eigenen Ichs*, erwähnt aber zugleich das Charmante des ganzen Zaubers: *Ce sont encore des mélancoliques d'une sphère moins élevée qui animent et charment la société par leurs affectations vives et concentrées, et par tous les mouvements d'une âme forte et passionée.* Charmant war ich wohl, passioniert sind wir beide. Deshalb kann ich Dir schreiben obwohl irgendwas längst gegessen ist. Du bist, auf der anderen Seite, nicht sterblich im Sinne der Arbeiter-Unfall-Versicherung, Prag. Aber Du wirst – wie ihr alle – bedenklich älter. 1959, Spring Edition, bis heute. Jetzt wird es offiziell. Sie machen Dir eine Festschrift. Meine Nachricht hast Du: weiter aus dem Außen übersetzen, nenn es jetzt Jenseits oder nicht: *Was aber außer der Mitteilung in einer Dichtung steht – und auch der schlechte Übersetzer gibt zu, daß es das Wesentliche ist – gilt es nicht allgemein als das Unfaßbare, Geheimnisvolle, ›Dichterische‹?*

Grüsse aus dem Off!

Dein L.

Ute Holl und Lothar Leininger

ANMERKUNGEN

1 Unter Berücksichtigung von Charles Baudelaire: *Les Fleurs Du Mal / Die Blumen des Bösen*, in: ders., *Sämtliche Werke, Briefe in acht Bänden*, München 1975; Walter Benjamin: Die Aufgabe des Übersetzers, in: ders., *Gesammelte Schriften* Bd. IV/1, Frankfurt am Main 1972, S. 9–21; E.T.A. Hoffmann: Der Sandmann, in: ders., *Nachtstücke und andere Erzählungen*, in: ders., *Werke*. Zweiter Band, Frankfurt am Main 1967, S. 7–40; Sigmund Freud: Trauer und Melancholie [1917], in: ders., *Gesammelte Werke*, 10. Band. Werke aus den Jahren 1913–1917. Siebente Auflage, Frankfurt am Main 1981, S. 427–446; Ruth Landes: The Abnormal Among the Ojibwa Indians, in: *Journal of Abnormal and Social Psychology* 33 (1938), S. 14–33; Peter Ott: Der POC fehlt (Geschichte & Vergessen), auf: *Die Goldenen Zitronen. Porsche Genscher Hallo HSV*. Neuauflage, Hamburg 2019; Philippe Pinel: *Traité médico-philosophique sur aliénation mentale. Seconde Édition*, Paris 1809; Thomas Pynchon: Mortality and Mercy in Vienna, in: *Epoch* (Spring 1959); Gayatri Chakravorty Spivak: *Can the Subaltern speak? Postkolonialität und subalterne Artikulation*, Wien 2008.

STIL

Der Stylus bzw. Stil ist in erster Hinsicht ein Schreibgerät sowie die Kulturtechnik einer bestimmten Schreibweise,[1] welche Aussagen systematisch und harmonisch miteinander verwebt und dadurch zur rezipientenfreundlichen Geltung bringt. In zweiter Hinsicht entstammt der Stil der Rechtspraxis des 12. Jahrhunderts und bezeichnet sowohl die stillschweigende Rechtsnorm einer höheren Behörde als auch deren geregelten oder den für eine Kanzlei typischen Schreibmodus der gerichtlichen Akten, Dokumente und Urkunden. Demzufolge gilt: »der ›Stil‹ ist zwingende Form, ein ›Stilbruch‹ macht einen stilgebundenen Rechtsakt ungültig«,[2] er markiert und indiziert eine Fälschung. In der Folgezeit müssen auch petitiones und andere Eingaben vor Gericht ›stilgerecht‹ abgefasst werden. Der Stil erstreckt sich somit fortan auf Professions- und Publikumsrollen und bringt produktions- wie rezeptionsästhetische Perspektiven und Erwartungen zusammen.

Kulturgeschichtlich bezieht sich der Stil lange Zeit auf Sprache und Schrift(en), um ab dem 17. Jahrhundert langsam auch Werke der bildenden Kunst zu erfassen und sich spätestens mit Winckelmann, also ab der zweiten Hälfte des 18. Jahrhunderts, als kunstgeschichtliches Beobachtungs- und Bewertungsprinzip durchzusetzen.[3] Die Kunstgeschichte erzeugt und legitimiert anhand des Stils spezielle Unterscheidungen von Kunstrichtungen; und sie klassifiziert über verschiedene Kunstwerke hinweg auf formale Einheiten hin. Solcher Art ermöglicht der Stil, auf Einheit innerhalb einer bestimmten Epoche hin zu beobachten und Gleichförmiges zu integrieren, aber auch zwischen den Epochen zu differenzieren. Er verbindet *und* unterbricht also zwischen einer Vielzahl von Kunstwerken zugleich.

Der Stil ist aber nicht nur ein klassifikatorisches und kanonisierendes Verfahren der Kunstgeschichte, sondern er ist auch ein *generatives* Prinzip innerhalb des Kunstsystems. In dieser Hinsicht ist der Stil ein allgemeines Formungsverfahren, ein – mit Simmel gesprochen – Formgesetz für die Herstellung von und ästhetische Arbeit an Kunstwerken.[4] Der Stil unterwirft ein Kunstwerk seinen eigenen Regeln und verweist auf eine gemeinsam geteilte Basis des Allgemeinen zwischen individuellen Kunstwerken. Am generischen Stilprinzip wird dann deutlich, dass man anti-idiosynkratisch und anti-singularistisch verfährt und wie und zu wem man sich zuordnet.

Bisweilen erzeugt ein Kunstwerk aber auch einen dermaßen tiefen und einzigartigen Eindruck und zeigt sich in einer absoluten Selbstständigkeit, dass die Frage des Stils in den Hintergrund gerät oder geradezu nivelliert wird. Prominente Beispiele dafür wären etwa: Homer, Shakespeare, Michelangelo, da Vinci, Rembrandt, Velasquez oder Beethoven und Schönberg. Bei genauerer Hinsicht ist es aber nicht so, dass sie keine Stilbindung hätten, sondern vielmehr so, dass sie ihren eigenen Stil kreiert haben, der ihre individuellen Werke verbindet. Am Stile Homers, Michelangelos oder Beethovens zeigt sich dann »das Allgemeine in all ihren einzelnen Werken«.[5] Man kann deshalb mit Simmel gesprochen ein Grundmuster erkennen: »daß der Stil ein Allgemeinheitsprinzip ist, das sich mit dem Individualitätsprinzip entweder mischt oder es verdrängt oder vertritt«.[6]

So verfügt die Kunst im Operieren mit Stilen und im Austesten von Stilen – und das bedeutet im künstlerischen Einzelfall gleichermaßen Anpassung wie Ablehnung, »opting in« oder »opting out« –[7] über die besondere Möglichkeit, »abrupt mit der Vergangenheit zu brechen«.[8] Stil ist also ein Motivgenerator, mit dem man oder gegen den man künstlerisch arbeiten kann. Und die Grenzen eines bestimmten Stils appräsentieren alternative Formungen und Ausdeutungen der Weltbeobachtung respektive möglicher Welten.[9] Die Grenzen eines Stils und die Ideen für Abweichungen und Neu-Arrangements werden dabei zumeist nicht individuell erkannt und diskutiert, sondern mit anderen Künstler_innen und in entsprechend institutionalisierten Gruppenkontexten.

In einer letzten und dritten Hinsicht fungiert ein jeder Stil auch als spezielle Rezipient_innen- und Publikumssteuerung, die einen auf das künstlich Gemachte in seiner Machart hinführt und die nicht zuletzt den Blick vom Inhalt, von den Objekten und vom Kontext wegführt auf eine reflexive »second order observation«: Man beobachtet, wie der Künstler oder die Künstlerin beobachtet hat – und wie es, trotz der Notwendigkeit im einzelnen Kunstwerk, auch anders hätte hervorgebracht werden können. Stilbindung bedeutet aus der Rezeptionsperspektive also einerseits relative Notwendigkeit und andererseits relative Kontingenz. Ein Kunstwerk, so lässt sich schlussfolgern, muss einerseits einen Stil haben, um erkennbar zu sein und um sich mit anderen Kunstwerken verketten zu können. Aber andererseits darf ein Kunstwerk nicht reine Kopie sein, sondern muss parallel über den Stil hinaus einzigartig sein, um zu überraschen, zu gefallen und Neuheit ins Kunstsystem zu bringen.

Damit verbinden sich neuerliche Anforderungen und Anstrengungen auf Seiten des interessierten Publikums: »Wenn von Kunstwerken erwartet wird, daß, bei aller Isolierung auf sich selbst, sie Stile mitrealisieren, muß der Kunstkenner zunächst einmal Stilkenner sein.«[10] Und man wird dies gleichermaßen von Künstler_innen selbst zu erwarten haben. Deshalb sind die Geschichte der Kunst und die Stillehre zentrale Bestandteile der Künstler_innen-Ausbildung. Nur wer die Geschichte und die Stile des Kunstsystems in seiner Breite kennt, der wird sich selbst positionieren und Neues produzieren können. Schlussendlich kann man das auch von Wissenschaftler_innen erwarten. Sie müssen einen bestimmten Stil als modus operandi, als generisches Prinzip pflegen und damit ihrem Publikum Affizierung, Lektüretreue und Interpretationshilfe angedeihen lassen.

Im Maße es zu Beginn eines Buchs eine Anekdote (etwa über Kafka oder Shannon oder Juan de Amberes) gibt, haben wir es unbezweifelbar mit einem Siegert'schen Werk zu tun. In diesem Individual-Stil Siegerts kommen Auto-Mimese und wissenschaftliches Schreib-Programm ebenso zur Geltung wie ein werkübergreifender Charakter. Pointiert verläuft dieses operative Stilprogramm so: Firstly, observing others and producing something special; secondly, imitating oneself; thirdly, escaping and evolving from one's own limitations.

Andreas Ziemann

ANMERKUNGEN

1 Vgl. Johann Heinrich Zedler: *Grosses vollständiges Universal-Lexicon aller Wissenschaften und Künste. Vierzigster Band, Sti–Suim*, Leipzig/Halle 1744, S. 1469.
2 Hans-Wolfgang Strätz: Notizen zu »Stil und Recht«, in: Hans Ulrich Gumbrecht, K. Ludwig Pfeiffer (Hg.), *Stil. Geschichten und Funktionen eines kulturwissenschaftlichen Diskurselementes*, Frankfurt am Main 1986, S. 53–67, hier S. 58.
3 Vgl. Johann Winckelmann: *Geschichte der Kunst des Alterthums*, Dresden 1764.
4 Vgl. Georg Simmel: »Das Problem des Stiles«, in: *GSG 8. Aufsätze und Abhandlungen 1901–1908, Bd. II*, Frankfurt am Main 1993, S. 374–384, hier S. 375. Siehe dazu bereits früher Johann Wolfgang von Goethe: Einfache Nachahmung der Natur, Manier, Stil, in: *Goethes Werke, 47. Band. Schriften zur Kunst 1788–1800*, Weimar 1896, S. 77–83.
5 Simmel: *Problem des Stiles*, S. 375 f.
6 Ebd., S. 376.
7 Aleida Assmann: »Opting in« und »opting out«. Konformität und Individualität in den poetologischen Debatten der englischen Aufklärung, in: Hans Ulrich Gumbrecht, K. Ludwig Pfeiffer (Hg.), *Stil. Geschichten und Funktionen eines kulturwissenschaftlichen Diskurselementes*, Frankfurt am Main 1986, S. 127–143, hier S. 128.
8 Niklas Luhmann: Das Kunstwerk und die Selbstreproduktion der Kunst, in: Hans Ulrich Gumbrecht, K. Ludwig Pfeiffer (Hg.), *Stil. Geschichten und Funktionen eines kulturwissenschaftlichen Diskurselementes*, Frankfurt am Main 1986, S. 620–672, hier S. 644.
9 Vgl. Niklas Luhmann: *Die Kunst der Gesellschaft*, Frankfurt am Main 1995, S. 340.
10 Luhmann: *Das Kunstwerk und die Selbstreproduktion der Kunst*, S. 649.

TASCHENDRUCKEREI

Dass das Nachahmen von Kindheit angeboren ist und sich der Mensch dadurch von den übrigen Lebewesen unterscheide, »daß er in besonderem Maße zur Nachahmung befähigt ist und seine ersten Kenntnisse durch Nachahmung erwirbt«, weiß die *Poetik* des Aristoteles.[1] Um 1800 gibt es in den Künsten und der Literatur nicht nur den Kampf gegen die Nachahmung und den Versuch, sie durch das Originalitätsprinzip zu ersetzen: »Darin ist jedermann einig, daß Genie dem Nachahmungsgeiste gänzlich entgegen zu setzen sei.«[2] Dass Schreiben als die Sache der Literatur von der »Montage« sich wiederholender Signifikanten untrennbar ist und daher niemals in einem Verstehen von Signifikaten oder Sinnwörtern aufgehoben werden kann,[3] hat niemand mit solcher Insistenz vorgeführt wie der Elementarschullehrer und Schriftsteller Jean Paul Friedrich Richter, der Zeitgenosse einer neuhumanistischen Klassik, auf die man das Aufschreibesystem 1800 allzu exklusiv festzulegen versucht hat. Seine Texte künden von der Macht der Signifikanten und der Lust von Unberufenen, das Wort zu ergreifen, in genialen Werken zu wildern und fremde Autorschaft zu beanspruchen. Jean Pauls mindere Helden arbeiten, wie der Schulmann Quintus Fixlein, »an einer Sammlung der *Druckfehler* in deutschen Schriften«, stellen statistische Untersuchungen darüber an, »wie oft jeder Buchstabe in der Bibel vorkomme, z. B. das Aleph (das A) 43,277 mal«,[4] und teilen ihre Lebensbeschreibung »in besondere Zettelkästen« ein, wozu Fixlein die »Schubläden einer Kinder-Kommode« dienen.[5]

Der Text von 1791, den Jean Paul *Eine Art Idylle* nennt, ist *Leben des vergnügten Schulmeisterlein Maria Wutz in Auenthal* überschrieben. So schnell Wutz auch das Buchstabieren lernt und damit der Dynastie von Schulmeistern, der er entstammt, alle Ehre macht, so »kindisch« ist er doch schon in der Kindheit – und bleibt es im Erwachsenenalter,[6] weil er, statt der Nachahmung zu entwachsen, sie vielmehr auf immer neue Gebiete anwendet, um schließlich die Produktion von origineller Literatur selbst bloß auf einen Wink ihres Titels hin vollständig nachzuahmen. Als Kind hält das zukünftige Schulmeisterlein sich nicht lange mit den ernsthaften Nachahmungen der Erwachsenen auf – den »Kaufmann-, Soldaten-, Handwerker-Spielen« – und bevorzugt stattdessen die »Nachäffungen der Tiere«, vorzugsweise Hase, Turteltaube, Bär, Pferd »oder gar der Wagen daran«,[7] das heißt, Wutz bewegt sich auf der Linie jener schon von Platon inkriminierten Nachahmung nachahmungsunwürdiger Objekte sowie physischer und technischer Erscheinungen.[8]

Als »Philosoph«, der auch »seine ernsthaftesten Geschäfte und Stunden« hatte, legt Wutz einen »Dr.-Faustus-Mantel« an, um vormittags »der Magd seines Vaters die vielen Sünden« vorzuhalten, »die sie um Himmel und Hölle bringen konnten«, und um nachmittags diesem Vater aus einem weitverbreiteten Erbauungstraktat (*Cobers* Kabinettprediger) vorzulesen, wobei es seine »innige Freude« war, »dann und wann zwei, drei Worte oder gar Zeilen aus eigenen Ideen einzuschalten und diese Interpolation mit wegzulesen, als spräche Herr Cober selbst mit seinem Vater«.[9] Der angehende Schulmeister spielt den Pfarrer und usurpiert dessen Position »später« auch ganz offen, wenn er nicht nur seinem Vater, sondern der ganzen Gemeinde von der Kanzel herab aus dem Andachtsbuch vorliest, nicht ohne auch hier mit »viel hineingespielten eigenen Verlagsartikeln und Fabrikaten« zu arbeiten.[10] Das Verkleiden, Vorlesen und Interpolieren (also die Veränderung eines Originals durch die Einschaltung oder das Einweben zusätzlichen Textes) sind unterschiedliche minder-mimetische Akte, die sich zum einen durch das jeweils verwendete Medium unterscheiden, zum anderen im Hinblick auf die Markierung dieses Aktes als eines mimetischen: Handelt es sich im Fall der »blauen Schürze«,[11] die das Kind anlegt, um eine explizite Travestie, die auch für das Publikum einen unleugbar satirischen Sinn annimmt, operieren die am Körper des Textes vorgenommenen mimetischen

Operationen subtiler, indem Wutz ausgerechnet das Vorlesen, das kein Iota am Text zu ändern scheint, nutzt, um unbemerkt eigenen Text einzuschmuggeln.[12]

Dass Jean Paul von »eigenen Verlagsartikeln und Fabrikaten« spricht,[13] die Wutz einschmuggelt, ist vor allem deshalb von Bedeutung, weil damit der quasi-industrielle Produktionsmechanismus dieser mimetischen Anreicherungen hervorgehoben wird, der dann wenig später von entscheidender Bedeutung wird, wenn der Erzähler eine höchst merkwürdige mimetische Praxis des Schulmeisterleins beschreibt, in deren Mittelpunkt diesmal nicht ein einzelnes Buch und dessen interpolierende Erweiterung steht, sondern eine ganze Reproduktionstechnologie, nämlich der Buchdruck und die mit dem ›freien‹ Buchmarkt entstehende Akkumulationsdynamik des Gedruckten: »Der wichtige Umstand […], ist nämlich, daß Wutz eine ganze Bibliothek – wie hätte der Mann sich eine kaufen können? – sich eigenhändig schrieb. Sein Schreibzeug war seine Taschendruckerei; jedes neue Meßprodukt, dessen Titel das Meisterlein ansichtig wurde, war nun so gut als geschrieben oder gekauft: denn es setzt sich sogleich hin und machte das Produkt und schenkt' es seiner ansehnlichen Büchersammlung, die, wie die heidnischen, aus lauter Handschriften bestand.«[14]

Wutz war »kein verdammter Nachdrucker, der das Original hinlegt und oft das meiste daraus abdruckt: sondern er nahm gar keines zur Hand«, weil er das Original *vorausahmt*. Damit erweist er sich als ein seltsamer Erfinder des Manuskripts im Zeitalter des Buchdrucks – seltsam insofern, als hier das Manuskript nicht als genetische Vorstufe des publizierten Werks fungiert, das an dessen Prestige partizipiert und es schließlich sogar übersteigt.[15] In den Manuskripten des Schulmeisterleins vollzieht sich vielmehr eine ›wilde‹, die Lektüre gänzlich überspringende Aneignung der Werke durch eine ›fremde‹, unberufene Hand.

Wutz wiederholt also in seiner eigenen Handschrift allein auf der Grundlage der Titel, die die Messekataloge enthalten, was das Buch eines anderen Autors enthält, ohne dessen Inhalt zu kennen. Seine Wiederholung ist zugleich eine Nachäffung. Sie lässt das Original, das sie nachahmt nicht ungeschoren, indem sie beispielsweise höchst freie oder besser: höchst eingeschränkte Variationen der Bücher anfertigt: so, wenn er »z. B. im ganzen Federschen Traktat über Raum und Zeit von nichts handelte als vom Schiffs-*Raum* und der Zeit, die man bei Weibern *Menses* nennt«.[16] Die Nachahmung ist Degradierung des Originals aber auch insofern, als sie sich selbst an dessen Stelle setzt: Obwohl er nur existierende Bücher ausschreibt, nimmt Wutz die Meinung an, »seine Schreibbücher wären eigentlich die kanonischen Urkunden und die gedruckten wären bloße Nachstiche seiner geschriebenen«. Im Fall einer durch Wutz angestrengten Urheberrechtsklage hätte der Kläger sich nur darüber zu wundern, »warum der Buchführer das Gedruckte allzeit so sehr verfälsche und umsetze, daß man wahrhaftig schwören sollte, das Gedruckte und Geschriebene hätten doppelte Verfasser, wüßte man es nicht sonst.«[17]

Der Jean Paulsche »Enzyklopädist« verfügt nicht über die Mittel,[18] die das Kopistenpaar Bouvard und Pécuchet einsetzt, um sich all die Bücher zu beschaffen, die es für sein Projekt einer universalenzyklopädischen Stellensammlung benötigt. Lavater, Schiller, Kant, Forster, Reisejournale ebenso wie Autobiographien oder medizinische und sonstige wissenschaftliche Fachliteratur kann Wutz spielend nach- oder eben vorschreiben, weil der literarische Betrieb per se auf der Fähigkeit beruht, »Beschreibungen ohne die Reise zu machen« also seine Reproduktionsdynamik nicht vom Empfang »äußerer Eindrücke« abhängt, sondern von der Beherrschung einer diskursiven Kompetenz.[19] Wutz schreibt daher »über alles« – und er vermag dies schneller, als die Originalwerke entstanden, wenn er »fünf Wochen nach dem Abdruck der Wertherschen Leiden […] stehenden Fußes sie schrieb, die Leiden – ganz Deutschland ahmte nachher seine Leiden nach«.[20] Das Programm »Wutz« realisiert das Paradox einer *Originalkopie*.[21] Das Schulmeisterlein ahmt nicht das fertige Werk nach, das unnachahmliche Autoren hervorbringen, sondern die Originalität seiner Hervorbringer, wenn er etwa im Falle Goethes den Leiden gleich noch *Werthers Freuden* zur Seite stellt.[22]

Anders als es eine bestimmte Diskursgeschichte suggeriert, exekutiert Literatur um 1800 keineswegs flächendeckend das Modell einer Autorschaft als Werkherrschaft,[23] sondern bedient sich zugleich minder-mimetischer Verfahren, die die kulturell und philosophisch entwertete Nachahmung des Abschreibens in die Sphäre des vermeintlich Originären einführen. Wenn das Weimarer Dioskurenpaar, von »Einflussangst« gepeinigt,[24] daher umfassende Überlegungen zur Einhegung des literarischen »Nachahmungstriebs« anstellt, dann deshalb, weil es im »überhandnehmenden Dilettantismus« eine ernst zu nehmende literarische Konkurrenz erkannte,[25] die den autorschaftlichen Exklusivitätsanspruch der Dichtung wirkungsvoll unterlief.

Friedrich Balke

ANMERKUNGEN

1 Aristoteles: *Poetik*. Griechisch/Deutsch, hrsg. und übers. von Manfred Fuhrmann, Stuttgart 1982, S. II.
2 Immanuel Kant: Kritik der Urteilskraft, in: ders., *Werkausgabe* Bd. 8, hrsg. von Wilhelm Weischedel, Darmstadt 1981, S. 407.
3 Friedrich Kittler: *Aufschreibesysteme 1800 • 1900*. Dritte, vollständig überarbeitete Neuauflage, München 1995, S. 60.
4 Jean Paul: *Leben des Quintus Fixlein aus funfzehn Zettelkästen gezogen; nebst einem Musteil und einigen Jus de tablette*, Stuttgart 1972, S. 88.
5 Ebd., S. 91.
6 Jean Paul: *Leben des vergnügten Schulmeisterlein Maria Wutz in Auenthal. Eine Art Idylle*, Stuttgart 2013, S. 3.
7 Ebd., S. 3f.
8 Platon: *Politeia*. In der Übersetzung von Friedrich Schleiermacher, Hamburg 1981 (zitiert nach der Stephanus-Nummerierung), S. 129 [397a].
9 Jean Paul: *Leben des vergnügten Schulmeisterlein Maria Wutz in Auenthal*, S. 4.
10 Ebd.
11 Ebd.
12 Roger Caillois: *Méduse & Cie*. Mit *Die Gottesanbeterin* und *Mimese und legendäre Psychasthenie*, Berlin 2007, S. 86.
13 Jean Paul: *Leben des vergnügten Schulmeisterlein Maria Wutz in Auenthal*, S. 4.
14 Ebd., S. 7.
15 Christian Benne: *Die Erfindung des Manuskripts. Zur Theorie und Geschichte literarischer Gegenständlichkeit*, Berlin 2015, S. 32.
16 Jean Paul: *Leben des vergnügten Schulmeisterlein Maria Wutz in Auenthal*, S. 7.
17 Ebd., S. 8.
18 Ebd., S. 8f.
19 Ebd., S. 9.
20 Ebd.
21 Siehe u.a. Gisela Fehrmann, Erika Linz, Eckhard Schumacher, Brigitte Weingart (Hg.): *Originalkopie. Praktiken des Sekundären*, Köln 2004.
22 Jean Paul: *Leben des vergnügten Schulmeisterlein Maria Wutz in Auenthal*, S. 16.
23 Heinrich Bosse: *Autorschaft ist Werkherrschaft. Über die Entstehung des Urheberrechts aus dem Geist der Goethezeit*, Paderborn et al. 1981.
24 Paul Fleming: Dilettantenkunsthochschule, in: *Neue Rundschau* 128/3 (2017), S. 39–53, hier S. 49.
25 Johann Wolfgang Goethe, Friedrich Schiller: Über den Dilettantismus, in: Johann Wolfgang Goethe, *Sämtliche Werke in 18 Bänden*, München 1977, Bd. 14, S. 729–754, hier S. 742.

ZEUG

»Auf dem Tisch lag ein großer Laib Brot. Der Vater kam mit dem Messer und wollte ihn in zwei Hälften schneiden. Aber trotzdem das Messer stark und scharf, das Brot nicht zu weich und nicht zu hart war konnte sich das Messer nicht einschneiden. Wir Kinder blickten verwundert zum Vater auf. Er sagte: ›Warum wundert ihr Euch? Ist es nicht merkwürdiger, dass etwas gelingt als daß es nicht gelingt. Geht schlafen, ich werde es doch vielleicht noch erreichen.‹ Wir legten uns schlafen, aber hie und da, zu verschiedensten Nachtstunden, erhob sich dieser oder jener von uns im Bett und streckte den Hals um nach dem Vater zu sehen, der noch immer, der große Mann, in seinem langen Rock, das rechte Bein im Ausfall, das Messer in das Brot zu treiben suchte. Als wir früh aufwachten, legte der Vater das Messer eben nieder und sagte: ›Seht, es ist mir noch nicht gelungen, so schwer ist das.‹ Wir wollten uns auszeichnen und selbst es versuchen, er erlaubte es uns auch, aber wir konnten das Messer, dessen Schaft übrigens vom Griff des Vaters fast glühte, kaum heben, es bäumte sich förmlich in unserer Hand. Der Vater lachte und sagte: ›Laßt es liegen, jetzt gehe ich in die Stadt, abend werde ich es wieder zu zerschneiden versuchen. Von einem Brot werde ich mich nicht zum Narren halten lassen. Zerschneiden muß es sich schließlich lassen, nur wehren darf es sich, mag es sich also wehren.‹ Aber als er das sagte, zog sich das Brot zusammen, so wie sich der Mund eines zu allem entschlossenen Menschen zusammenzog und nun war es ein ganz kleines Brot.«[1]

Welcher Weg führt zum Zeughaften des Zeugs? Wie sollen wir erfahren, was das Zeug in Wahrheit ist? Wählen wir als Beispiel ein gewöhnliches Zeug: ein Messer. Zu dessen Beschreibung bedarf es nicht einmal der Vorlage wirklicher Stücke dieser Art von Gebrauchszeug. Jedermann kennt sie. Aber da es doch auf eine unmittelbare Beschreibung ankommt, mag es gut sein, die Veranschaulichung zu erleichtern. Für diese Nachhilfe genügt eine bildliche Darstellung. Wählen wir dazu ein wenig bekanntes Werk von Kafka, der solches Messerzeug mehrmals beschrieben hat. Aber was ist da zu lesen? Jedermann weiß, was zum Messer gehört. Es findet sich da der Schaft aus Holz und die Klinge aus Erz, beide ineinandergefügt. Solches Zeug dient zum Schneiden. Entsprechend der Dienlichkeit, ob zum Brotscheiden oder im Kampfe, sind Stoff und Form anders.

Solche richtigen Angaben erläutern nur, was wir schon wissen. Das Zeugsein des Zeugs besteht in seiner Dienlichkeit. Aber wie steht es mit dieser selbst? Fassen wir mit ihr schon das Zeughafte des Zeugs? Müssen wir nicht, damit das gelingt, das dienliche Zeug in seinem Dienst aufsuchen? Der Vater greift das Messer und schneidet Brot. Hier erst ist es, was es ist. Es ist dies umso echter, je weniger der Vater an das Schneidzeug denkt oder es gar ansieht oder auch nur spürt. Er nimmt es und schneidet. So dient das Messer wirklich. An diesem Vorgang des Zeuggebrauches muss uns das Zeughafte wirklich begegnen.

Der phänomenologische Aufweis des Seins dieses nächstbegegnenden Seienden bewerkstelligt sich am Leitfaden des alltäglichen In-der-Welt-seins, das wir auch den Umgang in der Welt und mit dem innerweltlichen Seienden nennen. Der Umgang hat sich schon zerstreut in eine Mannigfaltigkeit von Weisen des Besorgens. Die nächste Art des Umganges ist das hantierende Besorgen, das seine eigene ›Erkenntnis‹ hat. Dabei erfasst der je auf das Zeug zugeschnittene Umgang, darin es sich einzig genuin in seinem Sein zeigen kann, z. B. das Schneiden mit dem Schneidzeug, weder dieses Seiende thematisch als vorkommendes Ding, noch weiß etwa gar das Gebrauchen um die Zeugstruktur als solche. Das Schneiden hat nicht lediglich noch ein Wissen um den Zeugcharakter des Messers, sondern es hat sich dieses Zeug so zugeeignet, wie es angemessener nicht möglich ist. In solchem gebrauchenden Umgang unterstellt sich das Besorgen dem für das jeweilige Zeug konstitutiven Um-zu; je weniger das Messerding nur begafft wird, je zugreifender es gebraucht wird, um so ursprünglicher wird das Verhältnis zu ihm, um so unverhüllter begegnet es als das, was es ist, als Zeug. Das Schneiden selbst entdeckt die spezifische ›Handlichkeit‹ des Messers. Die Seinsart von Zeug, in der es sich von ihm selbst her offenbart, nennen wir die *Zuhandenheit*. Nur weil Zeug dieses ›An-sich-sein‹ hat und nicht lediglich vorkommt, ist es handlich im weitesten Sinne und verfügbar.

Damit aber die Weltmäßigkeit des Innerweltlichen zum Vorschein kommt, hat der Dichter das Zeug in eine Welt ›gestellt‹, in der das besorgende Dasein fast nachtet und das nächstzuhandene Seiende im Besorgen als unverwendbar, als nicht zugerichtet für seine bestimmte Verwendung angetroffen wird. In solchem Entdecken der Unverwendbarkeit fällt das Zeug auf. Das *Auffallen* gibt das zuhandene Zeug in einer gewissen Unzuhandenheit. Das ratlose Davorstehen entdeckt als defizienter Modus eines Besorgens das Nur-noch-vorhandensein eines Zuhandenen.

Im Umgang mit der besorgten Welt kann Unzuhandenes begegnen auch als Unzuhandenes, das dem Besorgen ›widersteht‹. Das, woran das Besorgen sich nicht kehren kann, dafür es ›keine Kraft‹ hat, ist *Un*-Zuhandenes in der Weise des Nichthergehörigen, des Nichthörigen, des Ungeheuren. Das Zuhandene ist vertraut und geheuer. Aber in seinem Rückzug ins Vorhandene ist das Geheure, das zum Vertrauten und zum Haus gehörige (ahd. *hiuri*), ungehörig, unhörig und un-geheuer geworden. Es wird von einer Verweigerung durchwaltet. Dieses Unzuhandene stört und macht die *Aufsässigkeit* des zunächst und zuvor zu Besorgenden sichtbar. So meldet sich im Zugreifen des »Griffs« das Schaffende des »Schafts« und ein »Bäumen« des Baumdings, des bloß hölzern-Seienden, und wendet das zugreifende Hantieren in verfängliches Missgreifen, in die Unhandlichkeit, in die Unbegriffenheit des Greifbaren. Mit dieser Aufsässigkeit kündigt sich in neuer Weise die Vorhandenheit des Zuhandenen an, als das Sein dessen, das immer noch vorliegt und nach Erledigung ruft.

In der Auffälligkeit und Aufsässigkeit geht das Zuhandene in gewisser Weise seiner Zuhandenheit verlustig. Sie verschwindet nicht einfach, sondern in der Auffälligkeit des Unverwendbaren und ›Ungelinglichen‹ verabschiedet sie sich gleichsam. Zuhandenheit zeigt sich noch einmal, und gerade hierbei zeigt sich auch die Weltmäßigkeit des Gelinglich-Zuhandenen.

Die Struktur des Seins von Zuhandenem als Zeug ist durch die Verweisungen bestimmt. Das eigentümliche und selbstverständliche ›An-sich‹ der nächsten ›Dinge‹ begegnet in dem sie gebrauchenden und dabei nicht ausdrücklich beachtenden Besorgen, das auf Unbrauchbares stoßen kann. Ein Zeug ist unverwendbar – darin liegt: die konstitutive Verweisung des Um-zu auf ein Dazu ist gestört. In einer *Störung der Verweisung* – in der Unverwendbarkeit für ... wird aber die Verweisung ausdrücklich. Zwar auch jetzt noch nicht als ontologische Struktur, sondern ontisch für die Umsicht, die sich an der Unschnittigkeit des Schneidzeugs stößt. Der Zeugzusammenhang »glüht« auf nicht als ein noch nie gesehenes, sondern in der alltäglich sorgenden Umsicht ständig im vorhinein schon gesichtetes Ganzes. Mit diesem Ganzen meldet sich die Welt.

Insgleichen aber ist das Fehlen eines Zuhandenen, das sich als »Wehr« der Verweigerung in der Laibhaftigkeit des Brots »zusammenzieht«, ein *Bruch* der in der Umsicht entdeckten Verweiszusammenhänge. Die Umsicht stößt ins Leere und wird auf eine je schon erschlossene, *ent-schlossene* Welt verwiesen, vor der sich die Sorge des Hausvaters aus der ontischen Benommenheit alltäglichen Besorgens zur vorlaufenden Entschlossenheit in der eigentlichen Sorge als Sein des Daseins öffnet.[2]

Joseph Vogl

ANMERKUNGEN

1 Franz Kafka: *Nachgelassene Schriften und Fragmente II*, hrsg. von Jost Schillemeit, Frankfurt am Main 1992, S. 282–283.

2 Alle direkten und indirekten Zitate aus Martin Heidegger: *Holzwege*, Frankfurt am Main ²2003, S. 5–24; *Sein und Zeit*, Frankfurt am Main ⁷1977, S. 90–102.

GROSSE MÄNNER

ANGLO-AMERIKANISCHE LITERATUR

Merkwürdig unter den Kunsturteilen im Werk von Deleuze ist das über »Die Überlegenheit der anglo-amerikanischen Literatur«. Es verliert jedoch etwas von seiner Exaltiertheit, wenn man die Superiorität dieser Literatur im Zusammenhang sieht mit dem Lob der Minorität der Kafka-Literatur; dann mag es durchaus sein, dass Überlegenheit weniger ein positives Qualitätsmerkmal denn ein Problem der anglo-amerikanischen Literatur ist. In der Tat mischt Deleuze dem Preis dieses Schreibens – vor allem der amerikanischen Erzählprosa – immer auch den Hinweis auf ihr Scheitern bei: ein Scheitern, das nicht wie das Beckettsche konstitutiv in seinem Innern wirkt, sondern das es von außen befällt, als Energieverlust, als Regression, als Kleinbeigabe. Im 20. Jahrhundert ist das Substrat dieses Kollapses in die Überlegenheit die Droge, der Alkohol vor allem, die den Verlust der Transzendenz ausgleichen soll, und das Schreiben auf das Individuum, die Repräsentation, und die Familie zurückbiegt.

Ein Name, auf den Deleuzes Analyse passt wie auf kaum einen anderen ist James Agee. Dazu qualifiziert ihn über die bekannte Schizo-Pathographie hinaus – religiöse Erziehung, frühe Verlassenheit vom Vater, Ambivalenz gegenüber der Mutter, sexuelle Orientierungslosigkeit, manisch-depressiver Sprech-, Schreib- und Reisezwang – seine frühe Hingabe an das Kino: er wurde nicht nur der bedeutendste Filmkritiker der vierziger und fünfziger Jahre, sondern auch Drehbuchautor (und Trinkgenosse) von John Huston, Charles Laughton und Charlie Chaplin.

Agee gehört zur Generation derer, die von verschiedenen Agenturen des New Deal gefördert wurden – jenem allzu kurzen Versuch, die ganze USA in eine Art Bauhaus zu verwandeln. Er hat für Zeitschriften geschrieben, die als Verfechter Roosevelts angefangen und sich in den späten 1930er- und in den 1940er-Jahren in Bastionen des aggressiven Kapitals verwandelt haben. Seine politischen Positionen in diesen sich verdüsternden Zeiten sind deutlich auf Seiten der Liberalität, gefärbt allerdings von persönlichen Loyalitäten und von seinem Hunger nach Anerkennung und Geld.

Agee schrieb aus der Systole des Rauchens und der Diastole des Trinkens; er holt weit aus und fällt, *in extremis*, von der Manie des mikroskopischen Beschreibens und seiner Urform, der Liste, in die intensivste aller Ansprachen, in das Gebet. Nirgends ist dieses rasende Schwanken breiter ausgeschrieben als in *Let Us Now Praise Famous Men*, ein Buch, das in seinem dokumentarischen Furor noch ganz die Ästhetik des frühen New Deal atmet. Die Photographien, die Walker Evans dem Buch voranstellte, ästhetisieren die Überzeugung der Farm Security Administration, das Elend der Baumwollfarmer im Süden könne durch Sichtbarmachung gelindert werden; doch Agees hyperintensiven Beschreibungen der Lebensräume, der Tageswerke, der Kleidung und des Essens – notiert nachts bei Kerzenlicht in den Häusern der drei Familien, die er portraitierte – beschweren das Buch eher, als dass sie ihm Reichweite geben. Zumal er die Ablieferung des Textes so lange hinauszögerte, bis sich die Welt- und Interessenlage mit dem Kriegseintritt der USA 1941 radikal verändert hatte.

Deutlich zeigt sich aber an diesem Monumentalwerk, wie auch an den Drehbüchern, am fremdbestimmten Journalismus und vor allem an den Filmkritiken, dass Agee eigentlich ein Mitarbeiter ist und eben nicht der einsame Autor, den er mit wachsender Verzweiflung in sich suchte. Diese letzlich fatale Verkennung seiner selbst hat ihren Ursprung im religiösen Zweifel, den er seit seiner frühen Jugend sowohl erlitt als auch kultivierte. Darüber sind wir über Gebühr gut informiert aus den Briefen, die er sein ganzes Erwachsenenleben an den episkopalischen Priester James Flye schrieb, auch und vor allem aus den Tiefen seines alkoholischen Taumels. Am Anfang also der Epoche, in der mit der Institutionalisierung des *writer's room* eine neue narrative Praxis entsteht, kasteit Agee sich über Jahre hinweg wegen seiner Unfähigkeit, den großen

Roman des amerikanischen Selbst fertigzubringen. *A Death in the Family* erscheint postum im Jahr 1957, zwei Jahre nach dem Tod des Autors an einem hartnäckig verfolgten Herzinfarkt.

Hier überwiegt die Beschreibung der aus Kinderaugen angestaunten Realität des Unfalltodes des Vaters; wie tief sich Agee in den Gemütszustand seines 6-jährigen Selbst hineinzuversetzen versteht, erhellt aus einer Szene, in der der Junge in einem unbeobachteten Moment auf die Straße läuft und einem wildfremden Passanten stolz erzählt, dass sein Vater gerade gestorben sei.

Die transzendente Perspektive ist eingebettet in ein 5-seitiges Prosagedicht, das dem Roman gemeinhin vorangestellt wird, und das Agee 1938 unabhängig veröffentlicht hat. Es beginnt mit dem Satz: »We are talking now of summer evenings in Knoxville, Tennessee in the time that I lived there so successfully disguised to myself as a child.« Daran schließt sich eine Reverie an, in der die unerreichten Höhen, aber auch die weiten Ebenen von Agees Prosa eng beieinander liegen. Der anbrechende Sommerabend mit seinen Ritualen des Rasenwässerns, des Promenierens und des Schaukelns auf der Veranda, des Plauderns. In diese Idylle bricht nicht ein, sondern gehört das Elektrische, das Technische, der Verkehr in Form einer Straßenbahn, die funkenstreuend am Garten vorbeifährt. Am Ende des Textes wird die Decke, auf der liegend die Familie den Sommerabend ausklingen lässt, zum Weltraum hin geöffnet; dem Wundern über den Zufall, der gerade diese Menschen an diesem Abend auf dieses Viereck bannt, die Bitte um wohlwollendes Andenken (das der folgende Roman unternehmen wird) hinzugefügt. Und der letzte Satz wiederholt inständig das Motiv der eigenen Unkenntlichkeit: »After a little I am taken in and put to bed. Sleep, soft smiling, draws me unto her: and those receive me, who quietly treat me, as one familiar and well-beloved in that home: but will not, oh, will not, not now, not ever; but will not ever tell me who I am.«

Die intensivierenden Wiederholungen, die Reime und Assonanzen und die Zeichensetzung, sie alle sehnen sich nach der lyrischen Stimme. Dieses Sehnen hat 1948 die Sopranistin Eleanor Steber erhört und bei Samuel Barber die Vertonung eines Auszugs in Auftrag geben. *Knoxville: Summer of 1915* ist vielleicht die gelungenste und unverschämt schönste Komposition des amerikanischen 20. Jahrhunderts; im Europäischen lassen sich ihr nur *Die Vier letzten Lieder* Richard Strauss' gegenüberstellen.

Und nun müsste eine Interpretation einsetzen: hier die unverankerte, elektrifizierte und prosaisch-schwebende Reminiszenz, dort die Hesse- und Eichendorff-Lyrik, ganz der Vergangenheit, der Natur und dem Tod zugewandt; hier der Komponist, ehemaliger Luftwaffenunteroffizier und Favorit seines Jazz und Klassik liebend Kommandeurs, dort der ›gottbegnadete‹ ehemalige Präsident der Reichsmusikkammer, der Thomas Mann der undeutschen Gesinnung zieh, hier …

Helmut Müller-Sievers

ENCOUNTER

Among his objectives in coming to Vancouver for three weeks in the fall of 2016 was to spend some time with the so-called Transformation Masks that live in the Museum of Anthropology, their current steward. A text on the cultural technique of masking, our grant application stated, would eventually follow. Bernhard was inspired by Levi-Strauss's text—the way these masks operate in potlatch ceremonies, the way they open and close worlds, the way they mediate the domains of the living and dead, human and animal, so-called reality and the realm of stories. So I scheduled some time for us, an initial encounter at the archive.

In a room, on a table, dressed up and tied together in pieces of cloth, the carved and painted wooden creatures were fragile yet weighty beings. The archivist instructed that, wearing gloves, we could touch them, pull on their strings and manipulate the antique door hinges that open up to reveal another creature within the creature—a raven, say, became a wolf. I felt somewhat like an overly excited child trying to figure out a new puzzle, the rules of which were hidden or didn't exist, and I suspected Bernhard did, as well. Aware that the masks were significant to the Kwakwaka'wakw people and their ancestors in ways we could not comprehend—that they were considered sentient beings prone to chatter in the night if their beaks were not tied shut—we nevertheless felt their eyes pierce our own. This encounter told us as much about us as it did about them—about our academic disposition or affliction to encounter an encounter as though it were an inspection, even when we didn't want to. But it was also a friendly, if tentative, rapport.

What is an encounter? A site in which different (though not necessarily opposing) forces approach one another for a moment and then, with little fanfare, part ways. However brief, encounters can have more psychological weight than their brevity would otherwise suggest. We mull over the tiny details in retrospect, home in on them microscopically to observe and make sense of their unworldly particle density. Sometimes, the bridge that facilitates the encounter is too hot or cold or unstable to cross; we wait on the ledge, avoiding engagement. Our bodies are affected; breathing is shallow or air stops somewhere in the esophagus such that a mere trickle reaches across the narrow passage in and out of the lungs. Often we are reduced to blubbering and giddy infants. Small talk. Tiptoeing. Sometimes we are slammed by the low tonal depth of the vacuum between us—the impractical concentration of volumetric mass and the sonic intensity that overwhelms our cochlear organs. But sometimes, if we are lucky, an encounter just produces a calm, regular wave.

One late afternoon that October, I arranged for me and Bernhard to meet with the native carver and Kwakwaka'wakw hereditary chief, Beau Dick, who was at the time a visiting artist in my department. We went to his studio so that Bernhard could ask some technical and other questions about carving and the mechanisms of the masks. Beau, of course, had different intentions, which were probably to show off the fact that he spoke some German from a trip or two he made there; or perhaps to study the reaction of another (European) man while he did what he always did, which was to divert the vector of inquiry. Even before the questions could be vocalized, the master storyteller channeled our attention to the inner workings of a tale about a boy who traveled up the coast from South America to British Columbia only to have an intense dream while he sat on a rock and looked out at the sea. The sun was setting for us in that instance over Vancouver Island, as we looked out Beau's studio window; the story's character, meanwhile, caught a glimpse of something moving, a flicker of light, under the water. The boy turned away but was struck again by the sense that a creature was moving about there, trying to capture his attention, stretching his consciousness toward it. But every time he looked at the spot in the water, the creature flitted away. Finally, the boy peeled back the surface where the water met the sand—like a thick but transparent curtain—but still the creature did not reveal itself. So the boy dove in after it …

The story went on until the sun set, the light no longer flickered in our peripheral vision and we were left alone, in the just-dimness of the room, the three of us. Beau ended the story and moved on to show us his most unexpected graphical friend, a catalogue of paintings by Caravaggio; alongside some of his masks, the resemblances were striking—who knew?! We began the awkward stage of departure. At this point Beau grasped a plain, wooden frame lying about, held it up to his face, peered out, put it over his head, and turned it around in space—the object visible from all angles, a material apparatus, not an idea but a dimensional thing. And in a sudden, completely unexpected gesture, he pushed his arm through the aperture to shake Bernhard's hand. Giddy with surprise and wonder, Bernhard giggled and took the hand, and for a moment as they smiled and laughed together they seemed to understand together. These two creatures enjoyed the threshold of the encounter.

T'ai Smith

FALTE

Wie einfältig ist die Bauhaus-Geschichtsschreibung? Sind aus vierzehn Jahren Schulbetrieb (Bauhaus von 1919 bis 1933) nach hundert Jahren alle Falten gezählt? Hierzu eine kleine Montage über eine migrierende Anekdote aus dem Bauhaus-Unterricht und ein Vorschlag, was neben der Einfalt sonst noch daraus zu lernen wäre.

In der Erinnerung des Bauhaus-Studenten Hannes Beckmann betrat Josef Albers »den Raum mit einem Bündel Zeitungen unter dem Arm, die er an die Studenten verteilen ließ«.[1] Dann sagte er: »Jedes Werk hat ein bestimmtes Ausgangsmaterial, und deshalb müssen wir zuerst einmal untersuchen, wie dieses Material beschaffen ist. Zu diesem Zweck wollen wir – ohne schon etwas zu fertigen – zuerst einmal damit experimentieren. Im Augenblick ziehen wir die Geschicklichkeit der Schönheit vor. Die Aufwendigkeit der Form ist abhängig von dem Material, mit dem wir arbeiten. Denken sie daran, dass Sie oft mehr erreichen, indem Sie weniger tun. […] Viel Spaß.«

Eine solche Übung scheint typisch für den Beginn von Albers Unterricht, um die Studierenden in das Thema Materialwahrnehmung einzuführen und sie von vertrauten Wegen abzubringen. Dabei legte Albers Wert auf die Auseinandersetzung mit alltäglichem oder unbekanntem Material und einfachen Werkzeugen. Wesentlich waren der Arbeitsweg und das Erfinden neuer Verfahren, nicht aber das Erlernen gängiger Prozesse oder handwerklich traditioneller Verarbei-

Abb. 1: Josef Albers am Bauhaus Dessau im Kreise seiner Studierenden und ihren Faltobjekten; UMBO (Otto Umbehr), Fotografie, um 1928, Neuabzug 1996, 20,2 × 25,3 cm, Bauhaus-Archiv Berlin, Josef and Anni Albers Foundation

tungsmethoden. Daher waren bei der Arbeit mit Papier zum Beispiel Klebe-Techniken erst zu einem späteren Zeitpunkt im Unterricht zugelassen und bei manchen Übungen war Materialverlust ›verboten‹. Das Verbieten bzw. Ausschließen von Methoden war ein wichtiger Teil der Arbeitsaufträge, die Albers vergab.

»Stunden später kam er zurück und ließ uns die Ergebnisse unserer Bemühungen vor ihm auf dem Boden ausbreiten«, berichtet Beckmann weiter. »Da waren Masken entstanden, Boote, Schlösser, Flugzeuge, Tiere und verschiedenartige klug ausgetüftelte kleine Figuren. Kindergartenkram nannte er das alles […]. Dann wies er auf ein Gebilde, das äußerst einfach aussah; ein junger ungarischer Architekt hatte es hergestellt. Nichts anderes hatte er getan als die Zeitung längs zu falten, so dass sie flügelartig aufrecht stand. Josef Albers erklärte uns nun, wie gut das Material begriffen, wie gut es verwendet worden war und wie natürlich der Faltvorgang gerade bei Papier sei, weil er ein so nachgiebiges Material starr mache, derart starr, dass es auf seiner schmalsten Stelle – auf dem Rand – stehen könne.«

Die Anekdote wanderte mit dem Bauhauslehrer László Moholy-Nagy nach Chicago aus. Er unterrichtete die Übung – hätte Albers das gewusst, bestimmt unter einer gewissen rivalisierenden Missbilligung – an der School of Design. Und die Studierenden machten die nunmehr vertrauten Lernfortschritte. Beatrice Takeuchi erinnert sich: »One morning early in the semester, Moholy came to us in his white lab coat bringing with him sheetes of typing paper and newsprint and talked to us about the nature of materials. He rolled up one sheet and noted the strenght of the column of paper in contrast to the flimsiness of the flat sheet. […] Our task was to transform flat sheets into as many different forms as possible in the next two hours. Than he left the room.«[2]

Auch in Chicago entstanden zunächst keine tragfähigen Falten, sondern »dolls and snowflakes […] wholly unsa-

Abb. 2: László Moholy-Nagy im Kreise seiner Studierenden, mit einem Faltobjekt. Ausschnitt aus einem Comic von Jack Manini und Olivier Mangin: La Guerre des Amants, 2 – Bleu Bauhaus, Grénoble 2014, S. 36.

tisfying, a dead end.« Darum: »After a dismal critique, Moholy asked us to try again. This time, however, a few students broke through by folding and cutting to form sheets that stretched. Then the floodgates opened, followed by huge array of rigid structural paper folds, expandable, contractible, strong, weight-bearing heavy paper three-dimensional pieces that were sculptural, photogenic.«

Die Anekdote vom einfach gefalteten Papier, welches im Material die größte Veränderung verursacht, wird auch von Ati Gropius kolportiert – sie war ein großer Fan von Josef Albers Unterrichtsmethoden und hat selbst bei ihm gelernt. In einem Lehrfilm von 1991 »Awakening Eye« ist die Tochter des Bauhaus-Gründungs-Direktors in einem Schwarm aufmerksamer Studierender in Szene gesetzt, denen sie à la Albers eine Material-Lektion erteilt.[3]

»Here is a piece of paper, it's lifeless, it has no backbone, it's spineless, flexible, floppy, a spineless, limp nature, it can't hold oneself up, a passive piece of paper. […] We now are going to have the fun to change the material. […] With one single action draw out the biggest character change. Try: with one action. Let's see what you can make happen.«

Das Video zeigt nach einem Zeitsprung suggerierenden Cut und getaner Arbeit Ati Gropius hoch zufrieden: »This one action brought major changes.« Dabei zeigt sie auf ein einfach gefaltetes Papierobjekt.

Sie geht gut aus, die Übung in der Anekdote. Das so genannte Experiment bringt nach Fehlschlägen ein tragfähiges Ergebnis. Misslingen und Gegenständliches sind wohl insbesondere in der Welt der Erzählungen vom Bauhaus schwer zu ertragen; »Boote, Schlösser, Flugzeuge, Tiere«, »dolls and snowflakes« und andere

Abb. 3: Ati Gropius im Kreise der TeilnehmerInnen des Bauhaus Lab Workshops am MoMa und deren Faltobjekte. tmagazine.blogs.nytimes.com/2010/01/20/hands-on-the-gropius-touch/ (01.01.2019).

gegenständliche, schöne Formen finden keinen Anklang – auf Geschicktheit kommt es an.⁴ Die Geschichte konterkariert durch ihre Pointe das Experimentieren, von dem die Rede ist, und lässt die Umwege, das Zeitaufwändige des Lehrens und Lernens und den Variantenreichtum in der einen klugen Lösung aufgehen, in einer kongenialen »weniger ist mehr« Geste. Dabei ließe sich doch gerade dies vom Bauhaus lernen: Grundlagen zu üben und wertzuschätzen – etwa indem die Professionellsten einen Vorkurs unterrichten; etwas lernen und erkunden, von dem ein erreichbarer Nutzen als nie gesichert angenommen werden kann; sich mit etwas befassen: zweistundenlang, wochenlang und länger. Das ist langwierig, manchmal langweilig, das erfordert Expertise im Fragenstellen und Gespür für die An- und Abwesenheit des Lehrers zur rechten Zeit. Sie sind daher auch in den hier montierten Erinnerungen verzeichnete Ereignisse der Unterrichts-Settings: Bei Beckmann heißt es: »Nach Stunden kam er zurück« und bei Takeuchi »And than he left the room«. Berry Bergdoll, kein Bauhaus-Student, sondern Co-Kurator der Ausstellung »Bauhaus 1919–1933. Workshops of Modernity« 2010 im MoMa in New York, kennt eine Überlieferung, in der sich das Unterrichten selbst auf die weniger-ist-mehr-Geste verdichtet: »I always heard Albers just walked into the studio, gave everyone a piece of newspaper and walked out.«⁵

Solide Lehre beizuhalten, das ist der Bauhaus-Hinweis nach 100 Jahren, nicht Gewitztheit, nicht Avantgarde der Faltübungen. Brenda Danilowitz von der Josef and Anni Albers Foundation bemerkt im Standardwerk über den Unterricht von Josef Albers: »To many of his students, Albers *was* the lessons he taught – indeed, several people discouraged me from writing about the exercises at all, maintaining that it was the man himself that made it all work.«⁶ Albers hat anscheinend auch das Unterrichten unterrichtet. Faltanleitungen, Falten, Faltübungsbesprechungen lassen sich vergnügt wiederholen: »The students trooped back and showed what they had done: a fold down the center lengthwise, a tear in half, a roll so that the paper stood like a cylinder. Everyone agreed the most dramatic change was from a fold on the diagonal. The paper no longer lolled; it was active.«⁷

Nina Wiedemeyer

ANMERKUNGEN

[1] Alle Zitate von Hannes Beckmann: Die Gründerjahre, in: Eckhard Neumann (Hg.), *Bauhaus und Bauhäusler. Bekenntnisse und Erinnerungen*, Bern/Stuttgart 1971, S. 274–279.

[2] Beatrice Takeuchi: School of Design in Chicago. Refugees East and West, in: *Beatrice Takeuchis Papers*, Illinois Institute of Technology.

[3] The awakened Eye. A video introduction to the principles of modern design. Presented by Ati Gropius, Rhinebeck, NY: Langa Communications Corporation, 1991; zitiert ab Minute 8.

[4] Die meisten Studienarbeiten aus dem Bauhaus, wie Totenschädelzeichnungen, Geranien-Stillleben, Aktmodellzeichnungen, Tierbilder, liegen ungezeigt – und unpubliziert in der Sammlung des Bauhaus-Archivs/Museum für Gestaltung.

[5] https://tmagazine.blogs.nytimes.com/2010/01/20/hands-on-the-gropius-touch/ (01.01.2019).

[6] Brenda Danilowitz: Alber's teaching legacy, in: Frederick A. Horowitz, Brenda Danilowitz (Hg.), *Josef Albers. To open eyes*, London 2006, S. 252.

[7] Im Blog des New York Times Magazins erschien anlässlich der Ausstellung »Bauhaus 1919–1933. Workshops of Modernity« 2010 im MoMa in New York ein Bericht unter der Überschrift »Hands-On / The Gropius Touch« über einen Bauhaus Lab workshop, den Ati Gropius Johansen unterrichtet hatte: https://tmagazine.blogs.nytimes.com/2010/01/20/hands-on-the-gropius-touch/ (01.01.2019).

KOHL

»Wo eine hohe Geschmackskultur herrscht, d. h. differenzierte Anteilnahme an den Qualitäten des Geschmackssinns, werden Hunderte von Qualitäten sich erschließen und von einer differenzierten Anteilnahme voneinander unterschieden und gegeneinander abgewogen werden. [...] Für den Hungrigen und Durstigen dagegen verwischen sich die Delikatessen und Finesse der Hofküche und des Kellers zu einem undifferenzierten Gesamteindruck, der etwa dem Genusse von frischem Bier, ›Buletten‹ und Bratkartoffeln äquivalent ist. [...] Für eine hohe Geruchskultur, wie sie in den orientalischen Kulturen besteht, wo z. B. die türkischen Sultane sich beamtete Duftmeister hielten, deren Aufgabe es war, den individuellen Duft, der zu einem Menschen, einem Gegenstand, einem Raum, sogar einem Buche passen konnte, zu bestimmen, gilt genau dasselbe. [...] Wo aber die Einstellung einer Kultur radikal asketisch wird und sich in sinnenfeindlicher Richtung bewegt, da werden alle Sinnesfelder desartikuliert, d. h. vergleichgültigt. [...] Was bleibt dann von der unendlich differenzierten Koloristik einzelner Maler und Malerschulen übrig? Nichts. Die musikalischen Analogien liegen auf der Hand. Es braucht kaum ausgeführt zu werden, daß in der Umwelt von Milliarden von Menschen, die im Lauf der Jahrtausende schon ihren Kohl bauten und bauen werden, auch die hochdifferenzierte und artikulierte Begriffswelt der Philosophischen Anthropologie und anderer Wissenschaften sich absolut desartikuliert und neutralisiert.«

Als Erich Rothacker seine *Probleme der Kulturanthropologie* 1948 in der Bundesrepublik als selbstständiges Buch (Bonn: Bouvier, hier S. 112 f.) veröffentlichte, waren die Lebensmittelrationen zwar schon wieder etwas heraufgesetzt worden, aber nicht nur »die Hungrigen und Durstigen« dürften weiterhin von Bier, Buletten und Bratkartoffeln als Delikatessen geträumt haben. Das sollte sich erst mit der Einführung einer neuen Währung und dem darauf einsetzenden Wirtschaftswunder ändern. Mit und nach dem Fressen kam allerdings nicht die Moral, sondern die große Verdrängung. Selbst wer als Täter verurteilt worden war, wurde nun begnadigt, und statt Aufarbeitung anzustreben orientierte man sich an vermeintlich überzeitlichen, christlichen Werten und einem allgemeinen Wesen des Menschen.

Die Philosophische Anthropologie hatte schon vor dem Zivilisationsbruch der Nazis eine erste Hochphase durchlaufen, und ihre besten Stimmen wie Cassirer, Goldstein und Plessner hatten emigrieren müssen oder waren wie Scheler gestorben, bevor sie sich korrumpieren lassen konnten. Die oben zitierte Passage aus Rothackers Kulturanthropologie relativiert zwar ausdrücklich typisch deutsche Kultur, wenn sie einer »hohen Geschmackskultur« dumpfes deutsches Essen gegenüberstellt, und im Herausheben türkischer Duftkennerschaft frönt der Autor einem Orientalismus. Aber an der Art und Weise, wie hier kulturelle Stereotype zu Wesensunterschieden erhoben werden, lässt sich schon ablesen, wie fließend die Übergänge zwischen biologischer und philosophischer Anthropologie waren, bis sich entlang solcher osmotischer Verbindungen auch ein mörderischer Rassismus als anthropologisch begründete Verbesserung des Menschen begründen ließ. Der Bonner Ordinarius für Philosophie und Psychologie Erich Rothacker war zwar schon vor 1933 in NS-Organisationen eingetreten und hatte in seiner Geschichtsphilosophie von 1934 ausführlich erläutert, wie seine Kulturanthropologie der Lebensstile mit der Rassenlehre »im Dritten Reich« in Verbindung zu bringen sei,[1] aber mit seiner Kulturanthropologie zielte er auf eine kulturalistische Öffnung rein biologischer Argumentationen. Der von Uexküll entdeckten Einpassung der Lebewesen in ihre je spezifischen Umwelten stellte er die über die Kultur vermittelte Öffnung menschlicher Lebensformen für verschiedene Lebensstile gegenüber.[2]

Die *Probleme der Kulturanthropologie* hatte er 1942 als Beitrag für die von Nikolai Hartmann herausgegebene *Systematische Philosophie* geschrieben, also auf dem Höhepunkt der deutschen Eroberungen im Zweiten Weltkrieg – als habe die Philosophie sich damals angeschickt, sich in einem tausendjährigen Reich einzurichten. 1948 wurde der Text von Rothacker unverändert wiederveröffentlicht, denn ein solcher Ausgriff aufs Grundsätzliche galt jetzt als Beweis innerer Emigration. In der Nachkriegszeit wurde Rothacker zum Mentor einer nachfolgenden Generation von Philosophie-Professoren. Jürgen Habermas schrieb seine Doktorarbeit bei Rothacker und daraufhin den Eintrag »Anthropologie« für das *Fischer Lexikon Philosophie*, das damals eine bildungs- und medientechnische Revolution darstellte, weil es Wissen allgemeinverständlich im Taschenbuch zugänglich machte. Hans Blumenberg fand in Rothackers Einsatz für Begriffsgeschichte einen Anknüpfungspunkt, den er schon wenig später zu seiner an die »Substruktur des Denkens« herangehende Metaphorologie radikalisierte,[3] mit der Blumenberg letztlich jene Gewissheiten kultureller Selbstverständigung aufkündigte, wie Rothacker sie noch zu verbuchen gesucht hatte.

Im obigen Zitat dekliniert Rothacker die Relativität kultureller Spitzenleistungen regelrecht durch sämtliche Sinnesgebiete. Es wird kein Zufall sein, dass er dabei mit dem Geschmack anfängt, dem subjektiven Sinn par excellence, über den man bekanntlich nicht streiten kann und der deshalb am empfänglichsten für Verfeinerung und Kennerschaft ist. »Bier, Bulette und Bratkartoffel« mag im Vergleich zu exquisiten Delikatessen keine Spitzenleistung der Verfeinerung sein, aber es ist sicher ein Beispiel für kulturelle Spezialisierung und Differenz, also für Kulturrelativismus – zumal das behauptete Geschmackseinerlei ja vor allem in der Al-literation ausgedrückt zu sein scheint. Von dort schlägt Rothacker den Bogen zu dem, was heute als olfaktorisches Design zur Verkaufsförderung perfektioniert wird. Der türkische Sultan hingegen sollte schon bald in der Bundesrepublik durch den »Gastarbeiter« aus demselben Land ersetzt werden, der als Kümmeltürke oder Knoblauchfresser nun freilich für den entgegengesetzten Pol herhalten musste.

Die weniger subjektiven Sinne von Auge und Ohr, denen zugleich die etablierten Künste mit ihrer Richtungsvielfalt gelten, handelte Rothacker vergleichsweise kursorisch ab. Zu vielfältig sind offenbar die Stile von Malerei und Musik, als dass sie noch als Beispiele für anthropologische Wesenheiten taugen, allenfalls würde ihr Fehlen den totalen Kulturverlust anzeigen.

An dieser Stelle springt Rothackers Text unvermittelt in die Totale absoluter Neutralisierung, der nicht einmal die Philosophische Anthropologie widerstehen könne: Die absolute Desartikulation seien die »Milliarden« von Kohlbauern seit Jahrtausenden. Wie kam es zu dieser aus den Fugen geratenen Zahl, als die gesamte Weltbevölkerung gerade an die Größenordnung heranreichte? Warum im tausendjährigen Reich die Anspielung auf Jahrtausende eintöniger Landwirtschaft? Und warum ausgerechnet Kohl? Musste dieser Satz nicht insbesondere für den Autor und sein Herkunftsland gelten? Denn die Deutschen waren nicht nur die Erfinder der Philosophischen Anthropologie, sondern auch die Krautfresser, als die sie der britische Karikaturist James Gillray schon 1802 gezeichnet hatte. Mitten im Krieg gerät der Ausblick auf eine Theorie der Lebensstile zum Strudel. Alles Kohl.

Cornelius Borck

ANMERKUNGEN

1 So lautet das letzte Kapitel in Erich Rothacker: *Geschichtsphilosophie*, München 1934, S. 145–150.
2 Die verschiedenen Facetten von Rothackers Philosophieren hat 2012 ein Workshop am Zentrum für Literatur- und Kulturforschung Berlin ausgeleuchtet, dessen Beiträge im *Forum interdisziplinäre Begriffsgeschichte* 1/2 (2012) digital dokumentiert wurden, http://www.zfl-berlin.org/publication/forum-interdisziplinaere-begriffsgeschichte.238.html.
3 Hans Blumenberg: Paradigmen zu einer Metaphorologie, in: *Archiv für Begriffsgeschichte* 6 (1960), S. 7–142, hier S. 11.

POWDERFINGER

»*Look out, Mama, there's a white boat coming up the river!*«[1]

Side B of *Rust Never Sleeps* begins beyond the end. A voice emerges from the slight hiss of background noise, from below the water, from the mud of an electric guitar chord: »Look out, Mama, there's a white boat coming up the river …« It is the voice of a dead man who sings, from a watery grave, of red ink, of the blackness of death, and of a white boat drawing near.

Perhaps it all really begins with a white boat, at rest beneath the shifting sands of the desert. In 1884, Jacques De Morgan, the Director of Antiquities for Egypt, discovered 6 boats near the pyramid complex at Dahshur, 40 kilometers outside of Cairo. One of the boats was a »phantom«; another was a white boat, one of the oldest boats in existence.[2] The white boat was adorned with carvings of the head of Horus—at once the sky and the god thereof.[3] The vessel was part of Senusret III's funerary rites and was designed to ferry him with Ra across the sky to the underworld. Senusret shepherded the construction of canals, expanded Egypt's empire, and decreed that his progeny defend the borders he had set: »The true son is he who champions his father, who guards the border of his begetter. But he [who] abandons it, who fails to fight for it, he is not my son, he was not born to me.«[4]

»*It's got numbers on the side and a gun and it's makin' big waves …* «

In 1861, the USS *Cairo*, an ironclad gunboat named after Cairo, Illinois was built. One year later it was sunk by a remotely detonated mine. It rested, along with 29 other Civil War-era wrecks, at the bottom of the Yazoo River, until it was discovered in 1956. Neil Young was 11 years old.

»*I think you'd better call John, because it don't look like they're here to deliver the mail …*«

In the same year that the USS *Cairo* was built, the Union Army occupied Cairo, Illinois, at the confluence of the Ohio and Mississippi Rivers. Naval, army, and postal forces converged; General Ulysses S. Grant commandeered the post office as his headquarters. Postal workers accompanied the river boats and steamboats plying the waters between ports, delivering mail to cities and lonely river outposts.[5] The Civil War and the postal congestion at Cairo, where »mountains of mail [piled] up«, led to the establishment of the first Railway Post Office.[6] Powderfinger (let us call the boy this) would wait on the dock for the mail, hoping for something other than notices from his father's creditors.

»*Just think of me as one you never figured …*«

One hundred years after the USS *Cairo* was built, 16-year-old Neil Young lay sleepless in the vast darkness of the Canadian night. Tinkering with his radio's dial, he managed to get a signal from a station deep in the American South, not far from the USS *Cairo*'s resting place.[7] His eyes widened as he heard the first fuzz guitar sound, inadvertently created when a guitarist plugged into a broken channel on a mixing board.[8]

100 years after the USS *Cairo* sunk, the first fuzz pedal was born. One of its first iterations was the Vox Tone Bender, which contained two Germanium transistors and which Neil Young used in Buffalo Springfield. Germanium, discovered in 1886 by Clemens Winkler in the Himmelsfürst Fundgrube was not only the precondition for fuzz, it was also needed to decipher the history of red ink and debt.[9]

»*Daddy's rifle in my hand felt reassuring
He said, red means run, son, numbers add up to nothing …*«

Ancient Egyptian scrolls, dating back to 2390 BCE and discovered in 1893, show that red ink was used to denote debt and to note »theoretical quantities«, that may never have been actually received—»numbers [that] add up to nothing.«[10] The armed white boat, with »numbers on the side«, coming up the river marks the end of the road for Powderfinger and his debtor progenitor. In the true son's failed attempt to guard his begetter's borders, debt becomes concrete. It is visible in the muzzle's flash and the bullet's path, part of the »militarization of American capitalism […] a giant machine designed […] to destroy any sense of possible alternative futures.«[11] At the end of the 70s, Young echoes Lennon's elegy for the 60s: »The dream is over.«[12]

»*Then I saw black, and my face splashed in the sky …*«

The last thing that Powderfinger sees is not black but this: his face, the sun, and the sky, reflected in river water. Simultaneously sinking and rising, he heads for his father's solar barge. Let's not forget that the last song on side A of *Rust Never Sleeps* is »Sail Away«.

»*Out of the blue and into the black …*«

Before Young had his solid-state transistor radio, his family listened to music on their table-top radio, a beautiful device powered by the same type of 6v6 vacuum tubes that (over)drove the 1959 Fender Tweed Deluxe he played on »Powderfinger«. This amp is the first sound we hear on the record's electrified B-side. The shift from side A to side B (re)enacts the shift from late-night, under-the-pillow country music sound to fuzzed-out, blown-out dreams, an elegiac journey from the 1970s to the 1980s. The song is the bridge between past and future, between folk and punk, between consonance and dissonance, between acoustic and electric. Both the song and the album end with a journey into blackness.

On the album's closing track (»Hey hey, my my [into the black]«), the pristine sound of Young's 12-string guitar and its natural octave separation are replaced by the germanium-based fuzz octave division of the Mutron Octavider. The pedal pushes the tubes of Young's Tweed, turned to ten, to the brink of overheating.[13] At the song's close, the guitar's squawk ends, echoes, and subsides. Fuzz and feedback return to country.[14] The son sails away, in a white boat, to the sound of the crowd's roar (or is it the sound of the wind blowing through the bulrushes?) …

Ross Etherton

ANMERKUNGEN

1. Neil Young: Powderfinger, on: *Rust Never Sleeps*, Reprise 1979. Following lyrics taken from this song.
2. Pearce Paul Creasman: A Further Investigation of the Cairo Dahshur Boats, in: *The Journal of Egyptian Archaeology* 96 (2010): p. 101–123, p. 102.
3. Ibid., p. 110.
4. Miriam Lichtheim: *Ancient Egyptian literature. A Book of Readings*, Berkeley 1973, p. 119–120.
5. On June 30, 1864, mail was carried by steamboat along 7,278 miles of river routes. Bryant Alden Long: *Mail by Rail. The Story of the Postal Transportation Service*, New York 1951, p. 104.
6. Ibid.
7. Randy Bachman recalls that Winnipeg's unique geography meant that he and Neil Young could receive radio signals from as far away as Louisiana. Jimmy McDonough: *Shakey. Neil Young's Biography*, London 2003, p. 74.
8. »I listened to the transistor radio at night. It was one of the first really small radios that you could put under your pillow […] that was amazing […] Great shit […] Marty Robbins, *Don't worry*, with the first FuzzTone guitar […] See, that's country music—fuckin' feedback came from country. Who woulda ever thought. But there it was.« Ibid., p. 52.
9. In addition to being needed for the infrared photographic equipment used to read ancient scrolls, germanium was essential for WWII radar systems. It was designated by the United States in 1987 as a critical material for national defense. Maybe rock music really is the result of abusing military equipment …
10. Ernest Stevelinck and Kenneth S. Most: Accounting in Ancient Times, in: *The Accounting Historians Journal* 12/1 (1985): p. 1–16, p. 13.
11. David Graeber: *Debt. The First 5'000 Years*, Brooklyn 2011, p. 382.
12. John Lennon: God, on: *John Lennon / Plastic Ono Band*, Apple 1970.
13. The amp is constantly pushed to the point of breaking down. Larry Cragg, Neil Young's guitar and amp technician since 1972, counters this by having fans pointed at its tubes, http://thrasherswheat.org/friends/amps.htm.
14. »Are you ready for the country? Because it's time to go.« Neil Young: Are You Ready for the Country, on: *Harvest*, Reprise 1972.

WEITERSEGELN

»I am shown to a chair at a little table with a microphone. I shift around, trying to clear my mind, trying to arrange my legs beneath the yellow table. Yellow is big this season. Directly before me a man lies flat on his back shooting into my face with a camera labeled CBS-TV. [...] Not often does a man find himself eulogized for having behaved in a manner that he himself despises. I subscribed to a press clipping service. They sent me two thousand clips from papers east and west, large and small, and from dozens of magazines. Most had nothing but praise for my one-shot stoolie show. Only a handful – led by the *New York Times* – denounced this abrogation of constitutional freedoms whereby the stoolie could gain status in a land of frightened people.«[1]

An den Namen der Schiffe sollst Du die Seemänner erkennen. Sterling Hayden (1916–1986) war zunächst ein Seemann, dann ein Agent des Office of Strategic Services (OSS), ein Waffenlieferant für die jugoslawischen Partisanen im 2. Weltkrieg, und nach dem Krieg ein halbes Jahr Mitglied der Communist Party USA. Ein männliches Starlet, das zum Schauspieler wurde. Ein Mannsbild, 1,96 Meter groß. Achtzehn Schiffe soll er besessen haben, etwa die *Quest*, die *Horizon*, die *Wanderer*, die *Who Knows?*, die *Pharos of Chaos*. Auf dem Schoner *Wanderer* hatte er 1959 die Flucht nach Tahiti ergriffen, nach einem Sorgerechtsstreit, zusammen mit seinen vier Kindern, und mit der Niederschrift seiner Autobiographie *Wanderer* begonnen, die 1963 erschienen ist. Auf dem Flussschiff *Pharos of Chaos*, einem ehemaligen Lastkahn, den er 1968 gekauft und selbst hergerichtet hatte, machte ihn dann der deutsche Filmemacher Wolf-Eckart Bühler zu Beginn der 1980er bei Besançon auf dem Doubs ausfindig. Bühler sicherte sich die Filmrechte für *Wanderer*, daraus entstand Der Havarist (BRD 1984). Und er fing mit seiner Kamera auch die Lebensbeichte eines Seefahrers ein, der ein Havarist geworden war, Leuchtturm des Chaos (BRD 1983). Hayden lebte zeitweise auf Flüssen und Kanälen Europas, zusammen mit seiner Schreibmaschine, seinen Whiskyflaschen, der Haschischpfeife und einem seiner sieben Kinder, das auf das Schiff und auf ihn aufpasste. Barfuß, in Seglerhosen und langen weißen Hemden ohne Kragen, zusammengehalten von einem breiten Cowboyledergurt, rezitiert er Zitate aus den vielen Seefahrerromanen, die er auf dem Schiff mit sich führt, und aus seinem Leben. Rhythmisch, nach wenigen Worten immer Pausen, nicht eigentliche Pausen, sondern eher Fragen: Hm? Hm? An den Regisseur? Den Kameramann? Die Zuschauer? Sich selbst? Ist das vielleicht eine Redekur?

Die Geschichte des 20. Jahrhunderts (des Amerikanischen Jahrhunderts) ist untrennbar mit dem Aufstieg der Filmindustrie Hollywoods verbunden. Hollywood ist gewissermaßen zu einer ihrer Symptome und Archive geworden. Sterling Hayden war einer der gut bezahlten Angestellten der Unterhaltungsindustrie. Doch an jenem verhängnisvollen 10. April 1951 stand er in den Diensten der Politik. Er war frühmorgens von Los Angeles nach Washington DC und am selben Abend wieder zurückgeflogen. Doch abstreifen konnte er diesen kurzen Trip nie mehr. Hayden hatte vor dem House Un-American Activities Committee (HUAC) seine Gefährten verraten. Denn er war als Schauspieler in einem Schauprozess gebucht worden, der vor dem Mikrophon und den versammelten Kameras singen soll. Wolf-Eckart Bühler zoomt sinnigerweise in seinem Film Der Havarist immer wieder auf das Mikrophon, in das Hayden spricht. Das seine Stimme eingefangen und ins ganze Land und in die ganze Welt übertragen hat. Die Lektüre der Zeitungsausschnitte der Presserundschau, die er bestellt hatte, führte ihm nun vor Augen, gerade weil sie so wohlwollend waren, dass er nun als Spitzel im Kalten Krieg gedient hatte.

Am Stottern wirst Du die Abgründe eines Jahrhunderts erkennen. Während jene zehn Männer, die geschwiegen hatten vor dem HUAC, verfolgt wurden und nur noch unter verdeckten Namen und zu Dumpingpreisen für die Filmindustrie tätig sein konnten, zeigte sich Hollywood gegenüber seinem Angestellten Hayden erkenntlich. In den 1950er Jahren drehte Hayden so viele Filme wie noch nie zuvor, bis er Ende der 1950er Jahre ausstieg. Er ging zur See, begann zu schreiben, engagierte sich in der Bürgerrechtsbewegung und hatte schließlich 1964 im bösesten Film über den Kalten Krieg eines seiner Comebacks. Stanley Kubrick gab Sterling Hayden in DR. STRANGELOVE OR: HOW I LEARNED TO STOP WORRYING AND LOVE THE BOMB (USA 1964) die Rolle des US Air Force General Jack D. Ripper (eine Anspielung auf Jack the Ripper), ein hysterischer Antikommunist, der den 3. Weltkrieg beginnt. Doch Sterling Hayden, einst die Ratte in antikommunistischen Diensten, kann den Text nicht, er stottert und weint, und unter den Augen der Filmcrew muss Stanley Kubrick 48 Takes drehen, Satz für Satz. Sterling Hayden erzählte zwanzig Jahre später auf seinem Hausboot *Pharos of Chaos* Wolf-Eckart Bühler und Manfred Stark von seinem Ekel gegenüber dem männlichen Statussymbol Zigarren, die er sich als Jack D. Ripper in den Mund stecken musste, und von einer regelrechten kreativen Impotenz, die ihn bei diesem Dreh erfasst habe.

Am 23. Mai 1986 starb Sterling Hayden, der mit Hollywood in den 1940er Jahren ins Geschäft gekommen war, weil er gut ausschaute, schön in die Kameras schauen konnte und von Hollywood jene Rolle kriegte, welche die USA auch nach dem Ende der Frontierbewegung weiter zu spielen gedachte, die Rolle des Abenteurers und Kriegshelden. Als amerikanischer Präsident amtete damals jener Ronald Reagan, der Sterling Hayden nach dem 10. April 1951 gekabelt hatte, dass er stolz auf ihn sei.

Als ich im Herbst 2018 aus einem deutschen Antiquariat Sterling Haydens Buch *Wanderer* per Post zugeschickt bekam, fand ich darin einen Zeitungsartikel, feinsäuberlich ausgeschnitten und ins Buch gelegt von einem namenlosen Leser. Er hatte darauf geachtet, dass das Erscheinungsdatum des vom Filmkritiker Michael Althen verfassten Nekrologs Sterling Haydens zuoberst auf dem Artikel erhalten blieb. Montag 26. Mai 1986. Da war es einem Leser die Mühe wert, den Artikel auszuschneiden und in sein persönliches Exemplar zu legen. Ein Zeichen der Wertschätzung und der Ehrerbietung. Sterling Haydens *Wanderer* ist eine Seefahrerautobiographie, die Flaschenpost eines Antihelden im Kalten Krieg, die Redekur eines Havaristen.

Dass Wolf-Eckart Bühler nach DER HAVARIST aufgehört hat, Filme zu machen, sondern sich selbst auf Reise begeben und 1992 eines der ersten Reisebücher über Vietnam geschrieben hat, gehört noch ins Postskriptum.[2] Das Abenteuer ist im Massentourismus aufgegangen und die Figur des Abenteurers als selbstwählter Außenseiter wurde zur großen Triebkraft dieser Entwicklungen. Dass es vielleicht auch noch alternative Varianten des Reisens gäbe, die an Ort treten, darauf war übrigens auch Sterling Hayden gekommen. Nach einem Dreh in Kentucky, als er und seine Frau auf dem Weg nach Kalifornien in Chicago zwischengelandet waren, und er als guter Kapitalist den Lohn einer Woche Arbeit in einen flaschengrünen Cadillac umgetauscht hatte: »As we drove west, the thought ran through my mind … I guess I swallowed the anchor. One silver of hope remained. When the film was done, I would launch myself on a long voyage, in something called ›analysis‹, ›deep analysis‹ … what ever that meant.«

Monika Dommann

ANMERKUNGEN

1 Sterling Hayden: *Wanderer*, New York 1963, S. 388/392.
2 Hella Kothmann, Wolf-Eckart Bühler: *Vietnam-Handbuch*, Bielefeld 1992.

ÄSTHETIK UND KRITIK

AUFLÖSUNG

ANTOINE

délirant:

O bonheur! bonheur! J'ai vu naître la vie, j'ai vu le mouvement commencer. Le sang de mes veines bat si fort qu'il va les rompre. [...] Je voudrais avoir des ailes, une carapace, une écorce, souffler de la fumée, porter une trompe, tordre mon corps, me diviser partout, être en tout, m'émaner avec les odeurs, me développer comme des plantes, couler comme l'eau, vibrer comme le son, briller comme la lumière, me blottir sur toutes les formes, pénétrer chaque atome, descendre jusqu'au fond de la matière, – être la matière!

Mit diesem Wunsch endet Gustave Flauberts Roman *La Tentation de Saint-Antoine*, den der Autor in drei verschiedenen Versionen geschrieben und 1874 veröffentlicht hat. Fünf Jahre vorher war, nach einer ebenfalls über 20jährigen Überarbeitungsphase, die *Éducation Sentimentale* erschienen, deren Hauptfigur (und Anti-Held) Frédéric Michel Foucault als Zwillings- und Gegenfigur des alten »anachorète d'Égypte, assiégé d'images« liest: Während Frédérics Haltung eine der Abwendung (zuletzt von seiner großen Liebe Mme Arnoux) ist, endet die *Tentation* mit der Nacht, in der »der besiegte Eremit sich endlich dazu durchrang, die Materie des Lebens zu lieben«[1]: Auflösung statt Abwendung, Versuchung der Sinne statt (missglückte) Erziehung der Gefühle, Antike statt Moderne, Fantastik statt Bildungsroman. Die Fantastik entspringt jedoch nicht dem Herzen noch den Verwirrungen der Natur, sondern der »Exaktheit des Wissens«, dem »Dokument«, und die Methode ihrer Erschließung ist, ähnlich wie die Textarbeit an der *Versuchung* selbst, eine mimetische: »Schon einmal gesagte Wörter, genaue Bestandsaufnahmen, Massen an minderen Informationen, winzig kleine Teilstücke von Dokumenten und Reproduktionen von Reproduktionen tragen in der modernen Erfahrung die Mächte des Unmöglichen. Nur noch das emsige Rumoren der Wiederholung wird uns übermitteln können, was nur ein einziges Mal stattfindet.«[2]

Neben Athanasius' *Vita Antonii* hat besonders Brueghels *Versuchung* Flaubert inspiriert: Antonius kniet rechts unten im Bild, umgeben von halbnackten Frauen, inmitten wilder Tiere, Monster und Fabelwesen, hingewendet zu einem aufgeschlagenen Buch, dem seine ganze Aufmerksamkeit gilt und das ihn den Trubel, die Versuchungen, um sich herum vergessen lässt. »Er sieht nichts.«[3] Ähnlich ging es Flaubert selbst, als er im Jahr 1845 in Genua Brueghels Tafelbild sieht, das ihn so absorbiert, dass alles um ihn herum verschwindet, sich auflöst: »Il a effacé pour moi toute la galerie où il est, je ne me souviens déjà plus du reste.«[4] Flauberts genovesische Immersion ins Bild wiederholt Antoines Immersion ins Buch, die wiederum jene Auflösung präfiguriert, die Antoine auf der letzten Seite von Flauberts *Tentation* durchläuft, sein Materie-Werden: seine Auflösung in sein Milieu, wie Roger Caillois es formulieren wird. Darüber hinaus nimmt sie auch Paul Valérys Kritik vorweg, der Flaubert vorwirft, er habe sich »im Meer von Büchern und Mythen verloren« und sei der »›Versuchung‹ eines enzyklopädischen Realismus erlegen«, Antonius habe »keine Tiefe«.[5]

Das Buch, dessen wiederholte Lektüre Antonius vor der Versuchung bewahren soll, die Bibel, findet sich ebenso in Georges Méliès' nur eine Minute langer Verfilmung von 1898, in der Antoine es den halbnackten weiblichen Versuchungen, die durch Stopptrick wiederholt verschwinden und wieder auftauchen, entgegenzuschleudern scheint. Bei Hieronymus Bosch (um 1505/10) hält Antonius schützend seinen Mantel über das aufgeschlagene Buch, das hier gleichwohl doppeldeutig ist, denn es scheint, als »[entfleuchten] aus den ein wenig aufgeblätterten Seiten und selbst dem Zwischenraum zwischen den Buchstaben [...] alle diese Existenzen, die Töchter der Natur nicht sein können«.[6]

Antoine ist ein mimetisches Wesen. Doch mimetisch (im disziplinären Sinne, mit Foucault gesprochen) sind nicht nur die Antworten auf die Versuchung selbst, jene Exerzitien und spirituellen Übungen, deren rituelle Wiederholung es in tradierter Weise ermöglichen, der Versuchung zu widerstehen; exzessiv mimetisch ist auch das gegenteilige Moment, wenn der Heilige den Versuchungen erliegt und sich zuletzt derart an seine Umwelt anpasst, das er sich darin auflösen muss. Hierin liegt gar der »Gipfel der Versuchung«.[7] Bereits das Exempel der mittelalterlichen Antoniushagiographie war nicht einzig das »Modell stoischer Kontrolle der Erregung von Sinnlichkeit und Affekt«, vielmehr ist bereits hier Sinnlichkeit zugleich »Ort einer evozierten und produzierten ›diabolischen‹ Verführung und […] Ort ›himmlischer‹ Transformation«.[8] Weder Antonius' Haltung ist eindeutig noch ist die sinnliche Natur – und ihre Versuchungen –, in die er sich auflöst, in keinem Moment eindeutig, gar naturalistisch, vielmehr wird sie zur Versuchung nur in ihrer »oberflächlichen und artifiziellen Verlebendigung« durch die Masken, »nur in der Animation der Sinne durch künstliche Mittel«, durch Bilder.[9] Diese Ambivalenz setzt sich in die Ikonographie hinein fort, deren Gemälde »nicht einfach nur als allegorische Darstellung mit heilspädagogischem Gehalt zu lesen« sind, sondern »als Kommentar zur Funktion des Bildes und der Mimesis im kontemplativen Leben des Asketen«.[10] Eine Mimesis, die dazu führt, dass Antonius, im besten Sinne (und gegen Valéry), keine Tiefe hat, insofern die Versuchungen der sinnlichen Natur bzw. der Kampf gegen sie nicht verinnerlicht, sondern in Bildern ausgetragen werden. Ähnlich gegen das Paradigma der Innerlichkeit argumentiert auch Rosalind Krauss in ihrer Mimesis-Analyse, wenn sie in der surrealistischen Fotografie »bodies assaulted from without«[11] findet: Antoines Asketen-Körper oder jene kleinen Körper der mimetischen Insekten, deren quasi-photographische Auflösung in ihr Milieu Caillois als Raumpathologie beschreibt.

Diese Artifizialität vermittelter Natur rückt Antoine in die Nähe eines anderen Flaubertschen Figurenpaars: Gleich nach der Fertigstellung der *Versuchung* beginnt Flaubert mit der Redaktion von *Bouvard und Pécuchet* und rekurriert hierzu auf *dieselben* Elemente: »ein Buch, gemacht aus Büchern; die gelehrte Enzyklopädie einer Kultur; die Versuchung inmitten der Zurückgezogenheit; die lange Reihe der Prüfungen; die Spiele der Chimäre und des Glaubens.«[12] Gleichwohl ist der Umgang mit diesen Elementen ein entgegengesetzter: Bouvard und Pécuchets quasi-vitalistischem Elan, den »nichts verdrießt«, steht der passivistische Zustand Antoines (»Il est mortellement passif«)[13] gegenüber: die »Trägheit des *élan vital*«.[14] »Versuchung durch den Raum« statt »Versuchung durch Eifer«. Am Tag danach geht die Sonne wieder auf, Christus erscheint, Antoine betet: Weil er seine Versuchungen besiegt hat, fragt Foucault, oder vielmehr weil er ihnen unterlegen ist und zur Strafe alles erneut durchleben muss, auf immer mimetisch bleibt? Bouvard und Pécuchet hingegen hören auf, zu tun und fangen an zu kopieren, »[d]enn kopieren heißt nichts *tun*«[15]. In beiden Fällen wird dem aktivistischen Überschuss des handelnden Subjekts ein mimetisches Nichts-Tun entgegengehalten, eine Auflösung als Ent-Bildungstrieb, als ästhetischer Modus anti-auktorialer, nicht-schöpferischer, anti-genieartiger Produktivität.

Maria Muhle

ANMERKUNGEN

1 Michel Foucault: Nachwort, in: ders., *Schriften in Vier Bänden*. Bd. 1, Frankfurt am Main 2002, S. 397–421, hier S. 398.
2 Ebd., S. 402 f.
3 Ebd., S. 406.
4 Gustave Flaubert: *La Tentation de Saint-Antoine*, Paris 1983, S. 257.
5 Niklaus Largier: *Die Kunst des Begehrens. Dekadenz, Sinnlichkeit und Askese*, München 2007, S. 93–95.
6 Foucault: *Nachwort*, S. 406.
7 Ebd., S. 414.
8 Largier: *Die Kunst des Begehrens*, S. 96.
9 Ebd., S. 94.
10 Ebd., S. 98.
11 Rosalind Krauss: Corpus Delicti, in: *October* 33 (Sommer 1985), S. 31–72, hier S. 45.
12 Foucault: *Nachwort*, S. 418.
13 Paul Valéry: La tentation de (saint) Flaubert, in: *Variété* V, Paris 1944, S. 179–207, hier: S. 205.
14 Roger Caillois: Mimetismus und legendäre Psychasthenie, in: *Méduse & Compagnie*, Berlin 1997, S. 29.
15 Foucault: *Nachwort*, S. 422.

HITCHCOCK'SCHE METONYMIE

Als HM wird eine Form der Signifikation bezeichnet, die auf die psychoanalytische Triebtheorie zurückgeht. Sie stellt eine cineastische Aneignung des Freud'schen Fetisch dar. Die Affinität des filmischen Bildes zum Fetisch liegt auf der Hand. Lässt sich doch prinzipiell jedes filmische Bild als ein begehrlicher Blick ansehen, dem der begehrende Körper fehlt. HM bezeichnet also Blicke, die ein begehrendes Etwas dort verorten, wo ein Nichts ist oder wo das Nichts droht. Ihren Namen verdankt die HM einem legendären Regisseur, der die subtile Verknüpfung von HM als Fesselungstechnik von Kinozuschauern entwickelt hat; d. i. die Kunst, den Blick der Zuschauer dergestalt in eine Folge metonymischer Ersetzungen zu verstricken, bis jedes Ding als Begierde, jede dramatische Wendung als angstvolle Erwartung, und jede Aktion als traumhafte Wunscherfüllung erscheint.

Allseits bekannte Beispiele für die HM sind Züge, die mit gellendem Pfeifsignal in Tunnel hineinfahren, Türme, von denen Frauen herabstürzen, Treppen, die man hinauf- oder hinabsteigt. Doch geht man in die Irre psychoanalytischer Vulgarität, versteht man die HM als eine Symbolisierung, die immer nur auf das Eine hinauswill. Ein Fehlschluss, der sich der allgegenwärtigen Unterordnung des filmischen Bildes unter die Logik narrativer Repräsentation verdankt. Doch ist die HM in ihrem reflexiven Charakter gerade dadurch ausgezeichnet, dass sie den diegetischen Horizont imaginärer Erzählwelten auf die physische Realität hin überschreitet; d. i. die Materie der Geräusch- und Lichtreflexe audiovisueller Bilder in den Reflexen begehrender Körper realisiert.

In der Sequenz, an der sich das beobachten lässt, sehen wir eine der berühmtesten Nebendarstellerinnen des klassischen Hollywoodkinos – Thelma Ritter als Krankenschwester Stella in Hitchcocks REAR WINDOW (USA 1954) –, wie sie einem Patienten – Jeff, dem Protagonisten des Films, gespielt von James Stewart – ihre Vorstellung von Ehe und ihre Einstellung zur Liebe nahezubringen sucht. Sie tut dies vor dem Hintergrund, dass Jeff offenbar schon seit geraumer Zeit zaudernd die Frage erwägt, ob er seine Freundin Lisa (Grace Kelly) nun heiraten soll oder nicht. Stella greift in dem Gespräch, bei dem sie den Patienten nicht nur mit ihren Worten, sondern auch mit ihren Händen massiert, und zwar am Rücken, zu einer Metapher:

STELLA:
Look, Mr. Jefferies. I'm not educated. I'm not even sophisticated. But I can tell you this – when a man and a woman see each other, and like each other – they should come together – wham, like two taxis on Broadway. Not sit around studying each other like specimens in a bottle.

JEFF:
There's an intelligent way to approach marriage.

STELLA:
(Scoffing)
Intelligence! Nothing has caused the human race more trouble. Modern marriage!

Mühelos lässt sich verstehen, worauf Stella hinauswill. Mann und Frau kommen zusammen, weil ihnen die Liebe zustößt wie ein Verkehrsunfall: *wham*. Doch entsteht der metaphorische Sinn erst dadurch, dass das audiovisuelle Bild metonymische Verknüpfungen entwickelt, mit denen zwei gänzlich verschiedene Erfahrungsbereiche aufeinander bezogen werden: der Schauspielstil, die wörtliche Bedeutung des Dialogs, und ein verkörpertes Gefühl für den Rhythmus der Komposition des Bewegungsbildes.

Betrachten wir zunächst das Ineinander von Dialog und Geste. Sofort fällt auf, dass der verbale Ausdruck

»wham, like two taxis on Broadway« von einer starken Geste vervollständigt wird. Der Ausruf »wham« unterstreicht das Ineinanderklatschen der Hände Stellas. Für sich genommen verweist auch das Klatschen nicht unmittelbar auf einen Autounfall. Wohl aber fungiert es im Zusammenhang der Mise en Scène als Metonymie eines Car Crashs. Und dies in zweierlei Hinsicht:

Zum einen ist da der Klang des Klatschens, der als rein akustische Referenz der gesprochenen Worte das Krachen eines Autounfalls evoziert. Zum anderen ruft die Bewegung des beidhändigen Klatschens den Eindruck auf, dass zwei antagonistische Kräfte aufeinanderprallen. Beide metonymischen Relationen sind also unmittelbar nur über das sinnliche Erleben der Zuschauer miteinander verknüpft. Erst im Zuschauen entsteht ein Gefühl, ein körperliches Empfinden für ein Etwas, von dem im Klatschen der Hände ein letztes Bisschen enthalten ist. Ein verschwindend kleiner metonymischer Bezug drängt zur Imagination der großen dramatischen Szene: Autounfall.

Schließlich ist da die Mise en Scène, der Gestus der Inszenierung selbst: Thelma Ritters zielgenaue Bewegungen durch den Raum, die präzise Diktion ihrer Rede, der Rhythmus des Schnitts, der das schnelle und pointierte Hin und Her des Dialogs akzentuiert, die horizontalen Kamerabewegungen, in der die Bewegungen der Schauspielerin mit diesen Schnitten synchronisiert werden – all das evoziert das Gefühl eines kraftvollen und vitalen Bewegungsrhythmus. Die klatschenden Hände vermitteln das Empfinden für die Kollision gegenläufiger Kräfte, während im Rhythmus der Inszenierung das Gefühl kraftvoller Vitalität die Szene in Gänze durchdringt. Erst in dieser wechselseitigen Durchdringung entsteht eine Vorstellung von Plötzlichkeit, Unvorhersehbarkeit und Überwältigt-Werden, mit der die Rede Stellas ihre referentielle Supplementierung erfährt: Liebe ist ein Verkehrsunfall – und Heirat die daraus folgende, logisch nicht weiter begründbare Konsequenz.

Lässt man sein ästhetisches Empfinden außer Acht, wird man nur einen Mann mit einem gebrochenen Bein sehen, der, gefesselt an seinen Rollstuhl, vor dem Hinterhoffenster hockt und vor allem eines wünscht: Es möge da im Hof etwas geschehen, das die Langeweile erträglich macht! Man wird seinem gelinde perversen Vergnügen folgen und die Nachbarn im Hinterhof ausspionieren. Man wird amüsiert zuschauen, wie die beiden Frauen hineingezogen werden in die Faszination des Voyeurs; und dann wird man, wie sie, Krankenschwester und Geliebte, dem rätselhaften Verhalten des Mannes von gegenüber nachsinnen, der ganz offensichtlich einen Mord begeht, um seine Ehefrau loszuwerden.

Der engagiert sich verlierende Zuschauer wird den metonymischen Verästelungen folgen, bis sie endlich in einem weiteren Unfall des Protagonisten münden: Er stürzt aus eben jenem Hinterhoffenster, das der Zuschauer sehr bald schon als Metapher des eigenen Wahrnehmungserlebens verstehen mag. Ist er doch ganz ähnlich wie der Protagonist im Rollstuhl in seiner Bewegungsfreiheit massiv eingeschränkt; haftet ähnlich wie dieser allein mit den Augen am Screen, mehr oder weniger begierig auf der Suche nach etwas *Sex and Crime*, oder vielleicht doch eher auf eine romantische Liebesgeschichte oder melodramatische Tränenseligkeit hoffend. Engagierte Zuschauer werden dies alles bekommen: Erotik, Thrill, Suspense, Horror, Melodramatik und romantische Liebe. Sie werden in den dramatischen Kollisionen der affektiven Modi des Hollywood-Genrekinos durch ein Wechselbad von Gefühlen geführt, das ihnen als Gefühl für die filmische Welt den Zugang zu den Ambivalenzen, Widerständen und Abwehrpositionen eröffnet, die von Anfang an als innerer Konflikt der *dramatis personae* angezeigt werden. Heiraten oder nicht heiraten …

Solchen Zuschauern mag von der finalen Apotheose her eine letzte Verstrebung in der dramatischen Konstruktion zuwachsen, welche die resolute Pflegerin in der Rhetorik der Screwball-Comedy auf den Weg eines langen Prozesses der Elaborierung über immer neue metonymische Verzweigungen, Kreuzungen und Vertiefungen brachte, während sie dem so ungeduldigen wie hilflosen Patienten den nackten Rücken massierte: Heiraten oder nicht heiraten …

Ein dergestalt in den Verlauf des Films verwickelter Zuschauer wird am Ende, vom Fenstersturz des Helden her betrachtet, die Metonymie des Verkehrsunfalls als eine Antwort begreifen: Nämlich dann, wenn der Protagonist, als er sich mit zwei gebrochenen Beinen jeder Fähigkeit zur Flucht oder auch nur zur autonomen Bewegung beraubt sieht, erschöpft und müde sich ganz der Obhut der Hollywoodschönheit überantwortet.

Hermann Kappelhoff

MADEMOISELLE OCCASION

»Qui es-tu, toi qui ne parais pas une mortelle, tant le ciel t'a ornée et comblée de ses grâces? Pourquoi ne te reposes-tu point? Pourquoi as-tu des ailes à tes pieds?« Et Mademoiselle Occasion répond: »Je suis l'Occasion *(io sono l'Occasione)*; bien peu me connaissent; et ce pourquoi je ne cesse de m'agiter *(che sempre mi travagli),* c'est que toujours je tiens un pied sur une roue. Il n'y a point de vol si rapide qui égale ma course; et je ne garde des ailes à mes pieds que pour éblouir les hommes au passage *(acciò nel corso mio ciascuno abbagli).* Je ramène devant moi tous mes cheveux flottants, et je dérobe sous eux ma gorge et mon visage pour qu'ils ne me reconnaissent pas quand je me présente. [...] Toi-même, tandis que tu perds ton temps à me parler, livré tout entier à tes vaines pensées, tu ne t'aperçois pas, malheureux, et tu ne sens pas que je t'ai déjà glissé des mains *(ti son fuggita dalle mani)*!«

Que sait-on de Mademoiselle Occasion? Bien peu de choses. On sait qu'elle est très jolie. Mais qu'à »éblouir les hommes au passage«, elle échappe à tout le monde. C'est la *passante* absolue. Elle ne s'arrête jamais de courir — voire, dans cette description *all'antica,* de voler —, ne se fixe en aucun état, en aucune stase. C'est pourquoi on ne la voit jamais tout à fait: on ne fait que l'apercevoir. Jamais nul n'a réussi à reconnaître le visage de Mademoiselle Occasion, encore moins de prendre le temps d'admirer la beauté de ses seins (la »gorge« dont parle notre prosopopée). Tout ce qu'on sait d'elle, finalement, c'est qu'elle ne fait que passer. Et qu'une mèche de cheveux flotte bizarrement par-devant son visage, cachant son front et, même, son regard. Elle court, elle passe, mais elle est aveugle comme Monsieur Amour. Si Niccolò Machiavel, le plus grand penseur des choses politiques à la Renaissance, a pris le temps de composer ce poème, c'est certainement parce que Mademoiselle Occasion joue un grand rôle dans la conduite des actions humaines. En effet, toute *actio* conséquente doit combiner les deux temporalités contradictoires de la *prudentia* et de l'*occasio*: ralentir pour penser toute chose, mais se dépêcher pour attraper au vol ce que l'occasion ne nous offre qu'une seule fois en passant.

Un premier paradoxe inhérent à cette allégorie philosophique, c'est que Mademoiselle Occasion est représentée dans un perpétuel mouvement de course ou, même, d'envolée, alors que le mot *occasio* veut justement dire »ce qui tombe« et, donc, ce qui finit sa course à terre. Du verbe *occidere* (*i* bref), »tomber à terre«, d'où »succomber«, et qu'il est aisé de confondre avec *occidere* (*i* long) signifiant »couper, mettre en morceaux, occire, assassiner«. Un deuxième paradoxe serait que l'occasion dénote la *contingence,* la pure et simple »circonstance«, mais qu'en même temps elle apparaît comme inhérente à la plus profonde *nécessité* ou »fatalité« des choses vouées au aléas du temps. Le troisième paradoxe est illustré par le fameux précepte moral auquel Machiavel se réfère certainement dans son petit poème: *festina lente,* »hâte-toi lentement«. Prends le temps de saisir la chance en un tournemain.

Je ne m'étonne pas qu'Aby Warburg, fasciné par la figuration des nymphes en mouvement et le rôle des »accessoires en mouvement« — dont relève la mèche de cheveux sur le front —, se soit penché sur l'iconographie de Mademoiselle Occasion. Il signale notamment, dans une note de son article de 1907 sur »Les dernières volontés de Francesco Sassetti«, une fresque de l'école de Mantegna, attribuée à Antonio da Pavia, et qui se trouve au Palazzo Ducale de Mantoue. On y voit la jeune fille effleurant d'un seul pied (ailé) une sphère que l'on imagine en mouvement, tandis que sa magnifique draperie se gonfle dans le vent et que son visage est presque entièrement caché par la fameuse mèche de cheveux désordonnés. Juste à ses côtés, un jeune homme tend les bras vers elle, comme pour l'attraper, mais une femme plus chaste, immobile sur un socle à angles droits, le retient de »se trop hâter« ... C'est évidemment Madame Prudence — ou Madame Sagesse — qui veut signifier au jeune homme le danger potentiel que représente, de toute façon, Mademoiselle Occasion.

Comme à son habitude, Warburg ne s'était pas contenté de fournir les sources textuelles d'une telle figure, notamment la trente-troisième des *Épigrammes* d'Ausone, qui est aussi la source directe de Machiavel. Il en voulait surtout comprendre la profondeur philosophique et vitale dans le cadre du »combat pour l'existence« *(Kampf ums Dasein)* des personnages impliqués dans la production, au XVe siècle, de telles images et de telles pensées: »Nous voyons à présent pourquoi, dans la crise *(Krisis)* traversée par Francesco Sassetti en 1488, la Fortune, divinité des vents, franchit le seuil de sa conscience *(über die Schwelle seines Bewußtseins)* comme un symptôme *(symptomatisch)* ou un signal indiquant le degré de tension maximale de son énergie *(als Gradmesser seiner höchsten energetischen Anspannung)*.« Bref, Mademoiselle Occasion ne fournit pas seulement l'occasion mondaine de représenter une idée générale. Elle donne figure au temps: aux »combats«, aux »crises«, aux angoisses ou aux »symptômes« des personnes qui voulaient, à la Renaissance, la contempler en peintures ou en gravures.

Festina lente est une formule fascinante. Elle évoque la puissance existentielle — au sens de Ludwig Binswanger — propre aux images de nos rêves ou de nos fantasmes les plus profonds. Contre cette puissance existentielle, Ernst Gombrich a tenté de faire jouer le bon sens en prétendant qu'»aucune personne raisonnable ne croyait que *festina lente* incarnât une vérité très profonde« — ce à quoi Edgar Wind a justement répliqué qu'à ce moment-là, il faudrait dire que ni Aristote, ni Aulu-Gelle ni Érasme ne furent des personnes raisonnables. Edgar Wind montre bien, loin du simplisme affiché par Gombrich, que l'allégorisme humaniste — »un dauphin autour d'une ancre, une tortue portant une voile, un dauphin attaché à une tortue, une voile fixée à une colonne, un papillon sur un crabe, un faucon tenant en son bec les poids d'une horloge, […] un lynx les yeux bandés«, etc. — consistait à produire de véritables *images dialectiques,* comme eût dit Walter Benjamin: des images pour suspendre toute univocité, parce que notre existence même, dans son devenir, tient à un tel suspens. Situation »suspendue« que Mademoiselle Occasion incarne à merveille, entre mèche en bataille sur le front, course fugitive et petit pied ailé.[1]

Georges Didi-Huberman

ANMERKUNGEN

1 Niccolò Machiavel: Capitolo de l'Occasion [vers 1505–1512], trad. E. Barincou : *Œuvres complètes,* Paris 1952, p. 81 ; Aby Warburg: Les dernières volontés de Francesco Sassetti [1907], trad. S. Muller: *Essais florentins,* Paris 1990, p. 183 et 194 ; Ludwig Binswanger: Le rêve et l'existence [1930], trad. J. Verdeaux et R. Kuhn: *Introduction à l'analyse existentielle,* Paris 1971, p. 199–225 ; Ernst H. Gombrich: Icones symbolicae. L'image visuelle dans la pensée néo-platonicienne [1948], trad. D. Arasse: *Symboles de la Renaissance,* Paris 1976 [éd. 1980], p. 22 ; Edgar Wind: *Mystères païens de la Renaissance* [1958], trad. P.-E. Dauzat, Paris 1992, p. 112.

MEDIUMISTIK

Clermont Ferrand, 9. Juli 1886. Ein junger Mann (27), seit drei Jahren Lehrer für Philosophie und alte Sprachen, berichtet:

Vor etwa zwei Monaten erfuhr ich, dass Herr V..., an Experimenten mit Hypnose an jungen Menschen im Alter von fünfzehn bis siebzehn Jahren beteiligt war. Man öffnete ein Buch, von dem sie nur die Rückseite sehen konnten, und veranlasste sie, die Nummer der geöffneten Seite zu erraten oder zu entziffern oder sogar ganze Zeilen zu lesen. [...] Deshalb haben wir die jungen P...i, P...r, J...n und L...e eingeladen, zu uns zu kommen [...] wobei es uns von der ersten Sitzung an gelang, sie zu hypnotisieren, indem wir sie nah und intensiv anstarrten und die Augen dabei sieben bis acht Sekunden lang weit offen hielten. [...] Einer von uns [...] öffnet ein Buch nach dem Zufallsprinzip und hält es etwa 10 Zentimeter vor sich, aber so, dass er die Augen des schlafenden Subjekts weiterhin sieht. [...] Wenn ich einen der vier, einmal eingeschlafen, frage, wie er die Zahl oder das Wort errät, antwortet er immer: »Ich sehe sie.« »Wo siehst du sie?« »Da.« (526 f.)

Diese Passagen lesen wir im ersten gedruckten Aufsatz Henri Bergsons, des großen Philosophen des »elan vital«, des Gedächtnisses, der Dauer und der Intuition. Es handelt sich um einen in der Forschung kaum beachteten Text – erschienen anderthalb Jahre vor seiner legendären Dissertation *Zeit und Freiheit* –,[1] dessen (oft falsch zitierter) Titel drei wuchtige Begriffe verschränkt: »Über die unbewusste Simulation im Stande des Hypnotismus«.[2] Deleuze, dessen emphatische Reaktualisierung[3] Bergsons inzwischen weite Teile der internationalen Kulturwissenschaften prägt, empfahl vor einem halben Jahrhundert, seine Philosophie methodisch vom Begriff der Intuition her zu erschließen. Insofern wäre »Hypnotismus« (Bergson reflektiert den Begriff später im Kontext der Kunstwahrnehmung) als eine Art Fundamental-Intuition zu verstehen? Tatsächlich kommt Deleuze im Hypnose-Kapitel seines zweiten Kino-Buches[4] ausführlich auf das Thema zu sprechen, erwähnt allerdings Bergsons früheste Arbeit mit keinem Wort.

Es erschien uns naheliegend, dass die Ablesung [der Zahlen und Worte, WH] auf der Hornhaut des Magnetisierers erfolgte, als eine Art konvexer Spiegel. [...] Nun, hier ist der Punkt, auf den wir die Aufmerksamkeit lenken möchten [...]. Die Probanden lasen auf unserer Hornhaut die Zahlen oder Wörter, die sie erraten sollten, bestanden aber darauf, dass sie sie in dem Buch sahen, in dem Herr V... sie eigentlich aufgefordert hatte zu lesen. (528)

De la simulation erscheint als eine seltsam verschwiegene und manches verschweigende Arbeit. Wer ist Herr »V...«, wer sind »P...i, P...r, J...n und L...e«? Schüler, Studenten, professionelle Medien? Wie ermöglicht Umnachtung eine Augenschärfe, die winzigste Zahlen entziffert? Absprachen? Scharlatane? – Der Artikel erscheint in Theodule Ribots *Revue philosophique de la France et de l'étrange,*[5] in den 1880ern eine hoch renommierte Plattform für zahllose Theorien der gerade im Entstehen begriffenen empirischen Psychologie; z. B. für Pierre Janets psychische Automatismen[6] – jenen Surrealismus-Prätext, den Soupault/Breton im Ersten Weltkrieg nach eigenem Bekunden Wort für Wort verschlungen haben wollen; z. B. für Gustave Le Bons »Massenpsychologie«, die er voller Hingabe Theodule Ribot widmete. Im Halbjahresband 1886 finden sich, neben Bergson, thematisch verwandte (»Somnambulismus«-) Expertisen von Janet und Charles Richet, daneben u. a. Aufsätze von Tarde, Sorel und Le Bon. Ribot, der Philosoph, wollte es der Physik seines Jahrhunderts gleichtun: raus aus der Transzendentalität, hinein in das bunte Leben einer experimentalistisch aufgestellten psychologischen Forschung. Ein diskursiver Zug, den auch Bergsons Philosophie lebenslang nicht verlieren wird. Die *Revue* öffnet sich allen Forschungsperspektiven, von Wundt in Leipzig über James in Havard bis hin zur *Society for Psychical Research* in London – deren Präsident Bergson ein Vierteljahrhundert später, für das Jahr 1913, werden wird.

1882 hatte Charcot die Hypnose pathologisiert, die Bernheim-Schule daraufhin (mit Freud) ihre therapeutische ›Anwendung‹ propagiert; die »Pariser Schule« um Ribot hingegen bemühte sich weiterhin um empirische Klärung und nahm auch jene zwielichtigen Gestalten ins Visier, die, teils schon jahrzehntelang, in Europa umherzogen: Hypnotiseure, Mediumisten, Okkultisten, Magnetiseure, Parapsychologisten, in England und Frankreich für das irritierte Bürgertum teure Seancen zelebrierend: Charles-Léonard Lafontaine (1803–1892), Louis-Alphonse Cahagnet (1805–1885), Ambroise Auguste Liébeault (1823–1904), Carl Hansen (1833–1899), Durand de Gros (1826–1900), Albert de Rochas (1837–1914), Hector Durville (1849–1923), Hippolyte Baraduc (1850–1909), Émile Boirac (1851–1917), Ernest Ferroul (1853–1921), Paul Joire (1856–1930), William Eglinton (1857–1933), Edgar Bérillon (1859–1948) …

… und Lucien Moutin (1856–1919), kaum älter als Bergson. Zwischen 1885 und 1890 hatte er fünf Jahre lang hypnotistische Experimental-»Démonstrations« (»qui eurent le plus grand succès dans la haute presse«)[7] veranstaltet und dabei auch Clermont Ferrand bereist. Dort, im Haus des Bibliothekars Albert Maire, fanden der »salon familial« und jene Seancen statt, an denen, wie Sohn Gilbert berichtet, auch Bergson über Jahre teilgenommen hat.[8] Ja, Moutin war jener Monsieur »V…«, den Bergson eingangs erwähnt und der vermutlich, wie es für mediumistische Experimentationen üblich war, auch die vier hypnose-erfahrenen »P…i, P…r, J…n und L…e« mit ins Haus brachte: die namenlosen Hauptdarsteller, die »sujets« des Textes, die, an den Hypnose-Befehl gewöhnt, »unbewusst« herausragende psychophysische Fähigkeiten entwickeln (kleinste Zahlen auf Augenpupillen lesen, aus Bleistiftbewegungen geschriebene Worte erschliessen etc.); Fähigkeiten, die Bergson »hyperästhetisch« nennt, die »sujets« selbst aber für hypnotische Telepathie erklären. Bergson kommt zu dem Schluss, daß Hypnotisierte »guten Glaubens handeln und wie ein völlig skrupelloser und sehr geschickter Scharlatan unbewusst Mittel einsetzen, von deren Existenz wir kaum etwas ahnen.« (529) – »Le sujet hypnotisé n'est donc pas précisément un simulateur, et néanmoins tout se passe *comme si* c'était à un simulateur des plus habiles« (529) Der Hypnotisierte ist »nicht präzise« ein »Simulator« und doch simuliert er »comme si c'était à un«; »Ne pourrait-on pas dire qu'il y a là une espèce de ›simulation inconsciente‹?«, die schärfsten Wach-Augen simulierend, über die er verfügt / nicht verfügt; gutgläubig und zugleich Scharlatan (»le plus adroit des charlatans«) wie die Lafontaines und Berrillons. Dezentrierter als zwischen hypnotisiert / nicht-hypnotisiert, Simulation / Nicht-Simulation, bewusst / unbewusst, glaubwürdig / scharlatanesk kann ein Subjekt kaum oszillieren. Darin münden die Befunde Bergsons, die in der Tat seinem späteren Begriff der Intuition die grundstürzende Tiefe geben und in unseren Zeiten einer Kultur digitaler Dezentralisationen nicht weniger aktuell sind. Wer also nach einem medial-historischen ›Apriori‹ des »Bergsonismus« sucht, könnte sie in diesen mediumistischen Experimentationen finden und, mehr noch, in ihrem Verschweigen / Nicht-Verschweigen.

Wolfgang Hagen

ANMERKUNGEN

1. Henri Bergson: *Essai sur les donées immédiates de la conscience*, Paris 1889.
2. Henri Bergson: De la simulation inconsciente dans l'etat d'hypnotisme, in: *Revue philosophique de la France et de l'étrange* 22 (1886), S. 526–531. – Seitenzahlen im Text eingeklammert. Meine Übersetzung.
3. Gilles Deleuze: *Le Bergsonisme*, Paris 1966.
4. Gilles Deleuze: *L'image-temps. Cinéma 2*, Paris 1985.
5. Bergsons glänzende Rezension eines Kant-Buches, mit 24 geschrieben (*Revue philosophique de la France et de l'etranger* 16, S. 438–39, 1883), wird in keiner einschlägigen Bibliografie erwähnt. Es existiert keine historisch-kritische Werk- und keine Brief-Ausgabe.
6. Pierre Janet: *L'Automatisme Psychologique*, Paris 1889.
7. Lucien Moutin: *Le magnétisme humain*, Paris 1907, S. 1f.
8. Gilbert Maire: *Bergson Mon Maitre*, Paris 1936, S. 28f.

PANTHEA AUF DELOS

Was soll Panthea auf Delos? Nachdem er wegen vermeintlich agitatorischer Tätigkeit vom sizilianischen Volk verbannt wurde, ist dem Helden in Friedrich Hölderlins Tragödie *Der Tod des Empedokles* in bemerkenswerter Geringschätzung seines eigenen Schicksals nichts wichtiger als die Empfehlung an seinen Gegner Kritias, dessen Tochter umgehend außer Landes zu bringen:

> Gehe hin mit ihr
> In heilges Land, nach Elis oder Delos
> Wo jene wohnen, die sie liebend sucht,
> Wo stillvereint, die Bilder der Heroen
> Im Lorbeerwalde stehn. Dort wird sie ruhn,
> Dort bei den schweigenden Idolen wird
> Der schöne Sinn, der zartgenügsame
> Sich stillen, bei den edeln Schatten wird
> Das Laid entschlummern, das geheim sie hegt
> In frommer Brust.[1]

In Elis im Nordwesten der Peloponnes liegt Olympia; Delos ist eine Kykladen-Insel in der Ägäis, auf der nach mythischer Überlieferung der Gott Apollon geboren und entsprechend verehrt wurde – beide Orte waren im antiken Griechenland Stätten heiliger Spiele und Wettkämpfe. Darüber hinaus steht Delos in der Wissenschaftsgeschichte für das sogenannte ›Delische Problem‹:[2] Heimgesucht von einer Pestepidemie fragten die Deler das delphische Orakel um Rat, von dem sie die Anweisung erhielten, zur Ehre ihres Gottes den würfelförmigen Altar des Apollon-Tempels im Volumen zu verdoppeln. Da diese geometrische Aufgabe aber mit den klassischen Konstruktionsmitteln Zirkel und Lineal nicht zu lösen ist, erfanden griechische Mathematiker die Kegelschnitte (Ellipse, Parabel, Hyperbel), die in den *Konika* des Apollonius von Perge erstmals benannt und definiert sind. Doch eignen sich Kegelschnitte nicht nur zur proportionalen Vergrößerung von Altären, Karriere machen sie vielmehr als Beschreibungsparameter der modernen Astronomie.

Während Kopernikus noch davon ausging, dass Planeten mit gleichmäßiger Geschwindigkeit kreisförmige Bahnen um die Sonne beschreiben, entdeckte Kepler anlässlich der Berechnung der Marsbahn ihre elliptischen Bewegungsprofile.[3] Was in der Antike als Lösung eines spezifischen Geometrieproblems ersonnen wurde, offenbart sich in der Neuzeit als kinetisches Strukturgesetz der Himmelskörper; Natur erweist sich als Kopie eines geometrischen Konstruktionsprinzips.

Doch was soll Panthea auf Delos? An welchen »Idolen« soll sich ihr ›schöner‹ Sinn beruhigen – sportliche oder mathematische? Eine Antwort gibt Panthea selbst in der Beschreibung ihrer Krankheit, die sie am Anfang des Dramas der Athener Freundin Rhea[4] mitteilt: »Es ist nicht lange / daß ich todeskrank danieder lag. Schon dämmerte / der klare Tag vor mir und um die Sonne / wankte, wie ein seelos Schattenbild, die Welt.«[5] In Korrelation mit dem Übergang von Tag und Nacht, Hell und Dunkel beschreibt Panthea ihre Krankheit als kosmische Störung. Während die Sonne in ihrem Bild bereits das Zentrum der Welt besetzt, um das andere Körper sich bewegen, ist sie anscheinend noch nicht so sicher befestigt, dass im Wanken der Welt bereits die Gesetzmäßigkeit elliptischer Planetenbahnen erkennbar wäre. Angesichts dieser Selbstdiagnose eines aus den Fugen geratenen Kosmos' mutet Pantheas Beschreibung ihrer Genesung umso erstaunlicher an. Denn die Kur durch Empedokles rehabilitiert nicht das geozentrische Weltbild, sondern bestätigt das heliozentrische auf fragwürdige Weise: »Wie / nun in frischer Lust mein Wesen sich zum erstenmale / wieder der langentbehrten Welt entfaltete, mein / Auge sich in jugendlicher Neugier dem Tag er- / schloß, da stand er, Empedokles! o wie göttlich / und wie gegenwärtig mir! am Lächeln seiner Augen / blühte mir das Leben wieder auf!«[6] Nicht der Trank, den er ihr verabreicht, sondern Empedokles selber ist die Medizin. Seine magischen Heilkräfte sucht Panthea allein im Charisma seines singulären Erscheinungsprofils zu verorten.[7] Doch ihre Emphase: »da stand er

Empedokles! o wie göttlich / und wie gegenwärtig mir!« steht eigentümlich quer zur Rückkehr des Tages, »der langentbehrten Welt« und damit zu jenem Regenerationsprozess, an dem sie ihre Genesung abliest und macht derart deutlich, dass die Therapie nicht heilende Rückkehr zu einem verjüngten Leben, sondern vielmehr Verlängerung der Krankheit selbst ist. Weit entfernt, den Wahn einer um die Sonne wankenden Welt zu heilen, verkörpert der Heiler vielmehr das Übel eines in die antike Welt eindringenden Heliozentrismus.[8] Das Konzept regenerierender Verjüngung wird derart dementiert von der Erscheinung desjenigen, der es als Heilkunst vermeintlich praktiziert; die Idee evolutionärer Wiederkehr von demjenigen desavouiert, der als Revolutionär im Zentrum der Geschehnisse unbewegt wie eine »neue Sonne« steht.[9] Panthea – am ›Standpunkt‹ des Empedokles chronisch erkrankt – repräsentiert im geozentrischen Milieu des Dramas die Pathogenese eines kopernikanischen Weltbilds.

Daher ist es nur konsequent, dass Empedokles ihr Leiden keineswegs für überwunden hält und ihrem Vater zum Gang ins Exil rät. Indem dort aber das »seellos Schattenbild« einer um die Sonne wankenden Welt bei »den edeln Schatten« beheimatet werden, ihr ›schöner Sinn‹ heliozentrischer Alpträume ausgerechnet dort zur Ruhe kommen soll, wo mit dem Konstruktionsprinzip elliptischer Planetenbahnen auch die Eigenbewegung der Erde antizipiert wird, firmiert die Insel Delos als dasjenige Areal, wo Pathologien in Wahrheitsspiele konvertiert werden können. Als heilige Wettkampfstätte antagonistischer Praktiken, Deutungen und Strategien empfiehlt sie sich Hölderlins Phantasie revolutionär-republikanischer Kultfeste als prädestinierter Austragungsort für den Agon konträrer Weltbilder.

Lars Friedrich

ANMERKUNGEN

1. Friedrich Hölderlin: *Der Tod des Empedokles* [1. Entwurf], in: *Frankfurter Hölderlin-Ausgabe* 13, hrsg. von Dietrich E. Sattler, Basel/Frankfurt am Main 1985, S. 721 (v. 760–769).
2. Zu dieser Legende und ihrer Nachwirkung vgl. Eckart Förster: *Die 25 Jahre der Philosophie. Eine systematische Rekonstruktion*, Frankfurt am Main 2011, S. 264 f.
3. Vgl. Johannes Kepler: *Astronomia Nova*, in: *Gesammelte Werke* 3, hrsg. von Max Caspar, Franz Hammer, München 1937, S. 366.
4. Der Name Rhea wird in der zweiten Dramenfassung durch Delia ersetzt und damit nach dem auf Delos zu Ehren des Sonnengottes Apollon veranstalteten Kultfest umbenannt.
5. Hölderlin: *Der Tod des Empedokles* [1. Entwurf], S. 698 (v. 43–46).
6. Ebd. (v. 54–69).
7. Zu Empedokles' theatralem Erscheinungsprofil vgl. Rüdiger Campe: Erscheinen und Verschwinden. Metaphysik der Bühne in Hölderlins »Empedokles«, in: Bettine Menke, Christoph Menke (Hg.), *Tragödie – Trauerspiel – Spektakel*, S. 53–71, Berlin 2007.
8. Zum Heliozentrismus der Antike immer noch grundlegend ist Thomas Heath: *Aristarchus of Samos. The ancient Copernicus*, Oxford 1913.
9. Hölderlin: *Der Tod des Empedokles* [1. Entwurf], S. 727 (v. 925).

PICKPOCKET

Die Großaufnahme des Films wurzelt eigentlich in ihrem Gegensatz zur Totalen. Die Totale gibt die umfassende Raum- und Zusammenhangsorientierung für eine geographische oder architektonische oder atmosphärische Definition eines Wahrnehmungs- und Handlungsraums der Filmfiguren. Die auf die Totale bezogene Großaufnahme dagegen löst diesen Zusammenhang auf, isoliert das einzelne Ding und stellt es dann frei für neue Bedeutung bzw. neue Zusammenhänge, beispielsweise (bevorzugt) für die Reiz-Reaktions-Darstellung. Die konventionelle Großaufnahme setzt also das Ding als Teil eines Ganzen. Die Totale konstatiert »Welt«, die Großaufnahme füllt diese Welt mit Seiendem an, das dann zum Gegenständlichen verdichtet wird und in der abschließenden Totalen wieder in die Welt, jetzt als Gegenstand, eingeht: Der Film vollzieht den Aufbau einer Welt als Gesamtheit der – relevanten – Objekte. Das ist die erste Dimension der konventionellen filmischen Ontologie der Dinge. Aber neben der Opposition zwischen Großaufnahme und Totale operiert der Film auch mit einer allmählichen Exploration des Gegenstands in einer Kette von Großaufnahmen, die ihn aspektieren. Daraus ergibt sich eine zweite ontologische Tendenz des Films: Die Auflösung des Dings in seine Aspekte, etwa: durch »Näherkommen« des Blicks in der Großaufnahme. Das Bild »untersucht« den Gegenstand auf die Art seines Gegebenseins hin; und diese Gegebenheit im Film ist seine Sichtbarkeit. Darin kommt eine in einem weiten Sinne phänomenologische Haltung zum Tragen. Sie sieht das Ding als immer schon wahrnehmbar, bildhaft konstituiert, das Ding »ist« dann im Filmbild wie in unserem Wahrnehmungsbewußtsein.

Allerdings besitzt die Großaufnahme zugleich genau die gegenteilige Funktion, die Einzeldinge aus dem Gesamtzusammenhang gerade herauszulösen. Solange und je länger sie andauert, desto stärker zerbricht der Gesamtzusammenhang der Welt und verharrt das Einzelding ungewohnt in sich selbst. Dabei zerfällt die Großaufnahme in zwei Aspekte: Den des reizauslösenden Dings und denjenigen der reagierenden Person, deren Gesicht wir in Großaufnahme gezeigt bekommen. Mit der Freisetzung des Einzeldings im klassischen Fall verbindet sich dann auch ein weitergehendes Potential. So, wie das Gesicht »Ausdruck« von Gedanken und Emotionen sein soll, die sich »dahinter« verbergen und »darauf« abzeichnen, so soll sich auch im Wege der Analogie »hinter« der Erscheinung der visuellen Oberfläche der Dinge in der Großaufnahme ein »Eigenleben« verbergen. So besagt es Béla Balázs' Rede vom »Gesicht der Dinge«. Dies wäre eine dritte Dingontologie der Großaufnahme.

Robert Musil präzisiert dies in seinem Kommentar zu Balázs und kehrt es dennoch um: Kein hinter dem Sichtbaren liegendes, reflexives und mithin subjektanaloges und anthropomorphes Eigenleben wird hinter der Dingoberfläche in der Großaufnahme wirksam, sondern, genau im Gegenteil, gerade die von allen Bezügen isolierte Faktizität des Gegenstandes in seinem So-gegeben-Sein, seine völlige Fremdheit, seine Entrückung aus dem normalen Gebrauchs- und Sachzusammenhang in eine völlig andere Dimension. Das Ding wird in der Großaufnahme zu einem Ausdruckselement, zu einer Spur der tiefer liegenden, verborgenen und unheimlichen Bedeutung. Musil selbst gibt dem eine dualistisch-spirituelle Wendung: hinter der rational dominierten Welt und zwischen den sie anfüllenden Dingen liege ein »anderer Zustand« umfassenden Zusammenhangs und kosmischer Verbundenheit und Liebe. Man könnte aber auch viertens und ganz im Sinne der objektorientierten Ontologie in der Großaufnahme einen paradoxen Einblick in eine genau nicht anthropomorphe und nicht einmal auf Menschen in irgendeiner Weise bezogene Seinsweise der Dinge sehen.

In Robert Bressons PICKPOCKET (1959) gibt es dagegen keine Opposition von Großaufnahme und Totale und auch kein Dual Gesicht/Ding. Es herrscht statt der Totalen ein signifikantes Übergewicht einer nahezu durchgängigen Halbtotalen oder Halbnahen und zugleich eine auffällige Zurücknahme der Großaufnahmen vom Gesicht des Helden. Dem entspricht eine ästhetische Entleerung des Bildes von Dingen, eine Dingarmut (und »arme« Dinge) und innerbildliche »Weite«. So werden etwa die Dinge wie Figuren vor den Grund gestellt oder durch die Lichtsetzung freigespielt. Wenn sie einander überlagern, dann wirken sie wie Folien. Durch die Umgebung mit Umraum bekommen die Dinge hier bereits in der Halbtotalen ein atmosphärisches und ontologisches Gewicht. Und die Vielzahl von Großaufnahmen, die hier den Dingen gewidmet sind, werden nicht mit den Totalen zu einer Welt voller Gegenstände verbunden und dienen im Übrigen auch nicht der phänomenologischen Exploration und Reflexion, sondern sie werden linear aneinandergereiht und übereinandergelegt. Schließlich handelt sich zu einem großen Teil um bewegte Großaufnahmen, wo die klassische Großaufnahme doch die Bewegung gerade stillstellte.

Nehmen wir die Diebstahlssequenz auf dem Bahnhof: Immer wieder wandern Dinge von Hand zu Hand, Ausschnitt reiht sich an Ausschnitt; sie kehren wieder, wandern zurück. Die Figuren scheinen die Dinge zu umkreisen, sich um sie zu gruppieren. Es gibt auch keine Widerständigkeit der Dinge. Der Raum besteht nur aus Hand, Ding, Kleidung; etwas Umraum, Bewegungsraum. Es gibt kein »Gesicht der Dinge« und keine Unheimlichkeit dahinter. Dinge werden auch nicht einfach in einem So-sein erfasst, so wenig wie die Personen über ihre Gesichter repräsentiert sind, sondern ganz und gar in dem liegen, was ihre Hände tun. Bressons Filmsequenz erwächst aus der Beobachtung dieses Ritornells der Dinge und Hände. Die Dinge migrieren, und dazu nehmen sie die Bewegung und Abfolge der Großaufnahmen in Anspruch sowie die menschlichen Hände, die sie zeigen. Die Dinge werden durch ihr Zirkulieren, durch ihre freie Kombination mit Händen, Orten und anderen Dingen erst ein- und aufgespannt. Sie treten dann miteinander in einen unmittelbar vektoriellen Zusammenhang, ohne Vermittlung jedenfalls über eine sie umhüllende »Welt«, deren »Inhalt« sie wären. Vielmehr bilden sie durch ihre eigene Operativität, ihr Wandern und ihren Weg eine Ontologie aus, in der sie stehen, und die »ihre« je eigene Welt ist, d.h. die Gesamtheit aller Möglichkeiten, sich (irgendwo) zu befinden. Natürlich werden sie bei Bresson nicht alle gezeigt, aber das Ding löst sich aus seiner gegenständlichen Verfügbarkeit, seiner Funktionalität und Zuhandenheit heraus, eröffnet einen anderen Kreislauf und eine operative Ontologie. Und die ist hier abweichend und riskant: es kann jederzeit daneben gehen – und das geschieht ja auch: es gibt Entdeckung und Protest (»geben Sie mir meine Brieftasche wieder«) und Verhaftung.

In Bressons Dingen steckt eine doppelt operative Ontologie, in der die beweglichen Dinge einerseits völlig in ihren Trajektorien oder Operationslinien aufgehen und sie andererseits enthalten und verdinglichen. Bressons Dinge verfestigen sich nicht zu Gegenständen, denn beim Taschendiebstahl darf sich das Ding nicht »entgegenstellen«. Es wird gerade für den, dem es Gegenstand ist, Besitz nämlich, unmerklich. Es gibt eine eindrucksvolle Passage bei Michel Serres, in seinem Buch *Die fünf Sinne*, in der er beschreibt, wie in einem existenziellen Moment eine gesamte Person sich an einem ganz bestimmten Punkt ihres Körpers befindet, ihrer »Seele« (in den Fingerspitzen, im Gewichtszentrum usw.). Genauso befindet sich hier bei Bresson der Held ganz und gar in seinen Fingern oder sogar jenseits davon wie der Blinde im Taststock bei Merleau-Ponty. Das aber kann er nur im Verein mit den Dingen, nur deshalb, weil auch die ganze Seinsweise des Dings sich in dem Ding zusammenzieht und realisiert; genauer: die Dinge befinden sich ganz und gar da, wo sie berührt werden, oder austariert in ihrem Schwerpunkt. Bressons Dinge atmen: sie dehnen sich aus in die Gesamtheit der Orte, an dem das Ding sich befinden kann, und sie verdichten sich zur Konzentration auf einen einzigen Punkt, ihre Seele.

Lorenz Engell

UNBILDMÄSSIG

In unverhüllter Deutlichkeit unterscheidet Walter Benjamin die Techniken und Verfahren der Architekturbetrachtung von jeder anderen Wahrnehmungsform gestalteter Objekte oder gebauter Umwelt. Insbesondere ein kunst- oder bildhistorisch vorgeprägter Blick müsse in der Architekturbetrachtung von seiner gewohnten Wahrnehmungsweise absehen – und dies nicht nur vor einem Gebäude stehend, sondern selbst dann, wenn es darum gehe, die Besonderheiten von Architekturzeichnungen zu erkennen: »Es gibt ja, offenkundig, eine Darstellung von Bauten mit rein malerischen Mitteln. Von ihr wird die Architekturzeichnung genau geschieden und die nächste Annäherung an unbildmäßige, also vermutlich echt architektonische Darstellung von Bauten in den topographischen Plänen, Prospekten und Veduten gefunden.«[1]

Auf der Suche nach einer ›echt architektonischen Darstellung von Bauten‹ erklärt Benjamin die anti-pikturalen Veranschaulichungsoptionen von Architekturzeichnungen zu deren spezifischer Besonderheit. Er nimmt zur Charakterisierung einer innovativen ›unbildmäßigen‹ Form von Architekturbetrachtung zunächst eine »eigentümliche architektonische Vorstellungswelt an, die sich stark von der der Maler unterscheidet. Es gibt vielerlei Anzeichen für ihr Vorhandensein. Das wichtigste ist, dass die Architektur gar nicht in erster Linie ›gesehen‹ wurde, sondern als objektiver Bestand vorgestellt und von dem der Architektur sich Nähernden oder gar in sie Eintretenden als ein Umraum sui generis ohne den distanzierenden Rand des Bildraums gespürt wurde.«[2]

Aus dieser phänomenologischen Wahrnehmung des Umraums von Gebäuden folgert Benjamin: »Also kommt es bei der Architekturbetrachtung nicht auf das Sehen, sondern auf das Durchspüren von Strukturen an. Die objektive Einwirkung der Bauten auf das vorstellungsmäßige Sein des Betrachters ist wichtiger als ihr ›gesehen werden‹. Mit einem Wort: die wesentlichste Eigenschaft der Architekturzeichnung ist es, ›keinen Bildumweg zu kennen‹.«[3]

Bevor Benjamin diese Beobachtung in seinem Kunstwerk-Aufsatz weiter generalisieren wird, indem er dort die optische Wahrnehmung von Architektur explizit um eine taktile ergänzt, die es erforderlich mache, die Gebäude zu begehen, um sie zu begreifen,[4] definiert er die eigentliche Ebene der Architekturerkenntnis als ein ›Durchspüren von Strukturen‹. In einer unbildmäßigen Architekturbetrachtung ergibt sich die Wahrnehmung von architektonischer Struktur somit nicht länger aus einer Subtraktion von Bildinhalten, die die Struktur auf einer Architekturdarstellung nur verhüllt hätten und deshalb mittels Bildanalysen ausgeblendet werden müssten, sondern vielmehr dadurch, dass dem Bild als künstlerischem Medium der Wahrnehmung grundsätzlich misstraut wird. Denn ›eine Darstellung von Bauten mit rein malerischen Mitteln‹ impliziert eben jenen vermeidbaren ›Bildumweg‹ durch die Setzung einer Perspektive, einer Motivwahl und einer atmosphärischen Stimmung, die jede Architekturbetrachtung präkonfigurieren. Entscheidend ist hier allerdings die von Benjamin erwähnte Differenz zwischen Bild- und Plandarstellung, sowie zahlreichen weiteren architektonischen Techniken der Visualisierung einer Gebäudestruktur, die das Gegenteil von ›malerischen Mitteln‹ darstellen.

Hinsichtlich der Wahrnehmung von Architektur trifft Benjamin damit eine grundlegende Unterscheidung: einem passiven ›Gesehen-Werden‹ von Gebäuden steht ihr aktives Einwirken auf das ›vorstellungsmäßige Sein des Betrachters‹ gegenüber, das Benjamin als ein ›Durchspüren von Strukturen‹ bezeichnet. Die qualitative Differenz einer Architekturbetrachtung zu anderen Wahrnehmungsformen von gestalteten Objekten oder gebauter Umwelt besteht genau in dieser Option auf Strukturerkenntnis während einer immersiven Raumerfahrung, die sich – und das ist entscheidend – parallel ebenfalls auf genuin architektonische Darstellungstechniken von Architektur stützt und diese zur Strukturerkenntnis einsetzt.

Gerade die ungehemmte und bewusst eingesetzte Produktivität in der Herstellung andersgelagerter architektonischer Visualisierungen wie bspw. Renderings, die durchaus dem Bereich des passiven ›Gesehen-Werdens‹ zugeschlagen werden können, da deren Oberflächen im Architekturkontext keineswegs als eine strukturelle Wahrnehmungsebene von Gebäuden, räumlichen Konstellationen und städtebaulichen Zusammenhängen gelten wollen, markiert die grundlegende Differenz zur ›unbildmäßigen‹ Architekturwahrnehmung in Benjamins Sinne. Sind solche Architekturvisualisierungen nämlich als Mittel der Erkenntnis irrelevant, geben sie sich vielmehr als verwendungsorientierte Architekturdarstellungen zu erkennen, die sich an definierte Zielgruppen richten und deutlich von architekturtechnischen Plandarstellungen in Grundriss oder Schnitt unterscheiden, die einen Entwurf als konstruktive Struktur vorstellen.

In dieser Hinsicht führt das ›Durchspüren von Strukturen‹ in der Architekturbetrachtung dem passiven ›Gesehen-Werden‹ die Alternative einer aktiven Entwurfshaltung hinzu, die weder einen kontemplativen Betrachter benötigt noch einen ›Bildumweg kennt‹, da dieser die Architekturbetrachtung hemmt oder stillstellt. ›Unbildmäßig‹ wäre mit Benjamin eine entwurfsorientierte Architekturbetrachtung zu nennen, der es gelingt, eine architektonische Struktur anschaulich und lesbar zu machen, um den Betrachtenden einen Einblick in die architektonische Vorstellungswelt des Entwurfs zu geben, in der Pläne, Modelle und Diagramme konkrete Strukturkonzepte und ihre Alternativen vor Augen führen. Eine solche visuelle Aktivierung jenseits der Bilder führt das besondere Potential spezifisch architektonischer Darstellungsformen als Kulturtechniken vor Augen, das nach Benjamins Analyse nicht darin besteht, »dass sie Architekturen *wiedergeben*. Sie *geben* sie allererst.«[5]

Mit diesem Wandel mimetischer Architekturkonzepte treten neue Projektionen hervor, die ein taktiles ›Durchspüren von Strukturen‹ als eine ›unbildmäßige‹ Architekturbetrachtung in Interaktionen mit Gebäuden bringen und diese Wahrnehmungsweise als ein »Gegenstück zu dem« profilieren, »was auf der optischen [Seite] die Kontemplation ist.«[6] Benjamin besitzt in seinem Kunstwerks-Aufsatz von einer solchen »Rezeption keinen Begriff«, die sich »durch Gebrauch«[7] der Gebäude ereignet, in denen die »Gewohnheit«[8] taktiler Bewegungen greift und Bauten vertraut macht, so dass die »taktile Rezeption« in der Architekturwahrnehmung »weitgehend sogar die optische«[9] bestimmen kann. Dem weiteren Vorhaben, ihren Modus der Erkenntnis zu untersuchen und auf andere Bereiche zu übertragen, schreibt er ein großes Potential zu: »Diese an der Architektur gebildete Rezeption hat aber unter gewissen Umständen kanonischen Wert«.[10]

Daniel Gethmann

ANMERKUNGEN

1 Walter Benjamin: Strenge Kunstwissenschaft. Zum ersten Bande der ›Kunstwissenschaftlichen Forschungen‹. Erste Fassung (1932), in: ders., *Gesammelte Schriften*, Bd. 3 Kritiken und Rezensionen. Frankfurt am Main 1972, S. 363–369, hier S. 368.
2 Ebd.
3 Ebd.
4 Vgl. Walter Benjamin: Das Kunstwerk im Zeitalter seiner technischen Reproduzierbarkeit. Dritte Fassung, in: ders., *Gesammelte Schriften*, Bd. 1 Abhandlungen, Teil 2. Frankfurt am Main 1980, S. 471–508.
5 Walter Benjamin: *Strenge Kunstwissenschaft*, S. 368.
6 Walter Benjamin: *Das Kunstwerk im Zeitalter seiner technischen Reproduzierbarkeit*, S. 505.
7 Ebd., S. 504.
8 Ebd., S. 505.
9 Ebd.
10 Ebd.

VERORTUNGEN

Die Grenzgängerei wurde Robert Walser schon mit seinen ersten Veröffentlichungen attestiert. Der einflussreiche Literatur-Redakteur der Tageszeitung *Der Bund*, Joseph Victor Widmann (1842–1911), begleitet 1898 den Druck von sechs Gedichten im *Sonntagsblatt des Bundes*, Walsers erster Publikation, mit einem einführenden Text: Der Autor, den er nur mit dem Kürzel »R.W.« nennt, sei ein »zwanzigjähriger Handelsbeflissener«, der »schon mit vierzehn Jahren aus der Schule ins Comptoir gekommen« sei und »also durchaus keinen regelmäßigen, höhern Bildungsgang« habe »durchmachen« können. Beim »Durchlesen« seien ihm die »Abwesenheit aller banalen Liebeslyrik« und »wirklich neue Töne«. Es sei »etwas Urwüchsiges und Echtes und dabei etwas sehr Feines in den Stimmungen«, »auch eine merkwürdige, fast schlafwandlerische Sicherheit, sich auf jenen äußersten Gränzen zu bewegen, wo man so leicht vom erhabenen Standpunkt in den Abgrund der Lächerlichkeit fällt«.[1]

Die seit diesem ersten Rezeptionszeugnis bis heute vorgebrachten Versuche, die Eigentümlichkeit zu beschreiben, sind sich einig in der Schwierigkeit, Walsers frühe Lyrik in der Tradition und in ihrer Gegenwart einzuordnen und das Verhältnis von Natürlichkeit und Künstlichkeit, Tiefsinn und Unsinn, Ernst und Humor zu bestimmen. Solche Ambivalenz gehört natürlich zum Wesen des Lyrischen und des Literarischen überhaupt, in gesteigertem Maß wird sie der Moderne, in der die Textur gegenüber dem Sinn hervortritt, zugesprochen,[2] und Walsers ganzes Werk, dessen Gattungsformen zudem fließend ineinander übergehen, wird vor allem in der jüngeren Forschung als herausragendes Phänomen von poetischer Ambivalenz gehandelt.[3]

Auf die Charakterisierung als unverbildetes Naturtalent verfielen auch andere, weniger paternalistische Entdecker und Förderer wie Franz Blei, weitere erhoben ihn zum Exempel modernen Blödsinns oder diagnostizierten Dekadenz.[4] Sein ganzes Schreibleben hindurch verarbeitete Walser diese Urteile produktiv in Texten, die auf die Zeit der ersten Lyrik zurückblicken und dabei die ihm damals zugeschriebene Unschuld und Nichtwissen selbst als eine Art Poetik der Blödigkeit kultivieren oder sich daran belustigen. In der im investigativen Modus gehaltenen Autofiktion von *Poetenleben* (1916), die sind, ergeben die »Ermittlungen« zur lyrischen Frühzeit des Poeten eine unmittelbare Verbindung zwischen der hybriden Kunst-Natur-Bildung des Poeten mit einer ambivalenten Verortung im Raum:

> Woher schöpfte er das unerläßliche bißchen Bildung, das nach unserem Dafürhalten ein Poet notwendigerweise besitzen muß?
> Die Antwort lautet:
> Es gibt ja Lesesäle voll Lesestoff in der Welt. Zum Teil liegen diese Lesezimmer ja sogar im Grünen, derart, daß der emsige Leser, wenn er am offenen Fenster sitzt, noch eine Augen- und Ohrenfreude mithat, wofür er Gott dankt.
> Haben wir nicht außerdem gefälligst Stadtbibliotheken, die jedem jungen, unbescholtenen Menschen zugänglich sind und zum Vorteil gereichen?[5]

In der frühen Lyrik, die, soweit erhalten, größtenteils zwischen 1897 und 1901 entstanden ist – zunächst teils in Zeitschriften und 1909 in einem Bändchen mit vierzig Gedichten publiziert, teils unveröffentlicht in einem Heft in Reinschrift mit dem Titel *Saite und Sehnsucht* (spätestens 1901) überliefert und teils auch verschollen –, kann man eine Häufung von Platzierungen und Bewegungen der Subjekte und der Objekte im Raum und in der Zeit beobachten. Diese ›Verortungen‹ – was hier, entsprechend der affirmierenden und negierenden Doppelfunktion der Vorsilbe ›ver-‹ als Platzierung und als Bewegung zu verstehen ist und also ›Entortung‹ mit meint – suchen und erzeugen keine Sicherheiten und Gewissheiten, Befestigungen und Aufhebungen im Diesseits oder im Jenseits, sondern eröffnen Zwischen-, Schwellen- und Fluchträume und -wege, in denen bzw. durch welche die lebendigen Singularitäten sich den

›Verhältnissen‹ entziehen, noch bevor sie darin als Subjekte und Objekte ›verdinglichen‹ werden.⁶

Gleichsam als verdichteter Kommentar dieser Poetik der räumlich-zeitlichen Verortung kann man das kleine Gedicht *Beiseit* lesen, das sich an siebenundzwanzigster Stelle der vierzig *Gedichte* befindet:⁷

Beiseit

Ich mache meinen Gang;
der führt ein Stückchen weit
und heim; dann ohne Klang
und Wort bin ich beiseit.

Auf kleinem Schriftraum führen die vier Verse ein paar Eigentümlichkeiten der frühen Walserschen Lyrik vor, so etwa die alltagssprachliche Lakonik oder die Übergängigkeit zur Prosa, die sich in den Enjambements und den beiläufig erscheinenden Reimen manifestiert. Nicht zum Zug kommen hier die teilweise exzessiven Wiederholungen von Worten und Wendungen, in denen räumliche und zeitliche Bewegungen und Gegenbewegungen ineinanderwirken. Solche Eigentümlichkeiten gehören zu der in *Beiseit* nicht nur thematisierten, sondern auch performierten ›Poetik ins Abseits‹ ebenso wie der vom üblichen adverbialen Gebrauch abweichende prädikative Einsatz von ›beiseit‹ (als Adjektiv) und die Elision des Endvokals.⁸

Sicher lassen sich die Verse auch auf Walsers »existenzielle Ortlosigkeit« beziehen,⁹ die er, nach der Schul- und Lehrzeit, als Sechzehnjähriger mit ständigen Wechseln der Stellen (bzw. zwischen Stellenbesetzung und Stellenlosigkeit)¹⁰ und der Wohnungen und Wohnorte bis zum Eintritt in die psychiatrische Anstalt 1929 betrieb. Doch es sei hier dahingestellt, in welcher Beziehung sie zur frühen lyrischen Poetik der Verortung zu sehen ist. Die effektive Schreibpraxis des ganz frühen Walser ist mangels Dokumenten (abgesehen von den Briefen) wenig bekannt. Doch just eine der seltenen Handschriften liefert ein Indiz dafür, dass die Poetik der Verortung sich schon im skripturalen Akt artikulierte. Das vermutlich 1901 entstandene handschriftliche Heft *Saite und Sehnsucht* mit fünfzig Gedichten, in dem etwa zwanzig der publizierten Gedichte, teils mit Varianten, figurieren und das erst 1972 wiedergefunden wurde, trägt den Nebentitel *Drittes Buch*, so dass sich auf weitere Hefte schließen lässt. Allem Anschein nach ist es eine Reinschrift, die entweder zu Publikationszwecken oder zum Verschenken angefertigt wurde. Umso bedeutender erscheinen die sehr wenigen Spuren der Er- oder Bearbeitung, wovon eine auf der folgenden Seite zu vermuten wäre:¹¹

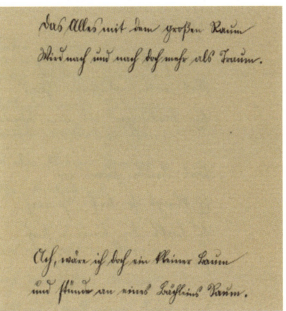

Das Alles mit dem großen Raum
Wird nach und nach doch mehr als Traum.

Ach, wäre ich doch ein kleiner Baum
und stünde an eines Bächleins Saum.

Es lässt sich darüber spekulieren, ob es sich um einen Entwurf handelt, bei dem der Raum zwischen den oberen und dem unteren Zweizeiler mit weiteren Zweizeilern hätte bestückt werden sollen, oder um zusätzliche oder überflüssige Zweizeiler des aus sechs Zweizeilern bestehenden Gedichts *Abendlied* auf der gegenüber liegenden Seite. Auf jeden Fall können die zwei Verspaare mit dem leeren Raum dazwischen als eigenes poetisches Gebilde betrachtet werden, in dem man sich zwischen dem Kosmos, der sich zu verwirklichen droht, und der Idylle, die bloß noch zu wünschen bleibt, verorten, das heißt verlieren kann.

Hubert Thüring

ANMERKUNGEN

1 Joseph Victor Widmann: »Lyrische Erstlinge«, in: *Sonntagsblatt des Bund*, 8.5.1898, Nr. 19, S. 149, zit. nach Bernhard Echte: *Robert Walser. Sein Leben in Bildern und Texten*, Frankfurt am Main 2008, S. 74 f.
2 Vgl. Moritz Baßler: *Die Entdeckung der Textur. Unverständlichkeit in der Kurzprosa der emphatischen Moderne 1910–1916*, Tübingen 1994, S. 117–122.
3 Vgl. Karl Lüscher et al. (Hg.): *Robert Walsers Ambivalenzen*, Paderborn 2018.
4 Vgl. Jochen Greven: Nachwort zu Robert Walser: Die Gedichte, in: ders., *Sämtliche Werke*, hrsg. von Jochen Greven, Frankfurt am Main 1986, S. 268–279; Wolfram Groddeck: Beiseit. Robert Walser und seine Gedichte, in: Heidy Zimmermann (Hg.): *Holligers Walser. Der Komponist und sein Dichter*, Basel 2014, S. 40–54; Paul Keckeis: Gedichte (1909), in: *Robert Walser Handbuch. Leben – Werk – Wirkung*, hrsg. von Lucas Marco Gisi, Stuttgart / Weimar 2015, S. 79–82.
5 Robert Walser: Poetenleben, in *Sämtliche Werke* 6, S. 120–130, S. 120.
6 Vgl. Thomas Binder: *Zu Robert Walsers frühen Gedichten. Eine Konstellation von Einzelanalysen*, Bonn 1976; Gilles Deleuze: Die Immanenz, ein Leben (1995), in: ders., *Schizophrenie und Gesellschaft. Texte und Gespräche von 1975 bis 1995*, hrsg. von David Lapoujade, aus dem Französischen von Eva Moldenhauer, Frankfurt am Main 2005, S. 365–370.
7 Robert Walser: *Die Gedichte*.
8 Vgl. Groddeck: *Beiseit*, S. 47.
9 Ebd., S. 49.
10 Vgl. Simon Roloff: *Der Stellenlose. Robert Walsers Poetik des Sozialstaats*, Paderborn 2016.
11 Robert Walser: *Drittes Buch. Saite und Sehnsucht* (spätestens 1901), Manuskriptheft, S. 32, Robert Walser Archiv Bern, RW MSG 074 der Abdruck erfolgt mit freundlicher Genehmigung des Robert Walser Zentrums, Bern); vgl. ders., *Saite und Sehnsucht*, Faksimile-Ausgabe, im Auftrag der Carl-Selig-Stiftung hrsg. und mit einem Nachwort versehen von Elio Fröhlich, Frankfurt am Main 1979, S. 32, Transkription S. 90.

KORRIGIERTE KLASSIKER

STRICHFASSUNG'

Der Graf war ungehalten. Nach vier Jahren intensiver Arbeit an seinem Romankonvolut hatte er im Frühjahr 1867 in großen Buchstaben ›Ende‹ unter sein Manuskript geschrieben, einen Vertragsentwurf an seinen Moskauer Verleger Mikhail Katkov auf den Weg gebracht und den festen Vorsatz gefasst, sein umfangreiches Buch, das unter dem Arbeitstitel *Ende gut, alles gut* figurierte, für die anstehende Publikation noch maßgeblich zu kürzen. Doch die Verhandlungen mit Katkov, der eine Publikation – wie schon bei einigen Teilen des Projekts zuvor – in seiner Zeitschrift *Russkij vestnik* bevorzugte, gestalteten sich schwierig, und die Veröffentlichung wurde einstweilen sistiert. Auch die Umarbeitungen nahmen eine andere als die intendierte Wendung. Anstatt zu kürzen, fügte der Graf neue Passagen hinzu, verdichtete und erweiterte, redigierte und revidierte derart, dass das Konvolut in den folgenden zwei Jahren auf beinahe den doppelten Umfang wuchs. Eine Ortsbegehung des Schlachtfelds von Borodino im Herbst 1867 lieferte zudem weiteres Anschauungsmaterial, das in die fünf späteren, noch zu Lebzeiten stark variierten Druckfassungen einfloss. Die Erstausgabe des nunmehr *Krieg und Frieden* betitelten Buchs erschien schließlich 1869 im Druck, jedoch nicht ohne von einer parallelen, von Lew Tolstoj selbst in Auftrag gegebenen Variante begleitet zu werden, die ihrerseits bereits maßgebliche Umstellungen und Veränderungen enthielt.

Die philologische Feinarbeit, die auf der Höhe einer historisch-kritischen Edition die verschiedenen Textschichten jener ebenso epochalen wie epischen Großmontage der Auseinandersetzung von Frankreich mit Rußland zwischen 1805 und 1812 transparent machen könnte, wie sich ein Klassiker bereits zu Lebzeiten selbst korrigiert, kann hier auf 8000 Zeichen nicht weiter verfolgt werden. Auch eine historisch-spekulative Kommentierung würde wohl eher 8000 Seiten als Zeichen beanspruchen. Stattdessen seien im folgenden Kontext der Zeichen / Ökonomie / Diagramme mit wenigen Strichen einige Möglichkeiten skizziert, wie das von Tolstoj selbst mit feinstem Kamelhaarpinsel gezeichnete Panorama seinerseits in einer Strichfassung erscheinen könnte.[1]

Wie stellt man eine Schlacht dar? Und wie lassen sich gar so gewaltige Projekt(il)e wie Napoleons Rußlandfeldzug von 1812 ins Bild setzen, sofern man weder auf Worte oder Zeichnungen von Augenzeugen[2] noch auf einschlägige Schlachtengemälde zurückgreifen möchte? Welche Form der Darstellung bietet sich an, wenn dieses megalomane Organisationsunterfangen ebenso wie sein Scheitern unmittelbar – und das heißt auf einen Blick – evident werden soll? Dieser Kunstgriff, die territorialen Bewegungen gleichermaßen wie die Dynamik der Verluste direkt, ohne Pathos, dafür umso suggestiver vor Augen zu führen, ohne dabei die Unübersichtlichkeit der Lage ganz zu übersehen, gelingt dem französischen Ingenieur Charles Joseph Minard im selben Jahr wie Tolstojs Erstveröffentlichung, 1869, mit einer, für die moderne Kartographie ebenso wie für die seinerzeit noch junge Tradition der Infographik einflußreichen Visualisierung der französischen Kampagne in Rußland (Abb. 1).

Was zeigt Minards Diagramm jenseits seiner ausdünnenden Menschenströme und eines Temperaturverlaufs, jenseits einer abstrahierten Geographie und einer politischen Großwetterlage? Der gerichtete, jedoch ohne Pfeile oder visuelle Vektoren eingezeichnete Fluss der Truppen über das Land, ihr ständiger Verlust, stellt auf ebenso minimalistische wie symbolische Weise ein abstraktes Narrativ dar, einen Erzählfluss – ohne Worte. Desweiteren zeigt das Diagramm eine Verteilung der Zeit über den Raum in zwei Richtungen, im matschbraun bis blutroten, mangels Gefechten aber kaum blutreichen Marsch gen Moskau zum einen, zum anderen den Weg der trauerschwarzen Rückkehr Richtung Frankreich, eingetragen auf derselben Achse mit zwei gegenläufigen Zeiten. Darin besteht die verborgene visuelle Pointe: Das Diagramm operiert nicht etwa mit einem kontinuierlichen Zeitfluss. Dieser ist vielmehr

Strichfassung'

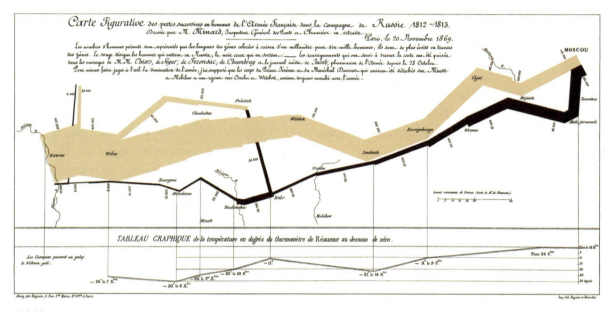

Abbildung 1: Truppen im Fluss

unstetig. Er macht Sprünge. Oder noch einmal anders gesagt: Die Richtung der Zeit verkehrt sich in Moskau. Hier wird der Zeitfluss umgelenkt. Eingefasst ist diese eigentümliche, geometrische, sich stets verschlankende Figur derweil von einem lang gedehnten Befehlsfluss, der die Grande Armée eher notdürftig zusammenhält. Die verschiedenen Arten der Verluste, sei es durch Desertion, sei es durch Krankheiten, sei es durch Gefechte, sei es durch das widrige Wetter, gehen aus dem Diagramm nicht hervor.

Streng genommen zeigt das Diagramm alles andere als konkrete Verläufe. Man könnte gar behaupten, es zeige überhaupt keinen Zeit*verlauf*, sondern lediglich zwei Zeitpunkte. Denn die Grande Armée erstreckt sich mit ihren 600'000 Personen (inkl. Nachhut), mit ihren tausenden von Fuhrwerken, Begleittrossen usw. selbst über riesige Wegstrecken. Ähnliches gilt für die Anzahl der Personen innerhalb der Armee: Eine ungefähre Personenzahl lässt sich nicht einem konkreten geographischen Ort zuordnen, weil die Armee selbst eine beträchtliche Wegstrecke und keinen fest umrissenen Punkt (mit kleiner Ausdehnung) einnimmt. Mit einem Wort: Napoleons Rußland-Feldzug 1812 ist ein riesiger, internationaler Verkehrsstau, dessen Versorgungsadern weit zurückreichen bis hinein nach Preußen. Als ein solcher Stau bleibt er aber buchstäblich nicht unangefochten, vielmehr weitet er sich über die Hauptlinien der Infrastruktur hinaus aus, wenn Armeeangehörige notorisch diffundieren in die umliegende Gegend. In diese nämlich müssen die Soldaten ausschwärmen, um sich in den Dörfern der Umgebung mit Nahrung zu versorgen. Insbesondere in einer ärmlichen und wenig besiedelten Landschaft wie den ausgedehnten Ebenen der Ukraine führt das zu Problemen. Kurzum, auch die angezeigten Wege und Richtungen im Diagramm stimmen allenfalls sporadisch mit den tatsächlich passierten Orten überein.

Edward Tufte zufolge gelingt Minard bereits 1869 mit seinem Diagramm nichts weniger als »the best statistical graphic ever drawn«.[3] Diesen im Angloamerikanischen gerne bemühten, wenngleich nicht weiter begründeten Superlativen bleibt jedoch mit Skepsis zu begegnen, fordern sie doch stets zum Widerspruch heraus, und zwar nicht nur mit Worten, sondern in diesem Fall ebenso mit Diagrammen, die zeigen, wie die beste Infographik in vielfältiger Weise zu verbessern wäre. So ließen sich etwa, neben einer Anpassung an den inzwischen global gängigen binären Farbcode

Strichfassung'

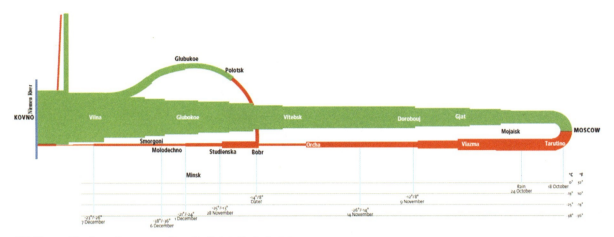

Abbildung 2: Flussbegradigungen und standardisierte Farbschemata

für Ampeln (*stop-and-go*), die erratischen, von topographischen Gegebenheiten vermeintlich bestimmten Neben- und Hauptbewegungsrichtungen der Flüsse unschwer begradigen (Abb. 2).[4]

Auch ließen sich die verfitzten Ereignisse und unübersichtlichen Aktionen der Kampagne ungleich überschaubarer in einem strukturierteren Schema darstellen, das Aufgaben, Handlungen und Prozessdauer klar voneinander scheidet, durch eine sauber getaktete Zeitleiste organisiert, um so die notwendigen, künftigen Kriegshandlungen inklusive Optimierungsmöglichkeiten auf einem Blick ins Bild zu setzen: »If only Napoleon had used Omniplan« (Abb. 3).[5] Ein drittes Beispiel, schließlich, zeigt den Lauf der Dinge in einer ökonomisch klaren Aufbereitung (Donut-Diagramm),

um so – jenseits von jeder Informationsüberfrachtung oder überflüssiger Dekoration – die Kernaussage bauhausartig entschlackt im sog. *executive summary*[6] auf das Wesentliche zu reduzieren (Abb. 4).

Ganz in diesem Sinne einer Beschränkung auf das Wesentliche folgt auch die Erzählökonomie von Tolstois Urfassung von *Krieg und Frieden* – zumindest auf der letzten Seite, wenn der Erzähler die zuvor noch episch dargestellten Konflikte plötzlich rasant rafft. Hätte Tolstoi den gesamten Roman doch nur so parataktisch durcherzählt wie in seinen beiden letzten Absätzen. Nachdem man sich im Salon der Anna Pawlowna Scherer anfangs zur Erörterung der Weltlage trifft, nachdem Pierre Besuchow vom Bastard zum Begehrten wird, nachdem er eine Ehe mit Hélène

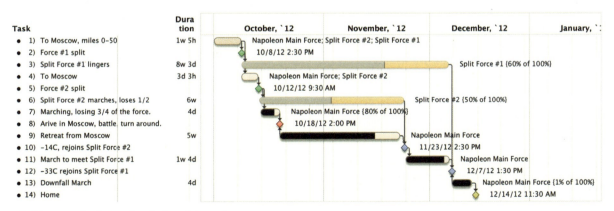

Abbildung 3: »If only Napoleon had used Omniplan«

Strichfassung[1]

Abbildung 4: Bilanz des Rußlandfeldzugs im Donut-Diagramm

Kuragina eingeht, nachdem diese Familie auf ihre Art unglücklich wird, nachdem Nikolaj Rostow die Liebe zu seiner Cousine Sonja aus finanziellen Gründen nicht institutionalisieren kann, nachdem Marja Bolkonskaja jahrelange Demütigungen durch ihren Vater erduldet hat, nachdem zuvor nicht klar wird, inwiefern die zarte Bande zwischen Pierre und Natascha sowie zwischen Nikolaj und Marja sich wird stabilisieren können, heißt es ebenso unvermittelt wie lakonisch 1172 Seiten später lediglich: »Beide Hochzeiten wurden am selben Tag in Otradnoe abgehalten, was wieder auflebte und zu neuer Blüte erwachte.«[7] Alle glücklichen Familien gleichen einander.

Es geht freilich noch kürzer, etwa, wenn die Kulturtechnik Lesen selbst entsprechenden Beschleunigungsmaßnahmen unterzogen wird. »I took a speed-reading course and read *War and Peace* in twenty minutes. It involves Russia.«[8] Eine so geübte Ökonomie der Zeichenpraktiken – mit ihren eher zweifelhaften Resultaten maximierter Wirtschaftlichkeit – bleibt schließlich nur durch ihr medientechnisches Apriori zu komplementieren: Derart im Telegrammstil akzelerierte Kulturtechniken lassen sich auch in einer einfacheren Verschlüsselung gründen als dem Alphabet, in der Auslassungspunkte und Striche wieder zu Bedeutungsträgern werden. So wäre die Geschichte, die beinahe *Ende gut, alles gut* geheißen hätte,[9] ungleich rascher erzählt gewesen. If only Tolstoj had used Morse code.

-.. . -- / --. .-. --- .-..- ...--. -. / .- --- .-.. .-.
. --. .-. --..-- / -- .-. ---- .-. / . .- -.. / ... .-. .- - -..
--..-- / -... . -- / .... . --- .-. .-. / -.. .- ./ --.. .
-. .... .-.. ... .-. .--. .- -.-. . -. / -.... .-.. . ...-.. / ...
.-.-.- / -... .. / .... .-.. . ..-- .-.. .-. ...- -.. - -. / --. - ..
.-.- .-. --- -- .-. .-.. .... , / --..-- -- / -.... ----- .-.- / --.
. -.... .-.- -.- . ---- - --. .-.-.

Markus Krajewski

ANMERKUNGEN

1 ›Strichfassung‹ impliziert nicht nur die theaterpraktische Bedeutung – vgl. Christine Damis: Autorentext und Inszenierungstext. Untersuchungen zu sprachlichen Transformationen bei Bearbeitungen von Theatertexten, in: *Beihefte zur Zeitschrift für romanische Philologie*, Bd. 303, Tübingen 2000, S. 21 –, sondern ebenso eine diagrammatische, mit Lineal gezogenen Strichen operierende Lesart wie es eine Rubrik ›Korrigierte Klassiker‹ nahelegt.

2 Vgl. dazu etwa Adam Zamoyski: *1812. Napoleons Feldzug in Russland,* München 2012, S. 302, 325, 505, 536, …

3 Edward R. Tufte: *The visual display of quantitative information*, Cheshire, Conn. 2001, S. 40.

4 Joel Katz: *Designing information. Perception, human factors, and common sense*, Hoboken, NJ., 2012, S. 22 f., 196.

5 Rowan: *If only Napoleon had used OmniPlan.* www.omnigroup.com/blog/author/xmas. 2007, o. S.

6 Jorge Camoes: *Minard, Tufte, Kosslyn and Godin (and Napoleon)*, excelcharts.com/minard-tufte-kosslyn-godin-napoleon/2008, o. S.

7 Leo Tolstoi: *Krieg und Frieden. Die Urfassung*, Aus dem Russ. von Dorothea Trottenberg, Darmstadt 1867/2003, S. 1182.

8 Woody Allen.

9 Thomas Grob: Die Unberechenbarkeit des Lebens – und des Romans. Krieg und Frieden in der Urfassung, in: Leo Tolstoi, *Krieg und Frieden. Die Urfassung*, Darmstadt 2003, S. 1207–1223, hier: S. 1211.

TOTAL INVOLVEMENT

John Cage erklärte 1967 in einem Lecture Recital am Cincinnati College of Music: »I think the value of our experience lies in the possibility of being totally involved.«[1] An diesem Abend stand sein *String Quartet in Four Parts* auf dem Programm, das vom LaSalle-Quartett gespielt wurde. In dem Streichquartett sind eigentümliche Klänge zu hören. Sämtliche Töne, die im Stück vorkommen, müssen auf eine je spezifische Art und Weise gespielt werden, die die Musiker einer Tabelle entnehmen können, die ihrer Stimme vorangestellt ist. So müssen die Töne etwa im Flageolett oder in schwierig auszuführenden Lagen gespielt werden, obwohl dieselben Tonhöhen sich in bequemer Lage auf anderen Saiten spielen ließen. Cage bat im Vortragskonzert Walter Levin, den ersten Geiger des LaSalle-Quartetts, den Doppelgriff *a* und *e* zunächst auf die übliche Art und Weise zu spielen – Levin strich die leeren Saiten – und danach so, wie sie im Stück erscheinen. Zu hören war nun ein Klang, der allenfalls entfernt an das gewöhnliche Geigenspiel erinnerte. Diese verfremdeten Töne setzt das Stück zu feststehenden Klangaggregaten zusammen. Es klingt, als spielte ein einziges Instrument eine, wie Cage sagte, »unbegleitete Melodie«. Die Idee sei gewesen, dass auf diese Weise bekannte Klänge wie die eines Streichquartetts wieder frisch erscheinen könnten. Die Abwesenheit des Vertrauten, so erklärte Cage im Lecture Recital, hält den Kopf frei für den gegenwärtigen Augenblick. Wenn die Hörer hingegen damit beschäftigt sind, dem Kommenden vorzugreifen, wird die Konzentration auf die Gegenwart erschwert.

Im Rückblick erschienen Cage die Spielanforderungen, die hieraus erwachsen, jedoch problematisch. Voraussetzung für das Entstehen der Klangaggregate ist nämlich, dass die vier Streicher exakt synchron spielen. Andernfalls zerfallen die Aggregate in einzelne Stimmen. Das erfordert ein akkurates synchrones Spiel, das sich nur dann verwirklichen lässt, wenn die Musiker – vermittelt über den Rhythmus – die Töne ihrer Mitspieler antizipieren. Von dieser Forderung distanzierte Cage sich nun: »The question arises whether I am totally involved in this string quartet, which I wrote in '49-'50. Of course I am not, I approach it from a distance of almost 20 years. [...] I find myself separate, so to speak, – politically – from the way this piece works and what it does to people involved in it. [...] Now that's a very serious objection. And I noticed when I was at the rehearsal, yesterday, that because of these aggregates of sound to be produced require three people operating – almost mechanically – together, it means that if – if one of those sounds has the value, say, of a quarter note, that all three people, [...] producing this single sound, must aim to have the same notion of what a quarter not is. And if they don't, it seems that the workmanship is not up to snuff, so to speak. This makes slaves of all those people in relation to this thing they are doing. [...] Well, you might gather from all this that I don't like the piece, but I do [Cage und das Publikum lachen].«

Das synchrone Spiel setzt eine Antizipation der nachfolgenden Töne voraus. Angesichts des simplen Rhythmus der Stücke ist aber auch für den Zuhörer leicht nachzuvollziehen, ob synchron gespielt wird, und das lädt nachgerade zu einem polizeilichen Hören ein, das die rhythmisch korrekte Ausführung mitverfolgt, anstatt auf die ungewohnten Klänge zu achten. Cage wurde im Nachhinein klar, dass man sein Streichquartett anhören könnte, als müssten die Musiker die ihnen zugeworfenen Töne im Takt auffangen.

Die Verfremdungseffekte des Klangs lassen sich auch in einer erneuten Aufführung nicht beliebig reaktivieren. Die Konzentration auf den gegebenen Augenblick und die historische Situation der Aufführung verweisen auf zwei unterschiedliche Zeitebenen, die in der Wiederaufführung auseinanderdrifteten. Das Stück hatte die Musiker des New Musik Quartet, die 1950 die Uraufführung des *String Quartet in Four Parts* spielten, aus ihren Spielroutinen zu locken vermocht und ihre

Aufmerksamkeit auf den Moment gesteigert. Siebzehn Jahre später und mit den Musikern des LaSalle-Quartetts demonstrierte dasselbe Verfahren, das einst einen neuen Klang erzeugt hatte, wie sehr das Stück jenen Zwängen verhaftet ist, die Spiel und Befehl in der traditionellen Notation aneinander koppeln. Die Befehle, die von ihr ausgehen – tue dies! – imprägnieren sie scheinbar gegen die Konkretion in der Aufführung. Die Musik des 18. und 19. Jahrhunderts hatte mit Hilfe dieser Notation Wiederaufführungen ermöglicht und nicht zuletzt dadurch die Stimmen auf Stellplätze reduziert. Die Wiederaufführung eines Stücks verlangte, vermittelt über den Befehlscharakter der Notation, dass die historischen Situationen, und nicht nur die Musiker, austauschbar sind.

Cage zog aus dem Unbehagen mit der Koppelung von Spiel und Befehl später eine radikale Konsequenz. Er entwickelte eine Notationsweise, die den Befehlscharakter der Note unterläuft. Die sogenannte *bracket notation* legt für Beginn und Ende der Spielhandlungen lediglich einen Zeitraum fest. Die zeitliche Relation der Stimmen zueinander bleibt so unterbestimmt. Anstatt die Töne oder Geräusche in eine Synchronizität einzutakten, umgibt diese Notation sie mit einem Freiraum. Cage verwendete diese Notation in den *Number pieces*. Mit Hilfe von Zufallsoperationen, die er manuell oder mit Hilfe von Computerprogrammen durchführte, legte er in den einzelnen Stücken fest, ob im Stück Klang oder Stille überwiegen. Die generischen Titel der Stücke verweisen auf die Anzahl der Spieler und die laufende Nummer in Cages Werk für diese Spielerzahl. Das Stück *Four*[1] (1989) beispielsweise ist für ein Streichquartett geschrieben. Die Spieler wählen aus drei Abschnitten mit jeweils zehn Zeitklammern für sich eine Abfolge und führen sie auf ihre eigene Weise aus. Lediglich die vorletzte Zeitklammer ist jeweils festgesetzt und verleiht so dem Spiel eine Orientierung. Das gesamte Quartett einigt sich darüber hinaus auf die Dauer, die durch Austauschen und Wiederholen der Stimmen zehn-, zwanzig- oder dreißigminütigen Fassungen ergeben kann. Stets wird eine von leisen Tönen unterbrochene Stille entstehen.

Die *bracket notation* stellt aus, dass musikalische Notation ohne die Entscheidungen der Musiker unvollständig bleibt. Vielleicht hätte das Streichquartett einer solchen Taktik gar nicht bedurft. Dass diese musikalische Gattung die größtmögliche Selbständigkeit von vier Stimmen erreicht hat, ist ein Topos. Jedoch hatte Cage in seinen Streichquartetten auf das satztechnische Konzept der Stimme als selbständiger Äußerungsinstanz nicht zurückgegriffen. Denn der Paradoxie ist nicht zu entkommen: Man kann den Platz, an den man gestellt wird, nur verlassen, wenn man ihn zunächst einnimmt. Cage hatte jegliche Unterwerfung in seiner Musik schon längst vor dem *String Quartet in Four Parts* abgeschafft. Die *Number Pieces* wiesen jetzt einen Weg, wie selbständige Stimmen in seiner Musik möglich sind. Das erste Stück, *One*[1] (1987), ist einem Freund zum sechzigsten Geburtstag gewidmet.

Julia Kursell

ANMERKUNGEN

[1] Alle Zitate aus dem Vortrag verweisen auf die beigelegte Aufnahme zu Robert Spruytenburg: *Das LaSalle-Quartett. Gespräche mit Walter Levin*, München 2011, Track 19.

WELTPOST ODER ~~FARBEBOGEN~~

Hanns Zischler

GESCHICHTE UND WISSENSCHAFTLICHE IDEEN

FORT-DA

Außer der Bedeutung, die ihm bei Freud zukommt, spielt der Begriff des Gegensatzes auch in der Untersuchung kognitiver Prozesse, die in der zeitgenössischen Psychologie unternommen wurde, eine wichtige Rolle. So stellt für Henri Wallon das »Denken in Paaren« den anfänglichen Modus jener Intelligenz dar, über die das Kind während der »prä-kategorialen« Phase verfügt. Diese Phase reicht im Allgemeinen von sechs bis neun Jahren, wobei der fragliche Modus sich vom zweiten Lebensjahr an auszubilden beginnt.

In dieser Phase bestehen die Produkte des Denkens aus Vorstellungspaaren, die auf unterschiedliche Weise miteinander verkoppelt sind. Der rudimentärste Typ ist die einfache Feststellung einer Identität, die Tautologie, während die anderen den Verhältnissen der Analogie, der Äquivalenz oder der Ersetzung, der Zugehörigkeit, der Verträglichkeit oder der Unverträglichkeit, des Kontrasts, der Nachbarschaft oder des Zusammenwirkens entsprechen. Auch die Dynamik der Sprache spielt in das Aufkommen dieser binären Strukturen hinein. Manche bilden sich dem phonetischen Gleichklang entsprechend, andere resultieren aus unwillkürlichen Ausdrucksweisen und stereotypen Bedeutungen.

Die Paare verfestigen sich als Assoziationen, die von archaischer Starrheit sind. Damit ist ein sprachliches Grundwissen gegeben. Für den späteren Gebrauch der reflektierten Intelligenz wird dieses Grundwissen aber eine Art Ballast darstellen – selbst wenn die Sprache zunächst, in der fortlaufenden Herausbildung des kindlichen Denkens, einen Faktor der Festigung *und* des Voranschreitens darstellt.

Das Einfache kann qualitativ nur über einen Gegensatz erkannt werden. Jeder denkbare Ausdruck erfordert einen entgegengesetzten (oder zumindest komplementären) Ausdruck, im Verhältnis zu dem er sich differenziert. So betrachtet ist das gegensätzliche Paar das »Anfangsmolekül« des Denkens. Es ist eine Zweiheit, die indessen noch in der Einheit liegt, in einer lockeren und umfassenden Form, die von Anfang an als eine Klammer der Erkenntnis funktioniert.

Das Verhältnis zwischen den Teilen des Paars ist kein starres. Es ist dynamisch und beruht auf einer inneren Spannung. Die beiden Teile, die von einer Ambivalenz des Kontrastes und des Identischen erfasst sind, treffen in ihm zwar aufeinander, verbleiben gleichzeitig jedoch in einer Art von Unterschiedslosigkeit. Nach Wallon beinhaltet das Paar Identifizierung und Differenzierung. Das Identische wird verdoppelt, während sich das Unterschiedliche auf eine Einheit zurückgeführt sieht. Dem Paar liegt ein intellektueller Akt zugrunde, der sich über Angleichung ebenso gut wie über Entgegensetzung vollzieht. Es ist durch ein Zusammenwachsen des Einen mit dem Vielen gekennzeichnet.

Das Schwanken zwischen den beiden Polen eines Gegensatzes vollzieht sich in einer doppelsinnigen, anziehenden *und* abstoßenden Bewegung. Trotz der inneren Dynamik, die sich zwischen den Polen einstellt, funktioniert das Paar zu Anfang wie eine in sich geschlossene semantische Monade. Dann geraten die Paare immer stärker in Interaktion untereinander, wobei sie Ketten ausbilden, in denen es ihnen zunächst aber weder gelingt, sich zu verschmelzen, noch sich auf bestimmte Weise entgegenzusetzen. Diese Ketten stellen aber die erste Ausprägung des Schlussfolgerns und der Ableitung dar.

Die Verschmelzung der verstreuten Komponenten führt häufig zu Irrtümern, Unstimmigkeiten und außergewöhnlichen Ergebnissen, die das Denken in Konflikt mit der unmittelbaren Erfahrung des Realen bringen. Damit wird das Paar, obwohl es ein Verhältnis ausdrückt, zum Hindernis für ein relationales Denken, das aber dennoch aus ihm hervorgehen wird.

Nach und nach begünstigt die Interaktion der Paare das Aufbrechen ihrer binären Struktur. Die beiden Pole lockern sich, um Platz zu machen für die Einführung eines dritten, vermittelnden Ausdrucks. Daraus folgt eine erste Verhältnisformel, die eine gerichtete Struktur annimmt und die – von Wallon als »Reihe« eingestuft – zur operationellen Struktur der Reihung passt, wie sie Piaget in logisch-mathematischer Perspektive beschreibt.

Neben dem Denken in Paaren beschreibt Wallon noch andere Formationen binären Typs, so zum Beispiel – im Alter von sechs bis zwölf Monaten – verschiedene Beziehungsformen zwischen Kleinkindern: Zurschaustellung/Versunkenheit, Rivalität, Herrschsucht/Unterwürfigkeit. Im Alter von neun Monaten trägt auch die Eifersucht und – gegen 14 Monate – die Sympathie zu einer fortscheitenden Differenzierung des Paars von *ego* und *alter ego* bei.

In der Zeit, in der das Denken in Gegensatzpaaren beginnt, tauchen zudem die dialogischen Monologe auf, in denen das Kind mit sich selbst in zwei Stimmen spricht, sowie die Wechselspiele, in denen zwischen zwei Partnern ein Rollentausch vollzogen wird, der den aktiven und passiven Polen der Situation entspricht. Diese Spiele tauchen ein bisschen später auf und zeigen eine etwas komplexere Struktur als das bekannte Fort-Da-Spiel, zu dem sie nichtsdestotrotz eine offensichtliche Verwandtschaft haben.

Wie Piaget hat auch Wallon das Aufkommen der Symbolfunktion von zwei Jahren an als einen Prozess der Teilung und Distanzierung von Signifikant und Signifikat beschrieben, deren Verhältnis bis zu dieser Ebene undifferenziert geblieben war. Außerdem ist dieser Prozess hauptsächlich durch die zunächst unmittelbare und dann aufgeschobene Nachahmung des menschlichen Partners bestimmt, die dem Kind zwei in sich koordinierte Modelle liefert: auf der lautlichen Ebene das des Signifikanten und auf der gestischen das des Signifikats.

Im Übrigen scheint der von Wallon für das Alter zwischen zwei und drei Jahren beschriebene Prozess einer fortschreitenden Zweiteilung zwischen dem Ich und dem anderen tatsächlich die natürliche Folge, wenn nicht sogar die Grundlage der *grundsätzlichen Entmischung* zu sein, aus der die Differenzierung von Signifikant und Signifikat hervorgeht. Die Beschreibung, die Freud und Lacan vom Fort-Da-Spiel gegeben haben, in dem dieses als Herstellung eines ersten Signifikantenpaars im Verhältnis zur doppelten Modalität der Abwesenheit und Anwesenheit des anderen erscheint, stützt diese Beobachtung auf vollkommen überzeugende Weise: »Jenes Spiel, welches das Kind betreibt, wenn es Gegenstände – deren Eigenart übrigens gleichgültig ist – aus seiner Sicht verbannt, um sie wieder hervorzuholen und anschließend erneut zum Verschwinden zu bringen, währenddessen es jene distinktive Silbenfolge moduliert – dieses Spiel, sagen wir, manifestiert in seinen radikalen Zügen die Determinierung, die das Menschentier von der symbolischen Ordnung empfängt.«[1]

Henning Schmidgen

ANMERKUNGEN

[1] Jacques Lacan: Das Seminar über E. A. Poes »Der entwendete Brief«, übers. von Rodolphe Gasché, in: ders., *Schriften I*, hrsg. von Norbert Haas, Frankfurt am Main 1975, S. S. 7–60, hier S. 46.

GEBAUTE GEONAUTIK?

Vor etwa hundert Jahren, 1919/20, hat Wladimir Tatlin im Auftrag des sowjetischen Volkskommissariats für Bildungswesen sein berühmtes Turmprojekt entwickelt. Ein hauptsächlich aus Holz, Papier und Draht angefertigtes, etwa fünf Meter hohes Modell wurde im November 1920 in Sankt Petersburg (damals Petrograd), im darauffolgenden Monat in Moskau präsentiert, als dort der VIII. gesamtrussische Sowjetkongress tagte. Etwa gleichzeitig erschien eine Broschüre mit einer Erläuterung und Deutung des Kritikers Nikolai Nikolajewitsch Punin.[1] Diese Publikation enthält zwei Entwurfszeichnungen Tatlins, wovon eine hier reproduziert ist.

Der Broschüre zufolge war eine Stahlkonstruktion geplant, die 400 Meter in den Himmel ragen sollte. Sein unverkennbares Vorbild, den Eiffelturm, sollte das Werk also an Höhe deutlich übertreffen. Im Inneren des Metallgerüsts waren drei oder vier Baukörper aus Glas vorgesehen, in denen verschiedene Organe einer zukünftigen kommunistischen Weltregierung

Abb. 1: Wladimir J. Tatlin: Entwurf des *Denkmals für die III. Internationale*, Zinkographie, 1920, aus Н. Пунин, *Памятник III Интернацнонала* (Petrograd: Издание Отдела Изобразительных Искусств Н.К.П., 1920).

tätig sein würden: unten ein Würfel oder Zylinder für die Legislative, in der Mitte ein Tetraeder für die Exekutive, oben ein Zylinder und eine ihm gegenüber ›verrutschte‹ Hemisphäre als Nachrichtenzentrum. Ihrer jeweiligen Funktionsbestimmung entsprechend sollten diese gläsernen Körper mit unterschiedlicher Geschwindigkeit rotieren: der Gesetzgebungskörper im Jahresrhythmus, der Exekutivkörper monatlich, der nervösere Medienkörper täglich. Die durch die Revolution ermöglichte Weltregierung würde, so wohl der Gedanke, im Einklang mit kosmischen Rhythmen weiter revolvieren.

In konstruktiver Hinsicht ist anzunehmen, dass die Glaskörper im Stahlgerüst hängen sollten wie Gewichte an einem Kran. Der Entwurf läßt erkennen, dass sie voneinander und vom Boden abgehoben und dadurch frei beweglich sein sollten. Außerdem ist im Gerüst ein kranartiges Element auszumachen – in Form eines großen schrägen Trägers, der wesentlich für die gewagte Schräglage des Entwurfs verantwortlich ist. Tatlin scheint jedoch kein Interesse gehabt zu haben, die zwischen Gerüst und Innenleben bestehende statische Beziehung des Haltens bzw. Hängens deutlich zum Ausdruck zu bringen. Die Glaskörper scheinen eben *nicht* zu hängen, sondern auf unerklärliche Weise zu schweben. Umso auffälliger ist das Bestreben des Entwerfers, ihre Bewegung in der Form des Gerüsts aufzunehmen und auf eine bestimmte Dimension des Raums hin auszurichten: die Dimension der Höhe. Die Rotation der Glaskörper findet großen Widerhall im Motiv der scheinbar aus der Erde herauskommenden, sich nach oben hin konisch verjüngenden Doppelhelix, in der sich die Drehung mit einer Aufwärtsbewegung verbindet. Letztere kommt auf andere Weise noch einmal in der Gestaltung des schrägen Trägers zum Ausdruck, der so aussieht wie eine steile Treppe oder (Himmels-)Leiter.

Offenbar sollte der Turm innen wie außen dynamisch sein oder Dynamik zum Ausdruck bringen – im bewußten Gegensatz zu traditionellen Vorstellungen davon, was ein Denkmal oder allgemeiner: ein terrestrisches Bauwerk ausmacht. Er sollte nicht einfach nur dastehen, sondern sich bewegen; nicht nur hoch aufragen, sondern dem Anschein nach Höhe gewinnen und sich nach oben entwickeln. Auch die Schräge, die am stärksten durch den Träger zur Geltung gebracht wird, sich aber schließlich der gesamten Konstruktion mitteilt, ist als ein zur Dynamisierung der Form beitragender Kunstgriff zu verstehen.

Ob es für diese Schräge noch eine andere Erklärung gibt? Der zylindrisch geformte Bauteil ganz oben, der den Turm weniger abschließt als dass er ihn schräg ›emporblicken‹ läßt, ähnelt einem astronomischen Teleskop. Diese Assoziation ist wohl mit dafür verantwortlich, dass sich in der Fachliteratur die These durchgesetzt hat, der Turm habe den Polarstern anpeilen sollen. Der Gedanke ist reizvoll. Man stelle sich ein auf der Nordhalbkugel des Planeten aufragendes Riesengebäude vor, das sich aus der Erde herausschraubt und dabei jenen unbewegten Scheitelpunkt des Himmels ins Visier nimmt, um den alle übrigen Fixsterne zu rotieren scheinen. Ein schwindelerregender Orientierungswechsel könnte die Folge sein. Denn wozu sollte eine Peilung, die von einer erdentsprungenen, von unten gesehen rechtsdrehenden, vierhundert Meter hohen Stahlschraube vollzogen wird – wozu sollte eine solche Peilung dienen, wenn nicht dazu, sich *so* am Fixsternhimmel zu orientieren, dass der Bewegungseindruck fühlbar vom Himmel auf die Erde übergeht? Der projektierte Turm, Sitz einer zukünftigen Weltregierung, hätte es, anders gesagt, ermöglicht, die Erde als gewaltigen Kreisel zu erfahren – nicht wie in einem Kosmosmodell aus einer unbeteiligten Außenperspektive, sondern vom Standpunkt der Kreiselbewohner.

Dieser Gedanke wurde 1983 von John Milner wenn nicht im Einzelnen ausbuchstabiert, so doch wenigstens nahegelegt.[2] Unterstützung findet er bei Versen eines Gedichts, das der mit Tatlin befreundete Dichter Velimir Chlebnikov auf dem siebten Blatt seiner *Tafeln des Schicksals* notiert hat: »Wir ziehen die grundsätzlichsten Gesetze / Mit den Stricken des Lichtbaus, vereinen / Das Deck der Erdkugel und die Achse des Nordsterns«, schrieb Chlebnikov 1921/22.[3] Mit der Rede vom »Deck der Erdkugel« vollzog er offenbar einen radikalen

Orientierungswechsel, bei dem man vom Navigieren *auf* dem Globus, wozu das Anpeilen des Polarsterns (verbunden mit der Messung seiner Winkelhöhe über dem Nordpunkt der jeweiligen Kimm) doch lange Zeit gedient hat,[4] zur Vorstellung eines Navigierens *mit* dem Globus übergeht. Chlebnikov scheint mit seinen Worten etwas Ähnliches, wenn nicht dasselbe zu tun wie Tatlin mit seinem – unrealisiert gebliebenen – Turmprojekt: Beide scheinen es darauf abgesehen zu haben, die Erde in eine Art Schiff, die Erdlinge in dessen Besatzung zu verwandeln. Es ist, als ob sie, jeder auf seine Weise, eine neue Epoche einläuten wollten: die *geonautische*.[5]

Wolfram Pichler

ANMERKUNGEN

[1] Н. Пунин: *Памятник III Интернацнонала* (Petrograd: Издание Отдела Изобразительных Искусств Н.К.П.) 1920; dt. Nikolai Nikolajewitsch Punin: Das Denkmal der III. Internationale (Ein Projekt des Künstlers W. J. Tatlin), in: *Tatlin*, hrsg. von Larissa Alexejewna Schadowa, Weingarten 1987, S. 411–414.

[2] John Milner: *Vladimir Tatlin and The Russian Avant-Garde*, New Haven / London 1983, S. 169 und 179 (Legende zu Abb. S. 176).

[3] Andrea Hacker: *Velimir Khlebnikov's Doski sud'by: Text. Discourse. Vision*, Los Angeles 2002, S. 26; ich zitiere nach der dt. Übersetzung bei Sylvia Sasse und Sandro Zanetti: Statt der Sterne. Literarische Gestirne bei Mallarmé und Chlebnikov, in: Maximilian Bergengruen, Davide Giurato, Sandro Zanetti (Hg.), *Gestirn und Literatur im 20. Jahrhundert*, Frankfurt am Main 2006, S. 103–119, hier S. 112.

[4] E[va] G[ermaine] R[imington] Taylor: *The haven-finding art. A history of navigation from Odysseus to Captain Cook*, London 1971, passim.

[5] Schade nur, dass der Gedanke im Fall Tatlins wieder aufgegeben werden muss. Das Außenprofil des schrägen Trägers bildet mit dem Boden einen Winkel von 60°. Das kommt der geographischen Breite von Sankt Petersburg (59°), einem möglichen Aufstellungsort des Turms, zwar nahe. Aber müsste man sich bei der Messung nicht eher an die Mittelachse des fernrohrartigen Zylinders halten? Diese liegt jedoch zwischen 65 und 70°, weicht also eklatant von der Petersburger Breite ab. Gegen die These spricht außerdem, dass davon in der Broschüre von 1920 nichts zu lesen ist. Denn auch wenn Nikolai Punins Deutung nicht immer zu überzeugen vermag, so besteht doch kein Zweifel daran, dass er über die Details von Tatlins Projekt bestens informiert war. Gesetzt, Tatlin hätte die Polarsternpeilung intendiert: Weshalb hätte Punin dies verschweigen sollen?

GEDANKENLESEMASCHINE

Auch wenn die Geschichte des Baukastens noch nicht geschrieben ist, sie fiele wohl möglich zusammen mit einer Archäologie von Serialitäten und Modularitäten, die das 20. Jahrhundert sich vorbehielt. In dem Jahrhundert davor scheiterten die großen Denker analoger und diskreter Rechenmaschinen, Lord Kelvin und Charles Babbage, vor allem noch an der Handhabe dienstbarer Teile. Doch es hatte kaum eine Generation gebraucht und mit dem Griff in einen kindergerechten Baukasten konnte Douglas Hartree vor dem erlauchtem Kreis der Royal Society demonstrieren, wie analoge Rechenmaschinen mit überraschender Genauigkeit zum Laufen zu bringen sind.[1] Somit konnte Betty Shannon, die ihrem frisch angetrauten Mann Claude den vielteiligsten Baukasten, der für Geld zu haben war, zum Geschenk machte, über alle Zweifel an der Höhe und Art der Investition erhaben sein: »it was fifty bucks and everyone thought I was insane!«[2]

Seit Claude Elwood Shannons bahnbrechender Magisterarbeit von 1938 bedürfen projektierte Schaltungen ihrer materiellen Basis nicht mehr, oder besser: zuerst einmal nicht.[3] In der Zeit davor blieb nur, an den Schaltungen selber zu manipulieren und d. h. *try and error*. Erst Shannons Symbolisierung von Schaltzuständen mittels Boolescher Algebra räumt ein, dass Schaltungen auf dem Papier entworfen werden können. Damit ging einher, dass komplexe Schaltungen in einfachere überführt werden, und letztlich dann einfachere Schaltungen komplexere zu entwickeln vermögen.

Shannons Kommunikationstheorie schaffte dann noch ein Maß für Information anzugeben, wenn der Quelle, dem Kanal und der Nachrichtensenke ein Kontingenzrahmen zugebilligt ist. Seitdem muss mit Information auch noch gerechnet werden, wenn Schaltungen ausfallen oder Kanäle gestört sind. Dass dieses Dispositiv aus dem Zweiten Weltkrieg hervorging, liegt auf der Hand.

Lacan-Leser werden von all dem längst wissen, selbstredend ohne dass sie es wissen, schreibt doch Jacques Lacan anstelle von Claude Shannon einfach von seiner Institution: »Für die Bell Telephone Company ging's darum, zu sparen, das heißt die größtmögliche Anzahl von Kommunikationen über einen einzigen Draht laufen zu lassen.«[4] Wenn Shannon zuweilen die endlosen Flure seiner Arbeitsstätte in den Bell Labs für Spazierfahrten auf einem Einrad nutzte und gleichzeitig noch Bälle jonglierte, dann machte ihm das wohl auch deshalb niemand zum Vorwurf, weil er sich Arbeit für Zuhause aufhob. Die Maschinen, die der Garage des Theoretikers entsprangen, wurden zuweilen zum Gegenstand von Fachkongressen – in die Archive seines Arbeitgebers fanden sie aber nicht.

Im Folgenden soll eine Maschine Shannons vorgestellt werden, eine Voraussagemaschine, mit einem Speicher für das Gedächtnis seiner Gegner. Ein Kollege Shannons, Dave Hagelbarger, der mit Shannnon die Passion für zukunftsweisende Basteleien teilte, hatte eine Maschine gebaut, deren Fähigkeit zur Prophezeigungen ihrem Name zunächst alle Ehre antat. Denn SEER (SEquence Extrapolating Robot) gewann in den Bell Labs bei dem Spiel Grad / Ungrad von annähernd 10'000 Partien gegen menschliche Gegner weitaus häufiger, als einem Zufall zuzurechnen wahrscheinlich ist.

Um das Spiel unter medientechnischen Bedingungen zu rekonstruieren, wird Jacques Lacan schreiben: »Ein kleiner Text kommt uns zu Hilfe, von Edgar Poe, auf den, wie ich festgestellt habe, die Kybernetiker große Stücke halten.«[5] Hagelbarger und Shannon, die auf Edgar Allan Poes Geschichte vom entwendeten Brief schon im ersten Absatz ihrer Beschreibungen der Grad oder Ungrad spielenden Maschinen verweisen, empfehlen sich somit als die Kybernetiker, von denen Lacan spricht.

Hagelbargers Maschine war eingerichtet, die Wahl zweier möglicher Alternativen eines Gegners zu antizipieren. Als sie ihre Siegesgewissheit unter Leuten in den Bell Labs gezeigt hatte, setzte Shannon ihr eine Maschine entgegen: a Mind Reading Machine. Shannon räumte dieser Maschine bei modifizierter

Strategie nur ungefähr halb soviele Relais als Speicher ein, wie sie in SEER zu finden waren. Beide Maschinen wurden verkoppelt, wobei die Ausgabe einer der beiden Maschinen noch invertiert werden musste, um die Asymmetrie beider Zielsetzungen wieder herzustellen. Das Ergebnis war, dass Shannons Maschine noch ein wenig deutlicher gegen SEER gewann, als diese gegen ihre menschlichen Opponenten.

Die Strategie beider Maschinen ist prinzipiell dieselbe. Zunächst wird eine Spielsituation im Speicher erfasst. Beispielsweise vermerken die Speicherzustände, dass ein Spieler sich für die gleiche Wahl wie im vorangegangenen Zug entscheidet, verliert und daraufhin erneut die gleiche Wahl macht. Oder aber: ein Spieler setzt auf die hinsichtlich des letzten Zugs komplementäre Option, gewinnt und bleibt bei der zuletzt gespielten Wahl. Hochgerechnet sind acht solcher Spielsituationen denkbar, die demnach mit drei Relais respektive 3-Bit zu erfassen sind. Die Maschine speichert alles nur nicht das Datum, das das Ergebnis symbolisiert. Sie speichert nur Differenzen und ihre Wiederholungen, also ob Züge alterniert wurden, ob aufgrund der Alternation oder Stringenz gewonnen wurde oder nicht.

Spätestens seit Lacan steht der Satz, dass das Spiel »in der Aktualität gründet, die in ihrer Gegenwart das zweite Futur hat.«[6] Ihr notwendiges und konjunktivisches Plusquamperfekt gründet die Maschine indes auf Kontingenzen. Es ist nachvollziehbar, dass drei Züge infolge nötig sind, damit überhaupt eine der acht möglichen Spielsituationen zustande kommt. Erst wenn dieselbe Situation zweimal eingetroffen ist, wird die Mind Reading Machine bei der dritten Wiederholung der Spielsituation eine Strategie in Anschlag bringen, die nicht dem Zufall geschuldet ist. Entscheidet der Spieler nun anders, löscht die Maschine ihren Speicher für die Geschichte des Spielverlaufs und setzt einen Zähler wieder auf Eins – bei Umkehrung des Vorzeichens. Solange dieser Zähler nicht bis zu einer Zwei mit positiven oder negativen Vorzeichen vorgerückt ist, spielt die Mind Reading Machine rein zufällig, was keinem Menschen gestattet ist. Dem Spieler ist aber sehr wohl gestattet, der Maschine zu ihrem Zufall zu verhelfen. Denn jedesmal, wenn er einen Zug macht, wird an einem Zufallselement ein momentaner Wert abgenommen, der alle 1/10 Sekunde alterniert.

Der Unterschied zu Hagelbargers Maschine nun ist, dass diese schon bei einer ersten Wiederholung der Wahl des Gegenspielers nach besagten Spielsituationen mit höherer Wahrscheinlichkeit diese Wahl übernimmt. Auch minimiert sie sukzessive den Zähler, so dass ein einmaliges Alternieren des Spielers nach besagten Spielsituationen weniger ins Gewicht fällt. Koppelt man nun die beiden Maschinen, wird Hagelbargers SEER mit einer größeren Trägheit an den durch Zufall ins Spiel gekommenen Mustern der Mind Reading Machine festhalten. Ihre Reaktion auf diese zufälligen Muster erzeugen wiederum Redundanzen. Die Redundanzen sind ein gefundenes Fressen für die Mind Reading Machine, die einer Eskalation der Rückkopplung nur durch ihre radikale Speicherlöschung entgeht und sie überlegen macht.

Die Maschinen, die anfänglich nur zufällige Sequenzen produzieren können, beginnen durch das Rauschen mehr und mehr ihre Konfigurationen zu artikulieren. Vorausgesetzt ist, dass die Strategien, die Sequenzen aus dem Bit-Strom bilden und in Ketten einer symbolischen Ordnung bringen, in den Maschinen unterschiedliche sind. Um es anders und mit den Worten von Lacan zu sagen: »Von Anfang an und unabhängig von jeder Verknüpfung mit irgendeinem Band als real unterstellter Kausalität spielt das Symbol bereits und erzeugt durch sich selbst seine Notwendigkeiten, seine Strukturen, seine Organisationen.«[7]

Hagelbarger erklärte den Anstoß für den Entwurf seiner Maschine damit, dass mit der Antizipation von Sequenzen ein Musikkompositionsautomat denkbar wurde. So schön wie sich SEER von dieser Anwendung auch ableiten mag, so sehr steht dem eine Vorgeschichte entgegen.

John von Neumann schrieb 1927 eine Theorie der Gesellschaftsspiele,[8] also in dem Jahr, das der amerikanischen Gesellschaft den ersten schwarzen Freitag vor der Weltwirtschaftskrise bescherte. Das erste Szenario, dass von Neumann in dieser Schrift entwirft, scheint noch eine Verbeugung vor Simon Stevin zu sein, an dessen doppelter Buchführung die Neuzeit ihre ebenso neue Ökonomie ablas. Derartige Spiele fasste von Neumann als Zwei-Personen-Nullsummenspiel zusammen: Genau der Betrag den der eine gewinnt, verliert der andere. Keine Inflation, keine Steuern, keine Courtagen, keine Schutzgelder, keine Absprachen. Die Checksumme Gewinn und Verlust liefert definitionsgemäß eine Null ohne einen Wert auf der noch so abgerücktesten Nachkommastelle. Während von Neumann als zweites Beispiel eines Zwei-Personen-Null-Summenspiels das Spiel Stein/Papier/Schere in die zu initiierenden Notationen schreibt, bleibt das erste Beispiel ohne Anschauung. Wollte man dieses Beispiel aber als Spiel begreifen, dann wäre es Grad oder Ungrad. Die Schrift, die als Inauguration der Spieltheorie gesehen wird, spielt also mit Grad oder Ungrad auf.

Erst später in dem monumentaleren Werk *Theory of Games and Economic Behavior* liefert von Neumann den elementarsten Fall eines Spiels nach: »Eine offensichtliche Beschreibung dieses Spiels ist die Feststellung, daß niemand etwas tut und nichts geschieht.«[9] Spätestens da ist alles Spieltheorie – entledigt sind seine Subjekte und alle Materialität, die nicht die Notation trägt.

»Wenn ich ihn [den Gegenspieler] als mit mir selbst identisch unterstelle, dann unterstelle ich zugleich, daß er fähig ist, von mir zu denken, was ich dabei bin, von ihm zu denken, und zu denken, daß ich denken werde, daß er das Gegenteil dessen tun wird, von dem er denkt, daß ich dabei bin, es zu denken.«[10] Doch Lacan bleibt nicht beim Gegenspieler stehen, sondern weiß von einer Maschine: »Man hat, scheint's, eine Maschine konstruiert, die das Grad-oder-Ungrad-Spiel spielt. Ich stehe für nichts ein, denn ich habe sie nicht gesehen, aber ich verspreche Ihnen, daß ich, eh' diese Seminare vorbei sein werden, hingehen werde, um sie zu sehen – unser guter Freund Riguet hat mir gesagt, daß er mich mit ihr konfrontieren will.«[11] Lacan wird niemals von einem Rendezvous mit der Maschine berichten, genauso wenig wie über die Quellen seiner Kenntnis. Er fährt einfach fort, eine Maschine hypothetisch anzunehmen, um sie dann zu analysieren: »Aber für den Augenblick spiele ich nicht Grad-oder-Ungrad, sondern ich spiele, um das Spiel der Maschine zu erraten.«[12]

Cryptanalyst nannte Shannon den einen Part eines Zwei-Personen-Nullsummenspiels, *Cipher Designer* den anderen in der Theorie der Kommunikation,[13] die auf die Bedingungen des Zweiten Weltkriegs eingestellt ist. Ein Ziffer Designer war im Zweiten Weltkrieg auch das deutsche De- und Chiffrierungssystem Enigma. Nur wusste man ja auf deutscher Seite gar nicht, dass man mit der Enigma nur einen Part innerhalb eines *Deadly Serious Game* eingenommen und nicht – wie leichtfertig prognostiziert – das Spiel selber in der Hand hatte.[14]

Philipp von Hilgers

ANMERKUNGEN

1 Vgl. Herman H. Goldstine: *The Computer from Pascal to von Neumann*, Princeton 1973, S. 95.
2 Profile of Claude Shannon – Interview by Anthony Liversidge, in: Claude Elwood Shannon: *Collected Papers*, hrsg. von N.J.A. Sloane, Aaron Wyner, New Jersey 1993, S. XXII.
3 Claude Shannon: A Symbolic Analysis of Relay and Switching Circuits, in: *Transactions American Institute of Electrical Engineers* 57 (1938), S. 713–723.
4 Jacques Lacan: *Das Seminar Buch II (1954–1955). Das Ich in der Theorie Freuds und in der Technik der Psychoanalyse*, hrsg. von Nobert Haas und Hans-Jochaim Metzger, Weinheim/Berlin, S. 109, im folgendem zitiert als ›Lacan: Seminar II‹.
5 Lacan: *Seminar II*, S. 228.
6 Jacques Lacan: Einführung, in: ders., *Schriften I*, hrsg. von Norbert Haas. Olten 1972, S. 49.
7 Lacan: *Seminar II*, S. 246.
8 Vgl. John v. Neumann: Zur Theorie der Gesellschaftsspiele, in: *Mathematische Annalen*, Bd. 100 (1928). S. 295–320, hier S. 303.
9 John von Neumann, Oskar Morgenstern: *Spieltheorie und wirtschaftliches Verhalten*, Würzburg 1961, S. 76.
10 Lacan: *Seminar II*, S. 235.
11 Ebd., S. 227f.
12 Ebd., S. 235.
13 Claude Shannon: Communication Theory of Secrecy Systems, in: *Bell System Technical Journal* 28 (1949), S. 656–715, hier S. 704.
14 Vgl. auch Philipp Mirowski: When Games Grow Deadly Serious. The Military Influence on the Evolution of Game Theory, in: *Journal of Political Economy* 23 (1991), S. 227–55.

INFORMATOR

Der Informator war ein Typus des Pädagogen: Als *pubis magister* war seine Hauptaufgabe die *Informatio*, d.h. die Unterweisung und Belehrung. Die zumeist jungen Männer standen in prekären Arbeitsverhältnissen, sie bewegten sich zwischen unterschiedlichen Klassen und erhielten wenig gesellschaftliche Anerkennung.

Die sogenannte ›Informations-Gelehrsamkeit‹ bezog sich hauptsächlich auf den Unterricht der deutschen, französischen, lateinischen, hebräischen und griechischen Sprache und auf die Vermittlung eines Basiswissens der Theologie, Geschichte, Mathematik und Philosophie.[1] Aber zuallererst lehrte der Informator in adligen und bürgerlichen Haushalten basale Kulturtechniken. Bildnerisch umgesetzt wurde dies in einem Frontispiz in Christian M. Pescheks *Arithmetischer Informator* (1761) (Abb. 1).

Die Schüler, die an einem langen Tisch sitzen und in der Rechenkunst unterwiesen werden, blicken auf eine Zahlenkolonne an der Tafel, auf eine Uhr an der Wand, auf die Schreibfedern und Hefte in ihren Händen. Sie rechnen, schreiben und lesen. Das didaktische Konzept des Kupferstichs besteht darin, die Beobachtung der Schüler und des Informators am Ende des Tisches für die Betrachter der Darstellung beobachtbar zu machen. So wird es möglich, auf die Beherrschung des Körpers beim Lernen, auf die stille Konzentration beim Memorieren oder auf den heftigen Affekt eines Schülers beim Begreifen neuer Zusammenhänge zu achten – und Gesten, Rituale, Denkstile nachzuahmen.

Zumindest ist dies die Idealvorstellung pädagogischer Lehrbücher des 18. Jahrhunderts. Der Informator lehrt nicht lediglich Inhalte, sondern das pädagogi-

Abb. 1.: Johannes Daniel de Montalegre: *Der Informator sitzt und lehrt die Wißenschafft, so dem Comercio giebt Leben Ehr und Krafft* (Frontispiz), aus: Christian M. Pescheck: *Arithmetischer Informator [...]*. Bd. 1., Lauban ³1761.

sche Konzept konzentriert sich auf die Nachahmung der Nachahmung. Der Direktor der berlinischen und cöllnischen Gymnasien Anton Friedrich Büsching bringt dies in seinem *Unterricht für Informatoren und Hofmeister* (1773) auf den Punkt, wenn er den Informator als ein Modell und Schablone, als Leitbild und Exempel versteht: »Informatoren […] müssen für ihre Untergebenen gute Muster der Nachfolge seyn.«[2] Bereits der ehemalige Informator Büsching wusste, dass nicht lediglich Schüler sondern auch ihre Lehrer mittels des Mediums Buch erzogen werden mussten. Der pädagogische Regelkreislauf bestand darin, dass in Lehrbüchern über Verfahren aus der Praxis berichtet wurde, die wiederum in die Praxis eingespeist wurden. Die Pädagogik wurde zu einem Fall der Medien, und zwar in dem Sinn, dass spezifische Infrastrukturen die *Informatio* erleichterten und pädagogischen Botschaften bis heute Merkmale ihrer Übertragungskanäle aufweisen.[3] Aufgrund des kalkulierten Einsatzes von Medien hob der bürokratisch-staatliche Diskurs die Relevanz der Pädagogen hervor und sie wurden Teil eines Machtspiels, bei dem es darum ging, aus Untertanen selbstverwaltende Subjekte zu produzieren. Dennoch kämpften Informatoren immer wieder um gesellschaftliche Bestätigung.

Im 18. Jahrhundert lassen sich zahlreiche Imaginationen des Informators wiederfinden, die mehr über die damaligen Wünsche und Begehren aussagen, als über die sozialen Lebenswirklichkeiten des Berufs. Die sogenannten ›Informationsgaben‹ erstreckten sich sowohl auf sittliche als auch auf körperlich-ästhetische Eigenschaften. Wer als Informator arbeiten wollte, musste über »Aufrichtigkeit […] Demuth und Bescheidenheit […] Ehrbarkeit und Wohlanständigkeit […] Mäßigkeit […] Keuschheit […] Enthaltung vom Spiel […] Gewissenhaftigkeit und Treue […] Weisheit und Klugheit«[4] verfügen. Zur Fähigkeit der Bildung zählte ebenso die Vorstellung eines signifikanten Körpers: »Wer ein Zwerg, oder häßlich, ungestaltet und sehr gebrechlich, oder harthörig, oder sehr blödsichtig, oder ein starker Stammler, oder sehr schwächlich, und insonderheit sehr hypochondrisch ist, muß nicht Informator werden.«[5] Blickt man genauer auf das Anforderungsprofil, dann erkennt man, dass der ideale Informator eine Mittelmäßigkeit besitzt. Er darf weder schlecht noch extravagant gekleidet sein, er darf nicht zu blöd aber auch nicht zu intelligent sein, er darf einen hübschen Körper besitzen aber kein Hübschling sein, er darf unerschrocken sein, aber nicht gegen den Vorgesetzten rebellieren. Als Mittler bewegt sich der Informator nicht lediglich im Dazwischen, sondern ist ebenso von einer Mittelmäßigkeit geprägt.

Die zumeist jungen Gelehrten mussten eine individuelle Entfaltung der Schüler hervorbringen und arbeiteten zugleich mit Mechanismen der Unterdrückung. Der Zündstoff für Konflikte bestand darin, dass vom Informator etwas verlangt wurde, das er selbst von seinen Schülern verlangte: Unterwürfigkeit und Gehorsam. Das Machtverhältnis wurde mit körperlicher Gewalt gegen die Schüler und Schülerinnen und mit ökonomischen Zwängen gegen die Lehrer realisiert. Der Informator war für die Zucht und die Erziehung zuständig – und er selbst wurde aufgrund ökonomischer Abhängigkeiten jeden Tag gezüchtigt und erzogen. Hinzu kam, dass die gesellschaftliche Stellung des Informators sich vom Hauslehrer oder Hofmeister unterschied. Auch wenn die Begriffe manchmal synonym verwendet werden, ist der Platz des Informators in der Hierarchie des Lehrpersonals ganz unten. Die Tätigkeit des Informators war auf den Unterricht und die Aufsicht der Kinder beschränkt. Der Hofmeister hingegen kümmerte sich verstärkt um die Erziehung zumeist junger Männer, er begleitete sie auf Ritterakademien, hohe Schulen oder auf Reisen in fremde Länder. Das Berufsbild des Informators war äußerst fragil. So wird mehrmals berichtet, dass Informatoren Arbeiten erledigen mussten, die eigentlich zu den Aufgaben des Gesindes zählten; etwa Wasserholen, Einheizen der Stube oder Bettenmachen.[6] Die Geschichte des Informators ist durchzogen von Distinktionsbestrebungen und Kämpfen um Ästimation.

Dies zeigt sich offenkundig im Bereich der literarischen Kritik. Die deutsche Literatur des 18. und frühen 19. Jahrhunderts ist geprägt von Hofmeistern, Hauslehrern und Informatoren: Christian Fürchtegott Gellert, Johann Wilhelm Gleim, Georg Christoph Lichtenberg, Jakob Michael Reinhold Lenz, Johann Gottfried Seume, Jean Paul oder Friedrich Hölderlin sind lediglich die bekanntesten Namen in einer langen Liste des schriftstellerischen Personals des *Informierens*. Die Autoren thematisierten den pädagogischen Lebensalltag und die sozialen Spannungen des Berufslebens. Es handelt sich um ein informatorisches Erzählen, das etwa Gellert in seinem Lehrgedicht *Der Informator* (1754) demonstriert und dessen kursorische Beschreibung am Ende dieser skizzenhaften Faszinationsgeschichte des Informators steht.

Das Gedicht handelt davon, dass ein Bauer einen Informator anstellt, damit seine zwei Söhne in den Kulturtechniken »Rechnen« und »Schreiben« sowie in der christlichen Sittenlehre unterrichtet werden.[7]

Nun verlangt aber der Informator für seinen Dienst eine Erhöhung des Lohns, die er – und das ist die Pointe des satirischen Lehrgedichts – erhält. Der Bauer verhält sich mit umgekehrtem Vorzeichen: Er verkauft Teile seines Besitzes, um das Gehalt des Informators zu erhöhen. Das Gedicht erzählt über die Transaktion von Eigentum, um Bildung adäquat zu entlohnen. Die Kritik richtet sich gegen jene, die unsichere Arbeitsverhältnisse ermöglichen und die gesellschaftliche Missachtung der Pädagogen forcieren. Das Resultat einer schlechten Erziehung und Bildung ist – so stellt es das Gedicht in Aussicht – das Vagabundieren und der exzessive Lebensstil junger Menschen. Sie wiederum sind – im Sinne des Informators Gellert – das Ergebnis prekärer Anstellungsverhältnisse und gesellschaftlicher Blindheit für angemessene Bildungsausgaben.

Rupert Gaderer

ANMERKUNGEN

1 Anton Friedrich Büsching: *Unterricht für Informatoren und Hofmeister*, Hamburg 1773, S. 47–49.
2 Ebd., S. 72.
3 Zur medialen Bedingung des Unterrichtens siehe Michel Serres: *Atlas*, Berlin 2005, S. 163–182.
4 Büsching: *Unterricht für Informatoren und Hofmeister*, S. 36–52.
5 Ebd., S. 51.
6 Johann David Küttner: *Die Klugheit einen Informatorem zu halten*, Leipzig 1724, S. 71.
7 Christian Fürchtegott Gellert: Der Informator, in: ders., *Kritisch kommentierte Ausgabe. Bd. 1. Fabeln und Erzählungen,* hrsg. von Ulrike Bardt und Bernd Witte, Berlin 2000, S. 195–196, hier S. 196.

KLUDGEMANSHIP

Eine Anthologie humoresker Artikel, die zunächst in der Zeitschrift *Datamation* erschienen waren, beginnt mit dem Kapitel *The kludge kapers*. Die Vorbemerkung betont, der Leser werde in den Texten des Kapitels (alle aus dem Jahr 1962) den Versuch erkennen, »to evoke humor out of the frustrations in dealing with computers and their manufacturers.«[1]

Das im Computerjargon bis heute gebräuchliche Wort *kludge* meint dabei etwas flüchtig Zusammengebautes (sei es eine Maschine oder ein Programm), das zwischen ›Murks‹ und genialem ›Trick‹ changiert.[2] Hinsichtlich der Erstverwendung wird auf den *Datamation*-Artikel von Jackson W. Granholm »How to design a kludge« verwiesen.[3] In einer pseudo-etymologischen Herleitung auf Basis des fiktiven Nachschlagewerks *New Multilingual Dictionary* konstruiert Granholm zunächst eine Verwandtschaft des englischen Worts *kludge* mit dem deutschen Adjektiv *klug*, um dann die negative Begriffsverwendung als zeitgenössisch gängige festzuhalten: *Kludge* bezeichne »[a]n ill-assorted collection of poorly-matching parts, forming a distressing whole.«[4] Das Fiktive dieser Etymologie (ein sprachgeschichtlicher Zusammenhang von *kludge* und *klug* ist nicht nachweisbar) unterstreicht die Ambivalenz des Begriffs: Auf der einen Seite, am Ursprung, soll *kludge* Klugheit konnotieren (»originally meaning ›smart‹«), auf der anderen Seite, durch den Verlauf der Sprachgeschichte gewissermaßen verdorben, das genaue Gegenteil, nämlich Dummheit (»›not so smart‹ or ›pretty ridiculous‹«).[5] Damit stellt sich die Frage, worin die Klugheit-Dummheit von *kludges* besteht. Denn die Rede von »kludgemanship«,[6] frei übersetzt also etwa: Murkskönnerschaft, impliziert spezifisches Können und Kunstfertigkeit. Der entsprechende Eintrag im *Oxford English Dictionary* nennt »skill in designing or applying kludges«[7] und verweist neben Granholm auch auf Lee Harrisbergers Bestimmung: »The noble art of Kludgemanship capitalizes upon the design engineer's affinity for asininity and deals with the techniques for how to miss the perfect opportunity and succeed in achieving optimum imperfectability.«[8] Die Rede von Skills und Kunst hebt die lehr- und lernbare Regelhaftigkeit dieses Tuns hervor. Und so formuliert Morris L. Morris' und Austin O. Arthurs »Master plan for kludge software« nicht weniger als fünf ›Erlasse‹ zur Softwareentwicklung, fünf Regeln zur Implementierung, sechs Prinzipien zum Umgang mit Programmiersprachen und fünf Grundsätze des Kundenservice.[9] Insofern die Artikel von Computerspezialisten für Computerspezialisten geschrieben wurden, handelte es sich nicht allein um Beiträge zur Selbstverständigung innerhalb der Community, sondern ebenso um Kommentare zu existierenden Verhältnissen und Praktiken im Umgang mit Computern. Der Modus der Parodie erlaubte eine luzide und pointierte Beschreibung der soziotechnischen Wirklichkeit des Computing zu Beginn der 1960er Jahre und der dabei auftretenden Probleme, lange bevor diese theoretisch aufgegriffen und praktisch angegangen wurden.

Die Artikel lassen die ausgeprägte Diskrepanz zwischen den Idealvorstellungen technischer Rationalität und den Herausforderungen des alltäglichen Umgangs mit Computern deutlich zutage treten. Im Vordergrund steht dabei die Kritik an ebenso unnötigen wie undurchschaubaren Verkomplizierungen. Eine solche Technologiekritik ist keineswegs neu. Bereits Rube Goldberg hatte Ende der 1920er Jahre in seinen Karikaturen die Kausalitätsschleifen maschineller Ensembles aufs Korn genommen, die in aufwendigen Apparaturen ›einfache‹ Tätigkeiten mittels monströser Umwege ausführen (das Fenster öffnen, eine Zigarre anzünden, die Katze hinauslassen etc.).[10] So hält auch Granholm fest, »true kludge building« sei nichts für Amateure, denn *kludges* müssten sehr wohl funktionieren: »One should not lash up an arithmetic unit, for example, which does not work. It must actually do arithmetic. The expert Kludge constructor will design his arithmetic unit to perform 2512 distinct kinds of addition, each called forth by opcodes six words long«.[11] In ähnlicher Weise empfiehlt er Verkomplizierungen von Eingabe-Schnittstellen: die Nutzung eines von elektronischen Schreibmaschinen abweichenden Zeichensatzes für die Kommandozeile, die Kombination verschiedener Lochkarten-Layouts, von Magnetbändern unterschiedlicher Breite und Parität, von verschiedenen Lochstreifenformaten sowie Trommel- und Plattenspeichern.[12] Darüber hinaus sei auch ein exorbitanter Preis sowie eine Managementstruktur notwendig, die auf »complete, massive, and iron-bound departimentalization« beruhe: »It is a good idea if the I/O men, say, not only are not allowed to speak to the mainframe designers, but also that they have, in fact, never met them.«[13]

Während Granholm das Hardware-Design von Maschinen fokussiert (»Kludgevac 990B«),[14] konzentrieren sich Morris und Arthur auf Softwareentwicklung. In ihrem ›Regelwerk‹ postulieren sie die Notwendigkeit der steten Ankündigung neuer Software – unter programmatischer Absehung von deren Realisierbarkeit; ebenso solle man immer auf neue Programmierer setzen, denn nur so lasse sich einer Kenntnis bestehender Entwicklungen entgegenwirken; der Kontakt von Programmieren zu Personen, die Hardware bauen, verkaufen oder instandhalten, sei zu unterbinden, ebenso wie ihr Austausch mit anderen Softwareentwicklern.[15] Mit Blick auf das Software-Design seien Fehlermeldungen ambig zu halten: »For example, what could be simpler than ›AN IMPOSSIBLE ERROR HAS OCCURRED ON AN UNSPECIFIED UNIT WHILE EXECUTING AN UNIDENTIFIABLE PROGRAM.‹«[16] Beim Release neuer Versionen solle es sich um »preliminary undebugged versions« von Übersetzern, Compilern und Assemblern handeln: »Let your costumers debug the things. […] If your customers want it badly enough, they'll check it out for you.«[17] Niemals, wirklich niemals solle man ein ordentliches und nützliches Schulungshandbuch für irgendein System verfassen,[18] und für den Softwaresupport gelte, »[w]henever a new system is proposed or implemented, refuse to continue maintenance on some other (any other) existing system.‹«[19]

Die *Datamation*-Artikel thematisieren Probleme, die bei der Aushandlung einer Infrastruktur des Computing entstehen, die Personen, Geräte, Programme, Organisationsmodelle und Unternehmensstrukturen sowie Management- und Marketing-Strategien gleichermaßen berücksichtigen und als komplexes Gefüge etablieren musste. In ihrer parodistischen Überspitzung meisterlichen *kludge*-Designs artikulieren sie ein genaues Verständnis jener Umstände, die die ›Softwarekrise‹ der 1960er Jahre begleiteten und mit der Tatsache zu tun haben, dass Software als »ultimate heterogeneous technology«[20] zu Konflikten und Spannungen führt, die nicht mehr mit herkömmlichen Maßgaben technologischer und organisatorischer Rationalität (Explizitheit, Modularität, Arbeitsteilung) lösbar sind. Wie dieses historische Beispiel zeigt, ist die Unterscheidung zwischen Klugheit und Dummheit nicht immer einfach zu treffen. Der Modus der Parodie vermag hier eine Schwebe zu erzeugen, die beides gleichzeitig auszusprechen und anzuerkennen erlaubt.

Gabriele Schabacher

ANMERKUNGEN

1 Jack Moshman (Hg.): *Faith, Hope and Parity. An Anthology of Humor from Datamation Magazine*, Washington, D.C. 1966, S. 1.
2 Vgl. *The New Hacker's Dictionary*, compiled by Eric S. Raymond, Cambridge, MA/London 1996, S. 271–273; John A. Barry: Whence Cometh the Term Kludge? – Three Theories, in: *InfoWorld* 5/32 (1983), S. 33f.
3 Jackson W. Granholm: How to Design a Kludge, in: *Faith, Hope and Parity*, S. 3–8. Vgl. auch »kludge, n.« in *Oxford English Dictionary* 2019, http://www.oed.com/ (abgerufen 27.3.2019).
4 Ebd., S. 4.
5 Ebd.
6 Ebd.
7 »kludgemanship, n.« *Oxford English Dictionary* 2019, http://www.oed.com/ (abgerufen 27.3.2019).
8 Lee Harrisberger: *Engineersmanship. A Philosophy of Design*, Belmont 1966, S. 108.
9 Vgl. Morris L. Morris and Austin O. Arthur: The Master Plan for Kludge Software, in: *Faith, Hope and Parity*, S. 9–14.

10 Vgl. *The Best of Rube Goldberg*, compiled by Charles Keller, Prentice-Hall / Englewood Cliffs, NJ 1979.
11 Granholm: How to design a kludge, S. 5.
12 Vgl. ebd., S. 5 f.
13 Ebd., S. 8.
14 Ebd., S. 7.
15 Vgl. Morris and Arthur: The Master Plan for Kludge Software, S. 10 f.
16 Ebd., S. 12.
17 Ebd., S. 13
18 Ebd.
19 Ebd., S. 14.
20 Nathan Ensmenger: *The Computer Boys Take Over. Computers, Programmers, and the Politics of Technical Expertise*, Cambridge, MA / London 2010, S. 8.

MATHEMATIK UND DICHTUNG

Etwa in der Mitte von Robert Musils 1913 veröffentlichtem Essay *Der mathematische Mensch* findet sich ein seltsames Bild. Man liest leicht darüber hinweg. Beschrieben werden die ebenso ungeheuren wie eigentümlichen Gebiete der Mathematik:

»Daneben aber liegen unermeßliche Gebiete, die nur für den Mathematiker da sind: ein ungeheures Nervengeflecht hat sich um die Ausgangspunkte einiger weniger Muskeln angesammelt. Irgendwo innen arbeitet der einzelne Mathematiker und seine Fenster gehen nicht nach außen, sondern auf die Nachbarräume. […] Es gibt heute keine zweite Möglichkeit so phantastischen Gefühls wie die des Mathematikers.«[1]

Diese Gebiete sind nur dem Mathematiker zugänglich, möglicherweise, weil ihre Existenz niemandem sonst plausibel scheint; unermesslich angesichts ihrer schieren Größe oder vielleicht, weil sie sich bisherigen Messverfahren schlechterdings entziehen. Vieles in der Beschreibung dieses merkwürdigen Orts bleibt mehrdeutig. Was jedoch vor allem ins Auge fallen muss, ist ein architektonisches Detail: Hier öffnen sich Fenster nicht auf ein Außerhalb, sondern nur auf die Nachbarschaften weiterer Innenräume. Was macht der Mathematiker im außenfensterlosen Raum?

Musils Essay zielt darauf, Möglichkeiten einer neuen Ästhetik aus der Reflexion moderner mathematischer Zeichenoperationen zu gewinnen. Dass er diese als Technik des »phantastischen Gefühls« schlechthin, mithin also als Medium voller poetischer Kraft entwirft, nach dessen Vorbild eine Erneuerung der Literatur greifbar scheint, ist eine spätere Wendung des Textes. Zunächst fasst er Mathematik als »äußerste Ökonomie des Denkens« (1004).[2] Diese schreitet in Anwendung immer besserer Rechenmaschinen unaufhaltsam voran, ausgerichtet auf Effizienz und Nutzenoptimierung: eine »Idealapparatur«, schreibt Musil, »mit dem Zweck und Erfolg, alle überhaupt möglichen Fälle prinzipiell vorzudenken. Das ist Triumph der geistigen Organisation. Das ist die alte geistige Landstraße mit Wettergefahr und Räuberunsicherheit ersetzt durch Schlafwagenlinien.« (1005) Gegen diese versicherungstechnische Indienstnahme der Mathematik führt der Essay jedoch umgehend eine zweite Perspektive an, die das »eigentliche Gesicht dieser Wissenschaft« zeigen soll – »nicht zweckbedacht, sondern unökonomisch und leidenschaftlich«. (1005) So wie unser gesamter technisierter Alltag – vom Straßenverkehr über das Brotbacken bis zum Hausbau – auf der Anwendung von Mathematik basiert, so ist es ebendiese, die all dem den Boden entzieht: Denn »plötzlich, nachdem alles in schönste Existenz gebracht war, kamen die Mathematiker – jene, die ganz innen herumgrübeln, – darauf, daß etwas in den Grundlagen der ganzen Sache absolut nicht in Ordnung zu bringen sei; tatsächlich, sie sahen zuunterst nach und fanden, daß das ganze Gebäude in der Luft stehe.« (1006) Erkennbar spielt Musil auf die Grundlagenkrise der Mathematik um 1900 an: Mit den logischen Paradoxien der Mengenlehre und der Erfindung nichteuklidischer Geometrien steht das Fundament der Mathematik ebenso zur Diskussion wie die Art und Weise ihres Wirklichkeitsbezugs. »Zu unterst schwankt auch hier der Boden«, schreibt Musil auch in der *Skizze der Erkenntnis des Dichters* über das von ihm so genannte ›ratioide‹ Gebiet, »die tiefsten Grundlagen der Mathematik sind logisch ungesichert«.[3] Ungeheuer sind die Gebiete der Mathematik in *Der mathematische Mensch* demnach, weil sie nicht in einem Abbildungsverhältnis zur Welt stehen. Der Mathematiker bildet nicht nach, was draußen zu sehen ist, sondern entwirft mittels Zeichenoperationen, die auf andere Zeichenoperationen Bezug nehmen. Dass das nicht mit Innerlichkeit zu verwechseln ist, macht Musil mit dem Verweis darauf deutlich, dass über diesem ungesicherten Grund dennoch »die Maschinen liefen« – dass unser Dasein gleichfalls nur »bleicher Spuk« ist, steht zu befürchten. (1006) Vom Postulat der Anschauung befreit, greifen die mathematischen Zeichenoperationen in die Welt ein und übertreffen den Roman dabei noch an Phantastik.

Für das Schreiben sollte die Mathematik demnach kein Gegenmodell sein, etwa, indem man Gefühl gegen Intellekt ausspielt. Weil Gefühl ohne Intellekt »eine Sache so dick wie ein Mops ist«, müsste man Musil zufolge beim Stand der zeitgenössischen Prosa »nach je zwei hintereinander gelesenen deutschen Romanen ein Integral auflösen [...], um abzumagern«. (1007) Es gilt stattdessen, das phantastische Denken der Mathematik in die Literatur zu übersetzen.

Ausgehend von Musils Essay lässt sich in den Fenstern, Türen, Gebäuden seiner Texte mehr erkennen als symbolische Architektur. Denn diese sind nicht einfach Motive, nicht einfach Vehikel für diese oder jene Bedeutung. Sie thematisieren vielmehr die Art und Weise, diese Bedeutungen herzustellen: sie reflektieren die Architekturen des Symbolischen. So treten im *Törleß* Architektur und mathematische Formel immer wieder gemeinsam auf: Mit dem Bild der Mathematik als Gebäude, dessen Bausteine in der Luft zerrinnen, wird der Topos der Grundlagenkrise variiert.[4] Blicke aus dem Fenster führen zu Inversionserlebnissen des Raums.[5] Und die ›Türlosigkeit‹, die man dem Protagonisten nicht erst angesichts der Architektur der Kadettenanstalt, sondern bereits in Entzifferung seines Namens zugeschrieben hat, zeigt sich dramatisch, wenn Törleß' Mathematiklehrer seinen Schüler vom Problem der imaginären Zahlen weg- und stattdessen zu Kant und einer über die Anschauung kontrollierbaren Mathematik hinführen will.[6] Er betont den Begriff ›Mathematik‹ dabei auf eine Weise, »als ob er eine verhängnisvolle Tür ein für allemal zuschlagen wollte«.[7] Was Musil zeigt, sind Techniken, mit dem Symbolischen zu operieren. Die fensterlosen Räume des Mathematikers und die verhängnisvolle Tür im *Törleß*, die in eine Welt jenseits der Anschauung führt, wo die Maschinen dennoch laufen und unser Dasein als bleicher Spuk über ungesichertem Grund erscheint: Sie ergänzen den Wirklichkeitssinn, bei dem es, wie es im berühmten vierten Kapitel des *Mann ohne Eigenschaften* steht, doch nur darauf ankommt, dass man, um »gut durch geöffnete Türen« zu kommen, die »Tatsache achten [muss], daß sie einen festen Rahmen haben«.[8]

Hendrik Blumentrath

ANMERKUNGEN

1. Robert Musil: Der mathematische Mensch, in: *Gesammelte Werke in neun Bänden*, Bd. 8: *Essays und Reden*, hrsg. von Adolf Frisé, Reinbek bei Hamburg 1978, S. 1004–1008, hier S. 1006.
2. Zum Bezug auf Machs Prinzip der Denkökonomik vgl. Andrea Albrecht: Mathematische und ästhetische Moderne. Zu Robert Musils Essay »Der mathematische Mensch«, in: *Scientia Poetica* 12 (2008): S. 218–250, hier S. 224–230.
3. Robert Musil: Skizze der Erkenntnis des Dichters, in: *Gesammelte Werke in neun Bänden*, Bd. 8: *Essays und Reden*, hrsg. von Adolf Frisé, Reinbek bei Hamburg 1978, S. 1025–1030, hier S. 1027.
4. Vgl. Robert Musil: Die Verwirrungen des Zöglings Törleß, in: *Gesammelte Werke in neun Bänden*, Bd. 6: *Prosa und Stücke*, hrsg. von Adolf Frisé, Reinbek bei Hamburg 1978, S. 7–140, hier S. 81. Vgl. dazu auch Justice Krauss: Musil's »Die Verwirrung des Zöglings Törleß«, Cantor's Structures of Infinity, and Brouwer's Mathematical Language, in: *Scientia Poetica* 14 (2010): S. 72–103, hier S. 77 f.
5. Vgl. Oliver Simons: *Raumgeschichten. Topographien der Moderne in Philosophie, Wissenschaft und Literatur*, München / Paderborn 2007, S. 279–281.
6. Vgl. Simons: *Raumgeschichten*, S. 281. Zum Namen »Törleß« vgl. Lars W. Freij: *»Türlosigkeit«. Robert Musils »Törleß« in Mikroanalysen mit Ausblicken auf andere Texte des Dichters*, Stockholm 1972.
7. Musil: *Törleß*, S. 77.
8. Robert Musil: Der Mann ohne Eigenschaften, in: *Gesammelte Werke in neun Bänden*, Bd. 1–5, Bd. 1: *Erstes Buch. Kapitel 1–80*, hrsg. von Adolf Frisé, Reinbek bei Hamburg 1978, S. 16. Zum Fensterblick im *Mann ohne Eigenschaften* vgl. Jürgen Gunia: *Die Sphäre des Ästhetischen bei Robert Musil. Untersuchungen zum Werk am Leitfaden der »Membran«*, Würzburg 2000, S. 29–76.

MOTHER OF ALL DEMOS

The Mother of All Demos ist der gängige Name für eine Technologiepräsentation, die unter ihrem ursprünglichen Titel *A Research Center for Augmenting Human Intellect* im Rahmen der *Fall Joint Computer Conference* am 9. Dezember 1968 im San Francisco Civic Auditorium abgehalten wurde.[1] Mittelpunkt der Vorstellung waren das Forschungsprogramm des Augmentation Research Center (ARC) am Stanford Research Institute, das sich der Frage widmete, wie menschliche Intelligenz durch den Einsatz von Computern gesteigert werden könne, sowie das kollaborative Hard- und Software-System NLS (*oN-Line System*), das unter der Leitung des US-Ingenieurs Douglas C. Engelbart am ARC entwickelt wurde. Die Präsentation zeigte das NLS als einen solchen Intelligenzverstärker. Darüber hinaus wurden erstmalig eine Reihe wegweisender Konzepte, Funktionen und Geräte vorgestellt, die noch heute den alltäglichen Umgang mit Computern – im Sinne eines interaktiven, vernetzten Maschinentyps – bestimmen. Dazu gehören ein bereits ›Mouse‹ genanntes Kontrollgerät, paralleler Dateizugriff durch mehrere Nutzer, eine graphische Benutzeroberfläche, die auf Fenstern basiert, Textverarbeitung in Echtzeit, Hypertext-Links und Video-Konferenzen.

Dramaturgisches Merkmal der Darbietung war es, Programm und Produkt des ARC nicht schlicht zu beschreiben, sondern beide unter Einsatz der technischen Neuerungen parallel in Aktion zu zeigen: »The system is being used as an experimental laboratory for investigating principles by which interactive computer

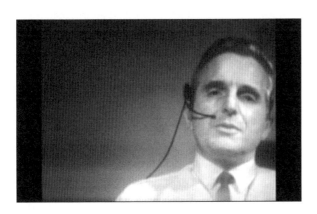

Abb. 1

Abb. 3

Abb. 2

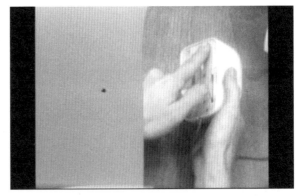

Abb. 4

aids can augment intellectual capability. The techniques which are being described will, themselves, be used to augment the presentation«, verlautet der Ankündigungstext.² Das beinhaltete zum einen, dass das Publikum im Civic Auditorium den »Chairman« der Präsentation, Engelbart selbst, nicht nur rechts auf der Bühne an einem der Terminals des NLS sitzend zu sehen bekam, sondern dass der Display-Output des Systems gleichzeitig – und erweitert durch zusätzliche Kamerabilder, die Engelbart aus unterschiedlichen Perspektiven bei der Bedienung des NLS zeigten – auf eine fast sieben Meter hohe Leinwand im Auditorium projiziert wurde.

Zum anderen beinhaltete es, dass der eigentliche Rechner, den Engelbart bediente, ein erweiterter SDS 940, knapp 50 Kilometer entfernt in den Räumen des ARC in Menlo Park stand und über eine Telefonleitung mit dem Terminal in San Francisco verbunden war. Andere Mitglieder des ARC, Don Andrews, Jeff Rulifson und Bill Paxton, die ihrerseits von Menlo Park aus Zugriff auf das System hatten, wurden nacheinander per Video zur Präsentation zugeschaltet und auf die Leinwand projiziert, während sie entlang der Moderation Engelbarts die Elemente des NLS in actu vorführten.³

Einzelne Aspekte, die das System implementierte, etwa Groupware, Client-Server-Architektur oder neuartige Display-Technologie, gaben der weiteren Entwicklung auf dem Gebiet der Mensch-Computer-Interaktion entscheidende Impulse. Zu Recht wurde daher bemerkt, dass Computerhistoriographien, die sich der Entwicklung des Personal Computings widmen und dabei mit der Arbeit des Xerox Palo Alto Research Center oder der Apple Computer Company beginnen, den Einfluss der Forschung von Engelbarts Team am ARC übersehen.⁴ Deren Ziel war es, so formulierte Engelbart es während der Präsentation, »[to] improve the effectiveness with which individuals and organizations work at intellectual tasks.«⁵ Entsprechend wurde das NLS als »an instrument and a vehicle for helping humans to operate within the domain of complex information structures«⁶ angesehen. Den theoretischen Rahmen dafür hatte Engelbart bereits 1962 mit seinem Bericht *Augmenting Human Intellect: A Conceptual Framework* abgesteckt.⁷ Ausgangspunkt war die Einsicht, dass die menschliche Kultur spezifische Artefakte für die effektivere Lösung intellektueller Probleme hervorbringe. Unter diesen Artefakten seien Computer besonders wirkmächtig, weil sie die bisher höchste Evolutionsstufe des menschlichen Intellekts, die manuelle externe Symbolmanipulation, durch Automatisierung noch einmal eskalieren ließen.

Dieses Vermögen der Computer überführte Engelbart am ARC in eine eigene, *bootstrapping* genannte Forschungs- und Entwicklungsmethodik: Wer Werkzeuge zur effektiveren Problemlösung entwickelt, so die Maxime, soll diese Werkzeuge unmittelbar zur Effektivitätssteigerung der weiteren Entwicklungsarbeit einsetzen. Auf die selbstgestellte Frage, was das Produkt der Forschung am ARC sei, antwortete Engelbart am

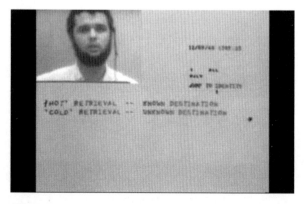

Abb. 5

Ende der *Mother of All Demos* deshalb folgerichtig: »An augmentation system that's provided to augment computer system development.«[8] Die Entwicklung solcher Werkzeuge zur intellektuellen Effektivitätsverstärkung augmentiert sich damit selbst zu einem rekursiven Prozess menschlicher Klugheitsproduktion. Die Präsentation, die heute als *Mother of All Demos* bekannt ist,[9] weil sie das Genre der Technologiepräsentation dadurch augmentierte, dass sie ihren Gegenstand zum Verfahren erhob, war integraler Teil dieses Prozesses.

Moritz Hiller

ANMERKUNGEN

1 Unter diesem Titel ist der Beitrag anschließend auch erschienen: Douglas C. Engelbart, William K. English: A Research Center For Augmenting Human Intellect, in: *AFIPS Conference Proceedings 1968 Fall Joint Computer Conference*, December 9–11, 1968, San Francisco, California, 33/1 (1968), S. 395–410.
2 A Research Center for Augmenting Human Intellect, Ankündigungsplakat, Doug Engelbart Institute, aufgerufen am 06. Januar 2019, https://web.stanford.edu/dept/SUL/library/extra4/sloan/MouseSite/dce1968conferenceannouncement.jpg.
3 Zu Hardware-Spezifika und der technischen Umsetzung von System und Präsentation vgl. Thierry Bardini: *Bootstrapping. Douglas Engelbart, Coevolution, and the Origins of Personal Computing*, Stanford 2000, S. 120–142.
4 John Markoff: *What the Dormouse Said. How the 60s Counterculture Shaped the Personal Computer Industry*, New York 2005, S. ix.
5 Douglas C. Engelbart: *A Research Center For Augmenting Human Intellect*, aufgezeichnet am 9. Dezember 1968 auf der Fall Joint Computer Conference, San Francisco, Video, Filmrolle 1/3, 24:54, https://www.youtube.com/watch?v=M5PgQS3ZBWA.
6 Ebd., 28:17.
7 Vgl. Douglas C. Engelbart: *Augmenting Human Intellect: A Conceptual Framework*, Stanford 1962.
8 Douglas C. Engelbart: *A Research Center For Augmenting Human Intellect*, aufgezeichnet am 9. Dezember 1968 auf der Fall Joint Computer Conference, San Francisco, Video, Filmrolle 3/3, 27:31, https://www.youtube.com/watch?v=FCiBUawCawo.
9 Zur Mutter aller Computerdemonstrationen wurde die Präsentation des NLS freilich erst ein Vierteljahrhundert später gekürt, vgl. Steven Levy: *Insanely Great. The Life and Times of Macintosh, the Computer that Changed Everything*, New York 1994, S. 42. Levys The Mother of All X-Hyperbel griff eine Jahrtausende alte arabische Formulierung auf, die in der westlichen Welt nur wenige Jahre zuvor alltagssprachliche Karriere gemacht hatte, nachdem Saddam Hussein und sein Kommandorat der Irakischen Revolution den sich entwickelnden zweiten Golfkrieg zur *Mother of All Battles* erhoben hatten (vgl. »Ecerpts [sic] From Saddam's Speech With AM-Gulf Rdp, Bjt«, in: *The Associated Press*, 6. Januar 1991, https://apnews.com/c79824a72471a23f1adbf65cfc9627bf). Zweifelhaften Ruhm ereilte die Formulierung jüngst, als der deutsche Bundesinnenminister Horst Seehofer am Rande einer CSU-Klausurtagung in Neuhardenberg im September 2018 von der »Migration« als der »Mutter aller Probleme« sprach (vgl. »Seehofer laut Medienberichten: ›Mutter aller Probleme ist die Migration‹«, in: *Spiegel Online*, 5. September 2018, http://www.spiegel.de/politik/deutschland/horst-seehofer-laut-medienberichten-mutter-aller-probleme-ist-die-migration-a-1226724.html).

Alle Abbildungen mit freundlicher Genehmigung des SRI International.

NUMBER SYSTEMS (BINARY AND TERNARY)[1]

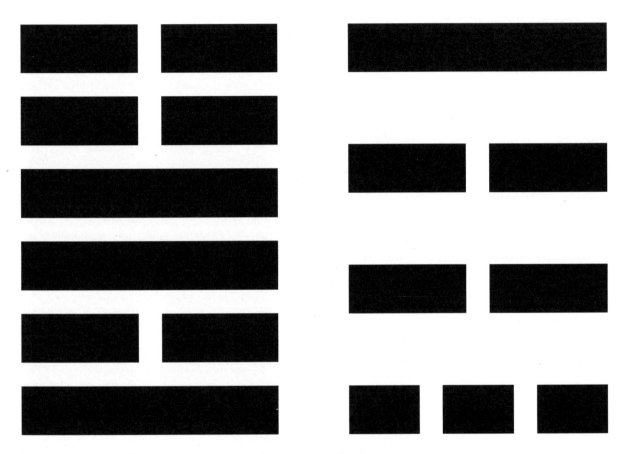

Fig. 1

Fig. 2

There have been various contentions and integrations between number systems throughout world history. Take the decimal system and duodecimal system, for example. The French Republican calendar was implemented in France in 1793 to divide a day into ten hours, only to be abolished in 1806. This eliminated the need for manufacturers to quickly manufacture clocks that returned the hands back to their original position at ten, allowing people to continue using old clocks that hit midday and midnight at twelve. This is a case in which the decimal system and the duodecimal system contended with each other. There are also cases where the two were integrated. For example, two calendars—the ten celestial stems and the twelve horary signs (the Chinese zodiac)—coexisted in ancient China. Sixty, the least common denominator of ten and twelve, also became a calendar unit, and all three calendars spread throughout East Asia. There is a custom in Japan even today to give a red vest as a gift to a person who turns sixty. The person is clothed in a baby-like costume because he/she is figuratively reincarnated, becoming a baby once again. Turning sixty years old signifies becoming young again.

Which kinds of negotiations have there been between the binary and ternary systems?

Linguistic typology, which looks at the numerals of various languages as one of its research subjects, tells us that the Bam language, with its binary system, and the Wasembo language, which uses a mix of binary and ternary systems, exist in parallel in the Morobe Province in Papua New Guinea.² Was there a conflict long ago between the group who named numerals using the binary system and the one who named numerals using the ternary system? If so, was victory and submission decided upon by battle? Or was it a case of intermarriage?

Let us turn to an example in a newer era. A computer that operates on the ternary system instead of the binary system was conceptualised, and a calculator called SETUN was manufactured in the Soviet Union in 1958. Why the ternary system? Because the ternary system is the most efficient symbolic system of all number systems.³ However, ternary computers never gained popularity; the earth today is full of binary machines. For Nikolay P. Brusentsov, the inventor of SETUN, the reason is simple: »It appears that people having been drilled with binary logic can't think in ternary terms«.⁴

While binary logic was widely accepted, there was one individual in ancient China who was known to be able to think in ternary terms: Yang Xiong (53 B.C.–18 A.D.). He wrote *Tai-xuan-jing* (also known as *The Canon of Supreme Mystery*), a divination and philosophy book on the ternary system, based on the divination and philosophy book *I Ching* (*Yi-jing*, also known as *The Classic of Changes*), which covered the binary system.

The means by which *I Ching* denotes the binary system is neither verbal nor ferrite-diod; it was bamboo divination sticks and the symbols based on those sticks. The bamboo divination sticks are divided into yin and yang, with yang being denoted as ▬▬▬ and yin being denoted as ▬▬ ▬▬. As Leibniz mentioned early on,⁵ you get hexagrams when you first take these symbols and vertically stack them three times to create eight types of trigrams ($2^3 = 8$) and then vertically stack two trigrams ($8^2 = 64$). Those sixty-four patterns are the reflections of various aspects of the world. The hexagram, named »abundance«, is listed as Fig. 1.⁶ »*Judgment* / Abundance means prevalence, which the true king extends to the utmost. Stay free from worry, and you shall be fit to be a sun at midday«.⁷

There is nothing that cannot be explained by those 64 hexagrams. Even the history of cultural techniques can be explained.⁸

Yang Xiong was not satisfied with this binary system; he divided the bamboo divination sticks into three categories: ▬▬▬▬▬, ▬▬ ▬▬, and ▬ ▬ ▬. When stacked four times, this gives 3^4 or eighty-one patterns. Although he emulated *I Ching*, he presented a world view that was more differentiated than that in *I Ching*. The tetragram (Fig. 2)⁹ that represents fifteen in the decimal system takes on the name »reach«. The English translator praises the main text (here called »head«) where the meaning is described: »HEAD: Yang [positive] *ch'i* [vitality] emerges, limb to branch to twig. There is nothing that does not reach its full extension«.¹⁰

The Confucian scholars in and after the Song dynasty, including Zhu Xi, who was also accepted by Leibniz,¹¹ denigrated Yang Xiong and isolated readers from him. One reason for this is that Yang Xiong wrote a book that imitated the scripture *I Ching* and played a saint.¹² Leibniz probably did not know about Yang Xiong's ternary system.¹³ If he did, how would he have discussed it? How would he have compared it to *I Ching*?

From the perspective of the Confucian scholars since the Song dynasty, Yang Xiong's ternary system was completely unnecessary because *I Ching*, based on the binary system, was a perfect system. Every single aspect of the world can be classified perfectly into one of the 64 magic boxes prepared by *I Ching*. The central principle of Chinese culture before the Xinhai Revolution was Confucianism, and the backbone of Confucianism was the primitivism that follows ancient scriptures. *I Ching* was one of those scriptures. Zhu Xi is the ancestor who rejuvenated Confucianism as primitivism. Therefore, the phenomenon that denigrated the ternary system in *Supreme Mystery* in the face of *I Ching*, which had been widely read as a canon, can also be explained by the concept of cultural memory.

That said, what if we look at this phenomenon from the perspective of Yang Xiong? If the ancient author

Yang Xiong could speak now, what would he say? Would he not make a simple statement in the style of *Supreme Mystery*?

»People having been drilled with binary logic can't think in ternary terms.«

Yûji Nawata

ANMERKUNGEN

1 This work was supported by JSPS KAKENHI Grant Number JP25370372. I would like to thank Editage [http://www.editage.com] for English language editing of this manuscript.
2 See Matsumoto Katsumi: *Sekaigengo e no shiza: Rekishigengogaku to gengoruikeiron*, Tokyo 2006, p. 309.
3 See Brian Hayes: Third Base, *American Scientist* 89/6 (2001): p. 490–94. Refer here to pages 490–91.
4 Francis Hunger: *SETUN. An Inquiry into the Soviet Ternary Computer*, Leipzig 2007, p. 174.
5 See Gottfried Wilhelm Leibniz: *Discourse on the Natural Theology of the Chinese*, trans. Henry Rosemont Jr./Daniel J. Cook, Honolulu 1977, par. 68–75; M. Leibnitz: Explication de l'arithmétique binaire, *Mémoires de mathématique et de physique*, France: Académie Royale des Sciences 1703, p. 85–89, accessed August 9, 2018, https://gallica.bnf.fr/ark:/12148/bpt6k3483p.
6 Anonymous: *The Classic of Changes*, trans. Richard John Lynn, New York 1994, p. 487.
7 Ibid., p. 487.
8 See ibid., p. 77–80.
9 Yang Hsiung [a.k.a. Yang Xiong]: *The Canon of Supreme Mystery*, trans. Michael Nylan, Albany 1993, p. 161.
10 Yang: *Supreme Mystery*, p. 161. The notations in square brackets are those provided by Nawata. Refer to pages 63–68 regarding the Chinese concepts of *yang* and *ch'i*.
11 See Leibniz: *Discourse*, par. 14, p. 51–54.
12 See Suzuki Yoshijirô: *Taigenkyô*, 4th ed., Tokyo 1996, p. 26–27.
13 Leibniz: *Discourse*, par. 70 discusses the quaternary, quinary, decimal, and duodecimal systems; however, it does not touch on the ternary system.

PHYSITER (POTTWAL)

De Physetere, & eius in nautas crudelitate – Von dem Physiter, Spritzwall genennet, und seiner Greulichkeyt gegen den Schiffleuten handelt das 6. Kapitel des 21. Buchs der *Historia de gentibus septentrionalibus*, ein ausführliches Supplement der sechzehn Jahre zuvor, 1539, in Venedig erschienenen *Carta marina et descpriptio septemtrionalivm terrarvm mirabilivm rervm in eis contentarvm diligentissime elaborata*.[1] Diese Karte präsentiert auf neun jeweils 57 mal 41 Zentimeter großen Holzschnitten nicht nur die skandinavischen Länder, sondern auch den nördlichen Atlantik in einer bis dahin ungekannten Fülle an Details, zusammengetragen im venezianischen Exil von dem durch die Reformation vertriebenen Erzbischof von Upsala, Olaus Magnus.

Im Zentrum der Karte, und doch am Rand, an der Grenze von Land und Meer, der norwegischen Küste, hat Olaus eine emblematische Figur plaziert: einen Forscher, oder, wie es in der *kurzen Auslegung und Verklerung* der Karte heißt, »ainer der die tieffe des mers bey dem aller hechsten gepiirg ergrinden wil mit fil stricken und pley und mags nit ergrinden«.[2]

Ist das eine Tiefe, die mit noch mehr Stricken, mit noch schwererem Blei dann doch zu ergründen wäre? Oder ist dem menschlichen Wissen hier eine Grenze gesetzt: *nec plus ultra*? Ist es Klugheit, die das Senkblei als Instrument der Wissenschaft ersonnen hat, oder will hier ein Tor wissen, was göttlichem All-Wissen vorbehalten ist?

Die *Carta marina* verweist auf einen Ausweg aus diesem Dilemma und damit zugleich auf eine andere Art der Klugheit, die aus maritimer Praxis entsteht. Denn Olaus' Ozean ist belebt, nicht nur von den Ungeheuern, die die Tiefe gebiert, sondern von Seefahrern – keine heroischen Entdecker und Eroberer, auch keine Forscher, sondern Händler und Fischer, die dabei sind, das Meer in einen Lebensraum für Menschen zu verwandeln, und die dabei Erfahrungen sammeln. Auch ihr Handeln folgt keineswegs nur den Geboten der Klugheit, jedenfalls dann nicht, wenn etwa Hamburger und Schotten einander mit Kanonenkugeln beschießen im Streit um den besten Landeplatz, »dann der landrichter fragt nit darnach vie sy auf dem meer kriegen«. Wenn das Meer selbst unter europäischen Nationen als rechtsfreier Raum gilt, dann sollte eigentlich auch an fernen Küsten um so mehr Vorsicht geboten sein. Dennoch hat ein Kauffahrer arglos vor der grönländischen Küste Anker geworfen, während die »listigen seeraubern« bereits in ihren »lederen schiflein« herankommen, um das Schiff unter der Wasserlinie heimlich anzubohren und zu versenken. Noch ärger haben es die Engländer getroffen, die ihren Anker auf vermeintlich festen Grund geworfen haben, an Land gegangen sind und sich an einem Lagerfeuer wärmen – ohne zu ahnen, dass sie sich auf dem Rücken eines Trollwal befinden, der sie jeden Augenblick in die Tiefe reißen wird. Einzig ein Bremer, der sicher vor der isländischen Küste ankert, kann dem Eindruck entgegenwirken, dass hier lauter Narrenschiffer unterwegs sind – auf einem Meer, auf dem ihre Fahrzeuge zwischen Maelströmen, Seeschlangen und Riesenhummern allzu gebrechlich erscheinen.

Herrscher dieses Meers ist der Physiter, der Pottwal. Bringt er nicht die Schiffe mit dem aus seinen Blashörnern spritzenden Wasserstrahl zum Sinken, dann wirft er sie mit seinem Schädel um oder drückt sie mit seiner mächtigen Fluke unter Wasser. So ist er es auch, der, vor allen anderen Meerwundern der *Carta marina*, in die Emblembücher, die Kompendien barocker Dumm- und Klugheit, eingegangen ist. In Joachim Camerarius *Symbolorum et emblematum ex auqatilibus et reptilibus desumptorum centuria quarta* findet sich eine *pictura*, die direkt aus der *Carta marina* übernommen ist.[3] Zu sehen ist, wie Seeleute – bei Olaus stammen sie aus Lübeck – Fässer über Bord werfen in Richtung auf zwei ihr Schiff verfolgende Physiter. Camerarius' *subscriptio* interpretiert das als Ausdruck heilsgeschichtlicher Klugheit: »Ut te ipsum & navim serves, comitesque pericli, In pontum cunctas abiice divitias.« Auf der allegorischen Bühne des Emblems ist der Wal ein Zeichen, den Menschen gesandt, damit sie sich auf das Wesentliche besinnen. In seinem ausführlicheren, von Olaus belehrten Kommentar weiß Camerarius allerdings durchaus noch, dass der gute Rat nur die halbe Wahrheit ist: Die Lübecker werfen keineswegs alle ihre weltlichen Schätze ins Meer, um das ewige Heil zu erlangen. Es sind leere Fässer, die, wie die Seefahrer wissen, die Wale zum Spielen verleiten und so vom Schiff ablenken. Kein stoischer Zuschauer im *theatrum mundi* blickt hier auf den Wal, sondern Seeleute, die ihr weltliches Erfahrungswissen einsetzen. Sie wissen sich zu wehren, nicht nur mit den Fässern, sondern auch mit Drommeten, deren Klang die Wale vertreiben kann, und Musketen, deren Kugeln zwar die Haut der Physiter nicht durchdringen, deren Knall diese aber nicht leiden können. Auch ökonomisch verwertet werden Wale bereits. Isländer und Färöer bauen ihre Häuser aus den Knochen, verwerten Fleisch und Fett, und das *sperma ceti* gehört zu den wertvollsten Gütern europäischer Apotheken.

Es geht nicht darum, richtiges von falschem Wissen zu scheiden. Abergläubische Seefahrer wissen zugleich mehr und weniger über das Meer als gelehrte Theologen, und sie handeln zugleich klüger und dümmer. Dies ist es, was die *Carta marina* vor Augen stellt. Es muss kein göttliches Verbot sein, das der menschlichen Erkenntnis ein Ziel setzt. Es kann schlicht der Eigensinn unterschiedlicher Lebenswelten sein. Nicht nur der von Seefahrern und Theologen, sondern auch der von Menschen und Walen. Menschen mögen Wale ausbeuten und schließlich auch ausrotten können, aber sie teilen nicht das gleiche Habitat. Das ist die Botschaft, die vier Jahrhunderte nach Olaus Herman Melvilles *Moby Dick* formuliert, wenn er dem Wal eine nichtmenschliche, eine walische Klugheit bescheinigt, mit der er sich, anders als Tiger, Löwen und Elefanten, die zu Melvilles Zeiten bereits in Zoos zu besichtigen waren, der Schaulust entzieht, in der menschliche Klugheit ihren Triumph über tierische Physis feiert. Der Physiter aber passt in kein Aquarium, und so durchzieht er, räumlich wie zeitlich die Dimensionen menschlichen Lebens und menschlicher Wahrnehmung sprengend, die Meere des erdgeschichtlichen Tertiär ebenso trotzig wie die der Sintflut und die einer fernen Zukunft: »He swam the seas before the continents broke water; he once swam over the site of the Tuileries, and Windsor Castle, and the Kremlin. In Noah's flood he despised Noah's Ark; and if ever the world is to be again flooded, [...] then the eternal whale will still survive, and rearing upon the top-most crest of the [...] flood, spout his frothed defiance to the skies.«[4]

Wolfgang Struck

ANMERKUNGEN

1 Olaus Magnus: *Historia de gentibus septentrionalibus*, Rom 1555, S. 735; die deutsche Übersetzung nach: *Die Wunder des Nordens*, hrsg. von Elena Balzamo, Reinhard Kaiser, Frankfurt am Main 2006.
2 Olaus Magnus: *Ain kurze Auslegung und Verklerung der neuuen Mappen von den alten Goettenreich und andern Nordlenden sampt mit den uunderlichen dingen in land und uasser darinnen begriffen*, Venedig 1539.
3 Joachim Camerarius: *Symbolorum et emblematum ex auqatilibus et reptilibus desumptorum centuria quarta*, Moguntiae 1668, Centuria IV, 4.
4 Herman Melville: *Moby Dick*, hrsg. von Hershel Parker, Harrison Hayford, New York 2002, S. 345.

SPICILEGIUM

»*Spicilegium, die Aehrenlese, Nachlese* nach geschehener Ernte, ist das *Kl.*, aber selten und nur bei Varro vorkommende Kunstwort. Man hat es im N.L. seltsam genug auch auf geistige Dinge angewandt, wiewohl es nur den Begriff *Aehren* (*spicae*) enthält, welche nach der Ernte aufgelesen werden. – Wie passen aber dazu Genitiven, wie: *notarum, annotationum, observationum*, und was man sonst für *spicilegia* hat, und wie die Verba *edere, scribere, conscribere*? – oder haben vielleicht diejenigen, welche solche Ausdrücke brauchen, etwas Anderes dabei gedacht (zumal da Einige ihre Arbeiten *specilegia* genannt haben, welches Wort aber ihre eigene Erfindung ist)?«[1]

1788 wurde vom *Court of Common Pleas*, dem ältesten Common Law Gericht Englands und zugleich dem teuersten, der Fall *Steel against Houghton and wife* entschieden. Das Urteil wurde in der Folge oft kommentiert und stellt eine Grundsatzentscheidung dar, die sehr deutlich die soziale und ökonomische Ordnung des aufblühenden Kapitalismus illustriert. In den Jahren 1785–1787 hatte sich ein Konflikt zwischen Ährenlesern und Landeigentümern im Dorf Timworth, Suffolk, verschärft. 1787 hatte Mary Houghton auf der Farm des reichen Landbesitzers James Steel Ähren gelesen, der sie daraufhin verklagte. Der Gerichtshof stellte sich auf die Seite der Grundbesitzer und wies Argumente der Ährenleser, die auf das mosaische Recht und die traditionelle angel-sächsische Verfassung als Grundlage des Common Law verwiesen, zurück. Die Nachlese sei nur ein Privileg, kein Recht. Damit kommt, zumindest in England, eine Tradition an ihr Ende, die Jahrtausende lang eine gewisse soziale Beschränkung der Eigentumsrechte versprach.[2]

Besagtes mosaisches Recht findet sich im 3. Buch Mose, XIX: »Wenn du dein land einerndtest/ soltn es nicht an den enden vmb her abschneiden/ auch nicht alles genauw auff samlen/ Also auch soltu deinen weinberg nicht genaw lesen/ noch die abgefallen beer auff lesen/ sondern dem armen vnd frembdlingen soltu es lassen.«[3] Diese Sätze, die aus der Tora ins Alte Testament übergegangen sind, hat man gelegentlich als ohne mesopotamisches Vorbild bezeichnet.[4] In einem babylonischen Streitgespräch zwischen der Hacke und dem Pflug findet sich allerdings ein Hinweis in der Verteidigungsrede des Pfluges, der wie nebenher gesagt erscheint: »Ich fülle die Lagerhäuser der Menschheit mit Gerste. Die Waisen, die Witwen und die Mittellosen nehmen ihre Schilfkörbe und sammeln meine zerstreuten Ähren.«[5] Obgleich der Pflug gleichsam königliche Würden trägt,[6] triumphiert im Streitgespräch letztlich die Hacke, die sich demgegenüber ihrer Vielseitigkeit rühmt.[7]

Göttliche Schirmherrschaft über die Hacke kommt der Göttin Nisaba (auch Nissaba oder Nidaba) zu. In ihrer mythologischen Figur verbindet sich Ackerbau und Schrift, denn sie war ursprünglich eine Korngöttin, der später auch die Schrift zugeeignet wurde. Da nun in Mesopotamien die Schrift aus dem Geist der Buchhaltung entspringt, wird in dieser Verbindung der Herrschaftscharakter der Schrift deutlich. Denn die Buchhaltung verzeichnet die agrarischen Überschüsse in der Form einer herrschaftlichen Aneignung und Verfügung.

Angesichts des Häuptlings der Nambikwara, der sich zumindest die Gestik des Schreibens aneignen will, kommt Claude Lévi-Strauss zu einer Reflexion über die Menschheitsgeschichte seit der neolithischen Revolution, wie Gordon Childe die Einführung der Landwirtschaft und die damit verbundene Sesshaftwerdung genannt hat. Es dauerte einige tausend Jahre bis es zur zweiten Revolution kommt, der urbanen, wie sie wiederum Gordon Childe nennt, und damit verbunden zur Erfindung der Schrift. »Das einzige Phänomen, das sie immer begleitet hat, ist die Gründung von Staaten und Reichen, das heißt die Integration einer großen Zahl von Individuen in ein politisches System sowie ihre Hierarchisierung in Kasten und Klassen. […] Sie scheint die Ausbeutung der Menschen zu begünstigen, lange bevor sie ihren Geist erleuchtete.«[8]

Eine Voraussetzung bleibt hier ausgespart, die Lévi-Strauss bei Jean-Jacques Rousseau hätte nachlesen können, nämlich die mit dem Ackerbau verbundene Praxis der Eigentumsrechte, die grundlegend darauf beruhen andere vom angeeigneten Grund und Boden fernzuhalten. Was Rousseau als sozialen Ur-Betrug denunziert, die Beanspruchung eines Stückes Erdboden als Eigentum, schafft schließlich die Verbindung von Ackerbau und Schrift. Diese zunächst als Werkzeug der Buchhaltung, wobei die Göttin Nisaba als die ›Zahlen kennende‹ in Erscheinung tritt. Sie ist darüber hinaus mit Mess-Stab und Mess-Seil ausgerüstet, womit sie Grundstücksgrenzen fixieren kann. Als Hausverwalterin des Tempels ist sie zuständig für die Verteilung des Getreides, wahrscheinlich auch für die Zuteilung der Rationen mit denen die Arbeiterinnen und Arbeiter »entlohnt« wurden, was bei Zwangsarbeit zu Kalkulationen über den möglichen Arbeitseinsatz führt, Kalkulationen, die von den Schreibern durchgeführt werden, deren besondere Patronin sie war und denen sie Reichtum verspricht. Aber die Werkzeuge einer Kulturtechnik der Unterdrückung ermöglichen, da sie im Fall der Schrift universell einsetzbar sind, auch Bewusstwerdung und Kritik, falls sie eben jenen zugänglich sind, die die Nachlese aufsammeln müssen um ihr Leben zu fristen. Dann, vielleicht, erblüht aus dem *Spicilegium* ein *Florilegium*, eine Anthologie der Befreiung.

Marianne Kubaczek und Wolfgang Pircher

ANMERKUNGEN

1 Johann Philipp Krebs: *Antibarbarus der Lateinischen Sprache: In zwei Abtheilungen nebst Vorbemerkungen über reine Latinität*, Frankfurt am Main ³1843, S. 738. Zu den Abkürzungen: »Kl.: Klassisch, aus der besten Zeit.« (99); »N.L., neulateinisch, ohne alle Auctorität eines noch lateinischen Schriftstellers, und ohne alle Nothwendigkeit aus Willkühr gebildet.« (100).

2 Peter King: Legal Change, Customary Right, and Social Conflict in Late Eighteenth-Century England. The Origins of the Great Gleaning Case of 1788, in: *Law and History Review* 10/1 (Spring 1992), S. 1–31.

3 Martin Luther: *Biblia/ das ist/ die gantze Heilige Schrifft Deudsch*. Faksimile-Ausgabe der ersten vollständigen Lutherbibel von 1534 in zwei Bänden, Band 1, Leipzig 1983, S. LXXV.

4 So Robert C. Ellickson, Charles DiA. Thorland: Ancient Land Law. Mesopotamia, Egypt, Israel, in: *Chicago-Kent Law Review* 71 (1995): S. 321–411, S. 344: » … without any known Mesopotamian precedent, the Torah of the Israelites authorizes impoverished persons to enter upon private agricultural lands to obtain small quantities of food.«

5 *Streitgespräch zwischen Hacke und Pflug*, zugegriffen 30. November 2018, http://altorientale-mythologie.blogspot.com/2018/05/debatte-zwischen-hacke-und-pflug.html.

6 Walther Sallaberger: Riten und Feste zum Ackerbau in Sumer, in: Horst Klengel, Johannes Renger (Hg.), *Landwirtschaft im Alten Orient*, Berlin 1999, S. 381–391, S. 386: »Eine besondere Wertschatzung als Objekt der materiellen Kultur erfährt nur der Pflug in den ›Aussaat‹-Festen. So führt ihn der König persönlich beim Aussaatfest: an der Spitze der Hierarchie und als Vertreter des ganzen Landes führt er den Ritus aus, um damit den Segen der Götter für sein Reich zu empfangen.«

7 Die Hacke hält dem Pflug vor, was er alles nicht kann: das Wasser eindämmen, wenn es übergeflutet ist, Erde in den Tragkorb heben, Lehm mischen, Ziegel streichen, Fundamente legen, Häuser bauen, den Unterbau der verfallenen Mauern stärken, etc.

8 Claude Lévi-Strauss: *Traurige Tropen,* übersetzt von Eva Moldenhauer, Frankfurt am Main 1978, S. 294.

THE ETHER

Ether, ether everywhere, nor any drop of proof! If this sounds like »Water, water everywhere, nor any drop to drink«, it is meant to evoke that subject dear to the heart of Bernhard Siegert, the sea. Filled with waves and a sign of connectivity and continuity, the sea and water more generally often served as referents or metaphors for the ether in attempts to describe that elusive substance so central to physics and culture in the nineteenth and early twentieth centuries. John Tyndall in 1865 spoke of invisible vibrations that are »as real in the waves of the aether as in the waves of the sea.«[1] Maxwell referred to »the great ocean of aether« that fills »the vast interplanetary and interstellar regions« without »the slightest flaw in its infinite continuity.«[2] Much later, Thomas Pynchon remembered the ether in similar terms in *Gravity's Rainbow* (1973), writing that »an Aether sea to bear us world-to-world might bring us back a continuity, show us a kinder universe […].«[3]

The ether presented a paradox: it must be rarefied enough to flow through the interstices of the densest matter and yet be rigid enough to transmit electromagnetic waves. During the later nineteenth century a variety of additional functions were attributed to the »luminiferous ether«, including its serving as the possible source of matter itself. »It seems now that [the ether] may be the stuff out of which [the] universe is wholly built«, Lord Balfour declared in an address of 1904.[4] Science writer Robert Kennedy Duncan in 1905 adopted the water metaphor to explain the new interconnection of matter and ether: »Not only through interstellar spaces, but through the world … [and] through our own bodies; all lie not only encompassed in it but soaking in it as a sponge lies soaked in water.«[5]

Musicians and artists responded to the ether in its various conceptions, with Wagner evoking the sea in a new way. In *Das Kunstwerk der Zukunft* (1850) he writes that the orchestra »somehow dissolves the solid motionless floor of the actual scene into a fluid, pliant, yielding, impressionable, ethereal surface whose unfathomable bottom is the sea of feeling.«[6] More pragmatically, an Impressionist critic described Monet's art as »la peinture de l'enveloppe, de ce mouvement de l'éther.«[7] Waves, vibrations, and frequency (another Siegert interest) were watchwords in the early twentieth century, all implying the ether. Kandinsky's goal for his paintings was to cause »a vibration in the soul« of a viewer, and Duchamp described his monumental *Large Glass* (1915–23) as a »painting of frequency.«[8] Even spirits spoke of »ether waves.« The »High Masters« of Swedish painter Hilma af Klint and her circle delivered a cautionary message in 1905 about their mediumistic drawings: »Seien Sie vorsichtig mit Ihren Zeichnungen, sie sind badende Ätherwellen, die Sie einmal erwarten, wenn Ihre Ohren und Augen Botschaften erfahren können.«[9]

If most discussions of the ubiquitous ether suggested the dematerialized »diaphane«, Sir Oliver Lodge promulgated a quite different image in his writing on the density of the ether. That view caught the attention of the Futurist Umberto Boccioni in works such as his 1913 painting *Elasticity*.[10] Explaining the elastic »rigidity« of the ether as a result of whirling motion, akin to a spinning bicycle wheel, Lodge wrote in *The Ether of Space* (1909) of an ether that would have appealed to any Futurist: »This is the theory then—this theory of elasticity as dependent on motion—which, in combination with the estimate of density, makes the internal energy of the ether so gigantic. For in every cubic millimeter of space we have […] a mass equivalent to what, if it were matter, we should call a thousand tons, circulating internally […] with a velocity comparable to the velocity of light, and therefore containing […] an amount of energy […] otherwise expressible as equal to the energy of a million horse-power station working continuously for forty million years.«[11]

How did historians lose track of the importance of the ether in the cultural imagination of the early twentieth century? It was rumored to have died at the time of the Michelson-Morley experiment in 1887 in Cleveland, the setting for a gathering of Pynchon's »Aetherists« in *Against the Day* (2006), another Siegert favorite. Or, if not then, certainly with the publication of Einstein's *Special Theory of Relativity* in 1905, which dismissed a mechanical ether as the equivalent of absolute space. Yet Sir J. J. Thomson in his 1909 Presidential Address before the British Association could still declare, »The ether [...] is as essential to us as the air we breathe. [...] The study of this all-pervading substance is perhaps the most fascinating duty of the physicist.«[12] Scholars are increasingly recognizing that the winner-take-all narrative of Einstein's complete triumph—in 1905 or even in 1919 with the eclipse expedition's confirmation of a postulate of General Relativity—was overstated.[13] In his 1916 *Four-Dimensional Vistas* American architect Claude Bragdon poignantly expressed the potential sense of loss produced by threats to the ether: »The Relativists would have it that with the acceptance of their point of view the ether may be eliminated; but if they take away the ether, they must give us something in its stead.«[14]

The »nostalgia for the Aether«, Pynchon notes in *Gravity's Rainbow*, has its roots here, at that wrenching moment in late 1919 experienced by any individual grounded in ether physics. Perhaps, hidden within dark energy or in the Higg's field, the ether lives on. In the meantime, just as Pynchon speaks of an »Aether sea to bear us world-to-world [...] bring[ing] back a continuity«, we salute our own Bernhard »Ether-Siegert« who has done so much to create »continuity« among scholars and »show us a kinder universe«, filled with that wonderful laughter he bestows upon the world.

Linda Dalrymple Henderson

ANMERKUNGEN

1 John Tyndall: *Fragments of Science*, London 1879, 2 vols., 1, p. 831.
2 See James Clerk Maxwell: Ether, in: *Encyclopaedia Britannica*, 9th ed. (1879), vol. 8; see also Maxwell: On Action at a Distance (1873), in: *Scientific Papers of James Clerk Maxwell*, ed. W. D. Niven, Cambridge 1890, vol. 2, p. 322.
3 Thomas Pynchon: *Gravity's Rainbow*, New York 1973, p. 847.
4 A. J. Balfour: Address by The Right Hon. A. J. Balfour, in: *Report of the Seventy-Fourth Meeting of the BAAS (1904)*, London 1905, p. 7.
5 Robert Kennedy Duncan: *The New Knowledge*, New York 1905, p. 5.
6 Richard Wagner, quoted Edward Lippman: *A History of Western Musical Aesthetics*, Lincoln 1992, p. 250.
7 See Hugues Le Roux: »Silhouettes Parisiennes: L'Exposition Claude Monet«, in: *Gil Blas*, March 3, 1889, p. 2.
8 See Wassily Kandinsky: *On the Spiritual in Art* (1911), in: *Kandinsky. Complete Writings on Art*, ed. Kenneth C. Lindsay, Peter Vergo, New York 1994, p. 87; and Marcel Duchamp: *Salt Seller. The Writings of Marcel Duchamp*, ed. Michel Sanouillet and Elmer Peterson, New York 1973, p. 25.
9 See Gustaf af Klint, »Hilma af Klint«, in: *Okkultismus und Avant-garde. Von Munch bis Mondrian 1900–1915*, ed. Veit Loers, Frankfurt am Main 1996, p. 116.
10 See Linda Dalrymple Henderson: »Umberto Boccioni's *Elasticity*, Italian Futurism, and the Ether of Space«, in *Ether and Modernity. The Recalcitrance of an Epistemic Object in the Early Twentieth Century*, ed. Jaume Navarro, Oxford 2018, p. 200–224.
11 Sir Oliver Lodge: *The Ether of Space*, New York/London 1909, p. 103, 123.
12 »Address by the President, Sir J. J. Thomson«, in *Report of the Seventy-Ninth Meeting of the BAAS (1909)*, London 1910, p. 15.
13 See, e.g., *Ether and Modernity*, ed. Navarro.
14 Claude Bragdon: *Four-Dimensional Vistas*, New York 1916, p. 36.

ZEITMASCHINE[1]

Neben in Fiktionen antizipierten Transportmedien wie U-Boot oder Raumschiff gibt es solche, die so klug sind, dass sie sogar die Gesetze der Physik überlisten. Dies um den Preis, ausschließlich in mehr oder minder klugen Fiktionen zu existieren. Als wichtigste dieser Erfindungen kann die *Zeitmaschine* gelten, mit der Reisende sich in der Zeit hin und, wenn es gut läuft, auch her bewegen können. Ihre Geschichte beginnt keineswegs mit H.G. Wells' Roman *The Time Machine* (1895) und somit steht ihre Entwicklung auch in keinem direkten Zusammenhang mit dem Wechsel von der Utopie zur Uchronie. Vor der *Time Machine* – und noch ein Jahr vor Wells' *Chronic Argonauts* (1888) – erfindet der Spanier Enrique Gaspar den *Anacronópete*. Palindromatisch präsentiert Edward Page Mitchell das erste Zeitreisegerät *1881*: Bei Mitchell, wie bei Gaspar, führt die Reise aber nicht in die Zukunft, sondern zurück in die Vergangenheit.

Besondere Aufmerksamkeit verdienen zwei Aspekte dieser frühen Zeitmaschinen: 1. die Rolle von Geräten zur Zeitmessung für ihre Erfindung oder Benutzung sowie 2. die Relation zwischen Zeit und Wetterphänomenen. Dies ist Sprechern romanischer Sprachen unmittelbar einsichtig. So bezeichnet das Spanische *tiempo* Zeit wie Wetter, wo das Lateinische noch zwischen *tempus* und dem daraus abgeleiteten *tempestas* unterscheidet, woraus im Französischen *tempête* wird. Fakt ist: Wo die ersten Zeitmaschinen im Einsatz sind, lassen Un-Wetter und Niederschläge selten lange auf sich warten. Als etwa Wells' Zeitreisender aus voller Fahrt ins Jahr 802701 einbremst, empfängt ihn starkes Unwetter mit Hagel, das scharf mit dem sonst homöostatisch-milden Klima kontrastiert. Verdacht: Auslöser der meteorologischen Perturbation ist die Intrusion von Mensch/Maschine aus einem anderen Zeitgefüge selbst.

Besagte Polysemie und seine literarische *eruditio*, die über Wells' Œuvre hinaus auch die Arbeiten seiner Vorgänger umfassen dürfte, mag auch Adolfo Bioy Casares zu einem gelehrten Kommentar *more fictionis* veranlasst haben: So jedenfalls lässt sich seine Erzählung *El perjurio de la nieve* (1944) lesen. Unter jenen Ereignissen und Personen, die durch eine von ihm exordial konstatierte Ausdehnung der Realität und die dadurch bedingte rasende Entfernung der Vergangenheit in Vergessenheit geraten seien, listet sein Erzähler »el señor Baigorri, que fabricaba tormentas en Villa Luro« auf. Der sehr reale argentinische Ingenieur Juan Baigorri Vela erlangte einigen Ruhm, weil er ab 1938 eine Karriere als Regenmacher einschlug und vorzugsweise wüstenartigen Provinzen wie Santiago de Estero zu kräftigem Niederschlag nach mehrjähriger Trockenheit verholfen haben soll. Legendär ist sein Versprechen, es am 03.01.1939 in Buenos Aires regnen zu lassen – was tatsächlich geschah, wie allerdings offenbar auch auf breitester Regenfront in der sehr weiten Umgebung der Hauptstadt. All dies vermochte der *mago* dank einer dunklen Kiste mit den Abmessungen einer klassischen Schatztruhe. Bei geöffnetem Deckel sieht man einige geheimnisvolle Metallstücke, an die Spiralkabel angeschlossen sind. Dazu, an einer Schmalseite, zwei Drehknöpfe für zwei Schaltkreise: a) »tornados y ciclones«, b) Regenschauer. An mystifikatorischer Eleganz steht diese Konstruktion einer Zeitmaschine aus dem Hause Wells in nichts nach. (Erklärungsversuche: Baigorri arbeitete ursprünglich an einem Projekt, das Wasseradern aufspüren sollte; seine Erfindung ist ein Vorläufer des Radars, mit dem er Wolkenformationen aufspüren konnte: Baigorri eine Art Wünschelrutengänger des Himmels). War Baigorri also in der Lage, regenträchtige Wolken mit seiner Maschine aufzuspüren? Hat er dies für die Fähigkeit ausgegeben, Einfluss auf den Verlauf des Wetters zu nehmen? Dies gibt ihm seinen Platz in Bioys Erzählung, wo der *dänische* Arminianer Vermehren erfolgreich Einfluss auf den Verlauf der Zeit nimmt, indem er ein ganzes Landgut in ein Schutzmilieu gegen das Vergehen der Zeit verwandelt, um den Tod seiner sterbenskranken Tochter Lucía zu verhindern. Der Preis dafür: Totale Abschottung nach Außen und die exakt identische Wiederholung des immergleichen Tages durch alle Bewohner des Anwesens. Die Handlungen der Personen bilden ein apotropäisches Uhrwerk, das über Nacht angehalten wird, um tagtäglich wieder am Ausgangspunkt einzusetzen. Fährt Vermehren selbst jeden Tag zur exakt gleichen Zeit mit einem Pferdewagen zum Schlagbaum, um dort mit stets identischen Worten Vorräte in Empfang zu nehmen, so agiert er wie ein Automat: Wie eine jener Figuren, die an manchen Turmuhren zu fester Stunde aus dem Mechanismus hervortreten. Vermehrens Uhrwerk misst nicht die Zeit, sondern macht ihren Verlauf performativ wieder rückgängig. So ist es auch in Mitchells *The clock that went backward*: Die rückwärts laufende Uhr aus dem Jahre 1572 *ist* die Zeitmaschine, die den Erzähler und seinen Cousin ins von den Spaniern belagerte Leyden A.D. 1574 bringt. Wieder ist es ein starkes Gewitter, das bei Aufbruch ebenso wütet wie bei Ankunft. Mitchell arbeitet aber mit einer zusätzlichen Bedeutung von *tempestas*, wörtlich: »zur rechten Zeit kommend.« Tatsächlich kommt Harry im Unwetter, das auch verbündete Schiffe im starken Wind von See her zur Stadt bringt, gerade rechtzeitig, um die aufgesprengte Stadtmauer gegen den Einfall der Spanier zu verteidigen.

Noch weiter geht Gaspar im *Anacronópete*: Dort ist Zeit identisch mit dem Wetter. Denn während die Erde sich dreht, um in dieser Bewegung Zeit zu erzeugen, ist die Gestalt der Erde aus nichts anderem geformt als aus den Ablagerungen der Niederschläge, die sich in der Atmosphäre gebildet haben: Aus den Wolken gefallen, haben sie sich wie textile Schichten um den Erdball gewickelt. Das Zeitreisegefährt, eine Mischung aus Verneschem U-Boot und fliegender Bundeslade rast in irrwitziger Geschwindigkeit in der Atmosphäre um die Erde, um die *deep time* der Erd-Evolution wieder abzuwickeln – immerhin weitaus plausibler als Wells' *armchair travel sur place*.

Performative Kräfte gestehen Wells und Gaspar den Chronometern ihrer Zeitmaschinen nicht zu – sie zeigen ›bloß‹ die kalendarisch-chronologische Zeit, die auf der Reise erreicht wurde, in Tagen und Jahren an. Diese Fähigkeit ist aber kaum weniger fabelhaft. Denn dies bedeutet erstens, dass die Uhr etwas messen kann, was außerhalb ihres eigenen raumzeitlichen Referenzsystems liegt. Gaspar ist prä-einsteinianisch die Differenz immerhin klar, wenn er sein Gefährt mit *zwei* Uhren ausstattet, eine für den historisch-kalendarischen Moment, die andere für die wirkliche Stunde in der effektiven Existenz der Zeitreisenden.

Die zweite Voraussetzung ist kaum weniger phantastisch: Eine indexikalische Relation zum gemessenen Zeitfluss – so als würde sich, wie in einem Gnomon, die Welt selbst messen. Die erste TIME MACHINE-Verfilmung (George Pal, UK 1960) verweist darauf, wenn sie im Vorgarten eine Sonnenuhr platziert, also die einzige »Uhr« (die eigentlich keine ist, wie uns Michel Serres lehrt), die tatsächlich indexikalisch funktioniert, anstatt einen eigenen Rhythmus zu erzeugen, der sich mimetisch dem Rhythmus der Erde synchronisiert. Müssen wir uns vielleicht superempfindliche Photozellen denken, die selbst bei rasendster Geschwindigkeit noch den Wechsel von Tag und Nacht zählen? Die Tag-Nacht-Grenze ist von vitaler Bedeutung für Wells' Jahr 802701. Denn sie trennt die Welt der Eloy von jener der Morlock und somit die Menschheit in zwei Spezies auf, die es verlernt haben, diese Grenze zu verschieben. Weswegen die unscheinbaren Streichhölzer des namenlosen Zeitreisenden so wichtig sind in diesem Text. Nie verwendet er sie, um Feuer zu machen, sondern stets, um Licht in die Dunkelheit zu bringen. Erinnerung daran, dass (Feuer als) künstliches Licht die erste Kulturtechnik war, mit der Menschen in den natürlichen Lauf der Zeit eingreifen konnten. Das Werkzeug Streichholz, erfunden in China, ist ein gebrauchsfertiges *immutable mobile*, das sogar die Reise durch die Zeit übersteht.

Michael Cuntz

ANMERKUNGEN

1   Die Fußnoten zu diesem Text wurden im Jahr 2029 gesichtet.

GESCHICHTE UND WISSENSCHAFTLICHE IDEEN

ABTEILUNG DROSOPHILA

DIE FLIEGEN

Vladimir Tyulkins Film LORD OF THE FLIES (R: Tyulkin, KZ 1990) ist ein heterotopisches Projekt: Das sorgfältig organisierte Leben des Rentners Kirill Ignatyevich Shpak, der in seinem Garten versucht, die – wie er behauptet – wegen ihrer Übertragung von Bakterien gefährlichen Fliegen nutzbringend für sein von ihm entwickeltes System einzusetzen und sie dadurch zugleich nachhaltig zu reduzieren. Shpak sieht sein Projekt als ein Modell für analoge Farmgründungen in aller Welt, die Wohlstand für Viele versprechen. Er kauft Kadaver vom Hundefänger, präpariert die Felle und führt die Körper der Tiere zwei verschiedenen Verwandlungs- bzw. Verwertungsprozessen zu: aus einem Teil kocht er ein mit Auberginen versetztes Futter für die mit ihm zusammen im Garten lebenden Hunde, den anderen Teil legt er in einen Brutbehälter, in dem Schmeißfliegen ihre Eier an den Kadavern ablegen. Die daraus entstehenden, das Fleisch verzehrenden Larven tötet Kirill vor ihrer Metamorphose mit kochendem Wasser ab, um sie an seine Hühner zu verfüttern, die ihm dann »kostenlos Eier und Fleisch geben«.

Die Ungezieferkontrolle des Herrn der Fliegen kann freilich erst wahren Erfolg haben, wenn sie weltweit eingeführt wird. Seine Modell-Gartenwelt, in der die Tiernationen in friedlicher Harmonie miteinander leben, wird durch seine Erfindung und seiner Hände Arbeit in Gang gehalten. Für Perestroika und Glasnost hatte er keine Zeit. Diese Entwicklung bringe, meint er, sein Reich nur in Unruhe, sie bereite zu viel Mühe und die einzelnen Tiere gerieten in Streitigkeiten über Stellung, Rang und Einfluss. Chaos wäre das Ende der Gemeinschaft. Sein Verfahren erinnere ihn, wie er sagt, während er die Fliegenmaden in seinen Eimer schaufelt, eher an Stalin. Und das solle so bleiben.

Der Film unterbricht seine Narration immer wieder mit Detaildarstellungen der Gemälde Hieronymus Boschs und gibt damit den symbolischen Zusammenhang vor, in dem er das utopische Recyclingmodell und die Bildlichkeit des souveränen Großvaters in seinem autarken Garten sehen möchte. Es ist ein rekonstruierter Garten Eden. Analog zu Gott Vater in seinem Garten setzt sich Shpak als Erfinder des Recyclingprozesses, als Herr über das Leben und Sterben seiner Kreaturen. Er zwingt sie in den verordneten Kreislauf. Tyulkin inszeniert zudem den Herrn der Fliegen in einer Trickfilm-Sequenz als Herrscher auf einem Thron. Die Einführung in die Shpaksche Modellwelt beginnt also mit einem klaren Zeigegestus, der den Horizont umreißt, in den Tyulkin seine filmische Parabel stellen möchte.

Der kasachische Film vertritt eine radikale Theorie. Der Mensch ist Teil des tierischen Universums – als *zoon politikon* schon im Grenz- und Zwischenbereich von Mensch und Tier – und hat die besondere Aufgabe, die tierische Natur einzudämmen, zu befrieden. Rivalitäten der Tiere untereinander werden verhindert, der Freilauf der Hühner auf ein Territorium begrenzt, etc.; die tierische Welt so geordnet, dass der Mensch durch diese Ordnung seine Existenz auf ewig sichern kann. Dieser Staat der Tiere, der keinesfalls das ganz Andere der eigenen Ordnung ist, bildet eine Monade, einen sich selbst reproduzierenden Organismus, in und von dem der Mensch glücklich leben kann. Durch seine politisch-zoologische Klugheit ist er in der Lage, den natürlichen Prozess so zu beeinflussen – auch mit Mitteln der Selektion und Tötung, der Berufung von tierischen Wächtern, also der Zuteilung von Positionen und Funktionen –, dass das System und somit er selbst überleben kann. Dass er sich selbst als Souverän über die derart vergesellschafteten Bestien setzt, den Gesetzen, die er ihnen auferlegt hat, also nicht unterliegt, lässt ihn selbst zur Chimäre, zum Mischwesen, zur Bestie werden, der in das Halbdunkel der Mythen, Rituale und Zwangsverhalten rutscht, in dem Wolf und Hund nicht mehr zu unterscheiden sind.

Tyulkins Film hat damit eine ähnliche Struktur wie der ebenso in Kasachstan gedrehte Film EXPERIMENTUM CRUCIS (R: Popov, KZ 1995). Er zeigt die »Umerziehung« Jugendlicher in einem Gefängnislager. Den Hautpersonen wird vorgeworfen, ihr Verlangen nach Speiseeis nicht unterdrückt, sondern das Begehrte einfach genommen zu haben, ohne dafür zu bezahlen. Der seine Geschichte vor der Kamera erzählende, wegen seiner Untat eingesperrte Halbwüchsige hatte im Gefängnis versucht, den erniedrigenden Haftbedingungen, den Strafritualen, dem erbärmlichen Hungerleben dadurch zu entgehen, dass er, um krankgeschrieben zu werden, ein in Brotteig gewickeltes Blechkreuz verschluckte. Das christliche Symbol, das Priester im Lager an christliche Häftlinge verteilt hatten, war ihm im Hals stecken geblieben und im Krankenrevier durch einen Schnitt wieder aus der Speiseröhre entfernt worden.

Der abstrakten Aufforderung der Priester an die Lagerinsassen, »gute Menschen« zu werden, stimmen die interviewten Eltern der Häftlinge ebenso zu wie die Lagerinsassen selbst. Die endlose Wiederholung oder Reinkarnation der symbolischen in der physischen Gewalt des Lagers lässt sich als Metamorphose verstehen, bei der zwar die einzelnen Phasen noch zu unterscheiden sind, die aber aus dem Rosenkranz der Metamorphosen nicht mehr herauszulösen sind.

Der Film führt im Zusammenspiel der konstituierenden Elemente den *circulus vitiosus* einer geschundenen Gruppe vor, die um ihr Überleben kämpft: die (illegitime) Befriedigung des exzessiven Begehrens eines Subjekts wird von der anonymen Macht mit einer weit über den Anlass hinausgehenden rituellen Bestrafung geahndet. Sie setzt damit eine Endlosschleife in Gang, die eine individuelle Annahme der »Schuld« durch die Einverleibung des zentralen Symbols der die gesellschaftliche Ordnung vertretenden, über die entscheidenden Zeichen ihrer Sinngebung verfügenden Kaste gewährleisten soll. Hierbei markieren die symbolische Identifikation des eigenen Körpers mit dem imaginären *corps social* und schließlich das Mythologem der auf die Entlassung ihres Sohnes aus dem Gefängnis wartenden Mutter nur die einzelnen, sich wiederholenden Stadien der zu sich selbst zurückkehrenden Bilderzyklen.

Das Gefängnis führt ebenso wie die Gartenwelt des Shpak ein positives Modell einer organisierten Gemeinschaftsbildung vor. Alle Beteiligten stützen den Prozess, das System funktioniert nahezu reibungslos. Doch beide Filme stellen zugleich die andere Seite der vermeintlich gut funktionierenden Gesellschaftsmaschine Staat dar. Neben der vermittelten Logik der Ordnung führen Tyulkins Filme ihr Scheitern vor.

Es ist alles zu festgefügt, aussichtslos; die Monaden-Hersteller sind zu sehr bemüht. In den positiven und pädagogisch wertvoll erscheinenden Versuchen der Menschen, ihre jeweilige Situation als in einem großen, anderen sinnstiftenden Universum eingebettet zu sehen, artikuliert sich ihr immanenter Widerspruch; er offenbart die Unmöglichkeit, in diesen Welten tatsächlich leben zu können. Die Erbärmlichkeit und Armut der Mikrokosmen der Menschen sind so genau gezeichnet, dass man die Bilder fast nicht ertragen kann. Zu deutlich negieren sie ihre positiven Utopien selbst, in denen doch all das zu fehlen scheint, was wir uns unter einem guten Leben vorstellen. Und das ist immer der Moment des noch nicht erreichten vollständigen Glücks, auf den sich das Begehren richtet.

Ist es daher gerade das Bild der perfekten Ordnung und vor allem des Kreislaufs, das verstört? Warum die Metaphern von Körper und Kreis, Geschlossenheit und Monade? Die Mythen, Rituale, das mit endloser Gewalt eingeübte Zwangsverhalten, die Gefängnisaufseher, die Priester setzen alles daran, ihre Symbolwelt den lebendigen Körpern aufzuzwingen, die »Bestien« zu zähmen, es setzt sie außerstande, ihre eigene Mutation zur Bestialität wahrnehmen zu können. Es scheint dem Künstler darum zu gehen, die selbst gemachte Realität präzise zu beschreiben und damit die Frage nach einer sozialen und gesellschaftlichen Alternative zu stellen. Doch Alternativen, Anderes, eine Entwicklung oder ein zukünftiges Ziel, eine Richtung scheint es nicht zu geben.

Anne von der Heiden

DROSOPHILA IM KRIEG

Als Genosse Trofim Denissovič Lyssenko auf der acht Tage dauernden Ordentlichen Tagung der Wladimir-Iljitsch-Lenin-Akademie für Agrarwissenschaften der Sowjetunion von 31. Juli bis 7. August 1948, an der etwa 700 Personen, Akademiemitglieder, Leiter von Forschungsstationen, Professoren, Agronomen, Zootechniker, Techniker, Wirtschaftler teilnehmen, seinen Einleitungsvortrag über »Die Situation der biologischen Wissenschaft« hält, wettert er nicht nur gegen Idealismus in der Biologie; seitdem der anfangs materialistische, weil auf Viehzüchter und Ackerbauern sich stützende Darwin den Populationstheoretiker Malthus entdeckte, durchkreuze der Idealismus ständig die Biologiegeschichte. Lyssenko ist auch von der Idee August Weismanns skandalisiert, dass der lebendige Körper die Vererbungssubstanz nicht hervorbringe, sondern diese sich bloß selbst fortsetze, demnach also – die Ödipustragödie des 20. Jahrhunderts – Eltern und Kinder nicht Eltern und Kinder, sondern Brüder und Schwestern seien, ja schließlich Eltern und Kinder »überhaupt nicht sie selbst«, sondern nur »Behälter des Keimplasmas«. Lyssenko wettert auch gegen Metaphysik und Scholastik der mendelistisch-morganistischen Genetiker Russlands. Denn es könne nur ein Ziel geben: »dem Ackerbauern zu helfen, dort zwei Ähren zu ernten, wo heute nur eine wächst«. – Ein besonderer Fall von »Fruchtlosigkeit des Mendelismus-Morganismus«, der die »Nutzlosigkeit der praktischen und theoretischen Bestrebungen unserer einheimischen morganistischen Zytogenetiker« zeige, seien die Arbeiten des korrespondierenden Mitglieds der Akademie der Wissenschaften der UdSSR, Professor der Genetik Nikolaj Petrovič Dubinin. Seit vielen Jahren beschäftige sich dieser mit nichts anderem als Unterschieden im Zellkern von Fruchtfliegen auf dem Land und Fruchtfliegen in der Stadt.[1]

[…] Während des Krieges und nachdem setzte Dubinin seine Untersuchungen fort und befasste sich mit dem Problem der Fruchtfliegen in der Stadt Woronesh und in deren Umgebung. Er schreibt: »Durch die Zerstörung der Industriezentren während des Krieges wurden die normalen Lebensbedingungen gestört. Die Drosophila-Populationen befanden sich auf diese Weise unter harten Existenzverhältnissen, die möglicherweise die rauhen Überwinterungsverhältnisse in ländlichen Gegenden noch übertrafen. Es war äußerst interessant, den Einfluss der durch den Krieg hervorgerufenen veränderten Existenzbedingungen auf die karyotypische Struktur der Stadtpopulationen zu studieren. Im Frühjahr 1945 untersuchten wir Populationen aus Woronesh, einer der Städte, die am meisten unter den Zerstörungen der deutschen Invasion gelitten haben. Unter 225 Individuen wurden nur zwei Fliegen gefunden, die in Bezug auf die Inversion II-2 heterozygot waren (0,88 %). Die Konzentrierung der Inversionen erwies sich demnach in dieser großen Stadt niedriger als in gewissen ländlichen Gegenden. Wir ersehen daraus die katastrophale Wirkung der natürlichen Auslese auf die karyotypische Struktur der Population.«

Wie wir sehen, stellt Dubinin seine Arbeit so dar, dass sie äußerlich manchem sogar als wissenschaftlich erscheinen kann. Nicht umsonst trat diese Arbeit als eine der wichtigsten bei der Wahl Dubinins zum korrespondierenden Mitglied der Akademie der Wissenschaften der UdSSR in Erscheinung.

Wenn man aber diese Arbeit einfacher darlegt, sie der pseudowissenschaftlichen Formulierung entblößt und den morganistischen Jargon durch gewöhnliche russische Worte ersetzt, dann ergibt sich folgendes:

Als Ergebnis vieljähriger Arbeiten »bereicherte« Dubinin die Wissenschaft durch die »Entdeckung«, dass im Bestand der Fliegenbevölkerung bei den Fruchtfliegen der Stadt Woronesh und ihrer Umgebung während des Krieges eine Vergrößerung des Prozentsatzes von Fliegen mit Chromosomenmerkmalen einer Art vor sich ging und eine Verringerung der Zahl anderer Fruchtfliegen mit Chromosomenmerkmalen anderer Art (im morganistischen Jargon heißt dies eben »Konzentration der Inversion« II-2). Dubinin begnügte sich nicht mit den von ihm während des Krieges erreichten, für Theorie und Praxis so »hochwertigen Entdeckungen«. Er stellt sich auch für die Periode des Wiederaufbaues weitere Aufgaben und schreibt: »Es wird sehr interessant sein, im Verlauf der folgenden Jahre des Wiederaufbaues die karyotypische Struktur der Stadtpopulation im Zusammenhang mit der Herstellung normaler Lebensbedingungen zu untersuchen.« *(Bewegung im Saale, Gelächter.)*

Dies sind die für die Morganisten typischen »Beiträge« zur Wissenschaft und zur Praxis vor dem Kriege, während des Krieges, und dies sind die Perspektiven der morganistischen »Wissenschaft« für die Periode des Wiederaufbaues! *(Beifall.)*

Dialektik war seine Sache nicht. Sonst hätte ihm gedämmert, was für ein dialektisches Meisterstück Nikolaj Petrovič Dubinin und G.G. Tinjakov am 25. Oktober 1945 bei der Akademie abgaben: *Strukturnaja izmenčivost' chromosom v populjazijach goroda i sel'skoj mestnosti*, »Die strukturelle Veränderlichkeit der Chromosomen in Populationen in Städten und ländlichen Gebieten«.[2] Dass nur vererbbare Mutationen und nicht Auseinandersetzungen mit Umgebung, Milieu, Medium Evolution machen: Dieser Stoß ist gegen Lamarck geführt. Alles hängt an der Mutation. Schon vor Entstehung der makromolekularen Biologie, als Vererbung nur auf Chromosomen spielt, ist sie ein Spiel des Alphabets. Gene sind als Orte auf dem Chromosom als helle und dunkle Bänder sichtbar zu machen und werden mit Zahlen und Buchstaben bezeichnet: Chromosom II, Bandenregion 2 mit den Subbanden 23C bis 31B, usw. Ein Typ von Mutation besteht darin, daß sich das *agencement*, die »Anordnung«, *porjadok*, **abcde** an einer Stelle auf sich selbst zurückbiegt, etwa bei **cd** eine Schleife bildet, die sich dann aus der Reihe löst und wieder einfügt, mit dem Ergebnis: **abdce**. Findet diese »Inversion« nur auf einer der zwei Chromatiden des Chromosoms statt, macht sie aus Homozygoten Heterozygoten. Mutationen tragen die Veränderlichkeit und Divergenz der Arten, also Evolution. Zu studieren ist sie nur von außen: als Anzahl der Inversionen innerhalb einer Population. Aber woher kommen die Mutationen alias Inversionen? Mitten im schwarzen Herzen des Morganismus verfällt die sowjetische Schule um Dubinin auf Lamarck. Die Zahl der Inversionen hängt am Milieu, den Bedingungen (*uslovija*) des Lebens (*žiznii*), Wohnens (*obitanija*), Existierens (*sušžestvovanija*). Und schon steht man an den Grenzen zur Kulturwissenschaft. Aus der Gattung Drosophila, der Fruchtfliege, die auch einmal *oinopoia*, die weintrinkende hieß, nimmt Amerika (Dobzhanski und Sturtevant) die Art *Drosophila pseudoobscura*. Man untersucht die Fiktion reiner Natur: langsame Evolutionen natürlicher Arten. Sowjet-Russland setzt auf *Drosophila funebris* und den Befund, dass der Mensch »in der Gesamtheit der natürlichen Umgebungen ein beständiges Element« geworden ist. Vor allem hat das »Erscheinen industrieller Zentren eine Reihe gewaltiger (*moščnye*) evolutionärer Prozesse ins Leben gerufen«. Darum studieren Dubinin und Kollegen zunächst die Verteilung von Inversionen der Fruchtfliegen in Moskau, unterschieden nach Bezirken. Von 3315 Moskauer Stadtfliegen zeigen 1714 Individuen Inversionen in den Chromosomen ihres Zellkerns, das sind 51,70 %. Am *Samotečnaja ploščad'*, einem Platz am achtspurigen äußeren Ring, sind es sogar 88,22 %. Dagegen sind es in *Derevnija Polivanovo*, 210 km nordwestlich der Hauptstadt, auf 635 untersuchte Landfliegen nur 9, die eine Inversion zeigen. Kultur steigert die Mutationsfreude. Wo alles gesichert ist, in Moskauer Kantinen und Küchen, in friedlicher Symbiose mit den Schaben, ändert man sich gern. Das Land dagegen ist konservativ. Aber gibt es eine Ursache dafür? Oder ist das Ganze überhaupt eine wissenschaftliche Täuschung? Hängt es an der Isolation Moskaus, die wie Darwins Inseln die Divergenz der Arten befördert? Aber Moskau ist keine Insel, der Austausch mit der Umgebung ist lamarckistisch rege. »Die Migration von Individuen der Art *Drosophila funebri* ist mit dem Menschen verbunden und ereignet sich in großem Maßstab.« Die Datschas also. Auch Stichproben in anderen Städten bringen kaum Klarheit. Erst das Frühjahr 1945 ermöglicht den klärenden »Sprung unter dem freien Himmel der Geschichte« (Über den Begriff der Geschichte, XIV. These). Unternehmen Blau soll im zweiten Russlandsommer 1942 die Entscheidung bringen. Hitlers radebrechende Weisung 41 hatte den Beginn auf den 28. Juni 1942 festgesetzt: Östlich von Orel und Kursk vorstoßen, Woronesh nehmen, dann schnell weiter, weiter über den Don in die Steppe nach Stalingrad. Hitler ist nicht sicher, Woronesh zu erobern, am 5.7. verbietet er's. Generalfeldmarschall Fjodor von Bock macht den Angriff trotzdem, mit dem Ziel: »Woronesh schnell und leicht in die Hand zu nehmen und solang zu halten, bis die befohlenen Zerstörungen durchgeführt waren.« Aber die Stadt ergibt sich nur unter heftigen Kämpfen und schließlich Luftwaffeneinsatz. Die Tragödie von Stalingrad beginnt auf deutscher Seite »mit der bei Voronesh erlittenen Verzögerung«. Sie erst (so der Mythos des Haudegen Carell) habe den Russen die Gelegenheit gegeben, sich bis über die Wolga weiter zurückzuziehen. Am 24. Februar 1943, einige Wochen nach Stalingrad, befreien die Russen Woronesh. Im Frühjahr 1945 ist sie zu 90 % zerstört, 30000 Bewohner sind ums Leben gekommen, Tausende zur Zwangsarbeit ins deutsche Reich verschleppt. Und die Fliegen? Im äußerst Riesenhaften das äußerst Kleine? Drosophila *dans ses coursiers funèbres* hat alle Mutationen gestoppt. Die Stadt ein bitterer Winter. Auch die Fruchtfliegen erleiden es.

Peter Berz

ANMERKUNGEN

1 Aus dem Vortrag des Akademiemitgliedes Trofim Denissovič Lyssenko: Die Situation in der biologischen Wissenschaft, in: ders. (Hg.), *Die Situation in der biologischen Wissenschaft. Vortrag und Diskussion. Stenographischer Bericht von der Tagung der W.I.Lenin-Akademie der Landwirtschafts-Wissenschaften der Sowjetunion vom 31. Juli bis 7. August 1948* (dt. Übersetzung: W. Höppner, I. Meier, Redaktion S.G. Saakow), (= 2. Beiheft zur Sowjetwissenschaft, hrsg. von Jürgen Kuczynski und Wolfgang Steinitz), Berlin 1952, S. 22 [Original: ders., *O polozhenii v biologičeskoj nauke*, usw., Moskwa 1948].

2 *Doklady Akademii Nauk SSSR* [Berichte der Akademie der Wissenschaften der UdSSR], 1946, Band LI, Nr. 2, S. 151–153.

FLIEGE UND BILDERSTURM

Eine Fliege auf der Wasseroberfläche (Abb. 1). Dieses Detail ist auf dem Bild *Die Menschenfischer* von Adriaen van de Venne aus dem Jahr 1614 angesichts der Überfülle an Menschen im Wasser wie am Ufer kaum zu finden (Abb. 2). Wurde sie in dem großformatigen Gemälde erkannt, wird sogleich ihre überdimensionale Größe im Vergleich zu den Vögeln, die sich als schwarze Silhouetten vom Himmel absetzen, ersichtlich. Dabei ist die Fliege fast so groß wie die dargestellten Gesichter (Abb. 3). Somit handelt es sich nicht um eine vierflügelige Wasserfliege, die auf dem Wasser schwimmt, sondern um ein Detail, das zunächst aus dem Bildzusammenhang fällt. Es handelt sich daher um ein Trompe-l'Œil, das den Eindruck erweckt, eine Fliege habe sich auf ein Gemälde gesetzt. Versucht der Betrachter wiederum aus Gewohnheit das Tier fortzuscheuchen, um die dargestellte Szene ohne die Bildstörung des schwarzen Flecks betrachten zu können, so »kann das Ausbleiben einer erwarteten Bewegung des Insekts zur Aufdeckung des Schwindels führen. Nach einiger Zeit fällt dessen absolute Reglosigkeit auf und der Betrachter erkennt, dass er ein gemaltes Tier beobachtet hat.«[1] Indem die Fliege sich nur geringfügig von der Fläche abhebt, stellt sie ein ideales Objekt für den Trompe-l'Œil-Effekt dar, der das Bild scheinbar über seine Oberfläche hinaustreten lässt.

Die spezifische Augentäuschung im Gemälde van de Vennes steht im Gegensatz zu denjenigen gemalten Fliegen, die überdimensional groß in einem Stillleben mit Insekten und Blumen integriert wurden.[2] Denn hier sind jeweils die Fliegen thematisch in ihrem Milieu eingebunden, sodass erst auf den zweiten Blick die zwei Bildebenen – die gemalte Fliege als Trompe-l'Œil einerseits und das Stillleben andererseits – ins Auge

Abb. 1

Fliege und Bildersturm

Abb. 2

Abb. 3

springen. Während der illusionistische Zusammenhang hier gegeben ist, stellt sich bei van de Vennes Gemälde die Frage, was eine gemalte Fliege auf einer Wasserlandschaft zu suchen hat oder worin der Bezug zum Inhalt des Bildes besteht.

Die dargestellte Seelenfischerei bezieht sich auf den politischen und religiösen Konflikt in den Niederlanden des Jahres 1614, und das Gewässer mit den zwei Ufern allegorisiert die Teilung des Landes. Während sich auf der linken Seite die protestantischen Geistlichen und Führer der Republik befinden, stehen ihnen gegenüber die Katholiken, die über den Süden der Niederlande herrschen. Wie die Frage nach der richtigen Seite im Blick auf das Seelenheil zu beantworten ist deutet der Maler aus dem Norden mit mehreren Hinweisen an. Zunächst schwimmen mehr Menschen auf die linke Seite hinüber, wobei hier noch erwähnt werden muss, dass die Seelen in der Nähe der katholischen Schiffe später hinzugefügt wurden.[3] Des Weiteren sammelt sich das Licht, das durch die Wolken hindurchbricht, auf der linken Bildseite. Versucht man die Fliege in diesem Zusammenhang ikonografisch zu lesen, kann sie nur schwer mit dem Inhalt des Bildes verbunden werden. Denn die Fliege gilt entweder als Vanitasmotiv oder »als unreines Tier, das sich auf Exkrementen niederlässt und mit Tod und Verwesung assoziiert wird.«[4] In Kombination mit eucharistischen Motiven kann die Fliege auch auf die Überwindung des Todes durch den Glauben verweisen.[5] Dies könnte im Blick auf die Rettung der im Wasser schwimmenden Seelen auch entsprechend gelesen werden. Doch die gemalte Fliege erscheint nicht *im* sondern *auf* dem Bild. Deshalb ist sie vielmehr ein bildtheoretischer Kommentar, indem sie darauf hinweist, dass das zu sehende Gemälde ein Gemälde ist. Indem die Fliege ein Bildelement ist, das das Bild als ein gemaltes markiert, bezieht sie Stellung im Bilderstreit, der mit der Reformation die »Bewusstwerdung des Bildes als Bild«[6] gefördert hat. Denn der protestantische Angriff galt nicht dem Bild selbst, sondern dem Umgang mit dem Bild im Rahmen der Liturgie. Die gemalte Fliege, die den Anschein erweckt, sich auf ein Gemälde niedergelassen zu haben, rückt die Materialität des Bildes und zugleich die Immaterialität des Scheins in den Vordergrund. Genau deswegen befindet sich die Fliege als ein Köder auf der spiegelnden Wasseroberfläche einerseits und als ein bildtheoretisches Zeichen im Bezug auf den Ikonoklasmus anderseits ebenfalls auf der linken Seite des Gemäldes.

Claudia Blümle

ANMERKUNGEN

1 Susanne Schwertfeger: *Das niederländische Trompe-l'œil im 17. Jahrhundert. Studien zu Motivation und Ausdruck*, Kiel 2004, S. 33.
2 Sebastian Leikert: Lacan und die Oberfläche. Zu einem Spiegelstadium ohne Spiegel, in: Claudia Blümle, Anne von der Heiden (Hg.), *Blickzähmung und Augentäuschung. Zu Jacques Lacans Bildtheorie*, Zürich / Berlin 2005, S. 91–102.
3 Vgl. hierzu die Webseite des Museums: https://www.rijksmuseum.nl/en/collection/SK-A-447.
4 Schwertfeger: *Das niederländische Trompe-l'œil im 17. Jahrhundert*, Kiel 2004, S. 144.
5 Ebd.
6 Victor I. Stoichita: *Das selbstbewusste Bild. Vom Ursprung der Metamalerei*, München 1998, S. 110.

WIDERSPRÜCHE DER WISSENSCHAFT

BILDSCHIRM

[*In the heliotropical noughttime following a fade of transformed Tuff and, pending its viseversion, a metenergic reglow of beaming Batt, the bairdboard bombardment screen, if tastefully taut guranium satin, tends to teleframe and step up to the charge of a light barricade. Down the photoslope in syncopanc pulses, with the bitts bugtwug their teffs, the missledhropes, glitteraglatteraglutt, borne by their carnier walve. Spraygun rakes and splits them from a double focus: grenadite, damnymite, alextronite, nichilite: and the scanning firespot of the sgunners traverses the rutilanced illustred sunksundered lines. Shlossh! A gaspel truce leaks out over the caeseine coatings. Amid a fluorescence of spectracular mephiticism there caoculates through the inconoscope stealdily a still, the figure of a fellowchap in the wohly ghast, Popey O'Donoshough, the jesuneral of the russuates. (…)*][1]

Diese Zeilen, die dem 1939 erschienenen Roman *Finnegans Wake* von James Joyce entstammen, bilden einen der markantesten Schnittpunkte zwischen Literaturgeschichte, Mediengeschichte und Medientheorie. Die literarische Sprache tritt hier im Modus einer überschießenden poetischen Produktivität in Erscheinung, die auf der phonetischen Ebene der kleinsten bedeutungstragenden Einheiten ansetzt. Der Effekt ist eine Verflüssigung, die nicht nur die Ordnungen des Wörterbuchs und der Grammatik sprengt, sondern auch verschiedene Sprachen sich mischen lässt. Der Text gewinnt daher weder in syntaktischer noch in semantischer Hinsicht klare Konturen und gelangt auch niemals zum Aufbau eines narrativen Gefüges. Ihn zu lesen kann daher nur heißen, ihn zu dechiffrieren, nicht ihn zu verstehen, und sich dabei seinem spezifischen poetischen Verfahren zuzuwenden, das heterogenstes Sprachmaterial aufgreift und es in einen Prozess der De- und Rekomposition eintreten lässt.

Im Fall der oben zitierten Passage trifft man auf eine ganze Reihe von fernsehtechnischen Termini, die den Text durchziehen und die sich dabei zugleich transformieren.[2] Anstelle von *sync pulses* liest man beispielsweise »syncopanc pulses«, anstelle von *carrier wave* »carnier walve«, anstelle von *caesium-coated* »caeseine coatings« usw. Die Wortfolge »the charge of a light barricade« spricht von Ladung und Licht, verweist aber zugleich auch literaturgeschichtlich auf Alfred Tennysons Gedicht *The Charge of the Light Brigade* von 1870, das den verlustreichen Angriff der britischen Kavallerie auf russische Kanonenstellungen während des Krimkriegs in der Schlacht von Balaklava feiert. Marshall McLuhan hat 1964 in seinem Buch *Understanding Media. The Extensions of Man* auf diese Stelle Bezug genommen und daraus ein Schlüsselkonzept seiner Medientheorie entwickelt. »The mode of the TV image«, so McLuhan, »has nothing in common with film or photo, except that if offers also a nonverbal *gestalt* or posture of forms. With TV, the viewer is the screen. He is bombarded with light impulses that James Joyce called the ›Charge of the Light Brigade‹ [sic!] that imbues his ›soulskin with subconscious inklings.‹«[3] McLuhan zitiert also gar nicht Joyce, sondern löst dessen poetische Verwandlung des Gedichttitels von Tennyson auf, so dass die neu gewonnene elektrotechnische Lesart (*charge* – Ladung, Auflading) verschwindet und die gewaltsame Bewegung des Angriffs wieder in den Vordergrund tritt. Für McLuhan war das Fernsehen das Leitmedium seiner Zeit, da sich mit ihm wie mit keinem anderen die Auflösung der westlichen Medienkultur und ihres spezifischen Umgangs mit Bild und Schrift verband. Denn das Fernsehbild ist kein Bild im herkömmlichen statisch-repräsentativen Sinne, sondern ein Ereignis von Lichtimpulsen, das keinerlei Distanz erlaubt und sich direkt mit dem menschlichen Wahrnehmungsapparat zusammenschließt. Im Fernsehbild tritt, mit anderen Worten, der ökologische Charakter von Medien überhaupt hervor im Sinne der Herausbildung einer künstlichen Umwelt, die das Verhältnis der menschlichen Sinne immer wieder neu strukturiert. Und in *Finnegans Wake* fand McLuhan diese Einsicht bereits mit literarischen Mitteln vorweggenommen.[4]

Schaut man sich die hier in Frage stehende Passage näher an, erscheint diese Lesart durchaus plausibel, allerdings findet die von McLuhan betonte (medien-)ästhetische Seite des Fernsehens sehr viel weniger Beachtung, als man erwarten würde. Dies lässt sich insbesondere an der Wortfolge »the charge of a light barricade« verfolgen, die von McLuhan wie selbstverständlich auf den Fernsehempfänger bezogen wird, genauer gesagt auf die elektronische Bildröhre. Allerdings stößt man bei Joyce zunächst auf das hochentwickelte mechanische Wiedergabeverfahren der britischen Firma Scophony, das 1938 durch die Verwendung von rotierenden Spiegeltrommeln die weltweit besten Ergebnisse bezüglich Bildschirmgröße (61 x 51 cm) und Helligkeit lieferte.[5] Während bereits zuvor die Lichtmodulation mit Hilfe von Überschallwellen (*supersonic light control*)[6] Eingang in den Romantext findet, wird hier nun das zweite Schlüsselkonzept von Scophony erwähnt: die Aufspaltung des Lichtstrahls über gekreuzte zylindrische Linsen auf zwei verschiedene Ebenen (*split focus*). Das geisterhafte Bild des russischen Generals (»the figure of a fellowchap in the wohly ghast, Popey O'Donoshough, the jesuneral of the russuates«) scheint dann aber tatsächlich auf dem fluoreszierenden Schirm einer Elektronenröhre optisch zu gerinnen (»caoculates«). Gekoppelt ist die Bildwiedergabe im Empfänger bei Joyce gleichwohl durchgehend mit dem Verfahren der Bildabtastung im Ikonoskop (»through the inconoscope«), das Wladimir Zworykin 1923 in den USA entwickelt hatte und das auf der Grundlage des photoelektrischen Effekts Lichtintensitäten in Ladungen übersetzte. Es liegt daher nahe, »the charge of a light barricade« (»die Ladung der Lichtbarrikade«) als eine technisch informierte Bezugnahme auf die Photokathode im Ikonoskop mit ihren cäsiumbeschichteten (»caeseine coatings«) Silberkügelchen zu lesen, während »the bairdboard bombardment screen« demgegenüber die Empfängerseite beschreiben dürfte. John Logie Baird, der Fernsehpionier, stand im Großbritannien der dreißiger Jahre wie kein anderer für die öffentliche Präsenz dieses neuen Mediums, das in der hier kommentierten Passage aus *Finnegans Wake* entsprechend auch als Inventar einer Kneipe gezeigt wird. McLuhans bewusst ungenaues Joyce-Zitat von 1964 hätte demnach durch seine Hervorhebung der wahrnehmungspsychologischen Seite gerade eine entscheidende Dimension des literarischen Textes übersprungen: sein sehr detailliertes Interesse für technische Einzelheiten der Bildsignalverarbeitung. Verfolgt man, wie sich dieses Material bei Joyce mit den Verfahren sprachlicher De- und Rekomposition überlagert, drängt sich der Verdacht auf, dass Poetik hier auf ganz grundlegende Weise an Technik Maß genommen hat: Literatur als Übergang zu einer Schreibweise, in der die Sprache jede Transparenz verliert, um sich stattdessen in eine Barrikade (ein Medium) zu verwandeln, an der sich Übersetzungs- und Übertragungsprozesse ereignen.

Hans-Christian von Herrmann

ANMERKUNGEN

1 James Joyce: *Finnegans Wake*, Werkausgabe, Bd. 6, Frankfurt am Main 2001, S. 349.
2 Vgl. Danis Rose: *James Joyce's The Index Manuscript. Finnegans Wake Holograph Workbook VI. B. 46*, Colchester 1978, S. 204–208.
3 Marshall McLuhan: *Understanding Media. The Extensions of Man*. Critical Edition, Corte Madera, CA 2003, S. 418. Der zweite Teil des Zitats bezieht sich auf James Joyce: *Finnegans Wake*, S. 377: »[...] subconscious inklings shadowed on soulskin.«
4 Vgl. Marshall McLuhan: James Joyce and Television, *Fordham Lecture Series*, 28.06.1966 (https://www.youtube.com/watch?v=uMM-ERizab4, 7.3.2019).
5 *Scophony* [Handbuch, 1938] (URL: http://www.tvhistory.tv/1938-Scophony-UK.htm, 7.3.2019).
6 James Joyce: *Finnegans Wake*, S. 123: »[...] his dectroscophonious photosension under suprasonic light control [...]«.

CIRCUMNAVIGATOR'S PARADOX

Weltumsegelnde Europäer beschäftigen sich seit jeher mit einem Phänomen, das im Englischen das »Circumnavigator's Paradox«[1] genannt wird: Wer westwärts um die Welt reist, der ist bei der Heimkehr einen Tag später dran als die Daheimgebliebenen; wer ostwärts reist, einen Tag früher. Als die *Victoria*, eines der Schiffe aus Magellans Flotte, am Ende der ersten erfolgreichen Weltumseglung der Geschichte etwa drei Jahre nach ihrer Abreise unter dem Befehl des Kapitäns Juan Sebastián Elcano die Kapverdischen Inseln erreicht, verzeichnen die Logbücher Mittwoch, den 9. Juli 1522, doch an Land ist schon Donnerstag, der 10. Juli. Und als Phileas Fogg nach 81 Tagen von seiner Reise um die Erde wieder nach London heimkehrt, sind – sein Wettglück begünstigend – dort erst 80 Tage vergangen.

Was jedoch geschieht, wenn sich zwei Schiffe von Europa aus gleichzeitig auf den Weg machen, eines west-, das andere ostwärts, um sich dann irgendwo auf einer Insel im Pazifik zu treffen? Kalendarisch zunächst einmal das gleiche, wie bei Elcano und Fogg: Es gibt zwei Daten an einem Ort. Doch unklar ist nun, welches das gültige Datum sein soll. Denn in diesem Fall treffen zwei strukturell gleichberechtigte Zeiten aufeinander; die reisend erzeugte Eigenzeitlichkeit kann nicht durch eine stationär gesicherte, hegemoniale Zeit korrigiert werden. Der Ort, an dem das »Circumnavigator's Paradox« seine volle Wirkung entfaltet, ist entsprechend nicht Europa, sondern der Pazifik. Auf Tahiti, so berichtet der Erzähler in *Omoo*, Herman Melvilles 1847 publiziertem zweiten Südsee- und Inselroman, ergibt sich daraus das Problem,

> whether it was right and lawful for anyone, being a native, to keep the European Sabbath, in preference to the day set apart as such by the missionaries, and so considered by the islanders in general.
>
> It must be known, that the missionaries of the good ship Duff, who more than half-a-century ago established the Tahitian reckoning, came hither by the way of the Cape of Good Hope; and by thus sailing to the eastward, lost one precious day of their lives all round, getting about that much in advance of Greenwich time. For this reason, vessels coming round Cape Horn – as they most all do nowadays – find it Sunday in Tahiti, when, according to their own view of the matter, it ought to be Saturday. But as it won't do to alter the log, the sailors keep their Sabbath, and the islanders theirs.
>
> This confusion perplexes the poor natives mightily; and it is to no purpose that you endeavour to explain so incomprehensible a phenomenon. I once saw a worthy old missionary essay to shed some light on the subject […]:
>
> »Here,« says he, »you see this circle« (describing a large one on the ground with a stick); »very good; now you see this spot here« (marking a point in the perimeter): »well; this is Beretanee« (England), »and I'm going to sail round to Tahiti. Here I go, then« (following the circle round); »and there goes the sun« (snatching up another stick, and commissioning a bandy-legged native to travel round with it in a contrary direction). »Now then, we are both off, and both going away from each other; and here you see I have arrived at Tahiti« (making a sudden stop); »and look now where Bandy Legs is!«
>
> But the crowd strenuously maintained, that Bandy Legs ought to be somewhere above them in the atmosphere; for it was a traditional fact, that the people from the Duff came ashore when the sun was high overhead. And here the old gentleman, being a very good sort of man, doubtless, but no astronomer, was obliged to give up.[2]

Die Szene verweist auf die »globale Pluralisierung von Zeitlichkeiten«[3] in der Moderne, zugleich aber auch auf das Modell einer Weltzeit, dank der alle Vorgänge, die sich überhaupt auf der Erde abspielen können, immer schon synchronisiert sind. Diese Synchronisation verdankt sich einer Norm: der »Greenwich time«, die 1884 auf der Washingtoner Meridiankonferenz institutionalisiert wird.[4] Was sich damit auf Tahiti abzeichnet, ist eine für die europäische Moderne charakteristische Ambivalenz der Zeit zwischen Pluralisierung und Globalisierung: Das Partikular-Werden und das Global-Werden der Zeit sind aufeinander bezogene Vorgänge, die beide ganz unmittelbar aus der nautischen Praxis des europäischen Pazifik-Imperialismus hervorgehen.

Nun ist bei Melville nicht nur vom Sonntag, sondern auch vom Sabbat die Rede. Einer christlichen wird mithin eine jüdische Begrifflichkeit und eine spezifisch religionsgeschichtliche Dimension hinzugefügt. Denn es war der arabisch-jüdische Rechtsgelehrte Judah Halevi, der um 1140 als erster auf die Problematik einer Datumslinie verwiesen hat, bezeichnender Weise im Zusammenhang mit der Frage, wann die in der Diaspora verstreuten Juden ihren Sabbat feiern sollten. Damit wird das »Circumnavigator's Paradox« in seiner allgemeinsten Form fassbar. Es erzählt vom Aufbrechen einer einigenden Zeiterfahrung, von der diasporischen Zerstreuung von Zeitlichkeiten, vom Plural- und Partikular-Werden individueller Eigenzeiten, und es erzählt vom Drang, dem allen eine verbindliche Weltzeit entgegenzusetzen, einen synchronisierten Zeit-Globus.[5]

Dieser allgemeinen Form entspricht die historisch konkrete Situation im Pazifik des 18. und 19. Jahrhunderts mit ihrem Wirrwarr an fixierten Insel- und mobilen Schiffsdaten. Melvilles theatrale Weltumrundungsszene wirft damit ein erhellendes Licht auf den Zusammenhang zwischen europäischen Zeitkonzepten und europäischem Pazifikkolonialismus. Es ist offenbar nicht einfach so, dass die europäischen Schiffe eine einheitliche, mechanische Zeit importieren, die sie in einer imperialen Geste gegen die indigenen Zeitvorstellungen der Pazifikbewohner durchsetzen. Vielmehr vervielfältigen sich die Zeiten in den kolonialen Schiffsbewegungen überhaupt erst auf eine praxeologisch handfeste Weise derart, dass sie aus der Ferne des Pazifiks heraus auf eine eigens dafür zu etablierende europäische Zeitnorm zurückbezogen werden müssen.

Beides kommt bei Melville zur Sprache: die auf Tahiti vervielfältigte und die im Greenwich-Standardmeridian vereinheitlichte Zeit der Europäer. Die indigenen Insulaner bleiben beidem gegenüber distanziert. Die Praxis, einen Sonntag am Samstag zuzulassen, macht sie schlicht perplex. Und die theatrale Aufführung der solaren und nautischen Weltumrundung, die »Beretanee (England)« zum Norm-Meridian erhebt, vermag sie nicht zu überzeugen. Die »natives« begehen damit einerseits aus europäischer Perspektive einen Kategorienfehler, insofern sie das zweidimensionale Modell nicht von der dreidimensionalen Wirklichkeit unterscheiden. Lesbar wird darin andererseits auch ein Akt des Widerstandes, geht es ihnen doch darum, ihre eigene Tradition (»traditionary fact«) zu bewahren (»to maintain«). So mögen sie zwar von der sonderbaren Einrichtung eines samstäglichen Sonntags verwirrt sein, das eurozentrierte Weltzeit-Bürgertum aber weisen sie dennoch von sich. Und das können sie auch tun, ist doch die Weltzeit nichts Gegebenes, sondern etwas Hergestelltes. Ihr ist nur verpflichtet, wer sie anerkennt oder zu ihrer Anerkennung gezwungen wird. Und dies ist bei den indigenen Tahitianern in Melvilles kleinem Welt-Zeit-Theater noch nicht der Fall.

Roland Borgards

ANMERKUNGEN

1 Vgl. R. H. van Gent: *A History of the International Date Line*, https://www.staff.science.uu.nl/~gent0113/idl/idl.htm.
2 Herman Melville: *Omoo. A Narrative of Adventures in the South Sea*, Evanston/Chicago 1968, S. 163 f.
3 Michael Gamper, Helmut Hühn: Einleitung, in: dies. (Hg.), *Zeit der Darstellung. Ästhetische Eigenzeiten in Kunst, Literatur und Wissenschaft*, Hannover, 2014, S. 7–23, hier S. 7.
4 Vgl. Clark Blaise: *Die Zähmung der Zeit. Sir Sandford Fleming und die Erfindung der Weltzeit*, Frankfurt am Main 2001.
5 Zu einer Kritik des Globus vgl. Bruno Latour: *Kampf um Gaia. Acht Vorträge über das neue Klimaregime*, Berlin 2017, S. 193–250.

INTERNET DELUSIONS

Starting in the late 1990s some psychiatric patients suffering from schizoaffective disorders began reporting what have since been termed »Internet delusions«. As the name of the disorder suggests, patients experience being »controlled, monitored by,« or »entwined with the Internet«: a condition that Twitter stars and NSA analysts might simply call »proper usage.«[1] In these cases, patients describe complicated forms of persecution that sound like beta testing for now common applications of consumer computing like webcasting, data mining, cloud computing, wearables, and home automation. A 53-year-old woman claimed that »the Internet had been controlling her and her home,« as well as her appliances; a 21-year old woman believed that a microchip implanted in her body and her clothes recorded her actions and that she was being »broadcast on the internet«; a 40-year-old man thought there was a link between a website and his body; and a 24-year-old woman believed she was in fact »an Internet site« and a »living picture« on the Web.[2] Configurations vary greatly, but in all cases the sufferers share a conviction that the otherwise vast distributed computational and communication networks that now define the Internet have integrated them as but one element in the system: the cybernetic dream of »command and control« rendered nightmare as »commanded and controlled.«

In one way this is the continuation of an older lineage of techno-pathological intrigue. Famous case histories—from John Haslam to Viktor Tausk—detail patients' hallucinatory subjection to »influencing machines« that took the form of pneumatic »air looms« or bizarre cinematographic projection devices that are now treated as mere variations within a diagnostic category.[3] This is ostensibly the reason that much of the psychiatric literature on this latest digital iteration of a long familiar symptomatology so frequently attributes the appearance of Internet persecution to the »Zeitgeist«, which supplies the »delusional contents«.[4] In the 1950s the feeling of being »spied upon« is related to the Cold War, and the appearance of Germans to the outbreak of WWII.[5] One could hardly be faulted for thinking that schizophrenic delusions of influence in these estimations were just an internalized failure of American-style capitalism to invent an adequate *Objet petit a*—that is to say, the result of its apocalyptic success.

What existing analysis refuses to take seriously in the transition from traditional influencing machines to Instagram influencer machines is the inseparability of the technical arrangements from their function for the afflicted. Delusions are seen as stable, metapsychological constants that mirror the structural repetitions of ego-formation that they distort. But what could a stable pathology even be? No doubt delusions of persecution are stabilizing in that they are strategies for manufacturing make-shift ego boundaries where existing boundaries have failed, precisely by fantasizing an outside. Yet the problem of outside/inside is as much about their contact with one another as it is about their distinction, and this is a question of communication technologies. There is a temptation to think that all schizophrenic hallucinations of mechanical persecution are more or less the same, and that the updated delusional scenarios, like generations of incompatible power adapters, updated ports, or SIM cards, has little effect on the nature of the basic condition—as if they were just a form of psychological planned obsolescence.

The contents of these delusions seem not to be contents at all, but a historically specific *Psychokulturtechnik* in which the imaginary, symbolic, and real spin like equidistant points on a shared axis. We know right away, for instance, that something is wrong when the hallucinatory system requires no latency and involves no buffering, the fantasy of immediacy being a common fixture of persecutory fantasies well known from Daniel Paul Schreber, who received his spectral transmissions directly from God.[6] Ignoring the entanglements of quantum computing, the instantaneity of the signal reveals that the call is coming from somewhere inside the house. This is a decidedly digital problem. It is a question of observation familiar from second order cybernetics and systems theory. Older influencing machines may have served the same psychopathological purpose on face, helping the afflicted understand one's self as autonomous through torments from an invented outside. But in those instances, even where the machines were cobbled-together assemblages of incomprehensibly connected mechanical parts, the devices were already distinct, exerting their outside control through definite communication channels. Once the tidy ontological barriers between materiality and message collapse—matter becomes programmable and signification is inseparable from its expression as a digital logic circuit—the tormentor dissolves into the system. Ego-distinction no longer begins with the body as the original site of subject/object differentiation as all bodies are defined and governed equally by and as information. As Heinz von Foerster already claimed in a 1973 lecture, »it is clear that only an outside observer has the privilege of distinguishing between an ›exterior‹ and an ›interior‹« and moreover, this »is a privilege that the organism itself does not have,« remarking parenthetically that it cannot »differentiate between hallucinatory and non-hallucinatory states of experience.«[7] To become »entwined« is precisely what it means to become digital. And indeed it appears that the diagnosed can offer a diagnosis, dispelling a belief that there ever was a true outside.

Jeffrey West Kirkwood

ANMERKUNGEN

1. Glenn Catalano, et al.: Delusions About the Internet, in: *Southern Medical Journal* 92/6 (July 1999), p. 609.
2. Michael T. Compton: Internet Delusions, in: *Southern Medical Journal* 96/1 (January 2003), p. 61, 62; Glenn Catalano, et al.: *Delusions About the Internet*, p. 609; Vladimir Lerner, et al.: »Internet Delusions«. The Impact of Technological Developments on the Content of Psychiatric Symptoms, in: *Israel Journal of Psychiatry and Related Sciences* 43/1 (2006), p. 48. See also: V. Bell, et al.: »Internet Delusions«. A Case Series and Theoretical Integration, in: *Psychopathology* 38/3 (2005), p. 144–50; B. Schmid-Siegel: Being a Webcam, in: *Psychopathology* 37/2 (2004), p. 84–85; Harpeet S. Duggal, et al.: »Internet Delusion« Responsive to Cognitive Therapy, in: *Indian Journal of Psychiatry* 44/3 (July–September 2002), p. 293–296.
3. John Haslam: *Illustrations of Madness*, London 1810; Viktor Tausk: Über die Entstehung des »Beeinflussungsapparates« in der Schizophrenie, in: *Internationale Zeitschrift für Ärztliche Psychoanalyse* 5, Wien 1919, p. 1–33.
4. T. Strompe, G. Ortwein-Swoboda, K. Ritter, H. Schanda: Old Wine in New Bottles? Stability and Plasticity of the Contents of Schizophrenic Delusions, in: *Psychopathology* 36 (2003), p. 6–12; Lerner, p. 47.
5. Brooke J. Cannon, Lorraine Masinos Kramer: Delusion Content Across the 20th Century in an American Psychiatric Hospital, in: *International Journal of Social Psychiatry* (2011), p. 1–5.; B. Škodlar M.Z. Dernovš Ek, M. Kocmur: Psychopathology of Schizophrenia in Ljubljana (Slovenia) from 1881 to 2000. Changes in the Content of Delusions in Schizophrenia Patients Related to Various Sociopolitical, Technical, and Scientific Changes, in: *International Journal of Social Psychiatry* 54/2 (2008), p. 101–111.
6. Daniel Paul Schreber: *Denkwürdigkeiten eines Nervenkranken*, Leipzig 1903.
7. Heinz von Foerster: Cybernetics of Epistemology, in: *Understanding Understanding. Essays on Cybernetics and Cognition*, New York 2003, p. 242.

MONDVERSCHWÖRUNG

We never went to the moon, verkündete 1976 ein im Selbstverlag erschienenes Buch. Sein Autor Bill Kaysing hatte von 1957 bis 1963 im Dokumentationsdienst eines NASA-Zulieferers gearbeitet, weshalb er behaupten konnte, die Weltraumprogramme bestens zu kennen: Nie hätte die NASA die Mittel und Erfahrungen für eine Mondlandung besessen; vielmehr hätte sie sich mit Regierungsorganisationen wie der *CIA* sowie den Medien dazu verschworen, die Öffentlichkeit hinters Licht zu führen. 1977 kam Peter Hyams' *Capricorn One* in die Kinos, ein *conspiracy thriller*, dessen entscheidende Szene, der Studiodreh einer Mars-Landung, bis heute ikonischen Status genießt. Weil noch 1999, wie Gallup-Umfragen zeigten, über sechs Prozent aller US-Amerikaner die Mondlandung für einen Schwindel hielten, lancierte *Fox TV* die Dokumentation *Did We Land On The Moon?*, ehe sich zahlreiche *Internet-Communities* um die These vom *moon fake* scharten. Untermauert wird diese These bis heute vor allem auf zweierlei Weise: ›systemkritisch‹ und ›bildkritisch‹. *Zum einen* habe nicht die Wirtschaft der Mondlandung, sondern diese den 20.000 beteiligten Firmen gedient; und um unter diesen das gigantische Apollo-Budget von 20 Milliarden Dollar zu verteilen, habe man die Mondlandung zwar nicht real, wohl aber unter den Augen der (steuerzahlenden) Öffentlichkeit stattfinden lassen. *Zum anderen* entdeckt man auf den von der NASA freigegebenen und weltbekannten Fotos etliche Hinweise auf eine Fälschung; die – trotz fehlender Mondatmosphäre – wehende US-amerikanische Flagge, die immergleiche Mondlandschaft, der sternenlose Himmel oder nicht parallele Schatten auf dem Boden seien Indizien für eine Studioproduktion. Beim Blick auf den Mond ist also nichts, wie es scheint: Fakt und Fiktion wären allererst zu trennen, und jene Scheinbilder, die ›die Medien‹ projizieren, nicht nur ihrer Gemachtheit, sondern auch ihrer Motiviertheit zu überführen.

Solche Medien- und Systemkritik lässt sich, gerade ob ihrer paranoischen Qualitäten, nicht einfach ›widerlegen‹. Man kann sie allenfalls irritieren, indem man sie ernst nimmt – und zugleich signifikant ›verrückt‹: Indem man etwa den Glauben, die Mondlandung habe niemals stattgefunden, nicht einfach als paranoisch abkanzelt, sondern umgekehrt eine allgemein paranoische Lage als historische Bedingung der Mondlandung begreift. Und tatsächlich: Der Kalte Krieg begann mit einer unabsehbaren Diffusion geheimdienstlicher Aktivitäten, was nicht nur unter ›Zivilisten‹ den Verdacht schürte, der Anschein friedlicher Normalität verberge zahllose dunkle Machenschaften, sondern auch die Militärs allerorten Feindesaktivitäten wittern ließ. Als 1957 ein sowjetischer *Sidereus nuncius* am Himmel erschien und 21 Tage lang auf Kurzwelle sandte, vernahmen US-amerikanische Ohren nur die eine Botschaft: »Euch, die Ihr mich allerorten hört, kann ich ebenso leicht sehen wie beschießen!« Diese manifest paranoide Konstellation erklärten die US-Medien zum heftigen, aber heilsamen ›Sputnik-Schock‹, schließlich führte er von Staats wegen zu einer breiten Bildungsoffensive, zur raschen Gründung der NASA und zur Festigung dessen, was man fortan den ›militärisch-industriellen Komplex‹ nannte. In der US-Öffentlichkeit indes etablierte sie jenen ›paranoiden Stil‹, der spätestens seit Kennedys Ermordung als pauschaler Latenzverdacht um sich griff: Allerorten beobachtete man nun obsessiv, dass und was andere nicht beobachten können und wissen sollen. Für den Verdacht, dass hinter den offiziösen Verlautbarungen und der massenmedial fabrizierten Wirklichkeit ein dunkles politisches Geheimnis steckt, lieferte zu guter Letzt Watergate die stärksten Indizien. Und gerade unter diesen system- und medienkritischen Vorzeichen entstand das Roman- und Film-Genre des *conspiracy thriller*, während jene sechs Apollo-Missionen, die von 1969 bis 1972 (also in Nixons Regierungszeit) auf den Mond geführt hatten, rückblickend in neuem Lichte erschienen: dem des Scheinbilds.

Nicht einleuchten mag Verschwörungstheoretikern, dass wir alles, was wir über die Welt wissen, durch

›die Massenmedien‹ wissen. Massenmedien operieren, wie Luhmann sagt, nicht entsprechend des Codes *wahr/unwahr*, sondern folgen dem Code *Information/Nicht-Information*. Was nun die *hoax-Community* als Verschwörung zu beobachten meint, ist *per definitionem* massenmediale ›Nicht-Information‹. Eben deshalb glaubt man, über ein ›stigmatisiertes Wissen‹ zu verfügen, das über diesen Umweg als ›wahr‹ gelten kann. Und mehr noch: Gerade weil es ›die Massenmedien‹ nicht auf dem Schirm haben, entkommt dieses Wissen deren systemischer Gegenstandslosigkeit – und referiert auf ›Reales‹. Verbleiben wir aber unter dem Informationsregime der Massenmedien, dann markieren deren Grenzen die Grenzen unserer Welt. Genau das demonstrierte die erste Mondlandung von 1969: Nicht nur, dass sie (etwa bei der Kommunikation zwischen Raumkapsel und Bodenstation) ohne die Technik televisueller Bildgebung schon rein manövertechnisch unmöglich gewesen wäre. Insgesamt war sie ein massenmediales Geschehen, das nicht *vor* und *für*, sondern *durch* Kameras inszeniert wurde – ein Ereignis, das die Grenzen ›unserer Welt‹ nachhaltig sprengen sollte, letztlich aber nur im Weltinnenraum des US-amerikanischen TV stattfand. Das Fernsehbild machte Information und Sache offensichtlich ununterscheidbar. Und damit löste es nur ein, was Günther Anders unmittelbar vor der Mondlandung bereits angekündigt hatte: Die tausendfach publizierten Bilder vom anstehenden Ereignis waren nicht bloß Phantasien vom Künftigen, sondern vielmehr Erfindungen der Zukunft – ›Vorahmungen‹ dessen, was sich als Ereignis genauso zutragen oder, als missratene Wirklichkeit, einfach *nicht* stattgefunden haben wird.

Anders wettete darauf, dass die Fernsehanstalten bis dato unmögliche, weil von der Mondoberfläche aus übertragene Bilder der erstmals landenden *Eagle* zeigen werden. Und genauso kam es: ABC, NBC und CBS lieferten sich mit ihren Modellen und Simulationen einen regelrechten Wettlauf; zuletzt zeigte CBS, synchronisiert mit den NASA-Übertragungssignalen und aus der Perspektive des Mondbodens, das *lunar module* im Moment seiner Landung. Für irdische Zuschauer erschienen Simulation und Wirklichkeit nachgerade gleichrangig, weshalb, als sie ihren Gatten auf dem Mond herumspringen sah, Joan Aldrin rief: »It's just like a gigantic TV drama, it seems so unreal!« Doch auch die Astronauten erlebten das Apollo-Projekt als eine Serie von Simulationen, angefangen vom Flugsimulator, dessen Bildschirm ein erstes ›Simulakrum‹ erzeugte, über die NASA-Simulationshallen oder jene Wüstenstreifen Arizonas, die den Mondboden simulieren sollten, bis hin zur eigentlichen Landung, bei der sie dem Mond als Simulator der anderen Mondsimulatoren begegneten. Milliarden Fernsehzuschauer waren bei der Landung *live*, wie *in persona* dabei, obwohl die übertragenen Bilder erst vom Mond nach Australien gefunkt, dort (mit unzureichender Bildfrequenz) abgefilmt, über Satellit nach Houston und dann wieder per Satellit in alle Welt übertragen wurden. Michael Collins indes, der dritte Astronaut neben Armstrong und Aldrin, hütete das *Command Module* über der Mondoberfläche. Weil es an Bord keinen Bildschirm gab, sah er nichts – und war beim Geschehen eigentlich nicht zugegen. Die Mondlandung, ihr *Signal processing* und ihre massenmediale Verbreitung haben das Regime der Simulation globalisiert. Den Realitätseffekt haben sie ins Zentrum ›unserer Welt‹ gerückt, aus dem Realen aber, wie Jean Baudrillard sagt, einen Satelliten gemacht. Statt auf die Massenmedien hören die Verfechter des *moon-hoax* auf diesen Satelliten und auf seine Botschaft: Dass allein auf Erden Simulation und Wirklichkeit, *doxa* und *episteme* indifferent geworden seien. Wenn sie ihre Meinung in ihren *social media* zum recherchierten Faktum und zur verfemten Wahrheit stilisieren, wähnen sie sich jenseits der Grenzen unserer massenmedialen Welt. Ihre Mission ist eine solche zum Realen.

Burkhardt Wolf

Quasi-Infinity and the Waning of Space

For many artists the universe is expanding; for some it is contracting.

By
ROBERT SMITHSON
reworked by:
Helga Lutz
Carolin Bohlmann
Moritz Wehrmann

Der Beitrag geht zurück auf eine kürzlich unternommene Expedition bei der die Forschungsreisenden Bohlmann und Lutz sich in die Tiefen des Archiv der Avantgarden im Japanischen Palais entlang der Elbe begeben haben um im Rahmen einer geologischen Bohrung durch die Strata der Smithson-Archivalien auf folgende Fundstücke und unveröffentlichte Trouvaillen zu stoßen. Gemeinsam mit dem Spelunker Wehrmann gelang es ihnen, die Funde gemäß einer von Robert Smithson selbst angelegten geophotographisch fiktiven Mind Map von 1979 (inklusive der aufgefundenen Entwurfsskizze s.u.) zu ordnen und zu visualisieren.

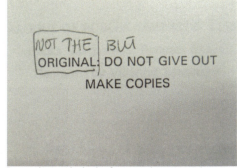

Instruction on the back of a typewriter manuscript

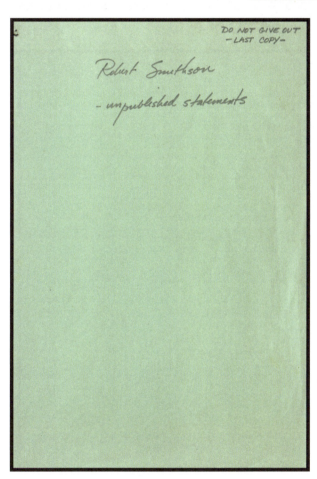

„Denn kopieren heißt nicht: nichts *machen*, heißt, die Bücher *sein*, die man kopiert, heißt: der Rücklauf der Rede in sich selbst sein, heißt: die unsichtbare Existenz sein, die das flüchtige Wort in das Unendliche des Raumes verwandelt."

Michel Foucault, Un „fantastique" de bibliothèque in Schriften zur Literatur, (S. 177)

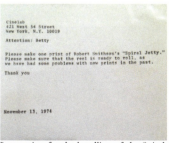

Instruction for the handling of the Spiral Jetty film material, adressed to WDR

Tara zu Robert Simthson: Ord River, Bow River, Denham River

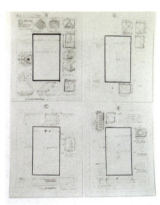

4 part drawing by Robert Smithson (unpublished layout for the Festschrift of Bernhard Siegert)

Cube in Seascape (1966)

Ord River, Bow River, Denham River (ohne Jahrezahl)

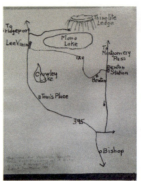
Map used for Mono Lake Nonsite (1968)

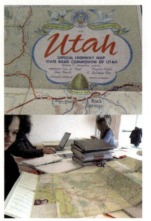
Robert Smithson's Map of Utah, unfolded (AdA Dresden 2019)

Robert Smithson's Map of Utah

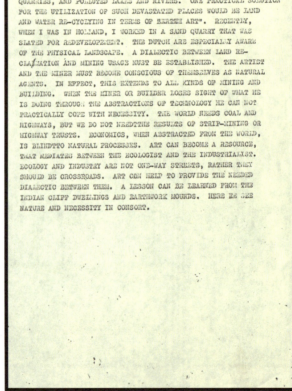

„Bouvard neigte dem Neptunismus zu. Pécuchet dagegen war Plutonist. Das Zentralfeuer hatte die Erdkruste gesprengt (...) und Spalten hinterlassen. Es ist wie ein Meer im Innnern der Erde, mit Ebbe und Flut und Stürmen. Nur eine dünne Haut trennt uns davon. Man könnte nicht schlafen, wenn man immer daran denkt."

Gustave Flaubert, Bouvard und Pécuchet, aus dem Französischen übersetzt von Carolin Vollmann, Frankfurt am Main 2004, (S.110)

Robert Smithson's Map of Salt Lake City

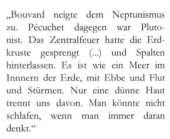
Drawing of Dinosaur watching a balide

Edouard Riou: Jules Verne Reise zum Mittelpunkt der Erde (1864)

Untitled (ohne Jahrezahl)

Glue Pour (1970)

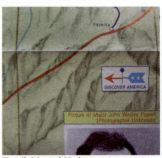
Detail, Map of Utah

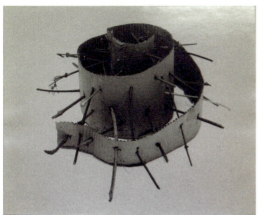

Pierced Spiral (ohne Jahreszahl)

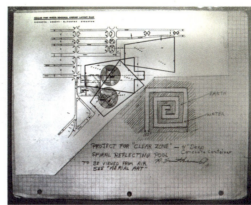

Aerial Art Dallas – Fort Worth Reg.
Airport Spiral reflecting Pool (1967)

Lake Edge Crescents, Egypt Valley,
OH (1972)

NATURE AND ABSTRACTION

Any discussion concerning nature and art is bound to be shot through with moral implications. Once a student told me that "nature was anything that is not man-made." For that student man was outside the natural order of things. In Wilhelm Worringer's <u>Abstraction</u> and <u>Empathy</u>, we are told that Byzantine and Egyptian art was created out of a psychological need to escape nature, and that since the Renaissance our understanding of such art has been clouded by an undue confidence in nature. Worringer locates <u>his</u> "concept" of abstraction outside the sensuous anthropomorphic pantheism of Renaissance humanism. "The primal artistic impulse," says Worringer, "has nothing to do with the renderings of nature." Yet, throughout his book he refers to "crystalline forms of inanimate matter." Geometry strikes me as a "rendering" of inanimate matter. What are the lattices and grids of pure abstraction, if not renderings and representations of a reduced order of nature? Abstraction is a representation of nature devoid of "realism" based on mental or conceptual reduction. There is no escaping nature through abstract representation, abstraction brings one closer to physical structures within nature itself. But this does not mean a renewed confidence in Nature, it simply means that abstraction is no cause for faith.

Robert Smithson's Map of
Salt Lake City

Piet Mondrian: Pier and Ocean (1950)

Weimar, Museum für
Ur- und Frühgeschichte

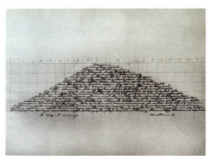

Robert Smithson: A Heap of Language
(1966)

Second Upside-Down Tree, Captiva
Island, Florida (1969)

Zeichnung mit aufgeklebter
Materialprobe (pinkfarbiges Linoleum)
Untitled (1964)

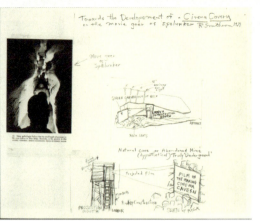

Towards the Development
of Cinema Caves (1971)

Mono Lake Nonsite (1968)

Detail, Untitled (1967)

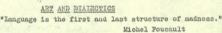

„Die Metaphysik ist zu nichts nütze.
Man kann ohne sie leben."

Gustave Flaubert, Bouvard und Pécuchet,
aus dem Französischen übersetzt von
Carolin Vollmann, Frankfurt am Main
2004, (S. 273)

Untitled (1967)

Robert Smithson's Letter to
Andy Warhol (1969)

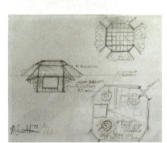

Underground Projection Room

Robert Smithson walking
on Spiral Jetty

Four Sided Vortex (1965)

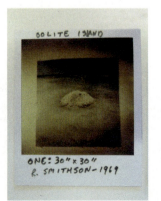

Map of Seashells, Sanibel Island,
Florida (1969)

Copyright: Archiv der Avantgarden, SKD Dresden.

PHILOSOPHIE

GELASSENHEIT

Einen, der sich kaum aufregt, wenn sein exzentrisch aufgelegter Mentor ihn jahrelang auf das Habilitationsgutachten warten lässt; einen, der einer Kleinstadt-Universität unbeirrt von allen Rufen und Chancen die Treue hält, weil er sich dort auf das Lebensprojekt konzentrieren kann; so einen Kollegen und Freund nennen wir zurecht »klug.« Aber braucht er nicht auch »Gelassenheit,« um derart klug zu wirken – und zu sein? Oder sind die beiden Adjektive »klug« und »gelassen« am Ende synonym?

Klug sein, liest man im »Historischen Wörterbuch der Philosophie,« schließt nicht die abgeklärte Haltung der »Weisheit« ein und bleibt im Gegensatz zur »Einsicht« auf Abstand vom Horizont der Theorie. Klug sein hat den Status einer Matrix, auf der sich ganz verschiedene Handlungen vollziehen können. Als Tugend im aristotelischen Sinn einer habituell gewordenen Verhaltensform soll Klugheit nur gelten dürfen, wenn sie auf das Gute bezogen bleibt und deshalb nicht zur List oder Cleverness degenerieren kann.

Für die mittelhochdeutsche Sprache Wolframs von Eschenbach, lesen wir weiter, bedeutete »kluoc« unter anderem »behend, gewandt, beweglich.« Das sieht plausibel aus – und überrascht uns doch ein wenig, weil sich Klugheit im Alltag ja durch den Ernst ihrer Urteils-Akte bewährt. Was sollte ein »behendes Urteil« sein? Liegt die Qualität von Urteilen nicht in der Entschiedenheit, mit der sie das Eine affirmieren und das Andere ausschließen? Nein, dies sind keine rhetorischen Fragen – weil Urteilen tatsächlich »Beweglichkeit« verlangt. Wir urteilen in Situationen der Kontingenz, das heißt, wenn immer wir mit Phänomenen oder Problemen konfrontiert sind, die sich weder eindeutig identifizieren noch garantiert lösen lassen. Solche Situationen sind stets singulär und also neu, da uns für vertraute Situationen immer schon allgemeingültige Interpretationen und Reaktionen zur Verfügung stehen. Neuheit und Singularität hingegen fordern Beweglichkeit, Flexibilität eine behende Urteilskraft heraus.

Von Beweglichkeit, Flexibilität und Behendigkeit führt eine semantische Brücke zur Gelassenheit. Wer Gelassenheit hat, wird sich nie wie ein sturer Prinzipienreiter benehmen. Deshalb finde ich es erstaunlich, dass ausgerechet Martin Heidegger von diesem Begriff fasziniert genug war, um ihn für seine Beschreibung des Denkens als zentrale Komponente aufzufassen (vor allem anlässlich einer Rede, die er 1955 in seinem Heimatort Messkirch hielt, und in einem »1944/45 niedergeschriebenen Feldweggespräch«).[1] Über viele Seiten windet sich die Messkircher Rede in Heideggers angestrengter Sprache durch Festredner-Banalitäten von der »Gedankenlosigkeit« der Gegenwart und vom Verlust einer »Bodenständigkeit.« Dann stößt er auf die »unaufhaltsame Übermacht der Technik« als Grund dieser Defizite, und das Denken nimmt etwas Fahrt auf anlässlich der immer noch banalen Frage nach Vor- und Nachteilen der Technik, die eine von Heidegger kaum zu erwartende Antwort findet: »Es wäre töricht, blindlings gegen die technische Welt anzurennen. Es wäre kurzsichtig, die technische Welt als Teufelswerk verdammen zu wollen. Wir sind auf die technischen Gegenstände angewiesen; sie fordern uns sogar zu einer immerzu steigenden Verbesserung heraus. Unversehens sind wir jedoch so fest an die technischen Gegenstände geschmiedet, dass wir in die Knechtschaft zu ihnen geraten (24).«

Und genau diese Ambivalenz lässt Heidegger stehen, um sie »Gelassenheit« zu nennen: »Ich möchte die Haltung des gleichzeitigen Ja und Nein zur technischen Welt mit einem alten Wort nennen: *die Gelassenheit zu den Dingen.*«

Im Blick auf Urteilen als zentrale Dimension der Klugheit können wir jetzt folgern, dass Gelassenheit als die Fähigkeit, gelegentlich eine Entscheidung zwischen Ja und Nein auszusetzen, zur guten Urteilspraxis und mithin zur Klugheit gehört. An dieser Stelle zeigt sich auch die Kontiguität zwischen »Gelassenheit« und dem Begriff der »Heiterkeit«, den Heidegger-Übersetzungen in die meisten europäischen Sprachen an die Stelle von Gelassenheit treten lassen. Nicht zufällig ist »Heiterkeit«

in der Metereologie zu einer Standard-Metonymie geworden. Denn so wie wir das Wetter als »wechselhaft« erleben, erlaubt uns Gelassenheit, zwischen verschiedenen Positionen und Perspektiven auf bestimmte Gegenstände zu wechseln.

Sein »Feldweggespräch über das Denken« unter dem Titel »Zur Erörterung der Gelassenheit,« einen philosophisch ambitionierten Text, in dem Heideggers sprachliche Idiosynkrasien möglicherweise ihren expressionistischen Höhepunkt erreichen, lässt er mit einem strukturell ähnlichen Aussetzen »der Unterscheidung von Aktivität und Passivität« (35) anfangen. Voraussetzung für wesentliches Denken sei eine »Absage an das Wollen« (33), aus der sich die Aufhebung des Gegensatzes zwischen Aktivität und Passivität ergibt (es gehört zu den Konventionen des deutschen Bildungsbürgers, in diesem Zusammenhang beflissen an den »Median« als grammatische Form der antiken griechischen Sprache zu erinnern). Wo aber das Wollen eingeklammert ist, entspricht das Verhältnis zwischen dem menschlichen Dasein und der Welt der Dinge nicht mehr der »oft genannten Subjekt-Objekt-Beziehung« (57), was Heidegger Anlass gibt, einmal mehr die sich in der »Subjekt-Objekt-Beziehung vollziehende Forschung« der Naturwissenschaften als »so etwas wie einen Angriff auf die Natur« (71) zu geißeln.

Doch wie stellt er sich eine für das Denken produktivere Beziehung zur Natur und zu den Dingen vor? Bei seiner Antwort gebraucht Heidegger den rätselhaften Begriff der »Gegnet« (eine von ihm erfundene Variante des Substantivs »Gegend«), in dem Dasein und Welt nicht wie bei der Subjekt-Objekt-Beziehung getrennt sein sollen, sondern in und als Gelassenheit miteinander verfugt: »Die Gelassenheit kommt aus der Gegnet, weil sie darin besteht, dass der Mensch der Gegnet gelassen bleibt und zwar durch diese selbst. Er ist ihr in seinem Wesen gelassen, insofern er der Gegnet ursprünglich gehört. Er gehört ihr, insofern er der Gegnet anfänglich ge-eignet ist, und zwar durch die Gegnet selbst (51 f.).«

Ich will nicht versuchen oder beanspruchen, diesem »Schreiben in Zungen« eine ebenso kohärente wie komplexe Bedeutung abzugewinnen. Die Textstelle wirkt jedenfalls inspirierend auf mich, wenn ich sie mit dem Gedanken, ja mit der Sehnsucht der Rückkehr zu einer Beziehung zwischen den Menschen und den Dingen assoziiere, wie sie vor der Emergenz aller menschlichen Kultur existiert haben mag.

Eine solche Rückkehr wäre wohl selbst für Heidegger unvorstellbar gewesen, aber gerade deshalb kann ihr Bild uns Orientierung auf der Suche nach authentischem Denken geben. Und hier, meine ich, konvergiert das »Feldweggespräch« mit einer sich verstärkenden Tendenz im akademisch-professionellen Denken der vergangenen Jahrzehnte, die Welt der Dinge nicht mehr aus der Distanz eines Außen (oder Subjekts) zu analysieren und auf Begriffe zu bringen, sondern in »operative Ontologien« zu überführen. In operative Ontologien, wo die Dinge der Natur, der Kultur und der Technik als geformte Substanz neben den Begriffen stehen bleiben können und wo das gelassene Denken zu einem Teil ihrer Operationen wird.

Hans Blumenberg, der kaum ein Heidegger war, hatte einmal auf dem Fragebogen einer angesehenen deutschen Tageszeitung »Gelassenheit« als seine »liebste männliche Tugend« genannt (und von »Anmut« als »liebster weiblicher Tugend« unterschieden). Das ist mir nachvollziehbar, obwohl ich keine guten Gründe für die beiden Meinungen entdecken kann. So wie wir uns gerne daran erinnern, wie einer, den wir für bemerkenswert klug halten, in den rechten Momenten genug Gelassenheit aufbrachte, um vom Beobachter der Welt zu einem Teil operativer Ontologien zu werden.

Hans Ulrich Gumbrecht

ANMERKUNGEN

1 Zuerst publiziert in (und zitiert nach) Martin Heidegger: *Gelassenheit*, Pfullingen 1959. Alle weiteren Zitate aus diesem Text werden in runden Klammern im Haupttext nachgewiesen und beziehen sich auf diese Ausgabe.

KLUGHEIT

»Das Wort Klugheit wird in zweifachem Sinn genommen, einmal kann es den Namen Weltklugheit, im zweiten den der Privatklugheit führen. Die erste ist die Geschicklichkeit eines Menschen, auf andere Einfluß zu haben, um sie zu seinen Absichten zu gebrauchen. Die zweite die Einsicht, alle diese Absichten zu seinem eigenen dauernden Vorteil zu vereinigen. Die letztere ist eigentlich diejenige, worauf selbst der Wert der erstern zurückgeführt wird, und wer in der erstern Art klug ist, nicht aber in der zweiten, von dem könnte man besser sagen: er ist gescheit und verschlagen, im ganzen aber doch unklug.« (Immanuel Kant, AA IV 416)

Im Vergleich zur traditionellen Einteilung des philosophischen Wissens in einen theoretischen und einen praktischen Bereich verschiebt sich dieses Verhältnis bei Kant grundsätzlich. Für Aristoteles steht der theoretischen Lebensweise (*bíos theoretikós*), die auf die Erkenntnis abzielt, eine praktische Lebensweise (*bíos praktikós*) gegenüber, die es mit kontingenten Umständen zu tun hat. Während der theoretischen Lebensweise Verstand (*noûs*) und Weisheit (*sophía*) zugeordnet sind, zeichnet sich die praktische Lebensweise durch Kunstfertigkeit (*téchnē*) und Klugheit (*phrónesis*) aus, die im Sinne von Herstellungs- und Anwendungswissen nötig sind, um etwas hervorbringen (*poíēsis*) oder eine Handlung (*prâxis*) ausführen zu können. Im Unterschied zu den allgemeinen Gegenständen der Wissenschaft wird das praktische Feld der Klugheit durch veränderliche Gegenstände konstituiert, die nicht anders als durch Erfahrung erfasst werden können. Das Spektrum der Klugheit reicht von politischen Bereichen der Staatsverwaltung und Gesetzgebung bis zum privaten Bereich der Hausverwaltung. Überall dort, wo berechnendes Handeln wichtig ist, rückt die Klugheit zum zentralen Vermögen auf.

Einen wichtigen Hinweis auf die Neuausrichtung des Verhältnisses von Theorie und Praxis gibt die Abwertung der Klugheit durch die kritische Philosophie. In der *Grundlegung zur Metaphysik der Sitten* (1785) versteht Kant unter dem Vermögen der Klugheit die »Geschicklichkeit in der Wahl der Mittel zu seinem eigenen größten Wohlsein« (AA IV 416), das es von den Geboten der Sittlichkeit prinzipiell abzugrenzen gilt. Da der zentrale Begriff der aristotelischen Ethik, die Glückseligkeit (*eudaimonía*), ein »so unbestimmter Begriff« (AA IV 418) ist, können die Maximen der Klugheit nur subjektive Gültigkeit beanspruchen. Für Kant dagegen kann »nicht jede Hantierung« unter den Begriff der Praxis fallen, sondern nur »diejenige Bewirkung eines Zwecks«, die »als Befolgung gewisser im allgemeinen vorgestellten Prinzipien des Verfahrens gedacht wird« (AA VIII 275). Auffällig an dieser Definition ist der Verweis auf den Begriff des Verfahrens. Dem entspricht der Aufstieg der Urteilskraft als Fähigkeit, das »Besondere als enthalten unter dem Allgemeinen zu denken« (AA V 179), zu einem für Kant zentralen Vermögen und die Verschiebung des Ideals des Weltmanns zum Ideal des Weltbürgers.

Vor diesem Hintergrund lässt sich die Aufteilung der philosophischen Gegenstandsbereiche in eine Welt der Naturgesetze und eine Welt der Sittengesetze, die Kant in der Einleitung zur zweiten Auflage der *Kritik der reinen Vernunft* (1781/87) anhand der Unterscheidung von Erscheinung (*phenomenon*) und Ding an sich (*noumenon*) erläutert, mit der Technik der Urteilsfindung in Beziehung setzen. Denn für Kant gibt es weder eine theoretische noch eine praktische Vernunft in dem Sinne, dass den Gebieten des Theoretischen und des Praktischen unterschiedliche Vermögen korrespondieren, sondern nur einen Unterschied zwischen dem theoretischen und dem praktischen Gebrauch der Vernunft, die in beiden Fällen die gleiche ist. Der Unterschied manifestiert sich allein darin, was im Falle der Naturgesetze und im Falle der Sittengesetze jeweils unter dem Begriff des Gesetzes verstanden wird und was das für die Anwendung der Gesetze bedeutet. Bemerkenswert ist dabei, dass es sich in beiden Fällen um Szenen der Urteilsfindung handelt, was nahelegt, dass Kant das gesamte Gebiet der Philosophie und dessen Aufteilung in einen theoretischen und einen praktischen Bereich von der Praxis des Verfahrens her denkt.

Sowohl im Falle der Naturgesetze als auch im Falle der Sittengesetze ist die Vernunft die Quelle der Gesetze. Während sich diese Gesetzgebung jedoch im Falle der Naturgesetze allein auf die Erscheinungen bezieht und es ermöglicht, dass überhaupt eine durchgängige Welt von Erscheinungen gegeben ist, korrespondieren die Gesetze und deren Anwendung im Falle der Sittengesetze unmittelbar den Dingen an sich. Die Leistung der *Kritik der reinen Vernunft* besteht in dem Nachweis, dass diese beiden Gesetzeswelten widerspruchsfrei koexistieren können. Dass die entscheidende Szene des Verfahrens für Kant mit der Welt der Sittengesetze gegeben ist, von der selbst noch der Begriff des Naturgesetzes abgeleitet ist, wird im Vergleich mit der Wertung des praktischen Lebens im Verhältnis zum theoretischen Leben bei Aristoteles deutlich. Denn wenn Kant sagt, er habe das Wissen »aufheben« müssen, »um zum *Glauben* Platz zu bekommen« (AA III 19), dann ist damit ein grundsätzlicher metaphysischer Bruch markiert, insofern nicht mehr die theoretische Erkenntnis der Natur den Rahmen für die Fragen nach der praktischen Lebensweise vorgibt, sondern umgekehrt die Fragen der praktischen Philosophie zum Ausgangspunkt für die Fragen der theoretischen Philosophie werden. Während für Aristoteles die theoretische Lebensweise das Ideal der Existenz darstellt, ist das eigentliche und wirksame Terrain der Vernunft für Kant ihr praktischer Gebrauch. Erkenntnis wird dann zu einem durch die Fragen der Praxis bedingten Bauplan, der sich nicht mehr dem theoretischen Leben zuordnen lässt, sondern im Sinne von *poíēsis* zugleich auch eine Hervorbringung dessen ist, was für wahr gehalten wird.

Während sich die *Kritik der reinen Vernunft* in erster Linie gegen die rationale Metaphysik des 17. Jahrhunderts wendet, ist das Anliegen der *Kritik der praktischen Vernunft* (1788) gegenläufig. Schon der Titel zeigt an, dass es nicht um eine Kritik der »reinen praktischen Vernunft«, sondern der »praktischen Vernunft« (AA V 3) geht. Wie mit der reinen Vernunft die rationale Metaphysik gemeint ist, deren Anspruch, auch Aussagen über »unerreichbare Gegenstände« (AA V 15) zu machen, es zu kritisieren gilt, ist mit der praktischen Vernunft die traditionelle Ethik gemeint, die im Hinblick auf solche Regeln, die sich nicht der reinen Vernunft verdanken, einer Kritik unterzogen werden soll. Während es im Falle der ersten Kritik um eine Beschränkung der reinen Vernunft geht, zielt die zweite Kritik darauf ab, das traditionelle Gebiet der praktischen Vernunft als das eigentliche Gebiet der reinen Vernunft auszuweisen. Daher kann Kant sagen, dass es in der *Kritik der praktischen Vernunft* nicht um eine Beschränkung der Vernunft geht, sondern um den Nachweis, dass es eine reine praktische Vernunft überhaupt gibt.

Dieser Nachweis richtet sich vor allem gegen die etablierte Korrespondenz des Praktischen mit dem Vermögen der Klugheit, die »kümmerlich genug und nach den Umständen sehr verschiedentlich ausfallen« (AA V 126) muss, und definiert das Gebiet des Praktischen entlang der Selbstbestimmung des Willens als Vermögen, »den Vorstellungen entsprechende Gegenstände entweder hervorzubringen oder doch sich selbst zur Bewirkung derselben (das physische Vermögen mag nun hinreichend sein oder nicht), d. i. seine Kausalität, zu bestimmen«. (AA V 15) Reine praktische Vernunft ist unabhängig von den Umständen und initiiert eine Praxis, die zugleich eine Hervorbringung ist. Unter der Leitung der Vernunft fallen *präxis* und *poíēsis* in dem Sinne zusammen, dass sich die Praxis keinen vorgängigen empirischen Bedingungen verdankt, sondern allein durch die Fähigkeit hervorgebracht wird, sich eine kohärent geordnete Praxis bloß vorstellen zu können. Das Muster für diese Hervorbringung stellt die technische Praxis dar, insofern diese nach Kant auf Prinzipien beruht, die weder in der Natur vorgefunden, noch den menschlichen Umständen abgelesen werden können. Das Feld der Praxis erscheint nun nicht mehr als ein Bereich des Handelns und Hervorbringens, bei dem sich die Vernunft zusätzlicher Vermögen bedienen muss, um auf geschickte Weise mit den kontingenten Umständen fertig zu werden, sondern als der ausgezeichnete Bereich des Handelns und Hervorbringens, der durch die Vernunft konstituiert ist.

Leander Scholz

PHÄNOMEN / PHANTOM

Die Klugheit des Aufklärers Friedrich Nicolai bestand darin, sich in jeder Lage an das Nächstliegende, sinnlich Erfahrbare zu halten. Die Dinge »in ein Helles Licht« zu setzen und »jedem Gegenstande gerade ins Gesicht zu sehen«,[1] dies sollte genügen, um den Aberglauben zu vertreiben und zu einer sicheren Erkenntnis des Wirklichen zu gelangen.

Dieser erkenntnistheoretische Optimismus wurde im Frühjahr 1791 auf eine harte Probe gestellt. Nicolai, der sich bei zahlreichen Gelegenheiten als Kritiker übersinnlicher Erfahrungen profiliert hatte, wurde nun selbst zum Opfer aufdringlicher Geistererscheinungen. Jahre später, vor der Berliner Akademie der Wissenschaften, berichtete er, was ihm zugestoßen war: »Ich sah nehmlich, bei vollem Verstande […] beinahe zwei Monate lang fast beständig, und zwar unwillkürlich, eine Menge menschlicher und anderer Gestalten«.[2] Nicolai war sich bewusst, dass es sich um eine außerordentlich weitreichende Realitätsstörung handelte. Das Gedränge der ihm erscheinenden Geister war so groß, dass er – ganz gegen seine Gewohnheit – nur sehr ungefähre Zahlenangaben machen konnte: »Meist sah ich menschliche Gestalten beiderlei Geschlechts: sie giengen gewöhnlich durch einander, als hätten sie nichts unter sich zu verkehren, so wie etwa auf einem Markte, wo sich Alles nur fortdrängt; zuweilen schienen sie Geschäfte mit einander zu haben. Einigemal sah ich unter ihnen auch Personen zu Pferde, deßgleichen Hunde und Vögel.«[3]

Nicolai war stolz darauf, dass es ihm trotz dieses Durcheinanders glückte, »jederzeit Phantasmen von Phänomenen [zu] unterscheiden, wobei ich mich nicht ein einzigmal geirrt habe«.[4] Wie aber konnte er die verschiedenen Präsentationen von Wirklichkeit auseinanderhalten? Hier erweist sich die medientheoretische Versiertheit des aufklärerischen Verstandes. Der Unterschied zwischen Schein und Wirklichkeit liegt in der medialen Qualität des Realitätseindrucks. Zwar präsentieren sich die imaginären Gestalten »in Lebensgröße« und mit allen Abstufungen der Hauttöne; dem genauen Beobachter muss jedoch auffallen, dass »die Farben etwas blässer als in der Natur« sind.[5] Ein wichtiges Kriterium ist auch, dass Phantasmen »nur durch *Einen Sinn*, durch das *Gesicht*«,[6] in Erscheinung treten: »Ich *sah* die um mich herumwandelnden Gestalten, *hörte* aber ihr Wandeln nicht.«[7] Zumindest für eine gewisse Zeit funktioniert dies als ein handfestes Realitätskriterium: Der Tanz der Phantasmen bleibt stumm; was Laute von sich gibt, muss daher real sein. Diese Unterscheidung bricht jedoch zusammen, sobald die Erscheinungen auf den akustischen Kanal übergreifen. Nicolai, den die Visualität der Erscheinungen nicht anfechten konnte, wird nun durch ihre Ansprachen verunsichert: »Nach etwa vier Wochen, fing ich an reden zu hören. Zuweilen sprachen die Phantasmen unter sich, meherentheils aber ward ich angeredet.«[8] Glücklicherweise bleibt eine letzte Differenz, an die der Realitätssinn sich klammern kann: Die sichtbaren Gestalten sind zwar zu hören, doch ist »diese Afficirung durch's Gehör nicht vollkommen: denn nur die Rede schien ich zu vernehmen, nicht das übrige Geräusch welches jeder sich bewegende wirkliche Mensch macht, sey es noch so leise.«[9] Bei aller Realitätstreue, die sie in Bezug auf einen einzelnen Sinn erzielen konnten, scheinen Nicolais Phantasmen kein überzeugendes *interplay of senses* zustande gebracht zu haben. »Sie machten also nie den Totaleindruck, den wirkliche Objekte machen: folglich, so lange meine Sinne und meine Empfindungskraft nicht verrückt waren, mußten sich die Phantasmen durch sich selbst von den wirklichen Gegenständen unterscheiden, vermöge des Mangels des übereinstimmenden Totaleindrucks.«[10]

Ebenso nüchtern wie Nicolais Wahrnehmungsanalyse ist seine Erklärung für die Entstehung der Phantasmen. Er schreibt sie gereizten Nerven und »einer unrichtigen Cirkulation des Bluts« zu.[11] Das geläufige Gegenmittel, ein Aderlass mit Blutegeln, führt dann auch prompt zur Heilung: »[E]ndlich ward beliebt wieder Blutigel an den After zu setzen. [...] Da bemerkte ich, daß die Gestalten anfingen sich langsamer zu bewegen. Kurz darauf begannen ihre Farben nach und nach blässer zu werden [...]. Etwa um halb sieben Uhr waren alle Gestalten ganz weiß, und bewegten sich nur sehr wenig. [...] Jetzt zerflossen sie gleichsam in der Luft. Von einigen sogar waren eine Zeitlang einzelne Stücke zu sehen, die nach und nach auch vergingen«.[12]

Nicolais mutige Vertreibung der Geister hat ihm mehr Spott als Bewunderung eingebracht. Goethes und Tiecks Häme galt vor allem Nicolais Blutegel-Kur und dem Ort ihrer Applikation.[13] Interessanter sind jedoch zwei andere Reaktionen, beide aus dem Jahr 1801. In unterschiedlicher Weise stellen sie die von Nicolai implizierte Trennung von Vernunft und Wahnsinn in Frage – und dadurch auch die Möglichkeit, sich mithilfe einer »einer gesunden Philosophie«[14] von den Phantasmen zu distanzieren.

Die erste stammt von dem Nürnberger Buchhändler Christian Erdmann Penker. Seine *Geschichte meiner Phantasmen* lässt keinen Zweifel daran, dass die Krankheit ihn fortgerissen hat, dass er sich, anders als Nicolai, nicht mehr in der Lage befand, zwischen Halluzination und Wirklichkeit zu unterscheiden: »Wohin mich dieses Achten auf Vogelgeschrey leiten sollte oder könnte, daran kam mir kein Gedanke; ich hielt es bloß für gut, ihm ohnbedingt zu folgen.«[15] Im Wettstreit der Heimsuchungen kann Penker zweifellos das Gewicht des größeren Leidens auf die Waagschale werfen, er stirbt ein Jahr nach der Abfassung seines Berichts »an den Folgen der Hypochondrie, die an Raserei gränzte«.[16]

Die wohl abgründigste Variation auf Nicolais Kampf mit den Geistern findet sich jedoch bei Jean Paul; hier geht es nicht um die Unschärfe der Differenz von Phänomen und Phantasma, sondern, weitaus beunruhigender, um die Umkehrung des Verhältnisses. Vielleicht sind wir nur die Phantome unserer Gespenster – dann würde uns das gleiche Schicksal blühen wie Nicolais Phantasmen:

In dem von innen hell erleuchteten Spiegel war nichts als mein sitzendes Bild; dieses richtet sich auf, bewegt sich, tritt nahe vor das Glas und will drohend heraus und sagt, mich anblickend: »O seh' ich mich dort selber? – Warte, Lufterscheinung, ich fürchte dich nicht, ich setze mir, wie Nicolai, einen Blutigel an den After, und dann zerfließest du.«[17]

Stephan Gregory

ANMERKUNGEN

1 Friedrich Nicolai: Untersuchung der Beschuldigungen, die Herr Prof. Garve wider diese Reisebeschreibung vorgebracht hat, in: ders., *Beschreibung einer Reise durch Deutschland und die Schweiz, im Jahre 1781*. Siebenter Band, Berlin / Stettin 1786, S. 1–144, hier S. 129.
2 Friedrich Nicolai: Beyspiel einer Erscheinung mehrerer Phantasmen. Nebst einigen erläuternden Anmerkungen [1799], in: ders., *Philosophische Abhandlungen*. Erster Band, Berlin / Stettin 1808, S. 51–96, hier S. 59.
3 Ebd., S. 67.
4 Ebd., S. 65.
5 Ebd., S. 68.
6 Ebd., S. 66.
7 Ebd.
8 Ebd., S. 68.
9 Ebd., S. 66.
10 Ebd.
11 Ebd., S. 59.
12 Ebd., S. 69–70.
13 Vgl. Johann Wolfgang von Goethe: Faust. Eine Tragödie, in: ders., *Hamburger Ausgabe in 14 Bänden*, S. 7–364. München 1998, S. 130; Ludwig Tieck: Das jüngste Gericht. Eine Vision [1800], in: ders., *Sämmtliche Werke*. Bd. 2, Paris 1841, S. 158–162, hier S. 160.
14 Nicolai: *Beyspiel einer Erscheinung mehrerer Phantasmen*, S. 85.
15 Christian Erdmann Penker: *Geschichte meiner Phantasmen. Ein Beytrag zu Fr. Nicolai's Beyspiel einer Erscheinung mehrerer Phantasmen*, Nürnberg 1801, 40–41.
16 Vgl. Christian Conrad Nopitsch: *Georg Andreas Will's Nürnbergisches Gelehrten-Lexicon. Siebenter Theil, N-R*, Altdorf 1806, S. 120.
17 Jean Paul: Die wunderbare Gesellschaft in der Neujahrsnacht [1801], in: ders., *Werke in zwölf Bänden*. Bd. 8, München 1975, S. 1121–1138, hier S. 1135.

THEORIEVERGEHEN

»Les théories passent. La grenouille reste.« Dieser Satz des Biologen und Mitglieds der Académie Française Jean Rostand (1894–1977) wird von François Jacob als Eröffnung seines Buchs *Le Jeu des possibles, essai sur la diversité du vivant* (1981) benutzt. Jacob war Mediziner, Molekularbiologe und Genetiker und erhielt zusammen mit Jacques Monod 1965 den Nobelpreis für Medizin. Jacob zitiert falsch; das Original lautet: *Le biologiste passe, la grenouille reste.* Dies schreibt sich auch Samuel Beckett auf, der Rostand 1978 liest und in einem Brief an Barbara Bray vom 12. Februar 1978 hinzufügt: »Ask the grenouille«. Das falsche Zitat »Les théories passent. La grenouille reste« soll, nach Frank Kermode, als Pin an einer Tür des Life Science Building der UCLA gehangen haben. Hat es Jacob dort gesehen? Man weiß es nicht.

Wenn Jacob ein solches Motto seiner Theorie des Lebens voranstellt, dann relativiert er dasjenige am Menschen, worauf dieser sein Selbstbewusstsein vorrangig gründete, nämlich das Wissen und besonders das Theorie-Vermögen. Darum heißt es zumeist: *Das Leben vergeht, Theorie besteht.* Der Spruch ist platonisch zu denken: Zur materiellen Welt gehört das Leben und dieses ist vergänglich, selbst dann, wenn man das Leben, wie es die Griechen tun, als zyklisch denkt. Das *zoon logon echon*, also der Mensch, ist dagegen einzigartig: zwar sterblich, hat er doch durch seine Vernunft am Ewigen der Ideen teil. *Theoria* ist das Anschauen und Erkennen der ewigen Ideen. Sie, und nicht die Materie, bilden den konstitutiven Rahmen allen Seins und Lebens. Die Theorie liegt allem Seienden zugrunde. Wenn schon der Mensch »der Schatten eines Traums« ist, wie Pindar sagt, um wie viel mehr die Frösche. Ist doch der Beitrag der Frösche zum Diskurs bestenfalls, wie in Aristophanes' Komödie *Die Frösche*, ein kunstvolles Gequake. Das Lebendige ist vergänglich, beiläufig, quakend. Die rationale Theorie aber ist die Erkenntnis des Unveränderlichen und insofern Teilhabe am Ewigen.

Vor dem Hintergrund des platonischen Modells ist das Motto von Jacob erstaunlich. »Die Theorien vergehen. Der Frosch bleibt.« Ist das nur ein Bonmot? Sind im Verhältnis zur Sterblichkeit der Theorien womöglich die Frösche stabil und konstant? So etwas unterschreiben Biologen wie Jacob, die von der evolutionären Ausdifferenzierung, Temporalität und Kontingenz des Lebens wissen? Alle Theorien des Lebens haben eine weit geringere Haltbarkeit als irgendeine Frosch-Art. 170 Jahre Darwinismus – 200 Millionen Jahre Frösche. Das Jacob-Motto handelt also von der zeitlichen Disproportion zwischen naturgeschichtlichen und epistemischen Prozessen und zielt auf die Selbstrelativierung unseres Wissens.

Heute beobachten wir im Bereich der Kultur eine exponentielle Beschleunigung, die sich von den evolutionären Prozessen immer mehr entfernt. Unsere genetische und physiologische Ausstattung hat sich seit wenigstens 40 000 Jahren nicht geändert, während Wissen und Kultur sich ständig revolutionieren. Das Jacob-Motto heißt deswegen auch: der Gap zwischen Natur und Kultur ist nicht zum Vorteil der Kultur auszulegen, sondern als deren Selbstgefährdung: werden die Grundlagen des Lebens zerstört, so mittelbar auch die Kultur.

Nun kann man das Motto auch anders auslegen: Theorien des Lebendigen sind selbst eine Artikulation des Lebens. In ihrem Verlauf wird das Leben reflexiv (es erzeugt Wissen von sich selbst). Kognition ist nicht das schlechthin Andere des Lebens, sondern eine Transformation des Lebens selbst. Kultur ist nicht der Gegensatz zur Natur, sondern deren Teil; wie wir umgekehrt nur in kulturellen Formen von einer Natur wissen können. Das kulturelle Wissen aber wird auf Dauer selbst zur Naturkraft. In der Perspektive dieses Gedankens liegt das Anthropozän – mit doppelt möglichem Ausgang. Entweder agiert die Menschheit selbstbegrenzend im Rahmen der Erde, die als lebendiger, sympoietischer Organismus verstanden wird (Gaia-Hypothese). Oder die

Menschheit treibt die Zerstörung der Lebensgrundlagen so weit, dass der Mensch selbst kein Überleben mehr findet, vielleicht noch Frösche, jedenfalls Insekten und erst recht die einzelligen Bewohner der *deep biosphere*.

Der Frosch gilt als *physis*. Alles Kulturelle hingegen ist *gemacht*, es ist also *techné*. Will sagen: Artefakt oder Konstruktion. Zwischen beidem sehen wir heute immer weniger einen Gegensatz. Wir entdecken, dass *Technik* und *Wissen* tief ins Tierreich, womöglich ins Pflanzenleben hineinreichen. Über Wissen und technisches Können verfügen auch Tiere. Kant redet gar von einer »Technik der Natur«. Und wo Technik ist, da ist Wissen vorausgesetzt.

Heute stellt sich die Lage radikaler dar. Das schon in der Pygmalion-Mythe bemerkte Problem, wonach erst die Selbstbewegung die Statue als lebend erweist, ist in den ›bewegten Bildern‹ und in der Automatenkunst längst gelöst. Intelligenz und Kommunikation, wie sie die Galathée bei George Bernhard Shaw, Eliza Doolittle, noch durch Spracherwerb mühsam erarbeiten muss, sind heute in die digitalen Maschinen bereits implementiert. Sensomotorische Fähigkeiten, die bei der Statue Pygmalions als Zeichen ihrer Vitalisierung erkennbar werden, gehören zu den Lösungen, an denen die Robotik erfolgreich arbeitet. Der Atem, den die Statue zeigt, ist gewiss kein Kriterium für Leben überhaupt, sondern allenfalls für Lungentiere, während der Metabolismus für intelligente Maschinen über andere Mechanismen geregelt wird. Das Erröten als Funktion von Haut und Blutkreislauf und als Index von Scham ist nur noch ein skurriles Survival der Menschheitsgattung, das keine Zukunft in Culture 4.0 haben wird. Die Gestalt des *zoon logon echon* und des *homo erectus* ist nicht länger bestimmend für die Zugehörigkeit zu intelligenten Entitäten. Die einige Jahrhunderttausende voranschreitende Zerebralisierung, also die Zentralität des Gehirns für die Entwicklung von Kultur, hat ihre Monopolstellung verloren. Das sprachlich-symbolische und das technologische Feld als privilegierte Merkmale des Menschenlebens werden immer mehr geteilt, nicht nur mit den Tieren, sondern vor allem mit Maschinen. Die Naturwüchsigkeit sexueller Reproduktion erweist sich für das Überleben auf diesem Planeten als disfunktional und gefährlich. Die Überführung des Menschen in ein technisches Projekt (Androiden, Robotik, Prothetik, Kybernetik, Gentechnik etc.) entkoppelt den künftigen Menschen von der biologischen Ordnung sexueller Reproduktion. Eigenschaften und Prozesse, die ehemals gleichsam unter Moral- und Naturschutz standen – wie Zeugung, Geburt, Tod, Erinnerung, Denken, Gefühle, Wahrnehmung etc. – werden zunehmend technisch organisiert. Das führt nicht nur zu einer Krise des menschlichen Selbstverständnisses, sondern auch des Begriffs vom Leben. Gleichsam auf Molekularebene wird der Mensch sich selbst zum Gegenstand, zum Bild, zum kulturellen Artefakt. Er ist keine von Natur langfristig geschützte Entität mehr.

Der Mensch ist durch die Humangenetik und die Anthropotechniken zum Subjekt seiner eigenen Ausstattung geworden. Weder Ontologie noch Naturgeschichte noch historische Werte können als Rahmen dafür dienen, was der Mensch in Zukunft sein wird oder sein sollte. Biologie und *life sciences* werden zu Kulturtechniken und dadurch zu einem Gestaltungsfaktor von Geschichte.

Indes sind wir nicht gut darauf vorbereitet, mit großem Tempo in den Status eines Subjekts der Evolution einzurücken oder uns zum Subjekt eines neuen Erdzeitalters mit Namen Anthropozän zu machen. Was das Leben, was das Recht darauf und die Würde desselben ist, das wissen wir nicht mehr genau zu sagen. Das aber wissen wir: Wir können das Leben nur noch mit Hilfe von Biologie und Technikwissenschaften erkennen und modellieren, also jenen Wissensfeldern, in denen das Projekt Mensch und das Projekt Erde praktisch und politisch entschieden werden wird.

Hartmut Böhme

WELTKLUGHEIT

1. Alles hat heutzutage seinen Gipfel erreicht[1]
4. Wissenschaft und Tapferkeit
15. Aushelfende Geister haben
20. Der Mann seines Jahrhunderts
23. Ohne Makel sein
27. Das Intensive höher als das Extensive schätzen
33. Sich zu entziehen wissen
35. Nachdenken, und am meisten über das, woran am meisten gelegen
37. Stichelreden kennen und anzuwenden verstehen
41. Nie übertreiben
43. Denken wie die wenigsten und reden wie die meisten
44. Mit großen Männern sympathisieren
59. Das Ende bedenken
62. Sich guter Werkzeuge bedienen
63. Es ist ein großer Ruhm, der erste in der Art zu sein
64. Übel vermeiden und sich Verdrießlichkeiten ersparen ist eine belohnende Klugheit
65. Erhabener Geschmack
70. Abzuschlagen verstehen
72. Ein Mann von Entschlossenheit
74. Nicht von Stein sein
75. Sich ein heroisches Vorbild wählen
76. Nicht immer Scherz treiben
79. Joviales Gemüt
81. Seinen Glanz erneuern
83. Sich verzeihliche Fehler erlauben
84. Von den Feinden Nutzen ziehen
85. Nicht die Manille sein
87. Bildung und Eleganz
97. Ruf erlangen und behaupten
102. Für große Bissen des Glücks einen Magen haben
122. Im Reden und Tun etwas Imponierendes haben
126. Dumm ist nicht, wer eine Dummheit begeht, sondern wer sie nachher nicht zu bedecken versteht
134. Die Erfordernisse des Lebens doppelt besitzen
136. Sich in den Materien festsetzen
145. Nicht den schlimmen Finger zeigen
149. Das Schlimme anderen aufzubürden verstehen
164. Einige Luftstreiche tun
178. Seinem Herzen glauben
179. Die Verschwiegenheit ist der Stempel eines fähigen Kopfes
181. Ohne zu lügen nicht alle Wahrheiten sagen
184. Nicht zeremoniös sein
187. Was Gunst erwirbt, selbst verrichten, was Ungunst, durch andere
192. Friedfertig leben, lange leben
198. Sich zu verpflanzen wissen
220. Wer sich nicht mit der Löwenhaut bekleiden kann, nehme den Fuchspelz
225. Seinen Hauptfehler kennen
232. Einen ganz kleinen kaufmännischen Anstrich haben
240. Von der Dummheit Gebrauch zu machen verstehen
241. Neckereien dulden, jedoch nicht ausüben
267. Seidene Worte und freundliche Sanftmut
277. Zu prunken verstehen
282. Durch Abwesenheit seine Hochschätzung oder Verehrung befördern
283. Die Gabe der Erfindung besitzen
287. Nie handle man im leidenschaftlichen Zustande
289. Nichts setzt den Menschen mehr herab, als wenn er sehen läßt, daß er ein Mensch sei
293. Von der Reife
296. Ein Mann von erhabenen Eigenschaften
298. Drei Dinge machen einen Wundermann
299. Hunger zurücklassen
300. Mit einem Wort, ein Heiliger sein

Sich in den Materien festsetzen, »der Verirrung in den Verzweigungen eines unnützen Überlegens oder auf dem Laubwerk einer ermüdenden Redseligkeit« vorzubeugen,[2] empfiehlt der 136. Ratschlag von Baltasar Gracians *Hand-Orakel*, welches nichts weniger verspricht als eine *arte de prudencia*, von Arthur Schopenhauer sorgfältig übersetzt mit *Kunst der Weltklugheit*. Die vorgelegte Liste ist als Kondensat und Resultat dieser Empfehlung zu verstehen, als Aneignung dieses auch als »schwarzes Buch«, »Männerschule«[3] oder »Verhaltenslehre der Kälte«[4] charakterisierten Ratgebers von 1647 und dessen Übertragung ins Jahr 2019. 60 Aphorismenanfänge werden zu neuen Aphorismen in einem Vorgang der Verknappung und Festsetzung, der nicht weiter kommentiert werden soll. Stattdessen soll hier im Folgenden ein Phänomen der Verdopplung bedacht werden, welches sich um die Zahl 134 herum aufspannt. So »[verdopple] man sein Dasein«, wenn man »die Erfordernisse des Lebens doppelt«[5] besitze: »Man muß nicht von *einer* Sache abhängig noch auf eine beschränkt sein, so außerordentlich sie auch sein möchte. Alles muß man doppelt haben, besonders die Ursachen des Fortkommens, der Gunst, des Genusses. Die Wandelbarkeit des Mondes ist überschwenglich, und sie ist die Grenze alles Bestehenden, zumal aber der Dinge, die vom menschlichen Willen abhängen, der ein gar gebrechlich Ding ist. Gegen diese Gebrechlichkeit schütze man sich durch etwas im Vorrat und mache es zu einer Hauptlebensregel, die Veranlassungen des Guten und Bequemen doppelt zu haben. Wie die Natur die wichtigsten und ausgesetztesten Glieder uns doppelt verlieh, so mache die Kunst es mit dem, wovon wir abhängen.«[6]

Nach Verdopplung strebt offenbar auch Norbert Elias in seinem zweiten Band über den *Prozess der Zivilisation* von 1939, wo er in der – drei Seiten langen – Fußnote 134 die Bedeutung von Gracians Handorakel als »erstes Handbuch der höfischen Psychologie« hervorhebt und sie der Wichtigkeit von Machiavellis Buch über den Fürsten, dem »klassischen Handbuch der höfisch-absolutistischen Politik«, gleichstellt.[7] Obwohl der Jesuit Gracian die Staatsräson des entstehenden Absolutismus »im Grunde seines Herzens« verachte,[8] habe er mit Machiavelli eines gemeinsam, nämlich die Verachtung durch das nicht-höfische Bürgertum. Sowohl der *Principe* als auch das *Handorakel* erschienen den Menschen außerhalb der Aristokratie als unmoralisch, da die »Überichbildung« hier »weit straffer und in vieler Hinsicht strenger« ausgebildet sei: »Die kriegerische Seite des alltäglichen Umgangs zwischen den Menschen verschwindet zwar auch in der mittelständisch-bürgerlichen Welt ganz gewiß nicht aus der Praxis, aber sie wird hier weit stärker als in der höfischen aus dem, was ein Schriftsteller, was ein Mensch überhaupt *aussprechen* darf, und nach Möglichkeit schlechterdings aus dem Bewußtsein verbannt.«[9]

Den »praktischen Regeln der Lebensweisheit«, wie sie Gracian der aristokratischen Gewohnheit entsprechend aufstelle, stünden »halbautomatisch funktionierende Gewissensimpulse« des Bürgertums entgegen. Ein »Selbstzwang« der verinnerlichten Stimme und der vom »eigenen Überich her automatisch reproduzierte[n] Angst« trete an die Stelle der weltklugen Verhaltensregelung, die aus Furcht vor dem Anderen Rücksicht predige.[10] Dabei glänze, so ein anderer Gracian-Interpret, das Hand-Orakel dennoch weniger als Ratgeber, denn in seiner Funktion eines Tableaus gesellschaftlicher Spielregeln, und dies sowohl inhaltlich als auch formal. Als Aphoristiker sei Gracian dem Stilismus der Sprache moralisch verpflichtet, so Hugo Loetscher, Scharfsinn (*agudeza*) sei für ihn »ebenso eine moralische wie eine ästhetische Disziplin«.[11] Gracian ist eher Beobachter als Besserwisser, dennoch legt er seinem Leser ans Herz, das eigene Schicksal in die Hand zu nehmen. Und wer an diesem Vorhaben scheitert – Gracian muss diese bittere Erfahrung selbst machen und ist hier mit anderen Ratgebern seiner Zeit, wie Machiavelli oder Bacon, in bester Gesellschaft –, kann sich mit dem Aphorismus 20 (»Der Mann seines Jahrhunderts«) immer noch trösten, schlicht und einfach seiner Zeit voraus zu sein: »Einige (Männer) waren eines besseren Jahrhunderts wert, denn nicht immer triumphiert jedes Gute. Die Dinge haben ihre Periode, und sogar die höchsten Eigenschaften sind der Mode unterworfen. Der Weise jedoch hat seinen Vorteil, den, daß er unsterblich ist; ist dieses nicht sein Jahrhundert, so werden viele andere es sein.«[12] Eine Beschwichtigung, die an dieser Stelle jedoch ohnehin völlig überflüssig ist.

Eva Schauerte

ANMERKUNGEN

1 Dieser und alle folgenden Aphorismenanfänge stammen aus Baltasar Gracián y Morales: *Hand-Orakel und Kunst der Weltklugheit*, Zürich 1993.
2 Ebd., S. 110–111.
3 Hugo Loetscher: Nachwort von Hugo Loetscher, in: ebd.
4 Helmut Lethen, zit. nach Jeannie Moser: Futurologische Vorübungen. (Dis-)Simulation, Szenario und Misstrauen in Graciáns Handorakel, in: dies., Christina Vagt (Hg.), *Verhaltensdesign. Technologische und ästhetische Programme der 1960er und 1970er Jahre*, Bielefeld 2018, S. 157–174.
5 Gracián y Morales: *Hand-Orakel und Kunst der Weltklugheit*, S. 109.
6 Ebd., S. 109 f.
7 Norbert Elias: Über den Prozeß der Zivilisation. Soziogenetische und psychogenetische Untersuchungen. Zweiter Band: Wandlungen der Gesellschaft. Entwurf zu einer Theorie der Zivilisation, Frankfurt am Main 1997, S. 489.
8 Ebd.
9 Ebd.
10 Ebd., S. 490.
11 Loetscher: *Nachwort von Hugo Loetscher*, S. 246.
12 Gracián y Morales: *Hand-Orakel und Kunst der Weltklugheit*, S. 25.

RELIGION – MYSTIK – PROPHEZEIUNGEN

GUESSTIMATION

»Scientists … spend their lives in trying to guess right«

Michael Polanyi

»Das ganze Leben ist ein Quiz«

Hape Kerkeling

Wie warm wäre es auf der Erde, wenn die Sonne aus Wüstenrennmäusen bestünde? Könnte Spiderman wirklich eine S-Bahn anhalten? Wie lange dauert es, die Kuppel von St. Paul's Cathedral mit Wasser aus einem Wasserhahn zu füllen? Wie kurz kann ein Tag werden ohne dass die Erde zerbricht? Ist es wahrscheinlicher von einem Hai getötet zu werden oder auf der Autofahrt zum Meer? Wie viele Pistolenschüsse braucht es, um einen Baum zu fällen? Um wie viel steigt der Meeresspiegel, wenn die Polkappen schmelzen? Wie lang wäre ein einzelner Hot Dog aus einer ganzen Kuh? Wie hoch kann der höchste Berg auf der Erde sein? Wie viele Golfbälle passen in einen Schulbus? Wie schwer ist die Atmosphäre? Wie viel Kerosin spart es, wenn alle Passagiere vor Abflug die Toilette benutzen? Wie viele Moleküle aus dem letzten Atemzug Alexanders des Großen atmen wir mit jedem Atemzug ein? Und wie viele Menschen bohren gerade weltweit in der Nase? (Auflösung am Ende des Texts.)

Zum Alltag von Forschung gehört die Erfindung von Fragen, die die Welt nicht braucht. Das schließt nicht aus, dass sie trotzdem beantwortet werden – und sei es nur um zu zeigen, dass man sie beantworten *kann*. Die hier aufgezählten Fragen dienen einer solchen Demonstration von Antwortkompetenz. Sie stammen nicht aus Quizshows oder Bewerbungstests (wo sie auch anzutreffen sind), sondern aus der Didaktik der Natur- und Ingenieurswissenschaften. Es sind Fragen, bei denen es nicht um Sinn oder Genauigkeit geht, sondern um die Kompetenz und Geschwindigkeit, eine ›vernünftige‹ Antwort zu liefern. Die »estimation column« der Zeitschrift *Physics Teacher* trägt die dafür erforderliche Fähigkeit im Titel, nämlich die, eine Lösung zu *schätzen*.[1] Als vernünftig gilt dabei eine Schätzung, die in der gleichen dezimalen Größenordnung wie eine genaue Lösung liegt – falls es eine solche denn gibt.

Dass man Phänomene manchmal (noch) nicht berechnen, sondern allenfalls schätzen kann, bezeichnet den historischen Anfang solcher Übungen. So schreibt Enrico Fermi über die Schätzung der Druckwelle der *Trinity*-Bombe: »About 40 seconds after the explosion the air blast reached me. I tried to estimate its strength by dropping from about six feet small pieces of paper before, during and after the passage of the blast wave. Since at the time there was no wind I could observe very distinctly and actually measure the displacement of the pieces of paper that were in the process of falling while the blast was passing. The shift was about 2 ½ meters, which, at the time, I estimated to correspond to the blast that would be produced by ten thousand tons of T.N.T.«[2] Und weil er seinen Studenten in Chicago anschließend *Übungsaufgaben* mit so viel fehlender Information stellte, dass eine Lösung unmöglich schien, heißen diese seitdem Fermi-Probleme. Schätzung (oder *guesstimation*) wird dort unvermeidlich, wo Nichtwissen unter Entscheidungsdruck gerät.

Schätzen zu müssen und zu können betrifft jedoch nicht nur solch dramatische Situationen, sondern gehört – wie die propädeutische Aufforderung zur Schätzung von allem Möglichen zeigt – zum notwendigen Alltagsgeschäft. »An accomplished engineer«, so etwa das Lehrbuch *Thinking Like An Engineer*, »knows the answer to most problems before doing any calculations.«[3] Die Grundlage sei (oft unartikuliertes) Erfahrungswissen wie bei einem guten Handwerker: »The best way to develop your ability to estimate is through experience. An experienced painter can more easily estimate how much paint is needed to repaint a room because experience will have taught the painter such things as how many coats of one paint color it will take to paint over another, how different paint brands differ in their coverage, and how to estimate surface area quickly.«[4] Die Schätzung als trainierte Urteilskraft bezüglich des Verhältnisses von Wissen und Nicht-Wissen gehört insofern zu den basalen wissenschaftlichen Arbeitstechniken – sei es vorab, um zu wissen in welcher Größenordnung sich ein Phänomen abspielt; sei es danach, um zu ermessen, ob ein erlangtes Ergebnis überhaupt ›vernünftig‹ ist; oder sei es insgesamt, weil manche Quantitäten unbekannt oder schwierig zu messen sind.

Zur *Methode*, der man gerne eine Garantiefunktion für Wissenschaftlichkeit überhaupt zuschreibt, unterhält die Schätzung daher ein nicht unproblematisches Verhältnis – und dies nicht nur wegen des notorischen, jedoch kaum kreditfähigen ›Bauchgefühls‹, das allenfalls als nachträglicher Geniebeweis angeführt werden kann. Denn einerseits wird die Schätzung in die Domäne der Methoden eingepflegt – etwa als Ausgangspunkt einer Hypothese im Rahmen heuristischer Verfahren – und erhält damit einen Ort im Erkenntnisprozess. Andererseits wird der Prozess der Schätzung selbst methodisch ausgestaltet, indem die Lehrbücher beispielsweise eine cartesianische Zerlegung in berechenbare Teilprobleme empfehlen, die nebenbei den Vorteil hat, dass sich Abweichungen gegenseitig ausgleichen und das Schätzergebnis optimieren. Gleichwohl besitzt die Schätzung eine (regelmäßig betonte) epistemische Qualität, die sich nicht einfach in Methodologie auflösen läßt, weil sie ein Wissen in Anschlag bringt, das über ausgedehnte Zeiträume der Praxis erworben, während seiner Aktualisierung aber nicht artikuliert wird. Die Schätzung schafft insofern explizite Erwartungen durch unexplizierte Erfahrungen und macht damit erstere bearbeitbar.

Michael Polanyi hat ähnliche Mechanismen mit Ausdrücken wie »personal knowledge« oder »tacit knowing« zu beschreiben versucht und dabei (statt des Anstreichers) den Connaisseur in Spiel gebracht.[5] Folgt man seiner gestaltpsychologischen Begründung, so wäre auch die Tätigkeit des Schätzens durch einen Symmetriebruch zwischen »subsidiärer« und »fokussierter Aufmerksamkeit« gekennzeichnet, innerhalb dessen das Verhältnis zwischen Einzelnem und Gesamtem nicht kontinuierlich verläuft. Schätzungen haben einen holistischen Gestus, sie zielen aufs Ganze – erst

recht unter dem ihnen eigenen Entscheidungsdruck. (Weshalb es nicht verwundert, dass sich Übungsfragen häufig der Ökologie widmen.) Zu schätzende Probleme sind meist weiter gefasst als die Teilaspekte, mit denen sich Wissenschaften alltäglich beschäftigen. Insofern bereitet die Schätzung zwar deren Operationalisierung vor, kann aber selbst nicht aus ihnen gewonnen werden.

Allerdings beziehen sich die hier vorgestellten Schätzungsbeispiele nur auf die Quantifizierung von Phänomenen, wohingegen Polanyi auf der Ebene der Qualität wissenschaftlicher Innovation argumentiert. »[I]n the structure of tacit knowing, we have found a mechanism which can produce discoveries by steps we cannot specify.«[6] Schätzung meint hier eine ›Abschätzung‹ interessanter Untersuchungsregionen oder eine (begründete) Vermutung, wo neue Erkenntnisse gewonnen werden könnten, die jedoch nicht methodisch herleitbar ist, sondern eine Spielart der Intuition (jedoch ohne die Illusion der Unvermitteltheit) darstellt. Oder kürzer: Wo Forschung sich lohnt, kann man immer nur schätzen. »To form such estimates of the approximate feasibility of yet unknown prospective procedures, leading to unknown prospective results, is the day-to-day responsibility of anyone undertaking independent scientific or technical research.«[7] Dass die forscherische Kompetenz nicht schon dadurch in Frage steht, dass man sich dabei auch mal verschätzt, unterscheidet unverzichtbare »scientific guesses« von bloß inkompetenten »unscientific guesses«.[8]

Eine Kulturgeschichte des Schätzens ist bislang ungeschrieben. Und schon weil ihr – von römischen Steuerschätzungen bis zur Schätzung von Emissionswerten – allzu viel zugerechnet werden könnte, wird sie es bis auf weiteres wohl auch bleiben. Gleichwohl oder gerade deshalb würde ihr als ›List‹[9] der Erkenntnis ein prominenter Platz in der hier annoncierten Universalenzyklopädie menschlicher Klugheit gut anstehen. Ihr Material könnten die zahllosen Praktiken und die umfassende Literatur bilden, die in Technik-, Natur- oder Wirtschaftswissenschaften, in Versicherungs- und Finanzwesen, in Medizin, Klimaforschung oder Softwareentwicklung bezüglich des (wissenschaftlichen)

Schätzens als Operationalisierung von Nichtwissen vorliegen.

Davon abgesehen gibt es gute Gründe, warum das Schätzen gerade heute als ein attraktives Thema für Kultur- und Medienwissenschaften erscheint. Denn während sich in der Medientechnik allerorts eine zunehmende Konjunktur heuristischer Verfahren (etwa in der Verwendung neuronaler Netze) bemerkbar macht, steht der *educated guess* in den Geisteswissenschaften mehr denn je unter wissenschaftspolitischem Verdacht. Der fördertechnische Druck einer Rechenschaftspflicht bezüglich der methodisch kontrollierten Hervorbringung möglichst ›innovativer‹ Erkenntnisse hat sich merklich erhöht.[10] Bloß aus guten Gründen zu schätzen, was ein lohnender und bearbeitbarer Gegenstand sein könnte, ist ebenso suspekt geworden wie die Schätzung zweiter Ordnung, die mit Fördergeldern auf den Erfolg einer solchen Spekulation spekuliert. Um dem Risiko einer nie restlos explizierbaren Urteilskraft zu entgehen, setzt man daher lieber auf Absorption von Unsicherheit durch Verfahren. Diese Beruhigung ist allerdings nur unter der fragwürdigen Annahme zu haben, dass Methode nicht nur die Durchführung, sondern auch die Innovation selbst leiten könne. Dieser cartesianischen Illusion hatte Polanyi bereits in jenem historischen Moment widersprochen, als eine erste Verwissenschaftlichung der Forschungsförderung einsetzte.[11] Eine Geschichte des Schätzens würde insofern zumindest darüber aufklären, dass wir ihr alle nicht entkommen und dazu auffordern, das Risiko zu akzeptieren, uns auch zu verschätzen.

Lösungen: 3000° C; ja; 500 Tage; 1 Stunde; 1:100; 10^4 Kugeln; 20 m; 2000 m; 2×10^4 m; 2×10^6; 4×10^{18} kg; 80 l (auf einem Flug von der Ost- zur Westküste); 8; 10^7

Claus Pias

ANMERKUNGEN

1 Lawrence Weinstein, John A. Adam: *Guesstimation. Solving the World's Problems on the Back of a Cocktail Napkin*, Princeton 2008; Lawrence Weinstein: *Guesstimation 2.0*, Princeton 2012.
2 Enrico Fermi: My Observations During the Explosion at Trinity on July 16, 1945, https://fermatslibrary.com/s/my-observations-during-the-explosion-at-trinity, aufgerufen 13.3.2019.
3 Elizabeth A. Stephan, David R. Bowman, William J. Park, Benjamin L. Sill und Matthew W. Ohland: *Thinking Like An Engineer: An Active Learning Approach*, Upper Saddle River 2015, S. 115.
4 Ebd., S. 118.
5 Michael Polanyi: *Personal Knowledge. Towards a Post-Critical Philosophy*, London 1962, S. 56 f.
6 Michael Polanyi: *Knowing and Being*, Chicago 1969, S. 143.
7 Polanyi: *Personal Knowledge*, S. 131.
8 Ebd., S. 152.
9 Manfred Schneider: Odysseus im Feuer. Die List im Urteil der Literatur und Philosophie, in: *Athenäum* 15 (2005): S. 9–30.
10 Zuletzt Christoph Engemann, Till A. Heilmann und Florian Sprenger: Wege und Ziele. Die unstete Methodik der Medienwissenschaft, in: *Zeitschrift für Medienwissenschaft* 20, 1 (2019): S. 142–153.
11 Calvin W. Taylor (Hg.): *Research Conference on the Identification of Creative Scientific Talent* (University of Utah, 27.–30. August 1955).

LEBENSVERLÄNGERUNGSVERSUCHE

In einer bislang wenig beachteten Studie[1] hat die amerikanische Mediävistin Sarah Vanderberge über einen interessanten Fund berichtet. Im Frühjahr 1254 wurden aus dem italienischen Kloster Maria Santissima di Montevergine in Mercogliano acht Novizinnen unter ungeklärten Umständen entführt. Sie kehrten erst ein Jahr später wieder zurück. Den gewalttätigen Vorgang hielt die anonyme Äbtissin in den *Lamentationes et lacrimae virginum raptarum a Deo solo auditae* fest. Ihre Klage hatte sie an den Heiligen Stuhl gerichtet, aber sie blieb ohne Antwort. Das Schweigen um den Vorgang konnte erst im Jahre 2002 nach Öffnung der geheimen Archive des Vatikans gelüftet werden. Die *Lamentationes* hatten dem damaligen Papst Innozenz IV. selbst vorgelegen, denn es fand sich am Seitenrand der Klageschrift die päpstliche Signatur mit dem bekannten Zeichen »negl«, womit der Heilige Stuhl die Nichtbeachtung einer Eingabe verfügte. Sarah Vanderberge, die den *Lamentationes* demnächst eine kritische Edition widmen will, fand zunächst heraus, dass Innozenz IV. zur Zeit des Novizinnenraubs in Mercogliano seinen 60. Geburtstag feierte. Doch lag er schwer krank darnieder, und bereits im Dezember des Jahres starb er an Gallenkoliken (»debilitatio digestionis et putrefactio humorum«).

Vermutlich zu diesem Geburtstag übersandte der berühmte Doctor Mirabilis Roger Bacon dem Papst die bekannte, wenngleich im Hinblick auf seine Autorschaft umstrittene[2] *Epistola de Retardatione accidentium senectudinis et senii*.[3] In dieser Abhandlung übermittelte Roger nicht nur Gesundheitstipps und Diätvorschläge. Er flüsterte dem Papst überdies sieben geheime Mittel gegen die Beschwerden der *senectudo* bzw. des *senium* zu. Diese sieben *Secreta Occulta* beschrieb Roger ein wenig kryptisch: Sie kämen aus dem Innern der Erde (z. B. Gold), aus dem Meer (Perlen, Walsperma), von der Erdoberfläche (Schlangenfleisch), aus der Luft (Rosmarin), von edlen Menschen (Blut und Atem), langlebigen Tieren (Schlange, Hirsch) oder aus Indien (Aloe). Eingebettet waren die Geheimmittel in eine medizinische Klugheitslehre, die Bäder, Salben, Aderlässe, Massagen, aber auch Rotwein empfahl.

Nun hatten die ärztlichen Betreuer offenbar alles Erdenkliche getan, um die Beschwerden des Papstes zu mildern. Die Innozenz-Biographie der *Vitae et res gestae Pontificum Romanorum* enthält nun einen Fingerzeig, dass sie zuletzt das Äußerste wagten. Dies führt zurück zu den *Lamentationes* der unbekannten Äbtissin. Ehe Innozenz nämlich am achten Tag der Idus decembris 1254 aus dem »retro carnis carcere« gerufen wurde,[4] griffen die Ärzte bei ihren Bemühungen vermutlich auch auf Rogers *Secreta Occulta* zurück. Welche mögen es gewesen sein? Ambra, Schlangenfleisch oder Rosmarin? Unter den *Occulta* führte der Doctor Mirabilis auch ein Mittel auf, das etwas dunkel »fumus iuventutis« heißt. Inzwischen weiß man, dass damit die natürliche Wärme- und Feuchtigkeitsaura junger Leute gemeint ist. Der wohltemperierte juvenile *fumus* soll den alten, vom zähen, feuchtkalten Phlegma durchflossenen Herren die steifen Glieder stärken und das Leben verlängern. Denn in Anlehnung an die Autorität Galens erklärte Roger, dass Altern physiologisch ein allmähliches Erkalten und Vertrocknen sei. Die einschlägige Passage in Rogers *Epistula* lautet daher wie folgt: »Vnde dico quod hec est propria medicina senum, et maxime fumus iuuentutis, et plus est quod sanitatem in omni etate conseruat et corruptas complexiones rectificat. Et multi sapientes locuti sunt de illa re que ei assimilatur, ut prius dixi, sed illam tacuerunt ne incontinentes offenderent creatorem suum. [...] Nam hic calor iuuat paraliticos, restaurat calorem deperditum, et confortat ipsum et conseruat, et facit ipsum vigere in omnibus membris, et est medicina senum et maxime fumus iuuentutis, ut dixi ; et propter hanc similitudinem nominis, lapis animalis nobilis quadratus, et sol minerals, et medicina que natat in mari; [...].«[5]

Die Verbindung zu den *Lamentationes* wird womöglich noch schlagender, wenn man bedenkt, dass den

Ärzten auch ein medizinischer Rat aus dem (von Roger selbst herausgegebenen) Pseudo-aristotelischen *Secretum Secretorum* vor Augen gestanden haben musste. Dort wird für Verdauungsstörungen empfohlen: »Si sentis dolorem in stomacho et in ventre vel gravitatem tunc medicina necessaria tibi est amplecti puellam calidam et speciosam aut ponere super ventrem camisiam calidam ponderosam.«[6] Man kann sich daher vorstellen, dass dem an »debilitatio digestionis et putrefactio humorum« leidenden Papst viele schwere warme Leinentücher auf den Unterleib gelegt worden waren, ohne Wirkung zu erzielen. Daraufhin erst mögen die Ärzte zum gewagtesten Mittel gegriffen haben, von dem die verzweifelte, aber gottergebene Äbtissin in ihren *Lamentationes* berichtet. Soweit gehen die scharfsinnigen Überlegungen von Frau Vandenberge.

Es gibt indessen ein zweites Indiz dafür, dass die ratlosen Ärzte im päpstlichen Krankensaal während der kritischen Sommermonate 1254 eine letzte Rettung bei den *Secreta* des Doctor Mirabilis gesucht haben könnten.

Dieser Hinweis findet sich in einem zufällig aufgetauchten Zeugnis, dessen Original unglücklicherweise beim Einsturz des Kölner historischen Stadtarchivs im März 2009 verloren gegangen ist. Es handelt sich um einen an keiner anderen Stelle bislang nachgewiesenen Inkunabeldruck mit dem Titel *Novitates et curiositates ex Regno Dianae*. Zu den Kuriositäten, die dieses kleine Dokument aufführt, zählt auch eine *novitas*, die erst Jahrhunderte später aus dem Vergessen auftauchte. Sie wurde 1913 ausgerechnet in der Rubrik »Latinitas Venatica« (Jägerlatein) der Jagdzeitschrift *Wild und Hund*, die seit 1896 erschien, zitiert. Dort liest man: »In einem alten lateinischen Buch meines Großvaters, das ich unserem Kölner Stadtarchiv übergeben habe, stieß ich auf die Anekdote von einen Jagdfrevel im Mittelalter. Ich habe mir das von meinem Lateinlehrer übersetzen lassen. Mitten im 13. Jahrhundert wurden in der Provinz Campagna über mehrere Monate hinweg schreckliche Jagdfrevel (*scelera venatica*) verübt. Umherwandernde Mönche stießen des Öfteren auf tote Hirsche, die zwar waidgerecht erlegt worden waren, denen man aber allein das Herz ausgeweidet hatte. Der Frevel fiel in die Zeit der Auseinandersetzungen zwischen Ghibellinen und Guelfen, und man nahm an, dass mit den schändlichen Taten den päpstlichen Anhängern in Florenz gedroht werden sollte, die damals von ihren Gegnern als »cornuti« bezeichnet wurden.«[7]

Es scheint nicht abwegig, auch hinter dem Jagdfrevel die ratlosen päpstlichen Ärzte zu vermuten, denn ein weiteres der von Roger empfohlenen Geheimmittel war der Herzknorpel des Hirsches. Hirsche galten nach einer Erzählung in den *Historia* des älteren Plinius als langlebig und fieberresistent (»febrium morbos non sentit hoc animal, quin et medetur huic timori«, Buch VIII, 50). Die entsprechende Passage in der *Epistola* lautet: »Sed humiditas animalis longe vite non est sanguis, sed cartilago quedam que in corde eius invenitur. Nam dicitur quod hoc animal non ex senectute moritur, sed accidentibus aliis.«[8]

Hier öffnen sich Spielräume für Vermutungen; dennoch geben die beiden Ereignisse, nämlich der Novizinnenraub 1254 sowie die für die gleiche Zeit bezeugte Wild-Frevel, bei dem die Herzknorpel der Hirsche in der Campagna erbeutet wurden, starke Evidenz dafür, dass man damals mit den von Roger Bacon empfohlenen *Secreta* den Versuch unternahm, das Leben des leidenden Papstes Innozenz IV. zu verlängern.

Nutzen wir die letzten Zeilen für eine Warnung! Roger hat einige Anzeichen aufgelistet, die den Übergang von der mit dem 60. Lebensjahr endenden *senectudo* zum anschließend eintretenden *senum* begleiten. Neben Kahlheit, Blässe, Kälte, gedämpfter Zeugungskraft und Phlegma tauchen auch »signa lesionis cogitationis« auf. Und zu ihnen zählt ein besonders kritisches Symptom, nämlich wenn der Alte »[…] inquirit quod inquirendum non est […].«[9]

Manfred Schneider

ANMERKUNGEN

1 Sarah Vanderberge: Raping nuns for the use of *fumus iuventutis*, in: *New Insights in Medieval Harassement*, Vol. XIII, Berkeley 2017, S. 365–392.
2 Vgl. Agostino Paravicini Bagliani: *Medicina e science della natura alla corte dei papi nel Duecento*, Spoleto 1991.
3 Roger Bacon: Liber (Epistola) de Retardatione accidentium senectudinis et senii, in: Ferdinand M. Delorme (Hg.), *Opera hactenus inedita Rogeri Baconi Fasc. IX. Nunc primum ediderunt A.G. Little et E. Withington*, Oxford 1928, S. 1–83.
4 Alphonsi Ciasconii ordinis Praedicatorum [...] *Vitae et Res Gestae Pontificorum Romanorum et S.R.E. Cardinalium ab initio nascendi Ecclesiae usque ad Clementem IX. P.O.M.* Romae MDCLXXVII. Bd. II, S. 113.
5 Roger Bacon: *Epistola*, S. 60.
6 Pseudo-Aristoteles: *Secretum secretorum cum glossis et notulis. Tractatus brevis et utilis ad declarandum quaedam obscure dicta Fratri Rogeri*, hrsg. von Robert Steele, Oxford 1920 (Opera hactenus inedita Rogeri Baconi. 5.) S. 25–172, S. 73.
7 Harro van Dalen: Wildfrevel im Mittelalter, in: *Wild und Hund. Illustrierte Wochenschrift für Jagd und Hundezucht, einschließlich Luxushunde, Jagdtierkunde, Schießkunst, Jagdschutz, Jagdreitsport und Fischerei* 16, Berlin 1913, S. 277.
8 Roger Bacon: *Epistola*, S. 88.
9 Roger Bacon: *Epistola*, S. 32.

UTAH

An old joke tells of St. Peter at the pearly gates admitting righteous person after righteous person into heaven who keep saying they would rather go to hell, so he lets them go. After a while he gets curious and sends a minion to see what was going on. The report comes back: *Those darned Mormons are irrigating again*!

The state of Utah is a product of human ingenuity. Like China, the Netherlands, among other places, it is a hydraulic civilization. Without water control and terraforming it would not be habitable at current population levels. In its anthropogenic mix of nature and culture, Utah is a microcosm of the state of the planet.

Ralph Waldo Emerson gave the narrative of turning wilderness into paradise its full theological form: »Good out of evil. One must thank the genius of Brigham Young for the creation of Salt Lake City—an inestimable hospitality to the Overland Emigrants, and an efficient example to all men in the vast desert, teaching how to subdue and turn it to a habitable garden.« (fig. 1) Unfortunately this Miltonic narrative forgets native

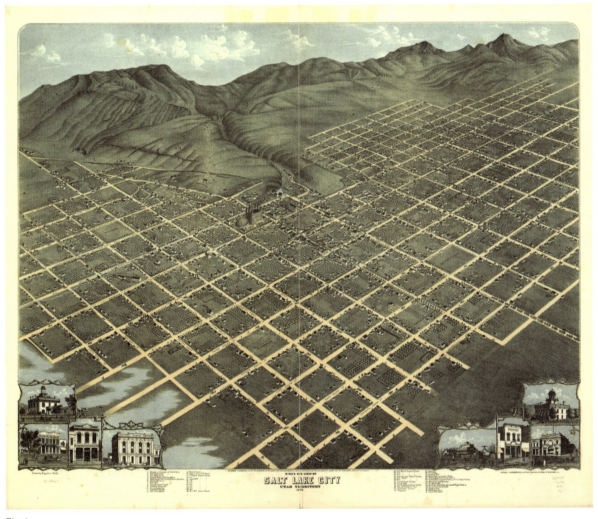

Fig. 1

peoples who lived and fished in Utah's watery lowlands long before white settlement. Europeans were not the first to bring water to Utah and the land they took was never only a Hadean moonscape.[1]

Nonetheless, the history of Utah in the past two and a half centuries has been a whirlwind of media innovations. Few places are so dense with infrastructures. Europeans first came as Spanish priests and French-Canadian, British, and American explorers moved by gold, beaver pelts, and wanderlust. Their names still dot the area—Bonneville, Escalante, Fremont, Ogden, Provo. Utah belongs to the larger story of colonial remote-control that Harold Innis saw as the key to North America's history of time, space, and power. His analysis of the fur trade should stretch southwest as well as northwest.

Using intel from explorers, Mormons arrived in the Salt Lake Valley in July 1847. One of Brigham Young's legendary first acts was to mark the center point for the Salt Lake temple. Ever since, a hierocentric grid logic has governed the valley. (My mother's address, for instance, is 680 East 100 South, i.e. one block south of the temple and about 6.8 blocks east.) (fig. 1). The temple, 46 years in the making from granite hewn from a local canyon, was seen as fulfilling biblical prophecy: »And it shall come to pass in the last days, that the mountain of the Lord's house shall be established in the top of the mountains, and shall be exalted above the hills, and all nations shall flow unto it« (Isaiah 2:2, KJV).

The temple, the binding point of heaven and earth, was a node in networks of time and space, body and spirit. Mormon theology nicely married telecommunications networks. Salt Lake City was the last link in the First Transcontinental Telegraph in 1861. At Promontory Summit on the northern edge of the Great Salt Lake, the two lines of the transcontinental railroad met in 1869. The Tabernacle at Temple Square, a hub for broadcasting of all kinds, has hosted the weekly program »Music and the Spoken Word« since 1929. In 1969, the University of Utah became the fourth node in the Arpanet (with UCLA, UC Santa Barbara, and the Stanford Research Institute, fig. 2). The Universi-

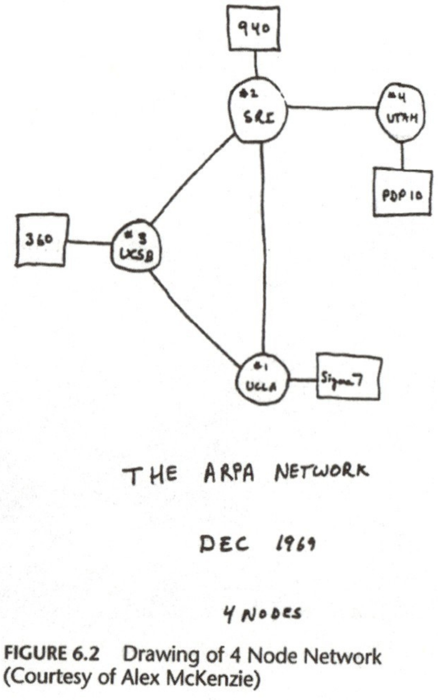

FIGURE 6.2 Drawing of 4 Node Network (Courtesy of Alex McKenzie)

Fig. 2

Fig. 3

ty's computer science department was *the* mecca for computer graphics from 1965–1979, and the founders of Pixar, Adobe, WordPerfect, Atari, Silicon Graphics, and Netscape all studied there in that period.[2] Recently the NSA built the »Intelligence Community Comprehensive National Cybersecurity Initiative Data Center« in Bluffdale, around 30 km south of the temple. Bluffdale also happens to be the headquarters of the Apostolic United Brethren, a schismatic polygamist group. There is something distinctly Utah-like in this mix of all-seeing surveillance and sexual-religious experimentation, of Big Data and Big Love.

Utah is also rich in inscription technologies. Starting with the text that gives it its name, the Book of Mormon, Mormonism has been a religion of secretaries and dictations. As the nations flowed unto the Great Basin in the 1850s (converts mostly from northern Europe), it faced a problem: how to overcome the curse of Babel. One answer was the Deseret Alphabet (fig. 3), Mormonism's quirky contribution to English spelling reform, which freely borrowed or invented characters from many sources (even Cherokee). The alphabet sought a reliably phonetic system for English. In mid nineteenth-century Utah, everything was open to radical renovation: marriage, state, economy, and even the alphabet. With Young's death in 1877, the project fizzled, but original items published in the Deseret Alphabet remain *rarissima*.

An equally grand adventure in *Aufschreibesysteme* is the Granite Mountain Vault built by the Church of Jesus Christ of Latter-day Saints (the preferred name) during the 1960s into the same mountains from which the temple granite was quarried. The aim was to house an archive – containing all the genealogical records of the human race on microfilm – that could withstand any apocalypse. (It is closed to the public, but one may take a virtual tour online.) As data-storage formats shift away from microfilm, Mormon engineers are now leaders in so-called millennial computing, the quest for long-lasting digital records immune to erosion by Moore's law and other forms of technical obsolescence.[3]

Utah's economy is diversified, but its abundant natural resources tilt toward tourism and extraction. The environmentalist John Muir, after taking a skinny-dip in the Great Salt Lake, said he felt like »a new creature indeed, and went bounding along the beach with blood all aglow.«[4] Utah is full of such rebirth-by-baptism stories. Its license plates boast the »greatest snow on earth« for skiers and it proudly hosted the Winter Olympics in 2002. It also has perhaps the world's largest open mine, the Kennecott Copper Mine, about 20 km west of Bluffdale. The pit covers almost 8 square kilometers, is almost 1 km deep, and 19 million tons of earth have been removed. In a single day's drive you can float on the lake, witness chthonic violation, and waft through snowy powder.

A more gentle kind of earth-moving baptism-by-immersion is Robert Smithson's earthwork sculpture *Spiral Jetty* (1970), built out of 7000 tons of rock on the north side of the lake, not far from the railroad's Golden Spike. When the snowmelt is abundant, the briny lake submerges the jetty, but when the mountains yield little water, the work reappears. A climate indicator as well as work of art, the spiral jetty is, among other things, a weathervane of geological and cosmic fluctuation.

Inevitably the garden has weeds. Utah was the place of exile for Japanese-American citizens during WW2 and the downwind path for fallout from 1950s aboveground nuclear tests in Nevada.[5] No wasteland on earth is more desolate than the salt flats to west of the lake, where drivers chase land-speed records and gambling dens pop up on the Nevada border. Temperature inversions darken the winter skies along the Wasatch front, a sign that earth and heaven do not always get along.

The temple, the copper mine, the mountain vault, the *Spiral Jetty*, granite-silicon-data experiments by church and state: Utah specializes in geological transfiguration, in impossible projects of earth-moving, sky-kissing grandeur, of making the desert blossom as a rose, of assembling all the names of those who ever lived, of creating a new heaven, earth, and sea.

John Durham Peters

ANMERKUNGEN

1 Jared Farmer: Crossroads of the West, in: *Journal of Mormon History* 50 (Winter 2015): p. 156–173.
2 Jacob Gaboury: *Image Objects. An Archaeology of Computer Graphics, 1965–1979*, Diss. NYU 2014, p. 5.
3 Christine Kenneally: *The Invisible History of the Human Race*, New York 2014, chap. 6.
4 Jared Farmer: *Restoring Greatness to* Utah, 2014, p. 24, https://jaredfarmer.net/e-books/.
5 Terry Tempest Williams: *Refuge. An Unnatural History of Family and Place*, New York 1991.

WEIHNACHTSMANN

Sankt Nikolaus, Sinterklaas, Santa Claus – tief und verzwickt ist die Geschichte des amerikanischen Weihnachtsmanns. Sie beginnt mit einer Melange aus Heiligenlegenden und führt über christliche Aneignungen heidnischer Folklore zu fortwährenden Streitigkeiten, welche heilige Instanz zu welchem Zeitpunkt welchen Empfängern Geschenke oder Züchtigungen übermitteln darf. Infolge konfessioneller, kommerzieller und medientechnischer Mobilisierungen wird vor allem im nordamerikanischen Raum der bischöflich steife Sankt Nikolaus, der alljährlich am 6. Dezember mit dem Ingrimm eines deutschen Reformpädagogen Kinderseelen traktiert, durch den am Nordpol lebenden *Santa Claus* verdrängt, der am 24. Dezember mitsamt Rentierschlitten und lautem *Ho-Ho-Ho!* Gelächter die Schornsteine hinabfliegt und Kindern die aushängenden Socken vollstopft. Santa Claus weiß, welche Schornsteine er ansteuern muss, weil er von den dort lebenden Kindern Bittbriefe erhalten hat; und er weiß, welche Kinder Geschenke verdienen, weil sein panoptisches Register am Nordpol alle ihre braven und weniger braven Aktionen verzeichnet. Das moderne Weihnachtsfest ist also, erstens, eine infantil säkularisierte Kostprobe des Jüngsten Gerichts und, zweitens, der operationale Vollzug eines postalischen Gestells. Das fällt in die Domäne von Bernhard Siegerts Dissertation *Relais: Geschicke der Literatur als Epoche der Post 1751–1913*. Siegerts erste Leistung als Kulturwissenschaftler ist daher auch eine schöne Bescherung zur Diskursanalyse des Weihnachtsmanns.

Es beginnt mit dem Heiligen Nikolaus, der am 6. Dezember eines umstrittenen Jahres im 4. Jahrhundert als Bischof von Myra verstarb. Allerlei Wundertätiges wird ihm zugeschrieben, doch zwei Aktionen stehen im Vordergrund. Er erweckt drei ermordete und in Fässern eingepökelte Studenten zum Leben, und er lässt anonym einem verarmten Vater Geld zukommen, um ihm die Schande zu ersparen, seine Töchter als Prostituierte verkaufen zu müssen. Geschickt bedient Nikolaus zwei sehr unterschiedliche Heiligenmodelle. Die Reanimierung eingepökelter Studenten ist eine von himmlischer Präferenz zeugende Ausnahmehandlung, doch anonym spenden (und das dann auch bekannt werden zu lassen) kann jeder. Der Bischof ist übernatürlicher Wundermann und leicht imitierbares Verhaltensmodell zugleich; er hat Kontakt zu Gott und zur Basis. Ihm kommt zugute, dass nach der konstantinischen Konversion zumindest auf römischem Boden gute Lebensführung statt grausamer Todesart die Erhebung in den Heiligenstand ermöglicht. Es ist im lydischen Myra nicht länger nötig, sich von Heiden massakrieren zu lassen, stattdessen reicht eine publikumswirksame Mischung aus Wunder und Spendenaktion. Der clevere Bischof hat die Nase stets am Wind: Kaum verlegt Konstantin die lydische Hauptstadt von Patara nach Myra, zieht Nikolaus der kaiserlichen Behörde hinterher. Wer frei nach Carl Schmitt im himmlischen Großraum interventionsberechtigt sein will, muss sich zu Lebzeiten den Zugang zu irdischen Machthabern sichern.

Auch nach seinem Tod verfügt Nikolaus über ausgeprägte parasitäre Kompetenzen. Der erste Hinweis auf ihn findet sich erst in der Vita des Heiligen Nikolaus von Sion, der rund zwei Jahrhunderte nach dem Tod seines Namensvetters dessen Grab in Myra aufsucht. Der Besuch hat Folgen. Das Zitat absorbiert den Text, der Parasit den Wirt. Alsbald nämlich stiehlt der erstgeborene Nikolaus dem späteren die Klientel, darunter eine höchst wichtige Berufsgruppe. Der reisefreudige Nikolaus von Sion stand im Begriff, der Schutzheilige der Seefahrer zu werden, doch diese Funktion übernimmt nun die Landratte Nikolaus von Myra, der sich damit zum allseits bekannten Schutzparasiten des wichtigsten Verkehrsmediums seiner Zeit mausert. Der Aufstieg in die oberen Ränge des Himmels ist gesichert.

Dieses medientechnische Gespür wird im 19. Jahrhundert von Nikolaus auf Santa Claus übertragen. 1821: Gleich im ersten vollständig im lithographischen Verfahren gedruckten nordamerikanischen Buch (*The

Children's Friend) wird die Assoziation des Weihnachtsmanns mit Kamin und Rentierschlitten mitsamt der Bescherungs-Verlagerung vom 6. auf den 24. Dezember festgeschrieben. 1822: Im wohl meistzitierten Gedicht englischer Sprache – Clement Moores »The Night before Christmas« – werden das Besuchsritual und die acht Rentiernamen kodifiziert. Ab 1860 fixiert der im pfälzischen Landau geborene Thomas Nast, der zum wichtigsten politischen Karikaturisten der USA aufsteigt, die äußerliche Erscheinung des Weihnachtsmanns (fröhlich-beleibt mit wattierter Jacke und proletarischer Stummelpfeife). Dank der Verbesserung farblicher Reproduktionstechniken ersetzt Nast 1869 das öde bischöfliche Braun durch das nunmehr klassische Knallrot. 1931 kommt es zur wirkmächtigen Allianz von Weihnachtsmann und Coca Cola. Die Partnerschaft beruht auf der berechtigten Annahme des Getränkefabrikanten, die Indienststellung des heiligen Promi werde den Verkauf ihrer braunen Brühe in absatzarmen Kältemonaten erhöhen.

Höhepunkt und Rekapitulation dieser Entwicklung ist der Film *Miracle on 34th Street* (1947). Im Mittelpunkt steht Kris Kringle, ein vollbärtiger Herr von jovialer Leibesfülle, der vom New Yorker Großkaufhaus Macy's als Weihnachtsmann angestellt wird, um einen alkoholisierten Vorgänger zu ersetzen. Die Echos früherer Streitigkeiten sind unüberhörbar: *Kris Kringle* ist die seit Anfang des 19. Jahrhunderts verbürgte angelsächsische Verballhornung des (süd)deutschen *Christkindle*. Der Weihnachtsmann stiehlt dem Jesuskind die Geschenkkompetenz, erweist ihm aber zumindest im Namen eine letzte Reverenz. Der alkoholisierte Vorgänger wiederum verweist auf die fortschreitende Verbürgerlichung des Weihnachtsfests: Man soll am Heiligabend singen und schenken statt saufen und betteln. Doch bald weckt Kringles äussere Erscheinung, ganz zu schweigen von seiner Expertise im Umgang mit Kindern, Kunden und Rentieren, den Verdacht, er sei der echte Weihnachtsmann. Weil Kringle dem nicht widerspricht, wird ein Prozess anberaumt. Was aber mit der Untersuchung von Kringles Zurechnungsfähigkeit beginnt, mutiert zur ontologischen Debatte, ob es den Weihnachtsmann überhaupt gibt.

Am Ende wendet eine postalische Intervention alles zum Guten. Postangestellte marschieren in den Gerichtssaal und deponieren die 50.000 im *dead letter office* abgelagerten Bittbriefe der Kinder an den Weihnachtsmann auf Kringles Tisch. Sein Anwalt, eben noch auf verlorenem Pfosten, nutzt die Gelegenheit. Da laut amerikanischem Gesetz die Fehlzustellung einer Briefsendung einen strafrechtlichen Tatbestand darstelle, und da in diesem Falle die postalische Bundesbehörde höchstselbst für die Zustellung verantwortlich zeichne, sei die Identität seines Mandanten erwiesen. Der Richter stimmt zu: Wenn es der Post beliebt, Ms. Kringle als den Weihnachtsmann zu behandeln, dann *ist* er der Weihnachtsmann. Identität ist – streng nach Siegert und dem Amtsgericht von Manhattan – ein postalisches Geschick.

Keine Instanz weiß das besser als die kanadische Post. Während nämlich amerikanische Postleitzahlen nur aus Zahlen bestehen, gebrauchen kanadische eine alternierende Kombination aus je drei Buchstaben und Zahlen, z. B. V7R 2B5. Das erlaubt es kanadischen Kindern, den Weihnachtsmann so exakt anzuschreiben, dass ihre Briefe nie im *dead letter office* landen, sondern von saisonal angestellten Weihnachtskorrespondenten beantwortet werden:

Santa Claus
North Pole
HoH oHo

Einst war der thalassal mobilisierte Nikolaus der Parasit seines Mediums, doch jetzt, wenn der postalisch vernetzte Weihnachtsmann mit *Hohoho*-Gelächter durch den Himmel saust, verkündet er nichts als die eigene Adresse. In einem geschlossenen System kommunizieren Sender immer nur ihren eigenen Empfängerstatus. Das gilt auch für den autoreferentiellen Weihnachtsmann in seinem postalischen Gestell. Was man alles besser und ausführlicher in Bernhards theoretischer Bescherung nachlesen kann.

Geoffrey Winthrop-Young

ERHÖHUNG DES NIEDRIGEN

JOURNALISMUS, ABTEILUNG BOULEVARD

Das Interessanteste an Hubert Burdas Buch *Die BUNTE Story* ist die Widmung. »Für Friedrich Kittler, der mich gelehrt hat, Homer, Pink Floyd, Nietzsche, Jimi Hendrix, Alan Turing, Martin Heidegger und ›Paris Match‹ im richtigen Kontext zu verstehen.«[1] Das kleine Buch ist 2012 erschienen und erzählt die »Story« der *BUNTEN* so, dass deren Geschichte nicht erst in der Nachkriegszeit beginnt, sondern 3000 Jahre früher. Bei den alten Griechen. Homer ist Burdas ältester Kronzeuge fürs »Storytelling«. »Was sind die ›Odyssee‹ und die ›Ilias‹ anders als glänzend erzählte Geschichten?«[2] Ob es um Götter oder Promis geht, um Troja oder den Boulevard, bleibt demgegenüber nachrangig. Dass man den Ikonen der Massenkultur huldigen kann, ohne den eigenen Kunstsinn zu verraten, hatte in den 1960er Andy Warhol vorgemacht. Durch den Erfolg, den er mit »Campbell's«-Suppendosen im Tafelbildformat feierte, war der promovierte Kunsthistoriker Burda mit der eigenen Landung in der Welt der Yellow Press versöhnt.

Hätte er sich in der Literaturgeschichte der Boulevardpresse weiter umgesehen, wäre er auf weitere Verbündete gestoßen. Denn während die ersten Boulevards, die in Paris an der Stelle der vorigen Bollwerke entstanden, noch in erster Linie Gaukler, Schausteller und Komödianten anzogen, mischten sich unter die Flaneure auf den Ausgehmeilen, die man später im Zentrum ausbaute, auch etliche Schriftsteller von Rang. Was sie auf ihren Spaziergängen aufschnappten, bot Stoff genug für amüsante Feuilletons, die großen Absatz fanden. Das darin rundgetragene ephemere Insider-Wissen über das ›Who is Who‹, über Sehenswertes und Neuigkeiten aus der Lebe- und Konsumwelt ging nicht in Enzyklopädien ein. Dafür füllte es aber schon zu Flauberts Zeiten die Spalten unzähliger Zeitungen und Magazine und versorgte die urbane Leserschaft mit allerhand aparten Detailkenntnissen, über die sich ins Stocken geratene Konversationen leicht wiederbeleben ließen, wenn andere *idées reçues* verbraucht waren und nicht weiterhalfen.

Nach dem Zweiten Weltkrieg wurden solche Geschichten in der illustrierten Presse dank der Kodacolor-Filme, die damals erst seit Kurzem im Handel waren, auch optisch attraktiver.[3] Obwohl es immens teuer war, in Massenblättern Farbfotos zu drucken, traten immer mehr Magazine – *Look* in den USA zum Beispiel und in Frankreich *Paris-Match* – mit bunten Covern und Farbstrecken im Heftinnern auf. Kulturelle Gräben zwischen High und Low gab es für *Paris-Match* nicht. In der Illustrierten feierte man sowohl die jungen Stars des Gegenwartskinos als auch die Altmeister der Avantgardekunst und machte sich, wie ein ehemaliger Redakteur bemerkte, um Brigitte Bardots Karriere genauso verdient wie um den Ruhm der Impressionisten und Picassos.[4]

Dieser Ehrgeiz trieb die ersten Macher der *BUNTEN* nicht. Burda Senior, Huberts Vater, hatte 1948 den Plan gefasst, der Konkurrenz von *Stern* und *Quick* mit aufgerüstetem Gerätepark von Offenburg aus Paroli bieten. Die *BUNTE* wurde sein technisches Manifest. Schon beizeiten hatte er in Hochleistungsmaschinen für den Tiefdruck investiert, die »große Auflagen in bester Farbqualität und auf billigem Papier«[5] herstellen konnten. Jeder, der die *BUNTE* aufschlug, sollte sehen, dass das Leben »in Wirklichkeit viel schöner« war als »in den Nachrichten«.[6] In den Folgejahren gelang es ihm gleich mehrfach, damit auch dem neuen Konkurrenzmedium des Fernsehens die Schau stehlen. Dort war 1953 die Krönungszeremonie Elisabeths II. von England live, aber schwarz-weiß zu sehen. Die *BUNTE* konnte ohne großen Zeitverzug ein Farbfoto des Spektakels präsentieren und pries in ihrem Begleittext sowohl die Queen als auch die eigene »Rekordleistung farbiger Reproduktionstechnik«, die sie im britisch-deutschen Teamwork mit einem Keystone-Fotografen vollbrachte. Der habe, wie zu lesen war, das Bild »um etwa 10.30 Uhr in London farbig aufgenommen, sofort entwickelt und mit Sonderflugzeug nachts nach Zürich gebracht. Von dort ging es per Auto nach Offenburg zur Druckerei.

Dort wurden dann am Mittwoch früh die Farbauszüge im Negativ gelb, rot und blau hergestellt. Bereits am Donnerstag liefen die Farbzylinder an den Rotationsmaschinen und druckten dieses meisterhafte Werk der farbigen Fotografie.«[7] Ein langjähriger Redaktionsleiter meinte zu Recht, dass die *BUNTE* »wurde, was sie ist, weil Burda kein Journalist war, sondern Drucker«.[8]

Mitte der 1970er Jahre, als der Sohn den Vater im Chefsessel ablöste, änderte sich das Blatt, denn Hubert Burda war bestrebt, die Illustrierte zu einem People-Magazin mit Sinn für Trends und Lifestyle aufzupeppen. Neben schöne Bilder sollten interessante Stories treten. In neuen Spalten wurden Leute von gestern, Leute von heute und Leute von morgen vorgeführt, und auch die Hofberichterstattung fiel nun weniger devot aus als früher. Als Schwedens König seine Hochzeit mit der Deutschen Silvia Sommerlath ankündigte, recherchierten Redakteure im Vorleben der früheren Olympiahostess, fragten ihre Ex-Liebhaber aus und ließen Litfaßsäulen mit der indezenten Frage plakatieren: »Lieber König Carl Gustaf! Weißt Du eigentlich, warum Silvia ›Schneewittchen‹ genannt wird? Ab jetzt in Bunte.«[9]

Mit der Verbreitung dieses frivolen Wissens[10] über royale Privatgeheimnisse verscherzte sich die Illustrierte für geraume Zeit die Sympathien Silvias, punktete dafür aber bei den Lesern und sicherte sich mit seriöseren Vorstößen zudem die Gunst von Staatsmännern. Durch groß aufgemachte Interviews bot man ihnen Galaauftritte für die Selbstdarstellung. Schon bald konnte sich die *BUNTE* in einer neuen Popularität sonnen, die sich in Höchstauflagen spiegelte. Charts und Verkaufs-Ranglisten – darauf hat Thomas Hecken hingewiesen[11] – sind Gradmesser für Populäres, das mit Pop-Art darum aber längst nicht synonym ist. Pop-Art zitiert ästhetische Verfahren, lenkt den Fokus auf die Ein- und Ausschlusslogiken des Kunstbetriebs und bleibt zugleich den Eigengesetzen dieses Betriebs verbunden, wenn sie die Idole der Massenkultur in die Galerien trägt. So wie nicht alles Pop wird, was populär ist, ist Pop nicht per se massentauglich, sondern meist nur Kult bei minoritären Bohème- oder Subkulturen.[12]

Die *BUNTE Story*, die Hubert Burda seinen bunten Stories für die Zeitschrift 2012 als letzte hinterher schiebt, arbeitet an der Schließung dieser Kluft, indem sie einen nostalgischen Nachgesang auf die wilden Siebziger anstimmt und die bewegten »Zeiten des Umbruchs« in eine mythische Ferne rückt, in der sich der Abstand zwischen den Klatschgeschichten aus der alten Bundesrepublik und Homers Epen zur Bedeutungslosigkeit verkleinert. Was sonst zur künstlerischen Aufwertung der *BUNTEN* nötig war, besorgte Andy Warhol, indem er dem Kunsthistoriker Burda einen Herzenswunsch erfüllte und aus 35 Covern seines Blatts ein vier Meter hohes Wandbild kreierte, das niemand übersehen kann, der im Münchener Verlagshaus die Eingangshalle betritt.[13]

Den zweiten Inspirator erreichte Burdas Dank posthum. Mit ähnlich ausführlichen Gegenwürdigungen der bunten Stories konnte Kittler sich nicht mehr revanchieren und musste es dabei belassen, ihre Verbundenheit im Denken, die der Dank ausdrückte,[14] durch seine späten Homer-Studien, auch durch das Weitermachen über den offiziellen Abschied von der Uni hinaus zu demonstrieren, das Burda ihm als Mäzen ermöglichte. Ob sich bei Homer zwei Männer mit demselben Faible für Kunst- und Medienfragen trafen oder zwei Liebhaber frivolen Wissens, ist angesichts der aktenkundig gewordenen Ergebnisse Kittlers gar nicht klar zu sagen.

Ethel Matala de Mazza

ANMERKUNGEN

1 Hubert Burda: *Die BUNTE Story: Ein People-Magazin in Zeiten des Umbruchs*, München 2012, S. 5.
2 Ebd., S. 14.
3 Pamela Roberts: *100 Jahre Farbfotografie*, übers. von Uta Goridis, Katja Klier, Kristina Brigitta Köper und Miriam Wiesel, Berlin 2007, S. 81–84.
4 Guillaume Hanoteau: *La fabuleuse aventure de Paris-Match*, Paris 1976, S. 142.
5 Sabine Hilgenstock: *Die Geschichte der BUNTEN 1948–1988. Die Entwicklung einer Wochenzeitschrift mit einer Chronik dieser Zeitschriftengattung*, Frankfurt am Main / Bern / New York 1993, S. 56.
6 Bunte: Ein Sonderdruck zum 80. Geburtstag von Senator Dr. Franz Burda am 24.02.1983. Ein Leben in Bildern, zit. nach ebd., S. 88.
7 Zit. nach ebd., S. 86.
8 Zit. nach Peter Köpf: *Die Burdas*, Hamburg / Wien 2002, S. 133.
9 Burda: *Die BUNTE Story*, S. 44.
10 Bernhard Siegert: Frivoles Wissen. Zur Logik der Zeichen nach Bouvard und Pécuchet, in: Hans-Christian von Herrmann, Matthias Middell (Hg.), *Orte der Kulturwissenschaft*, Leipzig 1998, S. 15–40.
11 »Populär ist, was viele beachten. Populäre Kultur zeichnet sich dadurch aus, dass sie dies ständig ermittelt. In Charts, durch Meinungsumfragen und Wahlen wird festgelegt, was populär ist und was nicht.«, in: Thomas Hecken, *Populäre Kultur: Mit einem Anhang ›Girl und Popkultur‹*, Bochum 2006, S. 85.
12 Matthias Schaffrick: Listen als populäre Paradigmen. Zur Unterscheidung von Pop und Populärkultur, in: *Kulturpoetik* 16/1 (2016), S. 109–125, hier: S. 113.
13 Eine Abbildung in Farbe findet sich in Burda: *Die BUNTE Story*, S. 74–75.
14 Vgl. dazu Natalie Binczek, Remigius Bunia et al. (Hg.): *Dank sagen. Politik, Semantik und Poetik der Verbindlichkeit*, München 2013.

KONZEPTALBUM

Das Leben ist kurz, eigentlich dauert es nur zwei Minuten zwanzig, wie im Top 40-Radio der 1950er und 1960er. In der ersten Minute wissen wir, ob das ein Hit ist, und mehr brauchen wir nicht zu wissen, solange der Refrain stimmt und das Solo kein totaler Ausfall ist. Songs bleiben Songs, sie sind mal besser, mal schlechter, und das hat niemand, der sie schreibt oder singt, in der Hand. Die Idee, dass von all den schönen Dingen in dieser Welt ausgerechnet ein *Konzept* die Zuhörer zwingen könnte, eine ganze Plattenseite oder Langspielplatte durchzuhören, nur um dieses Konzept besser zu würdigen, zu genießen oder zu verstehen, ist eine dumme Idee. Wäre sie nie verwirklicht worden, hätten wir eine bessere Welt.

Das ist der puristische Standpunkt seit Nik Cohns Abrechnung mit dem Größenwahn der Popmusik. Ende der 1960er Jahre. Genau in dem Moment, in dem sich die laute und auf rabiate Weise synkopierte Verstärkermusik als populäre Mainstream-Kunst der Lebensgestaltung für alle etablierte, schrieb Cohn einen Abgesang auf die Anfangsjahre der Teenager-Musik und konstatierte den Ruin des Genres. Kunstanspruch, Ernsthaftigkeit und Bombast würden sie zugrunde richten. Die Vollender der Popmusik waren auch ihre Zerstörer, allen voran die Beatles. Das Konzeptalbum war die Inkarnation des Ruins, denn in ihm trafen alle drei Faktoren der Stagnation zusammen.

Die Ironie des Schicksals wollte es, dass ausgerechnet Nik Cohn für das folgenreichste Konzeptalbum der Popgeschichte mitverantwortlich wurde. Um die Gunst des damaligen englischen Starkritikers und Flipper-Liebhabers zu gewinnen, schrieb Pete Townshend 1969 innerhalb weniger Stunden den Song »Pinball Wizard«, durch den das fragwürdige Vorhaben einer »Rockoper« konzeptuell und musikalisch erst auf die Gewinnerseite rutschte, ein Glückstreffer, der das Schicksal von »Tommy« besiegelte. Es war der Moment einer Kristallisation: Die Erlösungsgeschichte vom tauben, blinden und stummen Kind zum Flipper-Messias wurde der Avatar für das Kinderzimmer des Popmusikfans mit seiner Armatur aus Langspielplatten und mimetischen Tanzbewegungen, für die Initiation in eine Welt, in der man draußen unbekannt viele Gleichgesinnte finden würde, die wundersamerweise dieselben intimen Erfahrungen mit derselben Musik gemacht hatten und ihren Novizen aus der Blindheit, Taubheit und Stummheit seiner Kindheit erlösen würden.

Das »Konzeptalbum« der Rock- und Popmusik ist vor allem als ein Marketing-Instrument entstanden – Marketing unter den Voraussetzungen der populären Teenager-Musik wohlgemerkt: mit einem Zielpublikum, das schon durch wenige Andeutungen und geschickt lancierte Ankündigungen leicht zu beeindrucken war. Rock- und Popfans pflegen zu vergessen, dass das Konzeptalbum sich im Jazz bereits als gängige Größe etabliert hatte, nicht nur als Suite oder als Hörspiel, sondern in allen narrativen Genres, die »das Konzeptalbum« der Rockmusik erst »erobern« sollte. Es gab in dieser Hinsicht von Seiten der Popmusik nichts zu erfinden, nur zu plagiieren. Es ging um eine Aufwertung der Popmusik vom Schmutz und Schund einer »Subkultur« in Richtung »Kunst«. Das Konzeptalbum fungierte in dieser Hinsicht als eine Art Brechstange. Es ging um den »künstlerischen Gesamteindruck« einer Produktion. Eigentlich war in dieser Hinsicht nicht viel zu holen, denn am leichtesten und am effektivsten wurde dieser »Gesamteindruck« durch Travestien oder Parodien geschaffen. Das Konzeptalbum hätte mit dem Prototyp von »Sgt. Pepper's« beendet sein können, denn durch die grandiose Tortenästhetik der geschichteten Klangspuren und des ebenso geschichteten Covers hatte das Genre seinen Spielraum bereits gnadenlos erschöpft, ohne dass dabei etwas anderes herausgekommen wäre als die »Revue« einer fiktiven Gruppe mit Grand-Hotel-Uniformen. Eigentlich war damit alles gesagt: Ein Konzeptalbum sollte sich keine Fiktion ausdenken, sondern eine Fiktion sein, und diese bitte nicht weiter ernst nehmen. Clever, aber nicht prätentiös.

An diesem subtilen Unterschied sollte das Konzeptalbum notgedrungen scheitern. Allen voran: Brian Wilson mit »Smile«. Das Projekt ließ sich gut an, geriet dann aber mit Van Dyke Parks in so viele Tüfteleien, dass ihm die Revue einer »Teenage Symphony for God« in lauter kleine Schnipsel zerfiel, die auch nach Jahrzehnten eher zum verzweifelten Grübeln als zum Lachen anregen. Die einzige Möglichkeit, das Genre weiterzuentwickeln, schien damals eine dramatische oder narrative Überformung, und tatsächlich geschah beides auf einmal durch die Psycho-Auto-Biographie von »Tommy«. Aber auch diese Überformung war im Grunde eine Parodie und zudem ein halbes Plagiat. Die Idee einer Psychobiographie war von den »Pretty Things« geklaut, und das sogar in einigen Details. Man höre sich nur den Anfang von »Pinball Wizard« und von »Old Man Going« an, dann versteht man, wie sehr sich Townshend beeilt haben muss, Nik Cohn durch einen Flipper-Song zu beeindrucken. Der Vergleich der beiden Songs beweist, dass die besten Hits entstehen, wenn man gar nichts zu erfinden braucht, sondern nur die schon vorhandenen Versatzstücke einmal durchrüttelt, bis eine neue Interferenz entstanden ist.

Damit war das Genre ausgereizt, und daran konnten auch die Überbietungsversuche der Erfinder des Genres nicht mehr viel ändern. Das Konzeptalbum drohte zum Ruin der Popmusik zu werden, vor allem wenn man es ernst nahm. Das Konzeptalbum war zweifelsohne der entscheidende Faktor beim Ruin der Beach Boys, die mit »Smile« 1967 ihrem selbstdeklarierten Showdown zum Opfer fielen. Schumpeters kreative Zerstörung schlug dann aber auf beide Seiten durch, auch auf die Beatles, die nach diesem Album kaum eine Chance hatten, ihren neuen Produktionsstandard zu halten und nach mehreren Anläufen den Rüstungswettlauf mit sich selbst aufgeben mussten, einmal durch einen freiwilligen Verzicht (»White Album«) und dann unfreiwillig und bis zur Auflösung der Band (»Abbey Road«). Einmal im Leben hat man alle Karten in der Hand und die nötige Disziplin, um das perfekte Album zu produzieren und eine Single mit zwei A-Seiten extra, man kommt mit fliegenden Fahnen ins Ziel, und dann? Schließlich wurde auch die Geschichte der Who zum Ruin durch den eigenen Gimmick. Die Frage der Selbst-Überbietung ruinierte auch Pete Townshend, der sich durch dutzende Songs auf ein Riesenprojekt namens »Lifehouse« eingeschossen hatte, und dann nach der unfreiwilligen Reduktion von »Lifehouse« auf »Who's Next« den sentimentalen Abgesang mit »Quadrophenia« wählte.

Nur Pink Floyd entkamen der Formlosigkeit, die in jeder Selbstüberbietung steckt. Syd Barrett, der keinen Schutzengel hatte, wurde durch die beiden Alben nach seinem Abgang zum Schutzengel der Pink Floyd. Generationen von Kinderzimmern verwandelten sich in einen Gläsernen Sarg der Einkehr. Dass ein brennender Geschäftsmann einem anderen Geschäftsmann professionell die Hand schüttelt, während sein Sehstrahl in ein Prisma zerlegt wird, brachte die Einkehr auf den Punkt. Das Psycho-Prisma war ein Weg zum Erwachsenwerden. Hier wechselte die Selbstzerstörung und Selbstauflösung auf die Seite des Signifikats und durchbrach den Bösen Blick des Konzeptalbums durch Formvollendung.

Hätte Brian Wilson sich wie Pink Floyd auf die Genremalerei eines auseinanderbrechenden Charakters konzentriert, wer weiß, was aus »Smile« geworden wäre. »Surf's Up« beweist, dass dies der Weg zu überirdischen Liedern war, und Brian Wilson hatte wahrlich genug Untergangslieder parat, von »In my Room« – man beachte die deutsche Fassung als »Ganz allein«! – über »Caroline No« bis zu dem ultimativen Selbstmörderlied »Until I Die« – das nach dem Scheitern von »Smile« geschrieben wurde und so hoffnungslos morbide daherkommt, dass auch die Option Selbstmord jede Bedeutung verliert, zumal in der geschummelten Langversion, die ein Fan auf Youtube gestellt hat und garantiert ein Fake ist.

Kein Wunder, dass die Erfindung des Konzeptalbums in den Biographien der Heranwachsenden der 1970er Jahre eine Spur der Verwüstung hinterließ. In meinem Falle war es gar nicht Tommy, denn die erste Platte, die ich kaufte, war Quadrophenia. Das Album wog schwerer als alle anderen Platten im Geschäft und enthielt ein Photobuch, die Lyrics, eine Lebensgeschichte, einen Strand mit Felsen und einen Mod im Rückspiegel. Ich bin bis heute nie bis Brighton gekommen, hatte aber immer das Gefühl, ich sei schon dagewesen. Aber diese Musik war nichts Halbes und nichts Ganzes. Ein monumentales Getrommel und schwer hallende Akkorde, als würde man eine ganze Küste unter Beschuss nehmen. Aber auch ein monumentales Gestammel und Geschrammel, geschraubte Texte und gequetschter Gesang. Dann immer diese zirpenden Gitarrengeräusche in elegischer Leere, wie Möwen am Meer. Weder Fisch noch Fleisch, und kein einziger Hit außer »Out of My Brain on the Five Fifteen«. Gut, dass ich danach »Live at Leeds« kaufte, und schlecht, dass sie damals nicht das ganze Konzert zur Platte gemacht haben, denn die einzige vollkommene Platte der Who ist jetzt »Live at Leeds« in der Komplettversion. Das konnte damals aber keiner ahnen außer den Bootlegsammlern.

Ich saß in meinem Kinderzimmer und sang »Every year is the same, / and I feel it again, / I'm a loser, / no chance to win.« Das war ein Hit für das Kinderzimmer. Noch mehr aber die Fotos. Ja, wenn die Fotos nicht gewesen wären, hätte ich die Musik in die Tonne gedrückt. Die Fotoserie war das eigentliche Album, und sie waren das Konzept. Die Straßen der englischen Vorstädte mit den Reihenhäusern der Nachkriegszeit, das Kraftwerk am frühen Morgen, die magische Trostlosigkeit, da wollte ich hin. Quadrophenia war meine erste Begegnung mit dem Neorealismo, der auf Englisch auch den schönen Namen »Kitchen Sink Realism« trägt. Neorealistische Filme sah ich erst später, und von diesem England der 1960er gibt es keine, eher schon aus den 50ern. Kitchen Sink Realism. Auf den Fotos von Quadrophenia sah man die Küche und das Abwaschbecken und die Pinups von »Pictures of Lily«. Auch das Kinderzimmer war eine Küche und ein Abwaschbecken, soviel konnte man daraus lernen, wenn man wieder einmal zu dieser verblasenen Musik einsam über den Fotos grübelte.

Das war die Quelle, der ich folgte, und ich war erst zufrieden, als ich zehn Jahre später als Untermieter in einem Kinderzimmer in einer englischen Vorstadt landete. Ich war der »Lodger«, der das Haus für die Familie der Vermieter abbezahlte, und ich war glücklich. Sagen wir, ich wurde glücklich, als ich aus England wieder zuhause war und meine Frau kennenlernte: »Went to the fortune teller, had my fortune read …« Erst sehr viel später traute ich mich, Quadrophenia wieder zu hören. Der Eindruck war so niederschmetternd wie eh und je. Außerdem wußte ich, dass jede Rekonstruktion von Lifehouse noch niederschmetternder sein würde, trotz einem Dutzend Lieder, die zum Besten gehörten, was Townshend geschrieben hatte. Natürlich lassen sich »Lifehouse« und »Abbey Road« rekonstruieren, es gibt ja ganze Bücher dazu. Aber der Effekt bleibt derselbe wie für »Smile«: als würde man Pudding essen um herauszufinden, wo die schimmeligen Stellen sind. Die Wahrheit über das Konzeptalbum kam dem Spruch von Mahatma Ghandi verdammt nahe: »Western Civilisation – it would be a good idea.« War die Westliche Zivilisation auch so ein verhageltes Konzeptalbum gewesen?

Nur Quadrophenia hatte, so das unausweichliche Schicksal des Hörers, einen Teil von mir gespeichert, der immer dann zum Vorschein kam, wenn ich die Lyrics vor mich hin sang, von: »Every year is the same …« bis zu: »… nothing is planned by the sea and sand.« Und natürlich Tommy, vor allem in der Live-Version. Aber das war ja das Konzept gewesen, mit dem Kit Lambert die High Numbers zur Gruppe »The Who« gemacht hatte, mit der Single »I'm the Face / Zoot Suit«. Denk Dir den Mod, für den die Musik gedacht ist, und schreib über ihn ein satirisches Lied in Ich-Form. Das Patentrezept. Der Traum hatte für Lambert ein Ende gefunden, als er »Tommy« nicht verfilmen durfte, obwohl er die High Numbers ursprünglich genau für einen solchen Film entdeckt hatte, also für diesen. Und genau diesen Film sollte ihm Pete Townshend verweigern. Plötzlich verstand ich meinen Weg nach England und meine Heimkehr. Ich war bereits dort gewesen, in der englischen Vorstadtwohnung, in »bedsit land my only home«. Der einzige Kindesmissbrauch, den ich in meinem Leben erfahren hatte, war das Konzeptalbum gewesen. Ich war der Täter und das Opfer, und das

Album war der Altar und die Opferspeise. Die Flammen kamen näher. Sie sollten mich verzehren, aber sie verzehrten mich nicht. Da stellte ich fest, dass ich der Traum eines anderen geworden war, den ich mir in meinen Teenager-Träumen fest vorgestellt hatte.

After six hours of school I've had enough for the day
I hit the radio dial and turn it up all the way
I gotta dance (dance dance dance now the beat's really hot) right on the spot
(Dance dance dance right there on the spot)
The beat's really hot
(Dance dance dance now the beat's really hot)
Dance (dance) dance (dance) dance (dance) yeah!

Erhard Schüttpelz

STREET WISDOM

»I was street smart, but unfortunately, the street was Rodeo Drive.«[1]

Carrie Fisher

»You know what the most dangerous thing in Amercia is, right? Nigga with a library card.«[2]

Brother Mouzone

Die Beziehung von *street smarts* und *book smarts* ist eine ambivalente Sache, daran lassen bereits die beiden vorangestellten Zitate keinen Zweifel. Eine Beschreibung ihres Verhältnisses wird noch ungleich heikler, wenn der aus dem Münsterland stammende Autor dieser Zeilen *street smartness* naturgemäß nur aus Büchern und Filmen kennt. Bar jeder *street credibility* macht dieses Eingeständnis den folgenden Beitrag aber hoffentlich hinreichend *true*, indem es zumindest einen Bogen um Friedrich Merz'sche Mofa-Gang-Fettnäpfe schlägt.[3] Obwohl das natürlich im Sauerland war, was jedoch sowohl fast das Gleiche als auch einerlei ist. Jedenfalls gehört ›die Straße‹ in jede *Universalenzyklopädie menschlicher Klugheit*, allein schon weil sie Alt- und Neunmalklugheiten vorzubeugen hilft. Und wo medien- und kulturwissenschaftlich ständig Smartphones, Smart Cities oder gleich ganze »Smartness Mandates« zur Debatte stehen, gilt es die betreffende Vorsilbe einmal diesseits einer durch Navigations-Netze, Sensortechniken, Machine Learning oder *City Dashboards* mediatisierten Sicht auf die Straße zu thematisieren.[4]

Jenes Glaubwürdigkeitsmanko, dass man selbst mangels Straßenecken – d. h. ursächlich mangels Straßen – niemals vom *Corner Boy* zum Bibliotheksausweisbesitzer hatte werden müssen, kann dabei durch eine kleine Blickwinkelverschiebung ausgeglichen werden: Diese führt von der *Collins*-Definition von *street smart*, »someone who is street smart knows how to deal with difficult or dangerous situations, especially in big cities«,[5] über den dort zu findenden Verweis zum Wörtchen *streetwise*: Denn *streetwise* reißt sogleich einen ungleich weiteren Horizont auf: Es führt heraus aus dem Dschungel der Neighborhoods über die Mississippi-Brücken von St. Louis, durch die vereisten Ebenen von Oklahoma und Kansas, via Amarillo und den Texas Panhandle vorbei am Grand Canyon und den zwei Las Vegas, lässt Hoover Dam, Yucca Tree, 29 Palms und jenes San Luis Obispo passieren, wo 1928 das erste Motel unter dem Namen *Motel Inn* eröffnet wurde, und endet erst am Santa Monica Pier.[6] Hier kann sich Klugheit *on the road* aus und auf den schnurgeraden Linien und sanften Kurven der diesen Horizonten entgegenstrebenden Fernstraßen generieren – *street-wise*.

Diese Form von *street wisdom* ist kaum auf hiesigen und immer nur durch die Provinz (Münsterland, Sauerland, …) statt durch die Prairie führenden Autobahnen zu haben. Sie braucht Abstand statt Dazwischen. Ein namenloser Fremder in Dennis Hoppers *Easy Rider* (USA 1969) bringt es im Gespräch mit Biker Billy auf den Punkt. Billy: »I just want to know where you're from.« Stranger on the highway: »The city«. Billy: »You're from the City?« Stranger on the highway: »It doesn't make any difference what city, all cities are alike. That's why I'm out here now.« Billy: »That's why you're out here now? Why?« Stranger on the highway: »Cause I'm *from* the city; *a long way from* the city, and that's where I wanna be right now.«

Doch anstatt dem *street wisdom* touristischer oder filmischer Road Trips nachzugehen, wollen wir direkt die ob des Formats gebotene Abkürzung nehmen hin zu jenen *trained professionals*, bei denen sich diese Klugheit am ausgeprägtesten findet: In Sam Peckinpahs *Convoy* (USA 1978) etwa schimmert ihr Grund beim vom jungen Burt Young gespielten – und, by the way, dem mit dieser Festschrift Geehrten in manch' einer Einstellung verblüffend ähnlich sehenden – Bobby aka ›Love Machine‹ aka ›Pig Pen‹ durch: »Boy, these lonely long highways sure grind the souls of us cowboys.« Hierzulande lügen Bands wie *Truck Stop* (1980) vom

»wilden, wilden Westen«, der »gleich hinter Hamburg« anfange. Oder sie texten wie Tom Astor – ein selbstverständlich aus Schmallenberg stammender Countrysänger – vom *Geistertruck* (1989), anstatt sich mit dem *Geistes-Truck* zu befassen:

> Freitag der 13. kurz nach 10
> Vor lauter Regen kann ich kaum noch was sehen
> In Bayern 3 läuft das Lied von ›Big John‹
> Und ich bin fast allein auf der Autobahn
> Nur hinter mir, da röhrt ein schwerer Truck
> Von oben bis unten nur schwarzer Lack
> Er blendet auf, dann zieht er vorbei
> Und mir wird ganz kalt, das ist Zauberei
> Am Steuer da sitzt 'ne blasse Gestalt
> Halb Geist halb Mensch und viel zu alt
> Ich hab' den Kerl schon früher mal geseh'n
> Doch er ist längst tot, das soll einer versteh'n!

Ganz anders der Highway und sein *streetwise American icon*, der Trucker. Beide werden in *Convoy* noch zelebriert, obwohl in diesem Film die kurze Zeit später vollzogenen Deregulierungen des US-Transportbusiness' bereits fühlbar scheinen. So antwortet der von Kris Kristofferson gespielte Protagonist Rubber Duck auf die Frage »Why do they call you the Duck?«: »Because it rhymes with ›luck‹. See, my daddy always told me to be just like a duck. Stay smooth on the surface and paddle like the devil underneath!« Nachdenkliche, schmallippige Kaltschnäuzigkeit macht den modernen Cowboy aus: »We'd like to know, is this convoy some sort of protest demonstration? And if it is, what's its purpose?« Rubber Duck: »Purpose of a convoy is to keep movin'.« »But they're all following you.« Rubber Duck: »No, they ain't. I'm just in front of them.«

They have always been modern. Doch was wird von dieser Cowboy-Moderne und ihrem *street wisdom* geblieben sein, wenn Trucking in einer nicht allzu fernen Zukunft tatsächlich à la *Logan: The Wolverine* (James Mangold, US 2017) von rasend schnellen, automatisierten Lastwagen-Verbünden übernommen ist? Dann wird – jedenfalls in metaphorisch lesbarer Verpackung – plötzlich doch Tom Astor vollkommen unwissentlich Recht behalten haben. Bis dahin aber gilt glücklicherweise, was der Westerntaschen-Willie Nelson Conor Oberst 2008 in den Refrain seines Songs *Moab* dichtete:

> There's nothing that the road cannot heal
> Washed under the blacktop
> Gone beneath my wheels
> There's nothing that the road cannot heal.

Also einmal volltanken, bitte.

Sebastian Vehlken

ANMERKUNGEN

1 Dictionary of Quotes, https://www.dictionary-quotes.com/i-was-street-smart-but-unfortunately-the-street-was-rodeo-drive-carrie-fisher/, gesehen am 14.12.2018.
2 David Simon: *The Wire*, Episode »Storm Warnings«, 2003.
3 Vgl. Anonymus: Hat er seine »Jugendsünden« nur erfunden?, in: *Spiegel Online*, 13. Dezember 2000, http://www.spiegel.de/panorama/friedrich-merz-hat-er-seine-jugendsuenden-nur-erfunden-a-107627.html, gesehen am 14.12.2018.
4 Vgl. z. B. Jennifer Gabrys: *Program Earth. Environmental Sensing Technology and the Making of a Computational Planet*, Minneapolis 2016; Orit Halpern, Robert Mitchell, Bernard Dionysius Geoghegan: The Smartness Mandate. Notes toward a Critique, in: *Grey Room* 68 (September 2017): S. 106–129; Rob Kitchin, T. P. Lauriault, G. McArdle (Hg.): *Data and the City*, London 2017.
5 Collins Online Dictionary: »Street smart«, https://www.collinsdictionary.com/de/worterbuch/ englisch/street-smart, gesehen am 14.12.2018.
6 Vgl. *The Mother. 4 Guys, 4 Wheels and 1 Goddamn' Road* (Sebastian Vehlken, Bernhard Siegert, Jan Behnstedt, Gregor Kanitz, US / D 2006).

TRIVIALMYTHOS »PLATTENSAMMLUNG«
(UM ES EINMAL SO ZU NENNEN)

1970 erscheint im März Verlag die Anthologie *Trivialmythen*, herausgegeben von der »außerordentlich versierten« Renate Matthaei,[1] Lektorin im Kölner Verlag Kiepenheuer & Witsch. Uwe Nettelbeck, der damals vor allem durch Zeitungsartikel und Rezensionen bekannt war, hat schon kurz nach dem Erscheinen beklagt, dass dieses Buch nicht »gebührend gewürdigt« und noch weniger gelesen worden sei.[2] Der einzige Text aus dem Sammelband, der eine gewisse Aufmerksamkeit erregt hat, war sein eigener Beitrag zum *Generalthema »Trivialmythen« (um es einmal so zu nennen)*. Nicht nur, weil dieser Text paradigmatisch auf den Punkt bringt, wovon die Trivialmythen handeln, sondern vor allem durch die Art, wie er gemacht ist. Er beginnt mit einem Zitat und einer scheinbaren Indiskretion:

> Köln, den 23. Juni 1969. Dr. Ma / Pl. Sehr geehrter Herr Nettelbeck. Ich möchte Sie dafür gewinnen, an einem Buch mitzuarbeiten, das ich für den März-Verlag plane: Generalthema »Trivialmythen« (um es einmal so zu nennen). Ich skizziere Ihnen schnell, woran ich dabei denke: es sollen Texte sein, die die Gattung »Essay« umfunktionieren. Folgende Themen oder besser Stoffkomplexe wären denkbar: Idole (Sport, Musik, Film, Fernsehen, Hochadel), Film (Kassenschlager, Aufklärungs- und Werbefilme, beliebte Fernsehserien), Literatur (pornographische Romane, Magazinhefte, Serien wie zum Beispiel Jerry Cotton, Aufklärungsliteratur), modische Tendenzen in Kleidung, Verhalten, Konsum. Sie können das beliebig erweitern. Ich möchte nur ungefähr die Richtung angeben. Gemeint sind, allgemein ausgedrückt, Stimulanzien, die heute in jeden Alltag einwirken. Das Material soll nun nicht diskursiv analysiert werden. Interessant fände ich, wenn so viele Muster wie möglich ausprobiert würden, also nicht die einseitige Benutzung eines Schemas [...], sondern die verschiedensten Aufbaumöglichkeiten, die kollageartigen Charakter haben können [...] oder sich auch am Arrangement wissenschaftlicher Arbeiten orientieren können (also das Einbeziehen von Fußnoten in den Text, von Anmerkungen und Literaturhinweisen, Gliederung in Paragraphen, Unterabteilungen und so weiter).[3]

Bereits der dritte Satz macht deutlich, dass auch der Titel von Nettelbecks Essay ein Zitat aus dem Anschreiben ist, das die Herausgeberin an ihn gesendet hat: Generalthema »Trivialmythen« (um es einmal so zu nennen). Dass es Matthaei trotz der Liste möglicher Themen und Stoffe eigentlich um Techniken geht, wird klar, wenn sie sich anstelle einer diskursiven Analyse das Ausprobieren von Mustern wünscht. Nettelbeck greift den Vorschlag direkt auf, nicht nur indem er den Brief von Matthaei in voller Länge (inklusive des Honorarvorschlags von DM 400,–) abdruckt, sondern indem er direkt im Anschluss ein paar »Fußnoten und Anmerkungen« zu diesem Anschreiben beisteuert.

Der Übergang ist im Schriftbild gut zu erkennen: Der Brief von Matthaei ist in einer Garamond-Type gesetzt, die Anmerkungen und alle weiteren Äußerungen von Nettelbeck in einer Garamond-Kursiv-Schrift. Die Anmerkungen sind keine Fußnoten im herkömmlichen Sinne, sondern Verknappungen, Wiederholungen und Zuspitzungen des zuvor abgedruckten Briefs:

> *Einige Fußnoten und Anmerkungen: Stimulanzien, die heute in jeden Alltag einwirken. Das Material soll nun nicht diskursiv analysiert werden. Wichtig ist, daß interessante Materialien zusammenkommen. Interessant fände ich, wenn so viele Muster wie möglich ausprobiert würden. Also das Einbeziehen von Fußnoten in den Text, von Anmerkungen und Literaturhinweisen, ah, Oswald Wiener, Die Verbesserung von Mitteleuropa, Rowohlt Verlag, Reinbek, CCVI Seiten, 1. bis 2. tausend, januar 1969,*

Gliederung in Paragraphen, Unterabteilungen und so weiter. [...] Über ihre Zusage würde ich mich freuen. Bitte, schreiben Sie mir doch bald, ob ich mit Ihnen rechnen darf. Wichtig ist, daß interessante Materialen zusammenkommen, Stimulanzien, die heute in jeden Alltag einwirken.[4]

Indem Nettelbeck bestimmte Sätze hervorhebt oder wiederholt, in der Wiederholung Abfolgen, Syntax und Interpunktion leicht verändert, gelegentlich auch mit eigenen Sätzen anreichert, stellt er tatsächlich ein literarisches Muster aus, hier das Muster des Anschreibens an einen Autor, den man für ein Buchprojekt gewinnen möchte. Das hat, das ist Methode. Im Verlauf des Textes wird sie insofern variiert, als Nettelbeck einen weiteren Brief von Matthaei abdruckt, den er aber nicht in Auszügen wiederholt, sondern mit einer Auflistung seiner Langspielplatten-Sammlung beantwortet, Stand 28. Oktober 1969 bis zum 29. Juni 1970. Interpret, Titel, Plattenlabel, Bestellnummer – so geht das seitenlang. Walt Disneys Geschichten von Bambi und Cinderella neben Coltrane, der Staatskapelle Dresden, Verdi, Stockhausen und den Rolling Stones. Roll Over Beethoven. Das Schema des Verzeichnisses wird allerdings in unregelmäßigen Abständen durchbrochen, entweder indem Paratexte zu Verdi oder Elvis Presley, die sich auf der Rückseite der Plattenhüllen finden, mitabgedruckt werden, oder indem alle Songs auf einer Langspielplatte mitaufgelistet werden, wie zum Beispiel bei *Aftermath* (1966) von den Rolling Stones.

Am Ende des Textes kommt Nettelbeck auf das Problem der Stellordnung sowie deren Kontingenz zu sprechen und betont damit den absoluten Gegenwartsbezug, die Einzigartigkeit und Unwiederholbarkeit seines Textes. Waren die Titel der Schallplatten zunächst nur alphabetisch und thematisch geordnet, hat er sie im Frühling und Sommer 1970 bereits völlig neu sortiert:

Luhmühlen, den 29. Juni 1970. Liebe Frau Matthaei, lieber Jörg Schröder. Vorhin rief Herr Heinzlmeier hier an und sagte, es ginge jetzt los, die Manuskripte müßten zur Druckerei. Es hat also doch ein halbes Jahr gedauert, es kam, wie es kommen mußte: das Manuskript ist veraltet. Da konnte ich nicht mehr viel machen, weil ich inzwischen die Platten umgestellt habe: die amerikanischen nach oben, die englischen nach unten, die, die ich kaum mehr höre, ganz nach oben. Ich konnte also das Manuskript nur so ungefähr auf den neuesten Stand bringen. Schade. Herzlichst, Ihr Uwe Nettelbeck.[5]

Man kann das, wie die Herausgeberin der Anthologie, als »Totalisierung des Trivialmythos« deuten, als Verschwinden des Autors in der »lückenlosen Aufzählung seiner Schallplattensammlung« – ein Urteil, dem sich auch ein großer Teil der Literaturkritik angeschlossen hat.[6] Man kann darin aber auch eine Fortsetzung von Nettelbecks Schreibverfahren mit anderen Mitteln erkennen, ein Verfahren, das er selbst als »Paraphrase« bezeichnet.[7]

In dem Text *Fiction & Nonfiction*, der ein Jahr später erscheint, wird das anschaulich. Es handelt sich um den Abdruck einer Rezension des Nettelbeck-Hörspiels *Der Geheimauftrag*, die am 12. Mai 1971 in der evangelischen Zeitschrift *Kirche und Rundfunk* erschienen ist. Dort heißt es:

Nettelbeck bringt weder neues Material noch neue Motivationen. Er stellt, ohne präzisen Aufschluß über Zusammenhänge, ein paar reißerische Szenen aus dem Agentenleben dar. Und das läßt sich bei Nettelbeck so an, wie seit eh und je in Film, Funk und Presse: ein aufregender Job mit jeder Menge kesser Frauen, Moneten und Morden. [...] Was er vermittelt, sind Ereignissplitter. Vielleicht wäre der Autor wirklich in der Lage, ein Dokumentarspiel zu schreiben. Aber dann müßte er den gewählten Fall viel genauer durchdenken und szenisch exakt durcharbeiten ...[8]

Von der Rezension durch einen Absatz und eine andere Schrifttype unterschieden, folgt nur noch eine kurze Anmerkung Nettelbecks, das ist schon der ganze Beitrag zum Thema *Fiction & Nonfiction*:

Was sagt man. Manchmal (zu selten) verliert selbst ein Kirchenblatt den roten Faden und vermutet völlig richtig. Ich bin zwar zu allerlei in der Lage, aber nie im Leben hätte ich meine geheimsten Absichten so umfassend durchdenken und in dieser wünschenswerten Kürze ausdrücken können. [...] Die Paraphrase ersetzt ihre belanglose Vorlage vollkommen und übertrifft meine Darstellung der Zusammenhänge nicht nur an Witz, sondern allen Ernstes.[9]

Indem die Rezension Inhalt und Form von Nettelbecks Hörspiel paraphrasiert, Nettelbeck wiederum diese Paraphrase paraphrasiert und kommentiert, werden nicht nur die Schemata der Unterscheidung von *Fiction & Nonfiction* thematisch, sondern auch von Literatur und Besprechung, Werk und Beiwerk. Auch die Liste von Nettelbecks Plattensammlung ist eine Form von Paraphrase, die in katalogisierter Verknappung zusammenfasst, was sich auf den gesammelten Tonträgern findet. Indem die Paraphrase nicht Wort für Wort wiederholt, was auf den Hüllen der Schallplatten zu lesen ist, sondern neben den bibliographischen Angaben gelegentlich Details hervorhebt, betont Nettelbeck bestimmte Sätze – in ihrer Mehrdeutigkeit (*His Masters Voice*), als Kommentar (*this tune required nearly forty takes before Elvis felt he had done the song justice*) oder als Fragestellung (*who were you dating when this was number one?*), um so auf eine Konvergenz von Fiktion und Nichtfiktion im Popkontext hinzuweisen. Welcher Beitrag könnte passender sein für eine Anthologie, die die Gattung Essay umfunktionieren möchte und eine Feststellung des Schriftstellers James Graham Ballard dem gesamten Buch als Grundthese unterlegt: »Es ist die Aufgabe des Schriftstellers, die Realität zu erfinden, nicht Fiktion zu erfinden. Die Fiktion existiert schon«.[10]

Nettelbeck ist buchstäblich ein Wiederholungstäter, denn er setzt hier gewissermaßen einen Beitrag fort, den er bereits 1967 für die Literaturzeitschrift *Akzente* geschrieben hatte. Das Akzente-Heft trug ebenfalls den Titel *Fiction-Nonfiction*, der Titel von Nettelbecks Beitrag lautete *Pot Music*. Es handelt sich um eine intensive Stellenlektüre der Beatles-Platte *Sgt. Pepper's Lonely Hearts Club Band* (1967) als musikalische Inszenierung einer Reise in das Land der halluzinogenen Drogen.[11] Er belässt es nicht bei der leicht zu habenden Feststellung, dass der Song *Lucy in the Sky with Diamonds* ein Akronym für LSD sei oder dass sich verborgene Botschaften hören lassen, wenn man die Platte an bestimmten Stellen rückwärts laufen lässt. Stattdessen zitiert er ausgewählte Passagen aus fast allen Songs des Albums, das er monomanisch und monothematisch als Darstellung von Drogenerfahrungen liest und im Druckbild des Textes zu einem einzigen langen Songtext zusammenfügt.

Dem Ganzen der Schallplatte wird dabei ein einziger Sinn unterlegt, der sich im Ganzen der einzelnen Songs, aus denen sich *Sergeant Pepper's* zusammensetzt, gar nicht nachweisen lässt. Der lineare Sinnzusammenhang der Songtexte wird zugunsten der Kompilation von Stellen bewusst ignoriert oder übersprungen. Zweifellos hat Nettelbeck durch dieses Darstellungsverfahren allererst einen Subtext plausibel gemacht, den eine hermeneutisch regelkonform vorgehende Lektüre niemals hätte behaupten können. Was Nettelbeck mit seinen Paraphrasen und Stellenlektüren deutlich macht, ist die Tatsache, dass jede diskursive Analyse eines Textes sich auf ein paar ausgewählte Passagen stützt, die exemplarisch für das behauptete Ganze einstehen: Der Prozess des Interpretierens lässt sich so – um es mit der Paraphrase eines Arguments von Georg Stanitzek zu sagen – als ein paraphrasengestütztes Austauschen und Umstapeln von Stellen beschreiben. Wenn das gut gemacht ist, weisen solche Stellenlektüren auf das Problem der Selbstreferenz ihrer Verfahren hin, die sie nicht verstecken, sondern ausweisen.

Harun Maye

ANMERKUNGEN

1 Uwe Nettelbeck: Ich kriege ein Freiexemplar geschickt, in: ders., *Mainz wie es singt und lacht. Die Ballonfahrer. Briefe. Mainz bleibt Mainz. Gespenstergeschichten. Der Dolomitenkrieg. Nachträge*, Salzhausen-Luhmühlen 1976, o. S.
2 Ebd.
3 Uwe Nettelbeck: Generalthema »Trivialmythen« (um es einmal so zu nennen), in: Renate Matthaei (Hg.), *Trivialmythen*, Frankfurt am Main 1970, S. 151–179, hier S. 151.
4 Ebd., S. 152.
5 Ebd., S. 177–178.
6 Renate Matthaei: Vorwort, in: dies. (Hg.), *Trivialmythen*, Frankfurt am Main 1970, S. 7–10, hier S. 9.
7 Zu Nettelbecks Paraphraseverfahren als kritischer Lektüretechnik, die extreme Abkürzungen gestattet, siehe Georg Stanitzek: *Essay – BRD*, Berlin 2011, S. 174–181.
8 Uwe Nettelbeck: Fiction & Nonfiction, in: ders.: *Mainz wie es singt und lacht. Die Ballonfahrer. Briefe. Mainz bleibt Mainz. Gespenstergeschichten. Der Dolomitenkrieg. Nachträge*, Salzhausen-Luhmühlen 1976, o. S.
9 Ebd.
10 Renate Matthaei: Vorwort, in: dies. (Hg.), *Trivialmythen*, Frankfurt am Main 1970, S. 7–10, hier S. 7.
11 Uwe Nettelbeck: Pot Music, in: *AKZENTE. Zeitschrift für Dichtung* 14/6 (1967), S. 565–579.

SCHÖNHEITEN

GEWANDUNRUHE

Jede wissenschaftliche Disziplin kennt ihre kleinen Techniken der Erkenntnis, die selten in den Annalen der Forschung gewürdigt werden. Die Kunstwissenschaft um 1900 fand ein solches ›kleines Werkzeug‹ in der Analyse von Falten. Schon Aby Warburgs Studienfreund Adolph Goldschmidt soll seinen Studenten folgende Maxime zur Beschreibung von Skulpturen empfohlen haben: »Denken Sie, sie seien eine Fliege und kröchen quer über die Figur hinweg. Beschreiben Sie den Weg dieser Fliege über alle Höhen und Tiefen des Gewandes!«[1] Durch die Kultivierung dieser Technik Kunstwerke wie eine Fliege zu sehen, konnten Kunsthistoriker wie Wilhelm von Bode, August Schmarsow, Wilhelm Vöge und der ebengenannte Goldschmidt eine kunsthistorische Ordnung für Tausende von mittelalterlichen Skulpturen etablieren, die zuvor weder ein Datum, einen Autor, bisweilen nicht einmal einen identifizierbaren Entstehungsort besessen hatten. Sie sicherten einen monumentalen Korpus von Werken, ja mehr noch sie erarbeiteten ein Koordinatensystem von Schulen und historischen Perioden, das die Ordnung des Materials erlaubte. Die Bestimmung mittelalterlicher Skulpturen erfolgte weitgehend auf der Basis morphologischer Kriterien. In der Draperie fanden die kunstwissenschaftlichen Faltenkundler um 1900 Hilfslinien für die Analyse der räumlichen Organisation und damit der formalen Struktur einer Figur. Dieses für die Stilkritik um 1900 allgemein charakteristische Vorgehen impliziert ein besonderes, ein privilegiertes Verhältnis von Faltenwurf und Stil.

Der Faltenwurf eignet sich in besonderer Weise zur Stilbildung, da das Zufällige und Gesetzlose – im Unterschied zur Gesetzmäßigkeit des menschlichen Körpers – nach Organisation verlangt. Das Anorganische und Formlose gerät zum eigentlichen Motor der Stilbildung, nicht zuletzt deshalb, weil die Draperie das materielle Apriori des Steinblocks vergessen macht: Im Kern des Faltenwurfs steckt ja noch ein Rest jenes stereometrischen Blocks, aus dem die Figur hervorgegangen ist, während sich die Oberfläche nun als vielfach auf- und eingefaltet darbietet. Stilbildung heißt in diesem Sinn auch aus einem steinernen Kern eine Oberfläche zu machen, eine pure Form, die das Material vergessen macht. Doch für die Mediävistik um 1900 geht der Faltenwurf keineswegs in dieser Funktion auf, wie der Blick in die Schriften eines ihrer wichtigsten Protagonisten, Wilhelm Vöge, zeigen kann. Die Falte als Figur der Stilbildung trägt ihre eigene Überschreitung immer schon in sich, denn die Draperie gehört einem veritablen Zwischenraum zwischen Körper und Architektur an oder genauer: sie spannt sich als kontinuierliche Oberfläche zwischen die Steinquader der Kathedrale und den Steinblock, aus dem die Figur herausgearbeitet wurde. Es nimmt deshalb nicht Wunder, dass die mittelalterlichen Bildhauer – wie Vöge in seiner wichtigsten Publikation zur französischen Skulptur der Romanik und frühen Gotik argumentiert – das Faltenwerk als Mittel der Evokation von Lebendigkeit entdeckten; die »bewegliche Masse der Gewandung«[2] vermittelt zwischen der aufgespannten Wand der gotischen Kathedrale und jenem Schein des organischen Lebens, den die Figuren erwecken sollen.

Am Beispiel der Statue des Kardinals de la Grange vom nördlichen Turm der Kathedrale von Amiens (Abb. 1) beschreibt Vöge exemplarisch die tektonischen Zwänge der an die Architektur gebundenen Skulptur und die Funktion des bewegten Beiwerks: »Da der Künstler den linken Fuss zur Seite treten liess, war er zu einer entsprechenden Verschiebung des Oberkörpers, des Rückens genötigt; [...] daraus erklärt sich sowohl die Durchbiegung des Leibes wie die auffallende Senkung der linken Achsel. [...] Dadurch wird erreicht, dass die über den Arm herabfallende Gewandmasse des Mantels von der Bewegung des Körpers losgelöst wird, um nun, gleichsam ihrer eigenen Schwerkraft hingegeben, in lothrechten Faltenzügen vom Arme hinunter zu den Füssen zu gleiten. Die durch die [...] Bewegung des Körpers entstandenen, den Leib diago-

Abb. 1

nal überschneidenden Faltenpartien werden auf diese Weise nach aussen hin begrenzt. Der Uebergang zu den senkrecht aufsteigenden architektonischen Linien ist gewonnen. Wir sehen […], wie die bewegliche Masse der Gewandung dem Künstler die Lösung seiner eigentümlichen Aufgabe erst ermöglicht, nämlich trotz aller tektonischen Gebundenheit doch den Schein des Lebens zu erwecken.«[3]

In einem 1903 publizierten Aufsatz *Zur Gotischen Gewandung und Bewegung* wird Vöge das Thema der Draperie erneut aufgreifen, um die Spannung zwischen der Tektonik des Baus und der Eigenaktivität des Faltenwurfs zu fokussieren. Die Gewandung habe »in der Gotik das große Wort«,[4] allerdings komme ihr diese Funktion als bloßes, wenn auch großartiges Surrogat zu, denn im Unterschied zur antiken Skulptur muss der christliche Kirchenschmuck den nackten Körper vermeiden. Deshalb sind die gotischen Figuren »häufig nur Gestelle für die wundervolle Draperie; [die Gotik] schwelgt in Falten, als suchte sie Ersatz für Formen, die ihr nicht gegeben waren.«[5] Da vor dem späten 14. Jahrhundert kein künstlerisches Interesse an den verschiedenen Texturen von Stoffen zu beobachten ist, sei der Fall des Faltenwurfs allein dem selbstbezüglichen Rhythmus der Stoffbahnen unterworfen. Das Gewand löst sich zunehmend vom Körper und emanzipiert sich von den Gesetzen der Physik: »Die feinen Aeusserungen dieses […] Sonderlebens […] wissen die Gotiker darzustellen, ohne ins Kleine zu geraten. Wie die hoch herausragenden Kämme rücklings einsinken und schlaff übereinanderfallen, wie die schlanken Züge niederwallend sich stauen, so dass feine Brüche und Knicke sich bilden […], wie sie am Boden schleifend, ein wenig in Unordnung kommen, als laufe ein Windhauch über ihre Rücken […], wie der schwere Stoff hängend hinsteht oder bei schwebendem Faltenbogen in winklig sich absetzende Stücke auseinanderfällt, diese und ähnliche Motive zeigen, wie das schöne Arrangement durchsetzt ist von Anschauung. Die letztere aber ist nicht an der ausstaffierten Puppe des Ateliers genährt, sie suchte ihre Nahrung in freier Luft, obschon im Fluge, zu haschen.«[6]

In diesem aviatischen Bewegungsdrang des Beiwerks entlädt sich die Hemmung, der die gotische Plastik durch ihre Gebundenheit an die Architektur unterworfen war. Während das tektonische Prinzip die Beweglichkeit der gotischen Standfiguren einschränkte, setzen die Draperien sie in Schwingung, simulieren eine Bewegung der Figuren, ihr Innehalten oder sich Umwenden. Die gotische Falte ist also der Ausdruck einer Virtualisierung des Körpers und seiner Bewegungen; sie inszeniert den Körper und damit die »Formen, die ihr nicht gegeben waren« als eingefaltet, umhüllt, inhärent.

Georges Didi-Huberman hat den Faltenwurf in der neuzeitlichen Kunst im Anschluss an Aby Warburg als einen »Operator der Konversion« beschrieben.[7] Angesprochen war damit eine Funktion der dynamischen Verkehrung, die »ambivalente Körper« hervorbringt. Schon die Draperien der gotischen Bildhauer müssen – folgt man Warburgs Studienfreund Vöge – als solche »Operatoren der Konversion« verstanden werden, wobei die Konversion sich nun zwischen Architektur und organischem Leben, zwischen dem Dauerhaftesten und dem Flüchtigsten, ereignet.

Barbara Wittmann

ANMERKUNGEN

1 Zit. nach Kathryn Brush: *The Shaping of Art History. Wilhelm Vöge, Adolph Goldschmidt, and the Study of Medieval Art*, Cambridge 1996, S. 202 (Fn. 43); vgl. dazu und im Folgenden: Willibald Sauerländer: Kleider machen Leute. Vergessenes aus Viollet-le-Ducs »Dictionnaire du Mobilier français«, in: *Arte medievale* 1 (1983): S. 221–240.
2 Wilhelm Vöge: *Die Anfänge des Monumentalen Stils im Mittelalter: Eine Untersuchung über die Blütezeit französischer Plastik*, Straßburg 1894, S. 332.
3 Ebd.
4 Wilhelm Vöge: Zur gotischen Gewandung und Bewegung, in: *Das Museum* 8 (1903), S. 65–68, hier S. 65.
5 Ebd.
6 Ebd.
7 Georges Didi-Huberman: *Ninfa Moderna. Über den Fall des Faltenwurfs*, Berlin / Zürich 2006, S. 25.

KUPFERSTICH, RHYTHMUS

Tanz der Elemente, Erfahrung der Zeit

Aus gegebenem Anlass möchte ich mit Ihnen einen Blick auf einen Stich des Bauhausschülers in Dessau und späteren Kupferstechers in seiner neuen französischen Heimat Albert Flocon werfen. Ich schreibe diesen Eintrag in Erinnerung an meine erste Begegnung mit Bernhard Siegert auf einer denkwürdigen Tagung im November 1991 am Institut für Medizin- und Wissenschaftsgeschichte in der Lübecker Königsstraße, bei der es um die Experimentalisierung des Lebens ging.

Albert Flocon bildete sich zu einem Meister der Kupferstecherei nach dem 2. Weltkrieg, einer Zeit, als dieses Metier nicht mehr viele Anhänger hatte. Dieses ist eines der größten Kupfer, das der Künstler je gestochen hat, ein entschieden ungewöhnliches Exemplar seiner Gattung: fast vierzig Zentimeter breit und über fünfundzwanzig Zentimeter hoch. Flocon hat ihm keinen Titel gegeben, aber man kann in ihm leicht eine Auseinandersetzung mit den klassischen vier Elementen Feuer, Wasser, Luft und Erde erkennen. Sie finden sich hier in einem einzigen Blatt vereint. Das ganze Bild wird dominiert von der Nautilus-Spirale einer unbändigen Metamorphose der Elemente untereinander. Sie entlässt die Elemente in den Wirbel des Lebens und saugt sie zugleich wie ein schwarzes Loch in sich auf. Sie erfasst die menschlichen Wesen, die von außen in diesen Kreislauf eingespeist werden und ihn treiben, ebenso wie den Baum mit seinen knorrigen Ästen, der sich ihm in den Weg stellt und ihn aufzuhalten versucht. Und noch eine Botschaft hält das Bild bereit: Aus dem Tornado der

Abb. 1

Elemente hervorgegangen, ihm abgetrotzt ebenso wie ihm widerstehend, zeichnen sich die klaren und geraden Linien einer himmelwärts gerichteten Konstruktion ab. Es ist, als wäre Goethe hier beim Wort genommen, der das Ineinander von Vertikal- und Spiralsystem, das seinen Überlegungen zur Metamorphose der Pflanzen zugrunde liegt, in einem späten, zu seinen Lebzeiten unveröffentlicht gebliebenen Text wie folgt beschreibt. Ich lasse ihn hier ausführlich zu Wort kommen: »Hat man den Begriff der Metamorphose vollkommen gefasst, so achtet man ferner, um die Ausbildung der Pflanze näher zu erkennen, zuerst auf die vertikale Tendenz. Diese ist anzusehen wie ein geistiger Stab, welcher das Dasein begründet und solches auf lange Zeit zu erhalten fähig ist. […] Sodann aber haben wir die Spiralrichtung zu beobachten, welche sich um jene herumschlingt. Das vertikal aufsteigende System bewirkt bei vegetabilischer Bildung das Bestehende, seinerzeit Solideszierende, Verharrende. […] Das Spiralsystem ist das Fortbildende, Vermehrende, Ernährende, als solches vorübergehend, sich von jenem gleichsam isolierend. Im Übermaß fortwirkend, ist es sehr bald hinfällig, dem Verderben ausgesetzt; an jenes angeschlossen, verwachsen beide zu einer dauernden Einheit […] Keins der beiden Systeme kann allein gedacht werden; sie sind immer und ewig beisammen, aber im völligen Gleichgewicht bringen sie das Vollkommenste der Vegetation hervor.«[1]

Das Ineinander von Vertikale und Spirale, von *tourbillon vital* und Geometrie, von der Wendel des Werdens und konstruktiver Anstrengung bestimmt auch Flocons Metamorphosen und erscheint auf diesem Kupferstich in surrealistisch zugespitzter Apotheose.

In seinem Buch über die *Dialektik der Dauer* hat Gaston Bachelard den auf den brasilianischen Philosophen Lúcio Alberto Pinheiro dos Santos zurückgehenden Begriff der Rhythmanalyse aufgegriffen,[2] um seine Überlegungen zur Grundform unserer Zeiterfahrung als einer »vibrierten Zeit« zu charakterisieren: »Für uns ist die grundlegende Form der Zeit eine vibrierte Zeit.«[3]

Das Blatt, das wir hier vor uns haben, ist ein Blatt über die vibrierte Zeit der Metamorphose.

In ihrer Überlagerung der Metamorphosen evoziert eine Gravur wie diese für Bachelard zugleich,[4] wie er es einmal formulierte, »die größte Kontingenz der Betrachtung«: »Ich erzähle mir heute nicht, was ich mir gestern sagte. Die ernsthafte Betrachtung ist kapriziös, ja, sie ist reine Kaprice.«[5] Die ernsthafte Betrachtung realisiert sich erst in einem solchen Wechsel von Wiederholung und Differenz. Sie *ist* selbst differenzielle Wiederholung. Mit Henri Lefèbvre, dem Rhythmanalytiker unserer Tage, können wir sagen: »Kein Rhythmus ohne Wiederholung in Raum und Zeit. […] Doch schließt Wiederholung nicht nur Differenz nicht aus, sie *bringt* sie vielmehr *hervor*. Früher oder später führt sie in der repetitiven Sequenz oder Serie zum *Ereignis*.«[6] Oder um noch einmal Bachelard zu Wort kommen zu lassen: »Jede wirkliche Dauer ist wesentlich polymorph; die reelle Wirkung der Zeit erfordert den Reichtum der Koinzidenzen, die Syntonie der rhythmischen Anstrengungen.«[7]

Im Schauen wird auch der Akt der Betrachtung zu einer Wellenbewegung, die Bachelard als ein Charakteristikum des Psychismus überhaupt ansieht: »Je höher der Psychismus, desto mehr unduliert er«,[8] heißt es in der *Dialektik der Dauer*. Der Psychismus seinerseits erscheint als die Fortsetzung und Emergenz einer elementaren Materie, die ebenfalls nur »auf der Ebene des Rhythmus existiert, und zwar im starken Sinne dieses Wortes«,[9] wie Bachelard zu Beginn des Kapitels über die Rhythmanalyse schreibt. Auf diesem Kupfer wird sinnfällig, wie Albert Flocon den Rhythmus, diese »Grundlage der *zeitlichen* Wirkmächtigkeit«,[10] *räumlich*, in der Synchronizität eines Bildes, zur Darstellung bringt. Das Geheimnis besteht darin, das Auge in eine rhythmische Bewegung zu versetzen. Der Rhythmus ist, so Bachelard, ein »System von Augenblicken« – im glücklichen doppelten Sinne dieses Wortes in der deutschen Sprache.[11]

Hans-Jörg Rheinberger

ANMERKUNGEN

1 AnthroWiki.at Bibliothek: Goethe/Naturwissenschaft/Über die Spiraltendenz der Vegetation. Handschriftlich um 1830/1831.
2 Lúcio Alberto Pinheiro dos Santos: *Ritmanálise*, Rio de Janeiro 1931.
3 Gaston Bachelard: *La Dialectique de la durée*, Paris 1936, S. 149.
4 Zur Begegnung Flocons mit Gaston Bachelard vgl. ausführlich Hans-Jörg Rheinberger: *Der Kupferstecher und der Philosoph. Albert Flocon trifft Gaston Bachelard*, Zürich/Berlin 2016.
5 Gaston Bachelard, Albert Flocon: *Châteaux en Espagne*, Paris 1957, S. 9.
6 Henri Lefèbvre: *Rhythmanalysis. Space, Time and Everyday Life*, translated by Stuart Elden und Gerald Moore, London 2004, S. 6–7.
7 Gaston Bachelard: *La Dialectique de la durée*, S. 4.
8 Ebd., S. 159.
9 Ebd., S. 148.
10 Ebd., S. 4, Unterstreichung hinzugefügt.
11 Ebd., S. 5.

LOOPS, OR *THE WAVE*

The English language allows an all-too-easy division between natural cycles and technical loops. Cycles belong to botany, zoology, geology, and, above all, astronomy, where natural cycles are tethered to heavenly circles. Loops have an obscure etymology. But their application is unambiguous. Loops are the products of techniques and technologies from diverse fields such as needlework and mining, railways and telegraphy, film and computing.

The historiography of cinema has been unkind to loops. Narrative—the dominant form of cinema for over a century; the from through which cinema emerged as an art in the hands of Griffith, Eisenstein, etc.—is the ineluctable drive forward. But even before the hegemony of narrative, cinema became conterminous with linear progress. Along with the train, the cinema camera/projector was among the most enduring nineteenth century inventions predicated on the cylindrical transmission of rotational into translational (straight-line) motion, as Helmut Müller-Sievers has shown.[1] Trains and cinema converged most emblematically in the Lumières' early film *Arrival of a Train at La Ciotat* (1896). (fig. 1).[2] The eponymous train pulls into the station, continues well past the camera—into the auditorium?!; here the trigger for the legendary flight of spectators—and eventually comes to a stop; passengers disembark, others board; each event follows the last with mechanical precision and unbreakable causality. Modern time is technological time is cinematic time: modernity, modernization, and modernism are perfectly synchronized.

Fig. 1. Auguste and Louis Lumière, *Arrival of a Train at La Ciotat*, 1896.

Fig. 2. Phenakistiscope disc, after 1832, 19.5 x 26.5 cm. Collection Museums Victoria, Victoria, Australia.

And yet before the Lumières' train even set out for Ciotat, the cinema was populated by looping devices such as the Kinetoscope. Indeed, loops can also be found among the essential incunabula of cinema. Most famously, each of the six films comprising the opening night program of Edison's Vitascope at Koster and Bial's Music Hall was looped.³ What's more, several of the subjects—especially the dance numbers—resembled precisely those looping motifs familiar from Phenakistiscopes, Zoetropes, and other nineteenth century optical devices, up to and including early cinematic devices (fig. 2). (That these motifs reappear among the preponderance of animated GIFs on social media and the internet makes for at least anecdotal proof of non-linear media history.) If large cycles belong to nature and (following Paul Ricoeur) linear narrative to humans, then the rapidly looping »temporality of optical toys is closer to that of the machine.«⁴ Human temporality (at once natural and technical) thus divides all-too-neatly the natural temporality of cycles from the technical temporality of loops.

Natural cycles and technical loops. Precisely this neat division came crashing down at Koster and Bial's Music Hall on April 23, 1896 (and on several earlier and numerous subsequent screenings). For the runaway favorite film on the program was an 1895 short shot by Birt Acres called *Rough Sea at Dover* or *The Wave*, which depicted a series of waves crashing over and over again against a pier (fig. 3).⁵ As reported at the time: »Then came the waves, showing a scene at Dover pier after a stiff blow. This was by far the best view shown, and had to be repeated many times. As in the umbrella dance, there was absolutely no hitch. One could look far out to sea and pick out a particular wave swelling and undulating and growing bigger and bigger until it struck the end of the pier. Its edge then would be fringed with foam, and finally, in a cloud of spray, the wave would dash upon the beach. One could imagine the people running away.«⁶

Similar to the Lumière train (and the apocryphal flight of spectators), the rough sea threatened and delighted its first audiences. But unlike the Lumière

Fig. 3. Birt Acres and Robert W. Paul, *Rough Sea at Dover* or *The Wave*, 1895.

train, whose arrival at the station at La Ciotat was definitive, the swells, undulations, and crashes at Dover could repeat sempiternally, like the tides.

Tide, time, *Gezeit*, *Zeit*. Tides and times have always been linked and, as John Durham Peters reminds us, were essential ingredients in modern telecommunications infrastructures, from tidings to *Zeitung*.⁷ In *Rough Sea at Dover*, time is the tiding. Tides are a natural cycle, as reliable a manifestation of celestial circles—specifically, the gravitational pulls of the sun and the moon—as diurnal and nocturnal cycles or the changing of seasons. But for good reason *Rough Sea at Dover* was also exhibited under the title *The Wave*: not a tidal wave in an unfathomable sea, but a single wave looped repeatedly, swelling, undulating, cresting, breaking, over and over again. A wave without tides. A wave without time.

In contradistinction to the Lumière's *Arrival of a Train at La Ciotat*, which aligned content and form under the banner of linear, technologized progress, engineered and filmed by Man, *Rough Sea at Dover* heralded an unsettling, if no less entertaining, abrogation of the divisions between nature, human, and machine. Here the tides and times of nature were twisted into the mechanical loops of technology. And Man—erased like a face drawn in sand at the edge of the sea—was made to marvel at a looping wave that, in a cloud of spray, would dash upon the beach. One could imagine the people running away.

Nearly thirty years transpired before avant-garde artists processed the horror of the loop on film. And what they produced continues to amaze, unease, and exasperate. In 1924, Fernand Léger, Dudley Murphy, and others constructed a world in which everything loops or is made to loop: swings, pendulums, pistons, pumps, movie camera cranks, pots and pans, smiles, primary shapes, symbols, fairground rides, and inscrutable machines of all kinds (fig. 4). Its centerpiece is a washerwoman who climbs steep steps carrying a heavy load; she opens her mouth to speak and gestures, but never manages more than four steps before she's looped back to repeat the climb. Seven times. Eleven. Five (fig. 4a). One might too quickly dismiss this figure as a *populaire* Sisyphus, a mythic figure in modern dress; a legerdemain through which to cloak the technical loop in the guise of a mythic cycle. But Sisyphus was just a feint. As Léger wrote at the time: »I wanted to *amaze* the audience first, then make them uneasy, and then push the adventure to

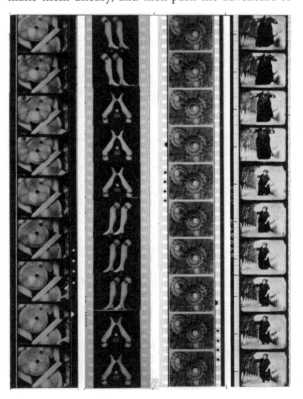

Fig. 4. Fernand Léger and Dudley Murphy, *Ballet Mécanique*, 1924. Film strips.

229

Fig. 4a. Detail of fig. 4.

the point of exasperation. In order to ›time‹ it properly, I got together a group of workers and people in the neighborhood, and I studied the effect that was *produced* on them. In eight hours I learned what I wanted to know. *Nearly all of them reacted at about the same time.*«[8]

Rather than chase ancient myth, Léger anticipates the modern focus group. As such he recognizes the reversal of subject and object that, as Cornelia Vismann has argued, »may well be the most prominent feature of a theory of cultural techniques.«[9] Techniques like close-ups, inversions, and loops animate objects and objectify humans. Just as isolated affective units circulate on social media as looping animated GIFs, so too the looped close-up of Kiki de Montparnasse's smile serves as a mechanical unit of pleasure and affirmation, not merely its representation but, through empathic response, its production in the spectator. Léger studied the effect that was *produced* on people, by looped film. If cycles tether natural and human phenomena to celestial circles, loops mechanize nature and humans alike and dissolve the differences between them. The cinematic choreography of such loops could be exhibited under only one name: *Ballet mécanique*.

Around this time, only Nietzsche knew how to live a looped existence, what he dubbed eternal recurrence. The threat of eternal recurrence was either the heaviest weight or the ultimate incitement to live, namely, to live like a wave: »How greedily this wave is approaching, as if it were trying to reach something! How it crawls with terrifying haste into the inmost crevices of the craggy gorge! It seems to be trying to arrive before someone else; something of value, of great value, seems to be hidden there. – And now it is returning, a bit more slowly but still quite white with excitement—is it disappointed? Has it found what it was seeking? Is it simulating disappointment? – But already another wave is nearing, still more greedily and wildly than the first; and its soul, too, seems full of secrets and the hunger for treasure-digging. That is how the wave lives—that is how we live, we who will—I will say no more.«[10]

Noam M. Elcott

ANMERKUNGEN

1 Helmut Müller-Sievers: *The Cylinder. Kinematics of the Nineteenth Century*, Berkeley 2012.
2 See Martin Loiperdinger: Lumiere's Arrival of the Train. Cinema's Founding Myth, in: *The Moving Image* 4/1 (2004), p. 89–118.
3 And yet, as Charles Musser convincingly argues, these six looped films likely created a (nationalistic) narrative arc, thereby complicating any strict division between attraction and narratives, loops and linearity. Charles Musser: A Cinema of Contemplation, a Cinema of Discernment. Spectatorship, Intertextuality and Attractions in the 1890s, in: *The Cinema of Attractions Reloaded*, ed. Wanda Strauven, Amsterdam 2006, p. 159–179.
4 See Nicolas Dulac and André Gaudreault: Circularity and Repetition at the Heart of the Attraction: Optical Toys and the Emergence of a New Cultural Series, in: *The Cinema of Attractions Reloaded*, ed. Wanda Strauven, Amsterdam 2006, p. 227–244, p. 228.
5 For details on the film, see Deac Rossell: *Rough Sea at Dover. A Genealogy*, in: *Early Popular Visual Culture* 15/1 (2017), p. 59–82.
6 *New York Mail and Express*, 24 April 1896, p. 12. Cited in Charles Musser: *Emergence of the Cinema. The American Screen to 1907*, New York 1990, p. 116.
7 John Durham Peters: *The Marvelous Clouds. Toward a Philosophy of Elemental Media*, Chicago 2015, p. 249.
8 Fernand Léger: *Functions of Painting*, ed. Edward F. Fry, trans. Alexandra Anderson, New York 1973, p. 51.
9 Cornelia Vismann: Cultural Techniques and Sovereignty, in: *Theory, Culture & Society* 30/6 (2013), p. 83.
10 Friedrich Nietzsche: *The Gay Science*, ed. Bernard Williams, trans. Josefine Nauckhoff, Cambridge 2001, p. 176 (§310): Will and Wave [*Wille und Welle*].

THE ECHO OF NARCISSUS.
TRANSFORMATIONS IN PAINTING FROM ALBERTI TO DALÌ

In the mid-nineteen thirties, arguably the most productive period of his career, Salvador Dalì used the freedom which painting had gained through cubism and surrealism to conduct new experiments with the classical forms of linear perspective. In a series of pictures, he relies not only on the orthogonal forms of architecture and the aerial perspective of wide landscapes and blurry horizons, but also on irregular shapes which, by simply being repeated at a smaller scale in the picture plane, provide sets of points which determine a beam of transversals that converges in a vanishing point. An early example of this technique is a painting with the enigmatic title *L'echo du vide* (1935).[1] It shows a landscape in a yellowish light and, in the foreground, a cypress, into which an oblong aperture is cut that serves as a kind of window into a fraction of the hazy distance that occupies more than half of the picture's right-hand side. The same cypress with the same opening, however, scaled down and in a different light, appears in the painting's upper left corner behind the horizon of a mountaintop. Lines drawn through corresponding points of these two similar shapes converge in a vanishing point that lies way above and beyond the upper left corner of the picture frame.

The opening that perforates the cypress tree, as if it were a bone or a rock that does not need a trunk,[2] fulfills, however, yet another function. Projected in slight lateral foreshortening inside of the shadow, which the cypress casts close to and parallel to the picture's lower frame, the contours of that void resemble, albeit at a much larger scale, the shape of a tiny human and possibly female figure in a long white dress that covers her from head to toe, who—casting her own shadow—is heading towards the left, as if on her way out across the picture frame.

Thus, the shape of the picture's eponymous void appears four times, at four different scales, and in two different functions, once as a perspective device that creates the illusion of deep space, and once as an ambiguous figure, which can be read in two ways: either as an irregular shape or as a human being's silhouette. Or, to put it more succinctly, the painting operates with a series of similarity transformations,[3] or more precisely, with a rigid transformation, in this case a translation, followed by a contraction. And it is the combination of these two operations which explains the title of the painting. For what the picture shows in terms of space, the echo reverberates in terms of time. The transfer of a figure from one place to another corresponds to the echo's delay, and the contraction of the figure to its decreased volume.

There are at least three more paintings, one called *Echo nostalgique*, and the two other ones sharing the title *Echo morphologique*, in which Dalì explores the analogy between the phenomenon of the echo and the geometry of similarity transformations. In the two earliest ones of these, both dated 1935, the tiny human in a white dress reappears. However, now she is a little girl swinging a skip rope high above her head, thus, forming an ambiguous figure which is reiterated twice, namely once in the girl's shadow on the ground, and a second time in the shape of a bell inside the vault of a distant building.[4] The second version of Dalì's *Echo morphologique* (1936) combines a series of ambiguous figures with an equally ambiguous use of linear perspective. It shows a table in the foreground of yet another landscape in a yellowish sfumato. The left side of the tablecloth is folded in a way as if two mysterious human hands were ruffling it from underneath. On the table, whose smaller edges lead to a vanishing point outside of the left picture frame, three objects are lined up in a simple still life: a glass with a long spoon inside, a shape that looks like the heel of an oblong loaf of bread, and a black muscat grape. To each of these objects two, more or less similar shapes, far out in the hazy distance, seem to correspond. Evenly distributed in relation to the picture plane these shapes form a matrix of three by three elements arranged in a rectangle slightly off the picture's center, the upper limit of which coincides with the horizon, which, due to the hazy light, is not visible but indicated by the position of the vanishing point.

The second row of this matrix, which is separated from the table by a band of deep shade, contains three human figures, a new version of the woman in a long white dress already present in the previous *Echo* paintings, however, this time running to the right; Dalì's childhood nurse Llúcia Gispert de Montcanut seen seated from behind, as in many other paintings; and a reclining human figure identified as Lenin by his cloth cap.[5] The third row is composed of a tower, a rock, and a wall. The relative magnitude of these figures and these objects is ambiguous. Because they are of roughly the same size as the much smaller objects in the lower part of the picture plane, they can either be perceived as being scaled down in relation to the foreground of the pictorial space, or else as equidimensional in relation to the matrix which they form in relation to the picture plane, as a consequence of which the elements in the second and third row would not be scaled down according to laws of perspective, but contracted, i.e., of one and the same size in reality. The effect is a stunning ambivalence. On the one hand, the nine elements, each of which casts a long horizontal shadow to the left, are firmly rooted in the pictorial space. Perceived in this perspective, they seem to be receding along diverging lines into the depth of an unbounded landscape. On the other hand, however, they are equally firmly attached to the gridded frame which artists—since Alberti's manuscript *Della pittura* (1435)[6] and Dürer's book *Underweysung der Messung*[7]—use to plot the coordinates where the rays that connect a single painter's eye to a set of points in a real object meet the picture plane. Dalì's painting reveals the truth of perspective painting which this technique is designed to conceal. The nine objects of this *Morphological Echo* seem to hover in a void because they are situated in two categorically different spaces, in the reality of the two-dimensional, oil covered canvas, and in the pseudo-three-dimensional pictorial space constructed by means of projective geometry for the optics of a human eye at a specific point of view.

Dalì's painting *Couple aux têtes pleines de nuages* shows a different version of the same landscape, albeit in a different light, and some of the same objects, however, with the canvas split into two. The frames of the resulting twin pictures trace the contours of the upper bodies of the couple in Millet's picture *L'Angelus*, one of many variations on this work in Dalì's œuvre. This appears to be yet another allusion to an acoustical phenomenon: a peasant and his wife in the field praying while the church steeple in the distance tolls its bell at six o'clock in the evening. But the painting also plays with the relation between frame and picture. While one and the same landscape appears, as it were, continuously through the windows of the two picture frames, the pattern of the eponymous clouds in the couple's heads seems to be continuous as well but determined by the positions of the two figures of the frame. Just as the woman's head is bent at a certain angle, so too are the clouds in her head inclined in relation to those in her partner's head.

The table and, with it, the still-life are split into two as well. The short edges of these tables converge in a common vanishing point located between the two pictures, at the intersection of the horizon with the man's right shoulder. Of the nine shapes distributed in the matrix in the second version of Dalì's *Morphological Echo*, six are present in this picture. On the left table, there is the glass with a spoon, but, instead of the heel of bread, there is a kilo weight, and on the right table, there is the muscat grape. The second row is the same as in the *Echo* painting: it shows the running figure, the seated childhood nurse, and the reclining Lenin. In the third row, which, in this version, coincides with a visible horizon, only the rock in the middle is roughly the same as in the other picture. Part of a mountain range, it resembles the kilo weight on the table much more closely than the heel of bread. Instead of the tower, on the left, there is a city. And the wall, on the right, is part of another mountain range.

Thus, the grid, in Dalì's *Couple aux têtes pleines de nuages*, differs from the one in the second version of his *Morphological Echo* in three fundamental ways: (1) Only the middle column consists of three separate elements, whereas the third element of the left column appears as part of a small town in the distance, and the third element of the right column is part of a larger mountain range. (2) The size of the figures and objects decreases in relation to the picture plane in such a way that lines connecting the edges of the elements in each one of the three columns converge, as it were, in three separate vanishing points. These three points lie on one horizontal line that constitutes the third row of a three-dimensional matrix. (3) The grid is not orthogonal in relation to the picture plane but composed of trapezoids whose legs converge in a distant vanishing point that is located about four times the picture's height above its upper frame. The effect is a puzzling juxtaposition of two different perspectives, one that converges with the traditional horizon, and another one that lies, to paraphrase the painting's title, high up in the clouds.[8]

Except for the transformation of the muscat grape into the reclining Lenin, and the similarity between the kilo weight and the distant mountain in *Couple with Their Heads Full of Clouds*,[9] the objects in this painting and in the second version of *Morphological Echo* are not strictly similar. Their correlation is defined by their position in the grid. There exists, however, yet another, albeit distant correspondence between the glass spoon that is pointing to the left and the running female figure who is inclined in the opposite direction. Their relation could be understood as the result of two rigid transformations, namely as a translation followed by a reflection in the picture plane. In the following year, 1937, Dalì conducted another, and much more elaborate experiment with the second one of these two operations, however, only in order to show that a mirror image can differ substantially from the object it reflects, not only in the sense that an image is not the same as a thing, but also in the sense that images can be ambivalent, that they can represent not one, but two completely different things, for instance, *Swans Reflecting Elephants*, *Cygnes reflétant des Éléphants*. The painting shows four swans at the shore of a small bay and their reflection in the water. Necks turn into trunks, wings into ears, and a few tree trunks in the background into the legs of four elephants. The title is as ambivalent as the painting. It could either mean that the swans are actively producing their mirror images in the form of elephants, or that they are the reflections of these elephants themselves. And just as the title can be read in two ways, the relation between the swans and the elephants would only be reversed if the painting were turned upside down, an operation which is kept in check by the human figure on the left side of the painting.

One would expect that a painting, which Dalì chose to call *The Metamorphosis of Narcissus* and which was painted in the same year, 1937, would provide yet another variation on the theme of specular duplication, but that is not the case. One reason for this surprising omission of an obvious choice may be that the most perfect representation of Narcissus mirroring himself in Ovid's pond had already been painted long ago, namely by Caravaggio in the last decade of the sixteenth century.[10] The simplicity with which Narcissus is caught within the inescapable circle formed by his outstretched »real« and reflected arms is breathtaking. It is as if the upper part of the canvas had been printed onto a second surface with a loss in intensity of colors, and, then, rotated 180° around the axis that is marked by the edge of the pond, outside of the picture plane, more precisely, through the third dimension. Embracing his own image, as it were, Narcissus embraces the planar space that intersects the visual pyramid. But – and that is equally important – the painting's lower frame limits the imprint or reflection of Narcissus in such a way that part of his head and body are cut off. As a result, the ratio occupied by Narcissus and his reflection in the picture plane is about 3 to 2.

As Hubert Damisch and others have noted, Caravaggio's picture could be understood as an illustration of Leon Battista Alberti's thesis that the inventor of painting was none other than Narcissus.[11] But even if that were the case, it would not solve the riddle of Alberti's bold and enigmatic claim. For it is simply inconceivable that the young man in Caravaggio's painting – infatuated as he is with his own reflection in the pond – would ever turn away from it to grasp a brush and start painting what he sees. There is, after all, a difference between painting and embracing, or, as Alberti adds in the Italian, but not the Latin version of his treatise, between painting and *pigliare*, that is, violently, albeit artfully, grasping,[12] when he asks: »che altra cosa è il dipingere, che abbracciare e pigliare con l'arte quelle superficie del fonte?«[13] And the fact that immediately after posing this question Alberti returns to Pliny's[14] and Quintilian's[15] trope »that the ancient painters used to circumscribe shadows cast by the sun, and from this our art has grown,«[16] seems to indicate the he himself had his doubts about Narcissus' aptitude for the invention of painting.

Basing his argument on the fact that mirrors, in the fifteenth century, were only of narrowly limited dimensions[17] Damisch tries to solve the conundrum by stating that »one might be tempted to see the Narcissus of the fable not as the inventor of painting in general, but rather as the inventor of easel painting.«[18] Gazing at Narcissus gazing at himself the painter and, with him, we, the observers or spectators, are watching the scene not in the irregular surface of a pond, but through the rectangular boundaries of a mirror, a window or a picture frame. Thus, regardless of how one imagines the moment when painting was invented, it is obvious that Narcissus did not take an active part in it. All he did and could have possibly done was to serve as a model for others to consider, as an inspiration. Observing him in his trance an aspiring painter could have learned two things: one, that any object reduplicates in a shiny surface, and, two, that an object and its reflection have the same shape and size, but that the figures face in opposite directions. They are mirror images, with right and left reversed—like the traces left by certain imprints of characters by means of which the German inventor, whom Alberti and his friend Dati, according to the former's treatise »On Composing Ciphers,« praised so vehemently when conversing in the papal gardens, was able to render more than two hundred volumes of books in one hundred days with the help of no more than three men given only one exemplar.[19] If anything, that is precisely what Caravaggio's painting presents to the viewer: a partial imprint of the upper three fifths of the canvas onto the remaining two fifths at its bottom.

By alluding to both Quintilian's *Institutio oratoria* and Ovid's *Metamorphoses* Alberti juxtaposes two possible origins of painting: one, derived from tracing a shadow on a wall, and another one, derived from the latest technical invention of his time, Gutenberg's printing press, which itself was derived from the new medium of the woodcut, which, together with papermaking, had been transferred from China to Western Europe in the early fifteenth century. The distinction is based on the difference between two media technologies, but also on the difference between two transformations in the mathematical sense of this term. Shadow tracing is a translation, and, as such, it is based on the same operation as the hand stencils found in prehistoric cave paintings. By attributing the origin of painting to Narcissus, Alberti replaces translation by reflection, that is, an operation which can only be performed under the condition that the object to be transformed is rotated through an additional dimension, through the third dimension in the case of a drawing or a painting, through the fourth dimension in the case of a three-dimensional object: »A right-hand glove could be put on a left hand if it could be turned round in four-dimensional space.«[20]

As I said, a situation, in which Narcissus would turn away from his reflection in the pond, is simply inconceivable, but he could immunize himself against the lure of his own face—by putting on a mask. That way, he could study the phenomenon of reflection without falling into the trap of »narcissistic« love. The mask could show anything, it could replicate Narcissus' own face, or the face of Arlecchino, but also a building such as the Baptistry seen from the portal of the Dome in Florence. And instead of punching into it a hole for each one of his eyes, he could just use one such hole for only one eye. Peeping through that hole he could, then, conduct Brunelleschi's experiment by alternatively looking at the Baptistry itself or into a mirror held at arm's length in front of the painting that is masking his face. The experiment proves that the mirror image of a perspective painting viewed through a single hole cut into it covers the real thing perfectly, however, only under the condition that the object, in this case the Baptistry, is symmetrical – like the human face. In order to be truly congruent with the original, the reflected painting would have to represent it in mirror symmetry.

Brunelleschi's experiment, which operationalized the desire of Narcissus, is not only a reality check for perspective painting, it could also be used to analyze the intricate process of the new medium of the print, be it in the form of a single woodcut or in that of an assemblage of Gutenberg's moveable letters clamped together into one flat matrix. Looking through the hole in Brunelleschi's contraption an observer could have watched the very moment of the imprint, the moment when the inked wood or printing block hits the absorbent surface of the paper, however, with the difference that in place of such a sheet of paper, there was the reflecting surface of a mirror,[21] which according to Alberti, could have been »plane and uniform,« or »spherical and blown up,« or else »hollowed out and concave.«[22] Depending on the mirror's curvature one could have either seen a plane image or two types of distortion, two types of anamorphosis. Gazing at his reflection in the pond he would have been the first to notice the continuously changing distortions of his face whenever a gentle breeze stirred up ripples in the water. By hiding behind a mask that cured him from his infatuation with himself Narcissus invented perspective painting and anamorphosis, its extreme, in one and the same stroke. Proof that the two inventions are equiprimordial is Leonardo's *Codex Atlanticus* which contains both: notes on linear perspective and an anamorphotic image of a young man's eyes, the first of its kind.[23]

The two competing myths about the origin of painting bring us right back to Dalì's *Metamorphosis of Narcissus*. By simply quoting, or should we, in the case of painted elements, say, borrowing one part of Caravaggio's painting, namely the young ephebe's knee, but nothing else, Dalì marks his departure from a long tradition. Explicitly shunning the mirror motive of the myth,[24] he bends the edge of the pond in a curve that starts in the middle of the left frame, but, then, takes a sharp turn back to the left, thus, ending close to the picture's lower left corner. That way, the reflection is not cut off by the frame, as in Caravaggio's version, but inside of the picture itself. The situation is further complicated by the way the mirror effect is used. The small portion of Narcissus' body that is reflected in the water appears not as a duplication, but rather as a complement. It completes the strange double image of an ambiguous figure. In one possible view, a reflection of the bent right knee, left shin, and left forearm of a young man, it can also be seen as the bent pinky, and carpus of a hand holding, between thumb, index, and middle finger, a round object that looks like a nut with a crack, but which can also be seen as the head of Narcissus, in which case the tip of Narcissus' middle finger would be his right shoulder, the lower part of that finger his torso, the thumb his knee and shin, the index finger his left arm, and the crack part of a tuft of hair, the rest of which is falling over his left shoulder.

The gaze of Caravaggio's Narcissus seems to oscillate eagerly between his eyes and their reflection in the pond. In Dalì's version, he is completely withdrawn. Leaning his head on his left knee he looks, if his eyes are open at all, at nothing but himself, in any case not at his reflection in the mirror. The early sketches for the painting are even more explicit. They clearly show that this inwardness is a more realistic version of *Le grand masturbateur* from 1929.[25] Dalì, it would seem, must have known that the psychiatrist Paul Näcke coined the term »Narcissism« explicitly for such cases of autoerotism »where the contemplation of one's own ego or parts of it are accompanied by clear symptoms of orgasm.«[26]

Thus, neither the young Narcissus himself nor we, the spectators from outside, get to see his full reflection in the pond. Instead, the outer contours of his body appear reduplicated at his left. But everything else has changed. The luminous flesh tones of his body are replaced by a bluish grey, the color of the rocks at the Capo Creus, Cadaqués, where the scene is staged. The nut-shape of his head returns as an egg. In place of locks there is a crack out of which Narcissus emerges metamorphosed into the eponymous flower of his myth, and towards which the well-known ants of Dalì's iconography seem to be crawling. And the limbs of Narcissus are transformed into fingers—where his left knee was, there is now a thumb with a clearly delineated fingernail cleft by a little crack. Reflection is replaced by translation, the operation which, as we have seen, Dalì had defined as »morphological echo,« the only difference being that in earlier paintings this transformation had been shown in the vertical, that is, as if receding into the depth of the pictorial space, whereas here the two shapes are positioned side by side. It is as if the viewpoint had been shifted by 90°. A closer look, however, shows that the earlier viewpoint returns as well: In the depth of the picture, behind the horizon of a mountain range, the head and shoulders of Narcissus appear yet again in perspective contraction. Thus, we have two translations, which form a right angle that seems to frame the picture inside of and in addition to its regular frame.

Taking his inspiration not from Ovid, but from Paul Näcke and Sigmund Freud's *Three Essays on Childhood Sexuality*, Dalì bereaves Narcissus of his gaze and transforms him, first, into a grand masturbator, then, into a hand, the masturbator's instrument, holding a nut or an egg, but, in the end, he returns to Ovid by not only duplicating, but also petrifying this same hand. Narcissus' double is not his reflection, but his loving unbeloved lover Echo,[27] »the child of a mountain rock«[28] and doomed to be turned into rock again, but survived by her voice:

»vox tantum atque ossa supersunt:
vox manet; ossa ferunt lapidis traxisse figuram.«[29]

Wolf Kittler

ANMERKUNGEN

1 I would have loved to include copies of the various paintings discussed in this essay but given how hard it is to receive the copyrights from the *Fundació Gala-Salvador Dalì* and how easy to call them all up on the Internet, I decided that we all could do without them. Paintings that are not discussed in detail are quoted with reference to books.
2 Cf. *Morning Ossification of a Cypress*, 1934, *Dalì*, curated by Dawn Adest and Michael R. Taylor, New York 2004, no. 132, p. 220.
3 Dalì's interest in similarity transformations may have started with his experiments on what one might call »cutouts.« An early example is his painting *The Weaning of Furniture-Nutrition*, 1934, which shows his childhood nurse Llúcia Gispert de Montcanut from behind. A nightstand is cut out of her back, and placed next to her, out of which another smaller table with a wine bottle on top of it is cut and placed next to it in turn. See *Dalì*, loc. cit., no. 139, p. 232. I should note that the rock formations at Capo Creus, where Dalì spent so much of his life, offer plenty of opportunities to observe such shapes and cutouts.
4 For another version of this motive, see *Suburbs of the Paranoiac City: Afternoon on the Outskirts of European History*, 1931, *Dalì*, loc. cit., no. 151, p. 249, and study for »Paranoiac-Critical City Suburbs«, no. 152, p. 248.
5 Eric Shanes: *The Life and Masterworks of Salvador Dalì*, Parkstone International 2014, pp. 169–170.
6 Leonbattista Albert: *Della pittura e della statua*, Società Tipografica de Classici Italiani, Milan 1804, https://archive.org/details/dellapitturaedelooalbe/page/n3, March 30, 2019.
7 Albrecht Dürer: *Underweysung der Messung, mit dem Zirckel und richtscheyt, in Linien Ebnen und gantzen Corporen*, Hieronymus Andreae Formschneider: Nürnberg 1538.
8 According to the catalogue raisonné published by the Fundació Gala-Salvador Dalì, both paintings date from 1936. The second version of *Echo morphologique* is item #421, *Couple aux têtes pleines de nuages* is item #443, which seems to imply that it was painted later. Cf. https://www.salvador-dali.org/en/artwork/catalogue-raisonne/

I do not know on what evidence this chronology is based, and although I am inclined to think that it could well be the other way around, I do not have enough information to speculate about the date of Dalì's paintings.

9 Another painting with the same title showing different objects cannot be discussed within the framework of this essay: *Couple with Their Heads Full of Clouds*, 1936, Dalì, loc. cit., no. 155, p. 257.
10 Circa 1597–1599.
11 Hubert Damisch: L'inventeur de la peinture, in: *Albertiana*, Sociéte Internationale Leon Battista Alberti, vol. IV, Leo S. Olschki 2001, p. 173, footnote 21.
12 Cf. Vocabulatorio Etimologico della Lingua Italiana di Ottorino Pianigiani, sv. *pigliare*: »Propr. Ridurre in sua potestà con violenza; poi *generic*. Prendere, Apprendere.« https://www.etimo.it/?term=pigliare&find=Cerca, March 29, 2019.
13 Alberti: *Della pittura*, loc. cit., book II, p. 39. The Latin version only has: »Quid est enim aliud pingere quam arte superficiem illam fontis amplecti?« Leon Battista Alberti: *De picture praestatitissima*, book II, Basel 1540, p. 47, http://digital.onb.ac.at/OnbViewer/viewer.faces?doc=ABO_%2BZ177335207, March 30, 2019. I should note that Alberti gives two reasons why, in conversations with his friends, he likes to think of Narcissus as the inventor of painting: One, is the young man's relation to his reflection in the surface of the water. The other one is metaphorical: Like Narcissus, who was transformed into a flower, painting is the flower of all arts. Cf. *Della pittura*, p. 39, and *De picture*, p. 47.
14 Pliny: *Natural History*, vol. IX: Books 33–35, transl. H. Rackham, Cambridge, Mass. 1952, book XXXV.5, pp. 270–271.
15 Quintilian: *The Orator's Education*, vol. IV: Books 9–10, ed. and transl. Donald A. Russell, Cambridge, Mass. 2002, book X.II.7–8, pp. 324–325.
16 Albert: *Della pittura*, loc. cit., p. 39. Alberti, *De picture*, loc. cit., p. 47. If not noted otherwise, all translations mine, WK.
17 Damisch: *L'inventeur de la peinture*, loc. cit., p. 178.
18 Ibid., p. 179.
19 »Cum essem apud Dathum in hortis pontificis maximis ad Vaticanum et nostro pro more inter nos sermones haberentur de rebus quae ad studia litterarum pertinerent, incidit ut vehementer probaremus Germanum inventorem qui per haec tempora pressionibus quibusdam characterum efficeret ut diebus centum plus CCta voluminal librorum opera hominum non plus trium exscripta redderentur dato ab exemplari.« Leon Battista Alberti: *De componendis cifris*, http://www.apprendre-en-ligne.net/crypto/alberti/decifris.pdf, March 29, 2019.
20 Ludwig Wittgenstein: *Tractatus logico-philosophicus*, foreword Bertrand Russell, transl. C. K. Ogden, Kegan Paul, New York 1922, 6.36111, https://www.gutenberg.org/files/5740/5740-pdf.pdf, March 29, 2019.
21 Declining to go into any further detail Alberti mentions the possibility that the surface of the eye might act like an »animated mirror.« *Della pittura*, loc. cit., p. 10; *De picture*, loc. cit., pp, 12–13.
22 Alberti: *Della pittura*, loc. cit., p. 5; Cf. Alberti: *De picture*, loc. cit., p. 8.
23 *Codex Atlanticus*, folio 98 recto, http://ima.udg.edu/~dagush/Projects/Leonardo/Codex_Atlanticus.pdf, March 30, 2019, p. 75.
24 Two early pencil sketches, one of them on stationary bearing the imprint »Norddeutscher Lloyd Bremen,« still contain the full reflection of Narcissus' body, albeit only roughly sketched. Because his head is bent, we do not see his gaze, but it is, in any case, obvious that he does not look at his reflection in the pond. See Salvador Dalì: *Metamorfosis de Narciso*, Fundació Gala-Salvador Dalì, Galaxia Gutenberg 2008, no page number. Another sketch, *Narcisso fossile*, 1937, shows the ambiguous Narcissus/hand shape as a rock in a barren landscape. There is no mirror, no water, and, hence, no reflection. Cf. ibid., p. 108.
25 See footnote 24. In another early sketch dated 1931, Narcissus is shown lying on the ground with an erection and two female nudes in the background. See *Dalì*, loc. cit., No. 87, p. 146. A male figure with very similar features is masturbating in *Guillaume Tell and Gradiva*, dated 1930–31. Ibid., no. 109, p. 182.
26 Paul Näcke: Kritisches zum Kapitel der normalen und pathologischen Sexualität, in: *Archiv für Psychiatrie* 32 (1899), pp. 356–386, quote 374.
27 If the comprehensive register to Freud's *Gesammelte Werke* is to be trusted, the great theorist and popularizer of Näcke's neologism Narcissism never even mentioned Echo in his works. See Sigmund Freud: *Gesammelte Werke*, vol. XVIII: Gesamtregister, composed by Lilla Veszy-Wagner, Frankfurt am Main 1968, p. 96. The only exception, a *Schadchen* joke, in which the word »Echo« is used three times in only 10 lines, was obviously not considered worthy of inclusion in the register. Cf. Sigmund Freud: *Der Witz und seine Beziehung zum Unbewussten*, in: *Gesammelte Werke*, vol. 6, London 1940, p. 68.
28 Euripides: *Hecuba*, in *Euripidis Fabulae*, vol. 1, ed. Gilbert Murray, transl. Edward P. Coleridge (1938), Oxford 1902: »πέτρας ὀρείας παῖς.« http://www.perseus.tufts.edu/hopper/text?doc=Perseus%3Atext%3A1999.01.0097%3Acard%3D1107, March 31, 2019.
29 Publius Ovidius Naso: *Metamorphosen*, ed. and transl. Erich Rösch, Munich 1979, book III, lines 398–399, pp. 106–107.

WASSERWELLEN

Norbert Wiener fragt sich, ob es möglich sei, der wabernden Willkürlichkeit der Natur mit einem mathematischen Kalkül von Wahrscheinlichkeiten zu begegnen. Aus dem Fenster seines Dienstzimmers am Mathematics Department des M.I.T. in Cambridge, MA schaut er nicht auf die flimmernde Mittagshitze über trockenem Wüstensand,[1] sondern auf die »sich ständig verändernden Kräuselungen und Wellen der Wasseroberfläche« des Charles River.[2] Wiener war passionierter Mathematiker; der Titel seiner Autobiographie besagt es: *I am a Mathematician*. Entsprechend sind Wieners »musings concerning the Charles River«[3] gedankenverloren im Sinne des *lógos*: die Wellenbewegungen gehen in deren algebraische Formulierung über. Während sich die geisteswissenschaftliche oder künstlerisch-literarische Muse in solchen Impulsen verliert, erdet Wiener diese Urszene sogleich in analytischer Phänomenologie: »How could one bring to a mathematical regularity the study of the mass of ever shifting rippls and waves, for was not the highest destiny of mathematics the discovery of order among disorder? [...] This problem of the waves was clearly one for averaging and statistics«,[4] konkret vertraut aus dem Versuch einer mathematischen Analyse der Brownschen

Abb. 1: »Meeresidyll«, gemalt mit unbekannter Hand (Flohmarktfund, Berlin). Im Vordergrund: Sichtbarmachung von Radiowellen am Oszilloskop, Marke »Keysight« Modell »DSX1102A«. Das Radiosignal stammt von der Marke »Universum«, Modell »FK100R« (mit integriertem Analogfernsehempfänger, hier ohne Bildrauschen). Medienarchäologischer Fundus, Inv. Nr. 137, Institut für Musikwissenschaft und Medienwissenschaft, Humboldt-Universität zu Berlin. Photo: Thomas Fecker

Molekularbewegung vermittels des Lebesgue Integrals. Wieners autobiographisch definiertes Interesse an den *physikalischen* Aspekten der Mathematik resoniert mit diesem Naturerlebnis, resultiert aber letztendlich in der Umkehrung: der physikalischen Implementierung solch mathematischer Analyse in einer Physik zweiter Ordnung, als Maschine die Hardware des diskreten Computers.

Sanfte Meereswellen an sich sind für Menschen lediglich sichtbar, aber als solche kaum hörbar – erst, wenn sie sich überschlagen oder am Strand durch Kieselsteine brechen (und damit erst buchstäblich *kalkuliert* werden). Gehört wird in diesem Moment nicht die Harmonik von Wellen, sondern das Rauschen, ihre Unstetigkeit. Heinrich Barkhausen gründete seine Dissertation über Elektronenröhren auf der Entdeckung, dass erst die gewaltame Störung des Ruhezustands eines Systems Schwingungen erzeugt – eine unvordenkliche Irritation aller Harmonik, ein Einspruch des stofflich Realen gegenüber dem pythagoreischen *lógos* einer in ganzen Zahlen wohlgeordneten Welt, und gegenüber der Idealität der Fourieranalyse im Frequenzraum. In den Ohren eines am Strand wandelnden Leibniz sind die sich brechenden Wellen Musik. »Die Musik ist für die Seele eine verborgene arithmetische Übung, wobei die Seele zählt, ohne dessen bewußt zu sein. [...] Sie fühlt dennoch die Wirkung dieses unbewußten Zählens, das heißt bei Konsonanzen Vergnügen, bei Dissonanzen Mißfallen, das daraus hervorgeht.«[5]

Die elektronische TV-Übertragung der Wellenbewegungen am Strand ist in ihrem Wesen eine mathematische Ableitung im Sinne der Differentialrechnung – nur als solches interessiert Norbert Wiener das elektronische Fernsehbild in seiner unwillkürlichen Funktion als Analogcomputer. Und nicht nur das: Als unwillkürliche Aufzeichnung (etwa als Hintergrund in einem Spielfilm) auf Videoband, oder über Filmabtastung in der Elektronenröhre ein- und abgespielt, werden Meereswellen tatsächlich als Zeitverlauf erhalten, in *frames* oder gar Halbbildern – ganz im Sinne von Denis Gabors kinematographischer Diskretisierung akustischer »Quanten«.[6] Solche Aufzeichnungen überdauern weitgehend invariant gegenüber der chronologischen Phasenverschiebung namens Historie, in ihrer unverwechselbaren Individualität. Als kinematographische Aufzeichnung bleiben Wellenbrechungen identisch wiederholbar, aber als je einzigartige Varianten von hydrodynamischen Ereignissen über einen kurzen Zeitraum hinweg nie identisch reproduzierbar – auch mathematisch-digital nur annäherungsweise.

Das Sampling analoger physikalischer Signale stellt ein binäres Filter dar; der Rest ist das, was sich dieser zeitdiskreten Aufzeichnung als »time of non-reality« (Norbert Wiener) entzieht.[7] Die gewundene Stiege am felsigen Berghang wird durch Diskretisierung zur Treppe; verloren geht die infinitesimal komplexe Kontingenz der »analogen« Formation (deren Herausforderung Mathematik als Fraktale begreift). Die eigentliche Botschaft der binären Digitalisierung ist die Verlockung zur Zählbarkeit, und die damit einhergehende Überführung in die »Zeit des Weltbildes«[8] – der Begriff von Welt als numerisch mess- und damit berechenbar, analog zur aristotelischen Definition von Zeit selbst.

Verebbte Wellen hinterlassen am Sandstrand unwillkürlich ihre Konturen. Florens Chladni aber lässt, um 1800, Wellenmuster höchst willkürlich im Sand entstehen. Er versetzt dünne, mit Sand bestreute Scheiben aus Glas oder Metall durch einen Bogen gleich einer Violinensaite in Bewegung; hier *kalkuliert* Klang sich selbst als Sand (das älteste Aufschreibemedium von Mathematik). Heute heißt dieser Sand Silizium. Foucault diagnostiziert am Ende seiner *Ordnung der Dinge* am Beispiel von Sand am Meer das Verschwinden des (Bilds des) Menschen: »que l'homme s'effacerait, comme à la limite de la mer un visage de sable.«[9] Dieses Bild kommt mit digital kalkulierten Bildern von Menschen zu sich – die Wiedergeburt des Menschen aus den Wellen des Digitalen, radikal anders als die von Boticelli gemalte schaumgeborene Venus. Ein Fußabdruck hinterlässt im Sand eine Form, in/informiert mithin die »lose Kopplung« der Materie;[10] demgegenüber wird Silizium als Basismaterie hochintegrierter Schaltkreise zu Transistoren *dotiert*. Was in Chladnis Klangfiguren noch sonische Modulation von lose gekoppeltem Sand als Medium (im Sinne Fritz Heiders) ist, wird im buchstäblichen Silizium durch bewusste chemische Verunreinigung zur materialen Bedingung einer komputativen Simulation.[11]

Wolfgang Ernst

ANMERKUNGEN

1 Im Sinne von Fourier, Jean Baptiste Joseph: *Théorie de la Chaleur*, Paris 1822.
2 Norbert Wiener: *Mathematik. Mein Leben*, Düsseldorf/Wien 1962, S. 36.
3 Steve J. Heims: *John von Neumann and Norbert Wiener. From Mathematics to the Technologies of Life and Death*, Cambridge, Mass./London 1980, S. 68.
4 Zitiert ebd.
5 Leibniz 1712, Brief an Christian Goldbach.
6 Denis Gabor: Acoustical Quanta and the Theory of Hearing, in: *Nature* 159 (1947): S. 591–594.
7 Siehe Claus Pias: Time of Non-Reality. Miszellen zum Thema Zeit und Auflösung, in: Axel Volmar (Hg.), *Zeitkritische Medien*, Berlin 2009, S. 267-279.
8 Martin Heidegger: Die Zeit des Weltbildes [Vortrag 1938], in: *Holzwege*, Frankfurt am Main 1950, S. 69-104.
9 Michel Foucault: *Les mots et les choses. Une archéologie des sciences humaines*, Paris 1966, S. 398.
10 Fritz Heider: Ding und Medium, in: *Symposium* 1/2 (1927): S. 109–157.
11 Siehe Stefan Höltgen: Hertz aus Glas. Silicium als Medium in den Medien, in: Margarate Vöhringer, Christof Windgätter (Hg.), *Glas. Materielle Kultur zwischen Zeigen und Verbergen*, Bielefeld (im Erscheinen).

BESCHIMPFUNGEN – DUMMHEITEN – NIEDERTRÄCHTIGKEITEN

EIFERSUCHT

Marcel Prousts *A la recherche du temps perdu* zeigt, wie Unerfahrenheit, Missverständnisse, Blindheit, Verstiegenheit, Eitelkeit, Selbsttäuschung – die Schwächen, die es eben so gibt –, jegliches Urteil und jegliche Erkenntnis heimsuchen.[1] Der Roman ist auch eine Universalenzyklopädie der Dummheit. Der Erzähler, der einer Konvention zufolge Marcel genannt wird, erzählt, welche Fehler er im Laufe seines Lebens begangen und worin er geirrt hat. Er hat ein ständiges Umschlagen von Gewissheiten, Positionen, Meinungen erlebt. Nichts ist, wie es scheint. Das Jetzt widerlegt, was er zuvor gedacht hat. Fortlaufend stellte er fehlgehende Interpretationen an. Und ausgerechnet der Verstand ist der hauptsächliche Agent seiner Schwächen. Er hatte einen Anfall von Eifersuchtswahn erlitten, den er nach dem Tod seiner Freundin Albertine allmählich überwinden konnte.

Marcel versucht, sich selbst zu erklären, wie seine Wahnidee entstanden ist. Eifersucht bedarf »keiner realen Begründung.«[2] Der Verstand verfolgt eine Idee, von der er nicht loskommt und die über ihn die Herrschaft erlangt, um einen Affektsturm auszulösen.[3] Die Idee, die Marcel antreibt, ist die *inversion sexuelle*, der er seine Freundin Albertine verdächtigt. Offensichtlich ist solch eine Idee nicht durch ihren Referenten oder einen Sachverhalt zu begreifen. Vielmehr ist die Welt von Gomorrha unterbestimmt, dem Blick wesentlich entzogen und reizt gerade dadurch die Imagination an. Den Erzähler quält »ein inquisitorisches Verlangen«, »das wissen will, dennoch aber darunter leidet, daß es weiß, und gleichwohl mehr in Erfahrung zu bringen versucht«.[4] Die Eifersucht entfacht einen regelrechten »Wissensdurst«,[5] der ein nicht zu unterdrückendes Bedürfnis ist, dessen aufgeschobene Erfüllung selbst wiederum Qualen bereitet. Jede gefundene Antwort wird mit einem Vorbehalt verzollt, abermaliger Überprüfung unterzogen, in eine Schwebe versetzt und die Ermittlungen endlos fortgesetzt. Das letzte Wort ist storniert. Mit jeder Information, die Marcel erhält, wächst der Bereich dessen an, was er über Albertine nicht weiß.

Nachdem Marcel in den Sommerferien mehrere akute Wahnanfälle erlitten hat, hofft er auf eine Linderung in Paris. Albertine zieht bei ihm, der noch bei seinen Eltern lebt, ein. Obwohl er sie »von ihren Komplizinnen trennen und dadurch [s]eine Halluzinationen bannen« konnte,[6] lebt seine Eifersucht sogleich wieder auf. Sein Misstrauen ist allgegenwärtig. Er kann Albertines Zimmer, das »zwanzig Schritte« von seinem entfernt liegt,[7] überwachen, ohne sein eigenes zu verlassen. Er ist Polizist, Gefängniswärter und Spion. Trotzdem facht ihre Anwesenheit, die sein Leiden lindern sollte, immer neue Exzesse der Eifersucht an. Nachdem Einsperrung, Überwachung und Kontrolle sie schließlich »zu einem anderen, vollkommeneren Wesen umgestalteten«,[8] weckt die neue Persönlichkeit kein Begehren mehr. Das erlöschende Interesse beendet jedoch keineswegs die Eifersucht, sondern reizt ein erneuertes Begehren an: »Einzig das Begehren, das sie bei anderen weckte, verlieh ihr, wenn ich davon erfuhr, wieder zu leiden begann und sie jenen streitig machen wollte, in meinen Augen neues Ansehen.«[9]

Zwar hat die Wahnidee den Scharfsinn des Erzählers geschult, aber seinen Verstand, der von ihr angeleitet wird, fehlgehen lassen. Seine Empfänglichkeit für die Zeichen, die Albertine aussendet, stumpft ab oder wird ins Übermaß gesteigert, um sie insgesamt auf eine letzte Bedeutung zu reduzieren. Schließlich stößt sein Wille zum Wissen an Grenzen, die sowohl in seiner eigenen Person als auch im anderen liegen, der unzugänglich ist. Er begreift, dass Subjekte wie Monaden sind. Man ist stets, ungeachtet jeglicher Intimität, physisch und psychisch voneinander getrennt, denn den anderen umgibt eine irreduzibel fremde Welt, aus der man ausgeschlossen ist.

Aufgetaucht ist die Wahnidee vor dem Hintergrund vergangener Erfahrungen, die dem Erzähler eine Programmierung auferlegten: die Konstitution des kränklichen Kindes, das alltägliche Drama des Einschlafens, der versagte Gutenachtkuss der Mutter, der Rückzug in Tagträume und Selbstbefriedigung, die voyeuristische Beobachtung der Szene zwischen Mademoiselle Vinteuil und deren Freundin, usw. Der Keim, den diese Programmierung in ihn einsenkte, kristallisierte zu einer Idee aus, die mit der Eifersucht amalgamierte. Marcels Interesse an Albertine wurde geweckt, als sie für ihn noch keine feste Identität besaß. Vor die Wahrnehmung der Person traten Kategorien, die der »Einbildungskraft« entstammten und den herrschenden Liebescode »aufs Wort für wahr« nahmen.[10] Die Zweifel über Albertines sexuelle Orientierung wurden sodann durch zufällige Beobachtungen und aufgeschnappte Bemerkungen gesät, wie der Zweifel seinerseits in Projektionen eigener Wünsche seine Bestätigung fand.

Marcels Rekonstruktion der Genese seiner Wahnidee vermag sein Leiden zunächst nicht zu lindern. Nachdem Albertine fortgegangen ist, springt seine Eifersucht auf ein nochmals gesteigertes Niveau. Der Wahn erlischt auch nach ihrem Tod nicht, sondern Erinnerung und Vorstellung speisen eine »Eifersucht a posteriori«,[11] die immer neue Zweifel weckt. Weder ist die Rekonstruktion der Schlüssel zu einer Therapie, noch erklärt die Wahnidee, wie Marcel, der Schriftsteller werden will, schreibt. Vielmehr proliferiert die Eifersucht in kleinen Erzählungen, die fingieren, was Albertine getan hat, gerade tut oder tun könnte. Diese kleinen Erzählungen verfügen über einen festen, vorgegebenen Plot mit Schauplätzen, die bloße Kulissen sind, und Hilfsfiguren, die wie Marionetten agieren, die von Marcel an Fäden dirigiert werden. Jedenfalls vermag er nicht seine »Einbildungskraft« zu aktivieren und stellt allenfalls »kleine Vermutungen in falscher Richtung« an.[12] Seine Einbildungskraft ist nicht schöpferisch und hält sich vorwiegend im Kreis des Bekannten und Gewussten auf, so dass das Wahrscheinliche auf ein allzu enges Gebiet eingegrenzt wird, jenseits dessen sogleich das Unglaubwürdige beginnt. Das Erzählen dringt noch nicht zum Unvordenklichen vor. Die Wahnidee, die dem Verstand vorausgeht, steckt einen grundsätzlichen Rahmen ab, was überhaupt als wahrscheinlich gelten kann. So blockiert der Verstand eine schöpferische Imagination und hält das Erzählen in belanglosen Fiktionen fest, die nicht zu etwas Neuem vorstoßen.

Gegen die Dummheit des konventionellen Erzählens, das seine Richtschnur in einem naiven Begriff von Wahrscheinlichkeit sucht, hilft Schreiben und Weiterschreiben: Während die Wahnidee den Erzähler in eine Identitätsform bannt, setzt ein Schreiben, das nicht aufs Wahrscheinliche zielt, sondern auf der Statistik von Ereignissen und Korrelationen zwischen Verteilungen gründet, eine proteische Subjektivität frei. Das Ich, das der Erzähler zu sein glaubte, ist »bloß eines der Austausch-Ichs«,[13] die so wenig zu fassen sind wie Albertine, die für ihn mit den »Eindrücke[n] einer Serie von Meeresbildern verbunden« ist: »Es kam mir vor, als könne ich auf den beiden Wangen des jungen Mädchens den ganzen Strand von Balbec küssen.«[14] Der Erzähler erkennt, dass seine Vorstellung davon, wer Albertine war, von Grund auf falsch ist. Sie war und ist Teil einer Gruppe, und sie ist in sich verschiedene Personen, die keine vorgängige Synthese besitzen. Allmählich gelingt es ihm, sie zu vergessen.

Armin Schäfer

ANMERKUNGEN

1. Roland Barthes: Eine Forschungsidee, in: ders., *Das Rauschen der Sprache (Kritische Essays IV)*, aus dem Französischen von Dieter Hornig, Frankfurt am Main 2006, S. 301–306, hier S. 302/305; Gilles Deleuze: *Proust und die Zeichen*, aus dem Französischen von Henriette Beese, Frankfurt am Main / Berlin / Wien 1978, S. 7; Gérard Genette: *Die Erzählung*, hrsg. und mit einem Nachwort von Jochen Vogt, aus dem Französischen von Andreas Knop, 2. Auflage, München 1998, S. 41.
2. Ernest Jones: Die Eifersucht, in: *Die psychoanalytische Bewegung* 2/2 (1930), S. 154–167, hier S. 157.
3. Karl Jaspers: *Allgemeine Psychopathologie für Studirende, Ärzte und Psychologen*, 2., neubearbeitete Auflage, Berlin 1920, S. 46.
4. Marcel Proust: *Auf der Suche nach der verlorenen Zeit. (Frankfurter Ausgabe)*, hrsg. von Luzius Keller, aus dem Französischen von Eva Rechel-Mertens, revidiert von Luzius Keller und Sibylla Laemmel, Frankfurt am Main 1995 f. Im Folgenden zitiert mit der Sigle FA sowie arabischer Band- und Seitenzahl, hier FA 5, S. 76.
5. Ebd., S. 117.
6. Ebd., S. 25.
7. FA 6, S. 8.
8. Ebd., S. 81.
9. FA 5, S. 34.
10. FA 6, S. 87.
11. FA 5, S. 117 f.
12. FA 6, S. 31.
13. Ebd., S. 267.
14. FA 3, S. 509.

TORHEITEN

Der Zusammenhang zwischen Enzyklopädien, Sammlungen, Anordnungen von Aus- und Zusammengeschriebenem und der Dummheit ist zu eng, als dass ich auf die Seite der behaupteten Klugheiten wechseln wollte. Nicht nur besteht der zweite Teil von *Bouvard et Pécuchet* u. a. aus einer *Enzyklopädie der Dummheit* aus Aus- und Abgeschriebenem, die der Fiktion des unfertigen ersten Teils zufolge dessen beide Protagonisten erstellten (und als Flauberts Abschriften in Konvoluten aufzufinden ist),[1] vielmehr sind doch Enzyklopädien überhaupt aus dieser Technik des ›Wissens‹, des Zusammenschreibens von schreibend Exzerpiertem entstanden. Gemeinplätze oder *loci comunis* wurden derart zitierend aus- und zusammengeschrieben, in *Florilegien* gedruckt und erneut zitiert. Blütenlesen galten den *Flores verborum et sententiarum*, die in möglichster Vielfalt zum gemeinen Gebrauch des Auszierens der Rede stehen sollten, der *varietas* dienten und doch im Übermaß an Glanz, der blende, zu verwirren drohten und in den Verdacht des leeren und gleichwohl verführerischen Gefunkels gerieten. Die Blumen der Rede werden daher im rhetorischen Lehrbuch Quintilians auch herabgewertet zu ›Blümchen‹, *flosculis*, die als *topoi* zur Verfügung stehend, *zu leicht*, *zu billig* zu haben sind, zu leicht diejenigen, die, Knaben, beeindruckend, die viel zu leicht sich verführen lassen, zu leicht ›gleich abfallen‹,[2] als *Floskeln*; zu Floskeln werden sie als immer *wieder* gebrauchte abgestorbene Metaphern als Topoi geworden sein: abgetrennt tote, gepresst gesammelte, *als* Gemeinplatz der Gemeinplätze. Ihre Sammlungen liegen zuerst im Mittelalter, seit Beginn des 16. Jahrhunderts gedruckt vor: als *Florilegien* oder als *Anthologien*, die die Blüten beim griechischen Gattungsnamen *anthos* rufen, als Versammlungen von unter der Metapher der abtrennbaren Blüten aufgefassten Exzerpten, ausgezogener *zitierbarer* Worte und Phrasen. *Blütenlese* wurde zum *terminus technicus* für die ›Exzerptionsarbeit der Enzyklopädisten‹, Instrument der Wissensorganisation wie auch der -produktion in der Frühen Neuzeit.[3]

Wiederholt und zitierbar wird das Ausgezogene und Zusammengeschriebene zur leeren *Floskel* (im Deutschen seit 1747), zur sinnleeren Rede als bloßes Füllsel. Gemeinplätze kommen zu *gemeinen Phrasen* herunter, überkommenen, gängigen *idées reçues*, wie Bouvard und Pécuchets sie im *Dictionnaire* neben dem *Sottisier* (ihrer Sammlung von ›Stilblüten‹ und Geschwätz) zusammengeschrieben haben sollen.

In der zweiten Hälfte des 18. Jahrhundert wird, wie es heißt, kulturtechnisch umgestellt; das heißt fürs Aufschreibesystem 1800, dass es die Kulturtechniken, die ihm vorausgehen und es ermöglichen, verhehlt oder (schon) vergessen hat. Die durchs Exzerpieren im Zirkel zwischen Papier und Papier organisierte Wissensform werde ›obsolet‹, wie es heißt, insofern Wissenschaft inkompatibel mit der Übermittlung von ›Lehrmeinungen und Autoritäten‹ wurde, *Wissen* nicht mehr abzuschreiben ist, sondern unter der Vorgabe des kritischen Urteils steht.[4] Das nehmen Bouvard und Pécuchet, wenn sie wie vormals kopieren, zurück. Und so was, »Beobachtungen und Meinungen seit der Antike«, aus Geschichte und allen möglichen Wissenschaften, nicht kritisch beglaubigtes Wissen,[5] schrieb Jean Paul aus und (zunächst) in Exzerptheften zusammen, um aus ihnen zitierend zu schreiben. Er band – im Zitat einer überständigen Praxis – sein Schreiben, gegen das um 1800 geläufige Originalitätsgebot (wer wollte diesem danach noch folgen?), mit den veralteten Operationen Exzerpieren und Zitieren an das diesem Vorgängige zurück: Schriften und Kulturtechniken. Das setzt Techniken des Prozedierens über das (viele) Abgeschriebene voraus, bei Jean Paul wie Bouvard und Pécuchet: eine *zweite* Buchführung, in der all' dem Kopierten es *wieder*abschreibend (»recoupient sur un gdr registre de commerce«) Ordnung abgewonnen wird.[6] Jean Paul erschloss die in Heften zusammengeschriebenen Exzerpte in auf sich selbst zurückkommenden »Auszüge[n] aus den Exzerpten«, »Wörterbücher[n] und Register[n]« verschiedener Art, »Sammlungen« u. a. »von

Bausteinen« oder »Einfälle[n]« und »Wörterlisten«, die ausziehend anordnend die Schriften vermehren, und daher »Register des Registers«,⁷ der Rekursion des Ausschreibens bedürfen. Das »*Register dessen was ich zu thun habe*«, wird *rekursiv*: »1 *Dieses* Register *ietzt zu machen*« (Hvhg. BM), oder wird alles andere, was es aufgibt, fortschreibend nur aufschieben können.⁸ Ist die Exzerpt-Sammlung von »Torheiten (1–3)«, wie (auch) Jean Paul sie anlegt, die in dessen selbstaufgegebenen »Register[n] aus den Thorheiten« auf sich zurückliefe,⁹ nicht *mise en abyme* des Ansammelns von *common places*?¹⁰

An die Stelle der polyhistorischen, bloßen Ansammlungen trat im 18. Jahrhundert, so heißt es, die neue *Enzyklopädie*. Aber im (vermeintlichen) Übergang zeigen sich diese Projekte anhaltend widersprüchlich – im Widerstreit zwischen vollständiger Versammlung des Wissens und dessen fraglicher Ordnung. Die Vollständigkeit des Wissens wird durch Enzyklopädien in zwei konkurrierenden Modellen modelliert; dabei kann die Ganzheit als Aggregat oder, wozu die Philosophie neigt, als Systematik der Klassifikationen konzipiert werden. Sammeln ohne Ausschluss der Fehler, ja *als* Sammlung *der* Fehler (»erreurs de fait«), war Pierre Bayles Projekt des *Dictionnaire historique et critique* (1694–97), das daher eher denn zum Auffinden von Wissen zum Vergnügen von Lesenden taugt.¹¹ Es untersteht wie (fast) alle neuen Enzyklopädien allein der Ordnung des Alphabets, d. i. ein anderer Name für die Unübersichtlichkeit, die *blätternd* zugänglich gemacht werden muss: »blättern und suchen, hier verweilen und dort auslassen«,¹² wie im Falle der Dossiers Flauberts (oder in dem der beiden Kopisten) »Blättern« »die Sache selbst […]: Sache der Dummheit und Dummheit der Sache ist«.¹³ So fasst der / die Exzerpierende / n *alle* Bücher, sie lesend durchstöbernd, als Anhäufung einer Unzahl von potentiell gleichwertigen Einzelinformationen auf, als die die Enzyklopädien in ihrer unabgeschlossenen Vielheit gleichzugänglicher Partikel dem *Blättern* preis- und zu lesen gegeben sind. (Durch-) Blättern ist Jean Paul »Handhabung« des Auf- und des Ausgeschriebenen.¹⁴ Während in den »Köpfen« der »Gelehrten«, so Jean Paul, »lauter *unbewegliche* Güter liegen und die Begriffe jeder Wissenschaft klubweise auseinandergesperrt in Kartausen wohnen«, imaginiert er fürs *witzige Erfinden* die Mobilisierung der *topoi* durch deren »Handhabung«: in Operationen über verstellbare Elemente (wie Lettern oder »Karten«), die der »Erfinder« zu »rochieren« verstehen müsse.¹⁵ Zitationen, die nicht oder nicht dorthin zurückerstatten, was und wo sie entleihen, lösen das Zitierte aus den Ordnungen, die die Topik der *inventio* vorgab, die das 18. Jahrhundert den barocken Kollektaneen oder Florilegien als äußerlich gefügten nicht mehr abmerken mag, deregulieren, enthierarchisieren und entgrenzen sie, und gewinnen ihnen ein wildes, monströses Wuchern ab, an dem auch die *Encyclopédie*, so jedenfalls Diderot, teil hat.

Bettine Menke

ANMERKUNGEN

1 Die Dossiers Flauberts (Bibliothèque municipale de Rouen) geben die »*copie*« de deux *bonshommes*, http://www.dossiers-flaubert.fr/projet-originel, zu der u. a. das *Sottisier* als ›agencement de citations‹ gehört, http://www.dossiers-flaubert.fr/projet-seconds-volumes.
2 Quintilian: *Institutio Oratoria* XII, 10, 73.
3 Gilbert Hess: Formen der Validierung in frühneuzeitlichen Florilegien und Enzyklopädien, in: Marie Luisa Allemeyer et al. (Hg.), *Eule oder Nachtigall? Tendenzen und Perspektiven kulturwissenschaftlicher Werteforschung*, Göttingen 2007, S. 73–103, hier S. 79.
4 Zu Urteilskraft vers. *memoria* der Polyhistor'n vgl. Immanuel Kant: *Anthropologie in pragmatischer Hinsicht*, in: ders., *Werkausgabe*, hrsg. von Wilhelm Weischedel, Frankfurt am Main 1977, XII, S. 486, 489.
5 Götz Müller: *Jean Pauls Exzerpte*, Würzburg 1988, S. 323, 326f., 333.
6 Ms gg 10 [folio 67r]: »IX. Leur copie«: »Ils copièrent … tout ce qui leur tomba sous la main, … longue énumération … les notes des auteurs précédemment lus. – papiers achetés poids à la manufacture de papier voisine.« http://flaubert.univ-rouen.fr/jet/public/trans.php?corpus=pecuchet&id=6805; Claudine Gothot-Mersch: *Bou-*

7 Fasz. VIIIb (S. 15 f.), HKA II.6, 551–574; Fasz. VI, Fasz. VII, in: *Jean Pauls Sämtliche Werke. Historisch-kritische Ausgabe*, hrsg. von Eduard Berend et al., Weimar 1927 f. = HKA, II.9 (in Vorb.) und II.7.
8 HKA II.6, S. 551 f.
9 Fasz. VII; vgl. HKA II.6, S. 551, 557 und 558; auch: wie Bouvard und Pécuchet / Flaubert.
10 So nimmt sich das Blättern jedenfalls bei Bouvard und Pécuchet aus: der sog. *Sottisier* der Dumm- oder Torheiten, der Plattitüden enthält eigens »Litterature de Jocrisses, Imbéciles« (I, fol. 82 u. 80^(bis)), das Zitat-Agencement »Histoire« (IV, fol. 1–40) besteht aus »Bévues historique« http://www.dossiers-flaubert.fr/projet-seconds-volumes.
11 Sebastian Neumeister: Unordnung als Methode. Pierre Bayles Platz in der Geschichte der Enzyklopädie, in: Franz Eybl et al. (Hg.), *Enzyklopädien der Frühen Neuzeit*, Tübingen 1995, S. 188–199, hier S. 193 f. »Zu seltsame Gestalten treten hier auf, zu viele Abseitigkeiten werden berichtet, zu gern erzählt Pierre Bayle Histörchen, die unterhaltend bis anstößig sind [...].« (ebd., S. 198).
12 Ebd., S. 195. Bedürfen die Dummheiten der Korrektur? Oder sind die Literatur-Berichtigungen, die Bouvard und Pécuchet in Kapitel V des Romans vornehmen, selbst die Idiotien? Vgl. Gustave Flaubert: *Universalenzyklopädie der Dummheit*, übersetzt von Hans H. Henschen, Göttingen 2017, S. 566 f. (Ann. zu »Histoire – idées scientifiques«).
13 So über das Blättern im *Sottisier*, vgl. Hans H. Henschen zu Gustave Flaubert: *Universalenzyklopädie der Dummheit*, S. 8, 21.
14 HKA II.6, S. 574, 558, 559.
15 Jean Paul: *Vorschule der Ästhetik*, in: ders., Sämtliche Werke, hrsg. von Norbert Miller, München 1974 f., I.5, S. 199 f., 202; darin ders.: *Die unsichtbare Loge* I.1, S. 135, selbst zitiert I.5, S. 842.

Bibliografische Information der Deutschen Nationalbibliothek

Die Deutsche Nationalbibliothek verzeichnet diese Publikation in der Deutschen Nationalbibliografie; detaillierte bibliografische Daten sind im Internet unter http://dnb.d-nb.de abrufbar.

2020 Copyright © Kulturverlag Kadmos, Berlin. Wolfram Burckhardt
Alle Rechte vorbehalten
Satz: Readymade
Bild im Inneneinband vorne: William Turner, The Whale Ship, ca. 1845, Öl auf Leinwand.
© The Metropolitan Museum of Art, New York
Bild im Inneneinband hinten: Gareth Long, Bouvard and Pécuchet's Invented Desk for Copying – Printed – (Stainless Steel Set), 2012
Exhibited in: Gareth Long, Remarks Addressed to an Illiterate Book-Fancier, 2012.
Kate Werble Gallery, New York, NY
Image credit: Courtesy of the artist and Kate Werble Gallery, New York
Photo credit: Elisabeth Bernstein
Druck und Bindung: Opolgraf
Gedruckt auf säurefreiem und chlorfrei gebleichtem Papier
Printed in EU
ISBN 978-3-86599-449-3